王星拱文集

科学方法论与近代中国社会

吕凌峰
王松普 整理
陆发春

时代出版传媒股份有限公司
安徽教育出版社

图书在版编目(CIP)数据

科学方法论与近代中国社会:王星拱文集/王星拱著;
吕凌峰,王松普,陆发春整理.—合肥:安徽教育出版社,2013.9
ISBN 978-7-5336-7692-6

Ⅰ.①科… Ⅱ.①王…②吕…③王…④陆… Ⅲ.①科学方法论—文集
②社会发展史—中国—近代—文集 Ⅳ.①G30-53②K250.7-53

中国版本图书馆CIP数据核字(2013)第207028号

书名:科学方法论与近代中国社会——王星拱文集　　　作者:王星拱
KEXUE FANGFALUN YU JINDAI ZHONGGUO SHEHUI
　　　　　　　　　　　　　　　　　　　　整理:吕凌峰　王松普　陆发春

出版人:郑　可　　　特约编辑:范　源　　　责任编辑:徐宝妹
　　　　　　　　　　责任印制:王　琳　　　装帧设计:袁　泉

出版发行:时代出版传媒股份有限公司　http://www.press-mart.com
　　　　　安徽教育出版社　http://www.ahep.com.cn
　　　　　(合肥市繁华大道西路398号,邮编:230601)
　　　　　营销部电话:(0551)63683013,63683015
排　版:安徽创艺彩色制版有限责任公司
印　刷:合肥创新印务有限公司　　电话:(0551)64456946
(如发现印装质量问题,影响阅读,请与印刷厂商联系调换)

开本:650×960　1/16　　　印张:27.25　　　字数:370千字
版次:2013年12月第1版　　　2013年12月第1次印刷

ISBN 978-7-5336-7692-6　　　　　　　　　　定价:55.00元
版权所有,侵权必究

编者的话

编写《王星拱文集》主要出于两方面原因:其一,王星拱是民国时期的一位著名学者,他曾在传播科学、推进高等教育等方面作出了重要贡献。尤其是在教育领域,他一生孜孜不倦、兢兢业业,先后任省立安徽大学、国立武汉大学和中山大学校长,为中国高等教育事业作出了重要贡献。然而,今天世人对他却知之甚少,似乎他正逐渐淡出大众的视野。其二,这也出于一个机缘巧合。2009年11月,受中国科学技术大学科学技术史专业校友陈勇先生慷慨资助,中科大人文与社会科学学院筹建成立了"陈独秀研究中心",该研究中心致力于研究"近代科学与社会启蒙"。自成立后,广泛收集了各类与陈独秀相关的原始历史文献及研究文献以及陈独秀所处时代的大量的清末民国报纸杂志等出版物,购买了数种中国近代历史文献的数据库,以期为中科大这所知名的理工科大学提供人文学习与学术研究的支持。

正是在此过程中,王星拱逐渐走进我们的视野。王星拱和陈独秀皆是安徽怀宁人,并同在北京大学执教,可以说既是同乡,又是同事。陈独秀创刊《新青年》,王星拱是其主要的撰稿人之一。五四运动时期,王星拱与陈独秀一起散发传单,当陈独秀因散发《北京市民宣言》被捕后,王星拱与胡适、李大钊等多方营救,并掩护陈独秀脱险。1929年陈独秀被开除党籍,1932年又被南京国民政府逮捕,并以"危害民国罪"判刑八年,随后因抗日战争全面爆发,陈独秀于1937年8月被提前释放,陈遂离开南京到武汉。在此期间,王星拱为陈独秀代收信件、稿费,并邀请陈到武汉大学讲演。后来,当陈独秀被诬陷为"日本间谍"时,王星拱、周佛海等发表公开信为其申辩。陈独秀晚年在重庆定居,生活拮据,王星拱曾多次看望,并给予经济上的支援。陈独秀逝世后,王星拱又积极筹措资金,为故友出版遗著《小学识字教本》。可以说,王星拱和陈独秀在长达20多年的交往中,始终保持友谊,不以成败论交情,值得我们尊敬。

王星拱一生致力于推动中国高等教育的发展,也许正是这个原因,他鲜有机会静心著书立说。但是,他依旧在百忙之际翻译了罗素的《哲学中之科学方法》一书,并撰写《科学方法论》和《科学概论》两本专著。其中,《科学方法论》一书由北京大学出版社于1920年初版,1921年再版。《科学概论》则由商务印书馆于1930年作为《国立武汉大学丛书》之一出版,之后,2008年由武汉大学出版社作为《武汉大学百年名典》丛书之一重新出版。2011年,商务印书馆又将《科学方法论》、《科学概论》两书合为一册,作为《中华现代学术名著丛书》出版。然而,他在《新青年》、《新潮》、《少年中国》等报纸杂志上发表的一系列文章以及演讲稿,至今并未得到整理。

为此,编者搜集了王星拱在各种报纸杂志上发表的文章以及讲演录,共计三十八篇,以及他所翻译的罗素的《哲学中之科学方法》一书,编辑而成《科学方法论与近代中国社会——王星拱文集》。该文集在尽力忠实于原著的基础上,为了便于目前读者的阅读习惯,在有些地方作了稍许修改,现说明如下:

一、原文专名(人名、地名、术语)或译名与今不统一者,均未加以改动,而是以附录形式附在书末。另外,原文中确系作者笔误、排版舛误、外文拼写错误等,则予以改正。

二、原文为直(竖)排繁体者,均改作横排简体。其中原文无标点或仅有简单断句或旧式标点者,一律改为新式标点,并适当增减标点。文章中原有的专名号、着重号、密圈等,无伤文意则从略。

三、原文状语后用"底"者,一律改为"地",原文中"那"和"哪"、"他"和"它"等通用者,一律改为现行用法;表示程度副词者,"狠"一律改为"很"。

因编者水平有限,难免有疏漏不当之处,尚望读者指正。

目录

王星拱略历　001

第一编　王星拱经世治国思想论

未有生物以前之地球　007
去　兵　011
"鬼相之研究"答读者来信　017
未有人类以前之生物　023
"鬼相与他心通"问题答读者信　029
科学的起源和效果　032
科学的真实是客观的不是？　041
什么是科学方法？　046
奋斗主义之一个解释　051
罗素的逻辑和宇宙观之概说　059
宗教问题　065
物和我　073
环境改造之哲学观　083
科学与人生观　087

目录

哲学方法与科学方法　097
今日中国的社会根本问题　109
关于知识的问题　123
军事、政治与教育事业的性质比较　125
考试和休假的意义　128
学术设备、卫生设备与乡村新校舍　131
专心读书与增加兴趣　135
求学的理由和求学的方法　138
细胞及体素之通透问题　142
大学的任务　172
求学的态度　180
研究学术以求致力于国家社会　185
科学化运动的使命　189
理论和应用、教学和研究并重　192
读书的兴趣　195
论武汉应为中国工商业中心　200
大学之使命　206
抗战时期知识阶级应当采取的态度和趋赴的方向　210
蔡子民先生的伦理及教育学说中之特点　216
中国汽油问题　220
科学与抗战　226
战后青年之责任　234
启迪与教导　238

中国教育的新展望　243

第二编　王星拱与《哲学中之科学方法》

《哲学中之科学方法》序文　247

近代的趋势　251

逻辑为哲学之精髓　272

我们对于外面的世界之知识　294

物理之世界和感触之世界　321

联续之理论　341

无限之问题之历史方面的研究　358

无限之积极的理论　378

因之观念及其对于意志自由之问题之应用　395

新旧名词对照表　420

王星拱略历

在民国时期的安徽文化人物中,先后出任两所著名国立大学校长和一所省立大学校长的教育家并不多见,具有理科背景的王星拱就是一位德能俱佳、备受学界称道的教育家。1949年10月,当这位献身中国教育事业30多年的教育家,积劳成疾不幸逝世上海时,他曾服务的武汉大学等校师生,纷纷举行隆重的追悼仪式,遥祭自己可敬可爱的老校长。时任上海市市长的陈毅敬献"一代完人"挽联,以示哀悼。

王星拱,字抚五,1888年出生于安徽怀宁王家大屋。1904年安徽高等学堂成立,为这位一心向学的聪慧学子打开了一扇新学之门。1906—1907年当近代著名思想家严复执掌安庆这所安徽新式高等教育机构时,非常赏识他,王星拱也成为安徽省第一批官费留学生,远赴欧洲,学习于伦敦理工大学并获硕士学位。1910年,他参加了中国同盟会。1912年,他和皖籍留学生丁绪贤(现代化学家)等人发起组织科学社(后与留美学生成立的"中国科学社"合并)。为报效祖国勤奋学习西方科学知识,为爱国进步投身反清革命组织,是青年留学时期王星拱思想状况的两个主要特点。1916年学成归国的王星拱任教于北京大学理学院,在其30多年服务国家的生命历程中,做过许多既广为人知又鲜为人知的要事。数其大端,主要有:

(一)传播科学精神,提倡科学文化

众所周知,五四新文化运动以提倡科学、民主,开启了中国现代启蒙运动。王星拱以其北大化学教授身份,坚定地站在同乡陈独秀、胡适等《新青年》阵营,用其所学所知,宣传科学精神。他在《新青年》《新潮》、《少年中国》等新文化刊物上,先后发表《未有生物以前之地球》《未有人类以前之生物》《科学的起源和效果》《什么是科学方法》《物与我》等,介绍19世纪中期以来西方科学观念和科学成就,宣传科学对人类认知和改造自然的巨大成就。王星拱把科学与哲学相结合,对当时流行的封建迷信和旧宗教意识予以科学理性的分析和批驳。如他依原子论和物质生灭原理,指出"鬼相念写"说"此种玄想在科学上无存在之理由"。在宣扬科学精神的过程中,王星拱介绍了法国马赫主义学者彭加勒(Poincaré)、英国马赫主义学者毕尔生(Karl Pearson)等的著述。实证主义分支马赫主义的介绍,使他成为中国第一位向学术界传播奥地利物理学家、哲学家马赫(Ernst Mach)哲学之人,早于罗素(1920年)。

科学方法论是科学精神的核心要义,五四时代的众多科学精神倡导者如胡适等,都十分看重科学方法论。1920年,北京大学出版了王星拱所著《科学方法论》一书,这是近代中国第一部系统说明科学方法论的专著。王星拱认为,"科学方法是什么呢?换一个名字说,就是实质的逻辑。这实质的逻辑,就是制造知识的正当方法"。该书介绍了关于"归纳与论理"、"观察和实验"、"假定和方法"等科学方法论的基本理论和概念,对以培根、穆勒为代表的西方归纳逻辑进行了讨论和分析,启发了国人的科学意识,对国民改变思维方法及其后学术界进一步接受演绎逻辑和数理逻辑,都有助推之功。

在20世纪20年代发生的著名的"科学与玄学"论战中,王星拱作为一个坚定的科学主义拥护者,站在科学派阵营一边。"科学之功效,既不只轮船火车之应用之技能,也不只热胀冷缩之物理的理论。它对于这样的大问题——利己利他的问题,伦理学中的问题——必得有一种特殊的贡献"。他从两个方面批驳了张君劢等玄学派的理论错误,明确主张物质和意志不能分,绝对自由意志不存在;因果律是可以运用到人生观的问题上。

1930年王星拱在商务印书馆出版了《科学概论》一书,它和《科学方法论》及其翻译的罗素《哲学中的科学方法论》一书,尽管都有马赫主义等西方哲学理论的深刻印迹,但在那个自然科学十分贫瘠的旧中国,对国人的科学启蒙,对学术界科学方法论观的自觉,对科学文化的传播,都有极其重要的意义。2005年,当物理学界隆重纪念爱因斯坦相对论百年之时,还有人追述作为最早向中国人介绍相对论理论之一的科学家王星拱,称赞他较早地看到了相对论的科学和社会意义,看到了相对论在自然科学和哲学领域将要引起的变化。

(二)倾心高等教育,培育大学精神

王星拱长期以来一直从事高等学校的知识传授和大学的组织领导工作,回国后在北京大学从事化学和科学方法论等课程教学11年,先后做过系主任、北大教授委员会评议员、出版委员等。他热爱高等教育事业,为此曾与胡适等联名发表宣言,向北洋政府要求思想和言论自由,期盼中国出现一个"好人政府",科学事业和学术有一个安定的社会环境。五四时期,他帮助陈独秀避祸南下,摆脱北洋政府的镇压。但是,北京政府没有给他安心教书的社会环境,当他的好友李大钊被害后,他离开了北大,先是南下南京,在南京第四中山大学高等教育处短暂任职。1929年秋,他回安庆,出任省立安徽大学校长。这是他担任的第一个大学校长之职。在短短的一年时间内,安徽大学完善及成立了的理学院、文学院、法学院和预科,并拟定将来次第扩充农学院、医学院、工学院,项目经费也按项目内容请领和扩大。1930年,他被教育部任用,专注于国立武汉大学筹备和建设,先后任化学系主任、理工学院院长、理学院院长、教务长、副校长职务;1933年5月至1945年7月出任国立武汉大学校长;1945年12月至1948年,出任河山收复后的国立中山大学校长,为中山大学的复校和建设殚精竭思。在那国祸当头、战乱频繁的艰苦岁月,王星拱坚持提倡用科学理性精神办学,注重培育大学精神。如在武汉大学初任之始,他就提出"要秉承学术独立的精神,以满足我们共同求知的欲望,使武汉大学不愧为全国知识的中心"。1932年12月,他在武大一次总理纪念周演讲中,公开提倡大学的任务有三大方面:在道德的方面,大学应当树立国民的表率;在知识的方面,大学应当探究高深的理论;在技能方面,大学应当研究推进社会进步的事业。三大任务的目的是"我们要使我们的国家成为一个健全、充实的国家,使我们的社会成为一个新时代的、为人类求共同进步的社会"。武大在抗日战争年代甚至举校西迁四川的长途跋涉中,能维持大学精神之不衰,与校长王星拱办学理念和管理之策不无相关。进而言之,这样的言论对当今高校的校园文化建设,也有历史明鉴价值。

第一编

王星拱

经世治国思想论

未有生物以前之地球[1]

宇宙万物，递变不已，推陈出新，无时或同。今日之地球，非复昔日之地球。今日之生物，非复昔日之生物。今日之人类，非复昔日之人类。故吾人欲求生存于现今之世界，必依现今之环境为转移，若必取其适宜于过去之环境者，强而行之，势必凿枘两不相入，有碍于进化，即有碍于生存。盖进化者无他，即因环境之变化而亦变，以求其新式之生存而已。兹将未有生物以前地球之情形，先为约略言之。足征地球今昔之不同，是亦进化明证之一端也。

欲知地球未有生物以前之情形，必先知地球之原始。解释此问题者，有二说存焉。一曰"火云说"。一曰"陨星说"。

"火云说"曰，太阳系之太阳，及其八大行星，与其余之小者（数约五百余），其初实为一火云（或释"火云星"）。火云者，乃天空中烟煴有光之物，以望远镜窥之，不能分为散星者也（其能分为散星者，谓之星丛），今就成太阳系之火云言之，其质为气体，形略圆如球，球心物质或较濛密，嗣后即成太阳之部分也，绕轴自转，其所据之体积，较现今海王星之轨道所包者尤大。逐渐失其热于天空，故体积收缩，因体积之收缩，故自转之速率增加，因自转之速率增加，故其中物点所受之离心力加大，而以在

---

[1] 本文原刊于1918年4月15日出版的《新青年》第4卷第4号。

赤道面者为尤甚,至离心力过大之时,向心力(与地球之地心摄力同)不能制之,故赤道面处之部分,遂分出而成环。其在内之未分出者,复因失热而收缩,而增加其自转之速率,而加大其离心力,于是复分出其赤道面处之部分而成第三环。其在内之未分出者,重演如前分出之环,即行星之嚆矢也。就分出之环而言之,其体积因失热而收缩。自气体渐变为液体,若环之各部之收缩,平匀无别,则散成多数小球。木火二星轨道之间之百十小行星,即缘此而成者。然当环之失热之时,其各部之收缩,恒难一律。其收缩较速之部,遂吸摄其收缩较缓之部,而成一大环。地球其一也,当环尚未分出之时,成此环之物点,随火云全体而转,及环既分出之后,环之体积绕火云中心而转。故成球后,仍绕火云中心而转。此行星之公转所由来也。当行星成立之初,随火星全体之自转而亦自转,且因收缩而增加其自转之速率。此行星之自转所由来也。当此之时,行星之体质,尚与火云相等。复以火云分出行星之法,而分出卫星。如地球之卫星为月,是也。

是说也,创于康德,修于拉布烈司,甚美而完。太阳系中大小行星,皆绕太阳而转,同一方向,且同在一平面之中。即卫星之绕行星而转,亦同一方向;亦同在一平面之中(惟天王星之卫星,其轨道之平面甚斜)。又太阳中之原质与地球所有之原质皆同。以分光镜考之,了焉不爽。盖太阳与地球,同出于一火云,故其原质皆同。皆此说之证也(以上所言与各行星之现象,皆相符合。惟彗星不在此例。然彗星实自外界搀入,非太阳系所固有,故当作别论也)。

依此说而求之,火云收缩,分出行星,其中心遂成太阳。太阳仍失热于天空,地球所分受者,仅两千兆分之一耳,然太阳之热,自何而来,又为应解之问题也,或曰,太阳赤炽,如镕铁然,故能失热。夫太阳既因赤炽而失热,则太阳之温度,每年必低数度,即每千年应低数千度。然以历史所记载者观之,太阳之温度未变也。是此说不足信也。或曰,太阳之热,由化学能力轮变而生,如炭与养化辞,而生化学能力,轮变为热者然,信斯言也,则太阳面之每平方英尺,必每日燃煤二十吨,始足偿给太阳所失之热。纵太阳全为煤构造而成,亦将消耗于数千年中(太阳之面积为五十九万兆方英里),况太阳中之原质,不全为炭与轻乎。是此说不足信也。或曰,陨星繁多,赤热如火,挟其所有之热,而陨于太阳。太阳得陨星之热,而失之于天空。夫既以陨星为供热之储,则太阳每年所收入之陨星,其总体积必与月相等,始足供之。然天文家所瞻测者,无此现象也。是此说又不足信也。夫太阳失热不止,而其温度如常,其中必有原理存焉。盖太阳因失热而收缩。然当其取(编者注:此处"取"应为"收"之误)缩之时,太阳中之各微点,必拥挤而相近,唯其拥挤而相近也,必吸收能力而行之。太阳所失之热,即供此能力者也。故就此热而言,太阳失之,太阳得之。故其温度亘古如常。至其辐射于各行星者,真不啻九毛之一毛耳。此为解释"太阳温度不变"之最近学说,与火云说两相吻合者。

　　陨星说曰,天空之星与火云,及太阳系之太阳与各行星,皆陨星丛集而成者。陨星者,流散天空,体积较小之物也。落于地面,是为陨石。此种陨星,丛集成林,其每颗之行动,虽速而乱,无通例以该之。然历时久速,则集小而成大。既成大矣,则全体之行动一律,例如集紊乱之水珠而成流水者然。如各行星,是也。是说创于劳基耳。

　　地球既成立后,自气体渐变为液体。球外有氛围气包之,如现今之空气。然此氛围气所含之物,不仅淡养二气已也。凡今日海洋之水,及其他沸点较低之化合物,皆蕴蓄于其中。因彼时球面温度甚高,此种化合物,皆为气体故也。因天空之温度甚低,故氛围气之外层,与天空相值处,渐失其热,凝为液体而下降,及将抵球面之时,复受地球之热,沸为气体而上腾,然球面之温度,渐因此而低矣。至球面温度低至二千度或一千五百度时,其镕点较高之化合物,如硅酸铝及硅酸钙等(石中最多之物),凝为固体之薄皮,包布球面,是为地壳之滥觞。因球面失热不止,故地壳加厚。地心之热,至此渐为地壳所阻,不能上达于氛围气。故氛围气中，所有沸点较高之化合物，渐凝结而归球面。又地壳因失热而收缩，凸凹生焉，罅隙出焉。地壳内之液体，遂冲激地壳而横流，是为最初之火成石。然球面之失热，仍恒缓而无间也。故氛围气中之水，凝为液体，下降地面而包括之，是为海洋。然此时海洋之温度犹高，其所溶化之物质，较现今海洋所溶化者实多。于是施其化力动力于地壳，而生剥蚀与停积之效果。其停积者，是为最初之水成石。下此则可藉化石而考求之矣。化石者，古时生物之代表也。将来当絜其大要言之，以明生物进化之理云。

去 兵[①]

协约胜矣;德皇逃矣;斐色邑大和平会议将开矣。自此以后,世界能否永远完全免除战祸,虽尚不可知,然吾人对于世界大同和平之目的,已是较近一层,此则可断言者也。此目的何以能达,既达之后,何以保守,自以去兵为唯一的方法。停战曾几何时,英国已将政府取用之商船归还商家矣,美国已召还战前敌军队若干归国解散矣。世界各国,均趋向去兵之途径,中国既为世界民族之一,自当随世界潮流而前进,而以中国现在特别情况言之,尤当以去兵为第一要着。有人问曰,兵可去乎? 如有内乱,如有外患,将何以之? 鄙人此篇,即为答复此问题而作。今特开章明义,以简括之言先絜取其要领曰,中国去兵之后,决无内乱,决无外患。欲知其详,请申言之。

首言内乱

去兵之后,何以无内乱? 今分三项言之,一曰法律,二曰政治,三曰

[①] 本文原刊于1918年12月15日出版的《新青年》第5卷第6号。

经济。

（一）法律　古言有曰，兵凶战危。兵有凶之性质，故强暴即为兵之本分。德国兵之强暴无人道，不论矣。即他文明国之兵，亦有强暴之气习。强暴者何，不服法律之谓也。鄙人曾识一英律师，当欧战已开幕两年半时，一日谓鄙人曰："我将致大富。"问其何以致富。律师曰："战事了后，前敌之兵，皆将归国退伍。彼等已惯于野蛮生活，将来必不安分服务，国内犯法案件，必较往日加多。此律师致富之时也。"又某校教授曰："欲得好兵，必使人类恶性全发。"换言之，欲作好兵，必作恶人。初闻此言，或觉骇异。然试仔细思之，世之所谓恶人，莫过于杀人放火，兵之职务，即杀人放火之职务也。微论其为抢劫金钱而杀人放火，或为护持公理而杀人放火，而其能杀人放火，则一也。故在疆场为勇士，在社会即为乱民。乱民充国，法律无效，此内乱之原也。今既去兵，即是铲除乱民之种子；内乱何由生乎？

（二）政治　政治问题，恒因兵力而复杂。政治家之有兵，可以人之有衣裳比之。未有人以华美之衣裳，置之笥箧而不服者。亦未有政治家以久练之精兵，储之营垒而不用者。夫喜用其所擅长，乃人类之天性，即使政治家无攫权夺位之野心。无好大喜功之奢愿，若有兵在手，亦欲利用之而生扰乱政象之结果。而况政治家决无无此野心无此奢愿者乎。然果无兵可借，则不得不屈服于多数意见之下；各省无兵，不得独立，中央无兵，不得讨伐，于是国内各问题，自必依国民意见而解决。内乱何由生乎？

（三）经济　衣食足而后礼仪兴，此吾人所习闻者。我国贫瘠至此，然中央经常军费，每年一千余万，各省经常军费，合计亦约如之。若此次南北战争，中央战费至三万万，西南战费，至一万五千万，各省战费，亦约两万万，至官民各界因战争而受之损失，当不减于战费。此言非过甚也。试思高屋一所，一炮可以毁之而有余，然重行建造，非数千金不可。一亩之田，每年应出粮食几何，若连府带县之田野，皆因兵燹而荒废，其损失之大可知也。总合战费损失而计之，约不下十万万。以如此之巨数，兴教育，可设三千个北京大学。以如此之巨数兴实业，可创一百个汉冶萍工厂。试问中国境内有三千个北京大学可造就多少人才！有一百个汉冶萍工厂，可产出多少物品，可养给多少工人！人才多，则国民之知识高。物品多，工人得养，则国民之生计裕。知识高则不肯为非法。生计裕则不必为非法。国内无非法之民，内乱何由生乎？

故曰去兵之后无内乱。

次言外患

去兵之后何以无外患？亦分三项言之，一曰公理，二曰均势，三曰实力。

（一）公理　此次协约之战胜，为公理战胜强权之明证。自此以后，兢杀主义消灭，互助主义实行。世界光明，渐发异彩。孟禄主义，将推广于全世界。波兰、芬兰可独立矣。亚儿撒司、劳连、特里司达、底劳耳将归属于祖国矣。奥属之杂族，皆将自成国家矣。犹太人亦提议重建祖国于布列司丁矣。印度之民权扩张矣。美总统复宣言世界大同盟之组织，强弱大小，皆受同等之待遇。自此以后，美人必执世界之牛耳。美国地大物博，决无侵噬弱小之野心，而与中国之国际感情，亦复亲密。美国领袖列邦，公理伸张，弱国小国，皆得吐气，中国有何外患之可言乎？

（二）均势　纵言自此以后，世界各国，仍是互相侵并。然吾辈须知此次大战事，既为空前，复为绝后。此后之世界，仍有如此之大战争乎？以民智伸张，外交明显，工商联络，各方面观之，可决言其无有。既无如此之大战争，则世界各国，互相监制，决无少数国可独行浸灭中国者。而列强瓜分中国，又为未必然之事，纵或有之，即中国全国皆兵，亦不能防止于未然,而抵御于已见。吾人皆知中国之所以至今尚存在者,因处于列强均势之下也。列强均势,此次战争以后,并未破灭,不过减少德国耳(奥在东方势力原来甚小,可不算)。在德国强权主义盛行时代,中国尚可存在于均势之下,而谓在协约国公理主义盛行时代,中国反不能存在于均势之下乎。有何外患之可言乎?

(三)实力　纵言公理不可凭,均势亦不可恃,设有一国,亦如德国之强暴,以武力侵凌中国,将如之何?鄙人敢断言曰,教育发达实业振兴之国家,决无灭亡之理,以其有实力也,近代战争之要术,不在占据敌人之土地,而在扑灭敌人之师旅,故德人占据比及北法而终败,比丧国都,法亦几丧国都,而终胜。夫中国幅员辽阔,敌国虽强,决不能占据中国若何之土地,若中国教育发达,实业振兴,又可在最短时期内,招集最能战之兵。夫兵之所以能战者,其元素有二。甲曰兵之品格。乙曰兵之用器。欲兵之品格高,非教育发达不为功。欲兵之用器良,非实业振兴不为功。

(1)甲言兵之品格。古人有言,"以不教民战,是谓弃之。"若不能透彻了解世界与国家之关系,及国家与个人之关系,决无死心竭力而效命于战争者。再以近事为证,英之常后备军,不满三十万,然开战后,不及一年,募集三百万人。美国常后备军,不过十万,然自加入战团,才年余耳,其募集之兵,已至百六十万之多。盖二国之国民,皆已受教育之国民,皆能了解世界国家个人种种关系,故一旦国家有事,皆愿身执干戈,非为军饷而来也。况现今军事,非复弓矢戈矛之时代,凡人得一块铁,即可为兵。今日军中所用之大炮,飞机,飞艇,潜水艇,冲阵车,种种新奇之军器,皆由科学而来。无科学知识者,不能御用,即不能为能战之兵。科学知识,从何而来,实又端赖教育。若以无知识之人,充当炮手,或工程队之整使机器者,必练习四五年,始能告成。若以一工科学生,或工厂之工程师充之,则不过四五月,师可出阵,因大炮飞机……各种之机械,与其在学校中或工厂中所练习之机械,无二理也。故曰欲兵之品格高,非发达教育不为功。

(2)乙言兵之用器。古人有言,"工欲善其事,必先利其器。"今日军事所用之战品,日新月异。试问此种种战品,全由二三政府兵工厂造成者乎。非也。实自普通工厂所造成者。即德国克虏伯兵工厂,为世界第一,然德国战时所用之兵器,由此场造成者,不过百分之五十。英国乌里治兵工厂,亦甚可观,然英国战时所用之兵器,为此场所造成者,不过百分之十。夫在和平时代,政府兵工厂决不能制造极多枪炮火药而储积之,以供一年二年三年战争之用,因积时过久,则器用不良也。故战时用器,必须战时现造,而政府兵工厂之所出,不足供给,势必取给予其他普通工厂,使其他普通工厂,于战时皆变为兵工厂。如无其他普通工厂,则军器取给之路穷矣。古人以井里之制寓兵于农。今日必须寓兵于工,未有工业不振兴而能制造良美之军器者。未有不能制造良美军器而能于今日与列强言战争者。故德国初开战时,德政府即召集全国工厂矿场船坞之首领计议,一致联络,使平时为工厂而进行者,全为军事而进行。英首相乔治特设军备部,下工厂动员令,使所有机器场,皆造枪炮,所有化学场皆造火药药料,甚至学校之实验室,皆为军备部制造军器。试即鄙人肄业之学校言之,其工科试验场每日可出飞机一架,大炮筒一尊。其有机化学实验场,每日可出止疼药(斐纳亚细丁)十五磅,高等炸药(三耐陶盈)二十磅。美国自开战后,制造煤气场及他项煤之副产物的工厂,皆改为火药原料之工厂,至四十九处之多。足见列强战时军器之"多且旨",非区区政府兵工厂之力也。乃实业振兴之效果也。日本亦将以军械全归民造,即亦具此眼光。况军械所用之原料,皆从其他普通工厂而来。国内必有铁场钢场,而后枪炮铁甲有所取给。国内必有纺纱场,而后有废棉可造无烟火药(硝酸化棉化)。国内必有煤气场或煤焦场,而后有黑油可造高等炸药(开花炸药)。国内必有肥皂场,而后有甜醇可造液体炸药(硝酸化格黑色林)。由此言之,战时军器,必由各普通工厂所造而成,非少数政府兵工厂所能为力。即政府兵工厂所造有限之军械之原料,仍须取给予其他普通工厂。故实业不振兴,不能制造军器,不能制造军器,尚可以言战乎。故曰,欲兵之用器良,非振兴实业不为功。故曰,教育发达实业振兴之国家,有实力在,不畏灭亡。有何外患之可言乎?

故曰去兵之后无外患。

今复总结一句曰,去兵之后,发达教育,振兴实业,无内乱之可虞,无外患之可忧。

"鬼相之研究"[①]
答读者来信

独秀先生：

读贵誌第二号，知对于有鬼问题，又有所争辩。此事固由一辈人闭眼胡说，或牵合附会所致。然亦以世界学者无明了的解释，不能予世人以满足，而诞幻之说遂乘之以生。此在外国犹然，某某辈盖无足责也。鄙人对此问题，研究有日，从根本上可以断定无鬼。而于摄鬼相念写等事实，则积极是忍之（此等事实，散见于东西书籍确凿可信者甚多，不胜枚举。后有辩论当随时援引。最近如俞复、杨廷栋等，均云摄得鬼影，语亦可信。俞复更云能于无光处摄影及摄得山水等影，愈可证后理之确凿也）。兹略陈意见如下：

人之所以觉知物质者，以其有微细分子之放射波动以太，而神经为之感动也。此种放射，人类亦有之。外物与吾本无直接关系。其所以能入觉官者，以有声色香味等性也。据近世物理学化学之研究，色等本无自性。不过物质放射一种极微分子（此种极微分子，将来亦可望见及。以现时所用极外显微镜，可以见百万公分之一，去从来假定之有机分子

[①] 本文原刊于1918年12月15日出版的《新青年》第5卷第6号"通信"栏。题目为编者拟加。

不远矣。),调动其附近以太而传播于吾人觉官之结果。此等极微分子之放射,无论何物何时皆有之。如热虽在冰点下二百余度,犹放射不绝。声亦无时不放射。但每秒不达十六次以上颤动,则吾人不闻。光尤然。法人鲁滂至谓世界实无黑暗。彼乘夜而出之鸟兽,可以有见,吾人感官特不发达耳。此言物体寻常之放射也。至物质解体时尤有特殊之放射。其强烈之度,更千万倍于此。依现在所发现,此等物质已有多种。其中如镭锭者,无所不存在。虽泥土空气,均有极微之量。若能集合少数便有极强之光热。依鲁滂说,物质在世界,无时而不消散。此种解体,为直接之消散。而寻常则平衡未破,消散尚少,故其发射有微著不同耳。吾人即为物体之一,当然有寻常之放射。至特殊之放射,依理亦可有之。但非必与物质有同一之状态也(解剖人体,所含元素,人而不同。或其中混有此等放射物少量,凝集网膜,便足通过障碍而远见,鄙旧日曾以此释透视之事。近读日本文学博士福来友吉《透视与念写》一书,始知其误。彼实验两妇,能于三枚或十二枚之干片中,书写清朗之文字,而上下则无痕迹。"此事经多人立证甚可信。福来氏书十余万言,插真迹图数十幅,专纪之,唯并无论断",可见非直接放射所致也)。人当精神凝集时,可以任意变动身体之各部分,及其发生物。手足筋肉,属于随意筋,人可以自由运动之无论矣。其有不随意者,依于精神集注之结果,亦得变动。如入催眠状态时,依于术师之命令,能使人体变成坚木,可以抵御刀针等暴力。又可以使为种种之活动,或变易声音等(尚有奇异现象甚多,兹嫌词费,不及陈)。此均关于实质之变动也。至其发生物如分泌之多少,血液之停留,体温之升降,机感之盛衰,呼吸之迟速等,更无一不可随意变动。此在常态心理时亦有发现,唯不能如变态时之显著耳。

据上二则,则人类身体有发生物,亦有放射物。发生物如血液涕唾等,固有形质。放射物如香气光线等,亦有形质(麝香镭锭虽极少量可耐数百年,然非永不缺少,则有形质可知)。不过其分量不同,斯隐显有异。实则同为一体所发生,可以随意凝集于内,亦必能随意凝集于外。既能凝集则摄鬼影念写等，均可解释。即是等术者，可以使动光类放射物透过障碍（此是有限度的），而集影于干片，故成所谓鬼影及念写也。此外对于热力等之化用，亦可与以同一之解释。如印度术士之咒水令沸，及日人武内天真能令时计笔筒自行移转等（吾乡有降神女人，能令水热，言者凿凿，惜未一见。吾颇欲使入催眠状态者试之。又欲变通勃蘭塞及魔摆等法，设一种易移动之物，而使催眠者移动之，陈百年先生谓西洋曾有人实验魔摆，不能自动，此诚然。以纵有放射力当有限度，不能从室外撼此一孙之物也。均未果。世有好事者，不妨先我一试也），与此更可互为佐证。鄙人旧曾搜集此种事例不下百数十条，颇欲以归纳法发现其一定之法则。近已稍稍就绪，唯尚无余暇以足成之。兹先以一部分发表于贵誌，颇欲引起海内学者之研究，或加以是正。则真理出而邪说息，世人亦可以免于眩惑。否则枝枝节节而求之，虽日辨万言无当也。贵同人多明达之士，其亦以为然否乎？余不尽。

莫等上

读足下致独秀先生书，以科学解释吾人未能解释之问题，讨论归于正轨，无任钦佩。然来书所讲解，仍不能清晰确切，或因名词不的，致有误会欤？兹将鄙人之疑点陈列于下：

（一）来书所谓极微细分子究作何解？近人以分子译 molecule，以原子译 atom，以电子译 electron 或 corpuscle。如谓极微之分子为 molecule（分子）或 atom（原子）则未闻分子或原子能放射者（如放射二字依现今承认之意义言之）。惟镭（radium）釷（thorium）及錒（actinium）当放射光线（rays）时，另发出泄物（emanation）确为气体，可冻成液体，可以分光镜考察其光份（spectrum，光谱）。然此种泄物，为其母原质之原子疏解（atomic disintegration）之产出物而又变为他原质。泄物之发出，与光线之放射，虽是两事，然永相依而行。未有物质无光线之放射，而有泄物之发出者。光线放射，泄物发出，皆惟铀与釷二类原质有之，不能如来书所云

"无论何物何时皆有也"。如谓极微细分子为 electron(电子),如放射物所放射之 LBR 光线中所有者。然电子之体量,依汤姆生(Thomson)算,等于轻之原子体量之一千七百分之一,氢之原子圆径为一亿分之十四米里密达。电子之圆径,又为此数之一千七百分之一,其小极矣。现今极端显微镜用 Zigmonly 氏之法,可于如胶的溶液中窥见一百万分之六米里密达之圆径之微点(particle,微点乃小物质之总名或为一分子或为多分子集合一处)之摆动。有机物中,如蛋白(egg albumen,分子重量为一千七百)、胃酵(pepsin,分子重量为一万三千)等,其分子甚大,自可以此法窥之。至电子乃现今设想物质极小之单位,未闻如来书所云"将来亦可望见及也"。

(二)来书所谓放射,是否为 radioactivity?如所云放射,亦如现今承认之意义为 radioactivity,则不能如来书所云,热无时不放射,声亦无时不放射。夫辐射之热(radiant heat)与光,同为以太摆动之结果,故与光受同一物理的定例之管辖。然此种以太之摆动(见后文),与放射体之发出泄物,与放射 LBR 光线,迥非一事。至声为物质摆动之结果,更与放射无关。

(三)来书之寻常放射,特殊放射,究作何解?吾人现今研究之放射的化学,皆为原子疏解(与来书中解体同义)之原质之化学(来书所言特殊放射或指此而言),放射乃原子之性质言其变迁,皆在原子之内,非如普通化学以原子为单位者也。无物理的方法,可增减放射之速率(放射者,专指 LBR 光线之放射而言,若泄物只发出,可因温度高低而变)。LBR 之放射,以原子疏解而生。原子为何疏解,其理论有二:(1)亚姆司特郎(Armstrong)曰:"凡有放射性之原质,皆由氦(helium)与他原质所化合。因放射体所产生之物,其中必有氦。氦与他懒气(inert gases)性质虽懒(言不能生化学变迁也),然与他原质相合,则化力极强,故有放射之性质。如淡气性质亦懒,然凡与淡化合之物,化力极强,如各项炸药是也。"此种理论,全以与淡气之推较为据,基础不能稳固,近世信者甚少。

（2）鲁司佛（Rutherford）与苏底（Soddy）曰："凡有放射性之原质，其原子之组织皆不固，故原子之各部解散，是为原子疏解，是生放射之现象。当其疏解之时，有甚大之能力发现，故放射 LBR 各光线。"是说也，复有汤姆生之电子说助之。汤氏曰："凡原子皆为许多电子集合而成。电子自动。若自动之速率，缓于一定之界数，则不能牵摄各电子而成原子，于是原子不稳固，遂破裂（即疏解）而生放射光线之现象。"现今所用放射之名词，俱代表此现象而言。热与声不能言放射也。来书所言特殊放射，想系以上所言之放射。至寻常放射，现象如何，则现今科学中所未闻及者也。

（四）无论何物何时皆放射是否有科学的根据？能生以上所言放射现象之原质，依吾人官肢，再以仪器辅助而研究所得之结果而言（凡官肢所不能考察，再以仪器辅助之而不能考察，科学家决不承认为已定之事实），仅有铀与钋及铀钋所生之原质而已，他原质不能也。［钾 potassium，鑪 khubidium（编者注："khubidium"今为"rutherfordium"）二原质亦稍放射 B 光线。然钾鑪决无变为他原质之事实。故二者之放射极少 B 光线。与铀钋类之放射 LBR 光线，是否相同，尚不可知。况放射皆为极重金类之性质。钾鑪甚轻，不能与铀钋有同一之放射。］至放射体之发射，有平衡以持之，诚然。如铀之与镭，永成一百三十五万与一之比例，言有如许之镭变为他物必有如许之铀变为镭以辅足之。故镭之放射，不增不减。镭之平均寿数，可由直接实验得之。铀之平均寿数，可由铀与镭之直接关系而得之。若云铀既变镭，镭既变为他原质，则所有原质，如炭轻等等，亦当有如此之变迁，此中古自命为亚里士多德哲学家所用之三理推论法也。今日科学昌明，此法尚能行乎？但西方学子，亦曾有一时有此意见，不足为怪。然决无以此为已定之事实者。苏底曰："虽有人曾以为（毫无根据）所有物质，多少有些放射，如古时曾有以为所有物质，多少有些磁性，但今日吾人仅承认，放射者乃一极罕见的物质之性质而已"。至云镭无所不存在，虽空气泥土，皆有少数，更为无稽之谈。若云空气中有氡，氡为放射体产出物之必有物，故镭亦为空气中之必有物，无科学的证据。然吾人化验空气而得氩,则承认空气中有氩,化验空气而不得镭,则不能承认空气中有镭也。又产生放射体之矿物有数,如黑铀矿(pitchblende)、加挪(carnalite)皆为极罕见之矿物。未闻普通泥土中能有此等矿物者,则泥土中之镭何由而来乎?若云人身亦有此等放射物,更与事实相反。凡有机物之吸收食料,皆因渗漏压力(osmotic pressure)由食管或根而入躯干之各部。故可吸收之食料,必为溶液。凡重金类皆不能溶解于水,故不能入有机物之躯干。铀钍镭,皆金类之重而又重者,安能入人身乎?

（五）色声臭味自科学方面言之,不能相提并论。色者缘于物之收吸太阳之不同的光份而定。声与光热,俱为动能力之换相。物质分子(molecule)自动不已。自动速时为暖,自动缓时为冷。因分子自动而摆动以太,是为辐射之热,是为光。可以传于他物。因分子自动而摆动空气或他物质,是为声。至臭则由于物之少数分子与嗅官相触而生。故有臭之物,皆为有机物,因为有机物皆有昇发性(volatility)也。味亦然但非少数分子与尝官相触所可生耳。夫热与光声皆为动能力之换相。皆由分子自动(非放射)而生。则凡物未到绝对零度(absolute zero)270以前,尚有辐射之热,可传于较冷之物,自不待言。黑暗尚有光,静时尚有声,亦无足怪。以声聋与常人相较,即可知,不需以夜出之鸟兽为喻也。

（六）鲁滂物质消灭之说,并无科学的根据。鲁滂非放射化学家,欲用放射化学而成其学说,谓放射之光线为黑光(lumiere noire)。然其"物质无时不消灭"之谈,仍系玄想的(形而上的,metaphysical),非证实的(positive),不足引以为据。且放射体之化学,可容物质消灭之设想,并不能证明物质消灭之学说之确实,依放射体的化学而言,可设想自有放射性的原质之原子放射出之电子,或聚集而成氩,或聚集而成他原质。倘有电子逃失于以太之中,则一原子每次放射之后,其本身之物质,必消灭若干。此不过一空浮无着之玄想,非科学家所承认之定论也。

未有人类以前之生物[1]

中古哲子终日思索人类起原之问题,不能解决,谓为"神怪之神怪"。自进化学说发明后,吾人咸知人类原于猿,猿原于较下等之动物,较下等之动物复原于最初之生物。然此最初之生物缘何而来。不亦"'神怪之神怪'之最神怪"者乎?

生物有机,矿物无机。无机物之消长由于外,有机物之消长由于内。然两者之消长,皆受物理的定例之管束,此近今科学进步中最要之点也。今试以高等动物言之:高等动物能思索,能记忆,等等,是谓心理作用。究之,心理作用,即生理作用中之最精巧的一部分耳。如思索记忆等等,皆为能力发现之现象;能力以物质变换而发现,故亦即为物质变换之现象(如感觉有可量的速率。凡脑力握住一印象时,神经物质有一定的化变。下次忆及此印象时,其神经物质,受原路趋向之指使,生同一的化变。又凡用脑力时,脑经物质受养化而成简单物质以供思索等等之能力,亦如用筋力时,筋肉物质受养化而成简单物质以供运动之能力也)。其他如消化循环排泄等等(包植动物而言),是谓生理作用。究之,生理作用,即化学作用中之最精巧的一部分耳。故有人谓为生理化学作用(生理化学作用,包生理力学作用,如目珠之旋运心、之张缩等而言。因

---

[1] 本文原刊于1919年1月15日《新青年》第6卷第1号。

力学作用，亦原于化学作用，如机器之运动，原于燃料之燃炬)。近人用研究无机物之化学之方法，以研究酵类及有机物之如胶的物质，其所得之结果，已自定性的而进为定量的：换而言之，凡生理化学问题，亦如普通化学问题，同受物理的定例之管束也。知此，则于最初生物之缘起，较近一层矣。

最初生物原何而来？即原于矿物而来。百年前之化学家以为有机略之化学，另有一"生力"主之，非如无机略之化学，受物理的定例之管束。自一八二八年乌罗（Wöhler）自高核酸化氢制出尿素，开自无机物制出有机物之门，于是"生力"之谬说始灭。至近今则无生命的有机物之原于制造者，已多不胜举矣。又一九〇五年，波特罗（Butler）以沸汤（bouillon：以无生命的有机物和盐水煮成，以供培育微霉之用者）置之镭光之中，见其中生有细微之结构，与生物之结构相同。由此推之，可知无机物质，在一定特别环境之中，可结构为有机物而具生命。而此新具生命之有机物，其内部之化变，复与其环境相合，而能支持其生命，而能诞育其种子，于是生物界成立矣。总之生物之特相为生命。生命为何，即生物之组织中，各小部分内（一细胞）之各种物质之支配，恰与其环境相合而生者也。如此之支配，化学家尚无此能。将来能否，非吾人所敢断言者也。

生物既发生后，则随各时各地不同之环境，变换其结构以顺应之：是为进化。因各生物之环境，偶有差异，遂分途进化以顺应之：于是生不同之种类。各生物之进化愈久，其结构之区别愈大：取植物之途者，进化至双子叶，取动物之途者，进化至人类。植动物之分类，即依其进化之等级为凭，可于普通植动学书中求之。兹将植动物各大类之特性，可以表见其进化等级之高下者，撮要书左。

甲　植物

隐花　以楠（spore）生殖。除蕨类外，其细胞皆未能分出各种不同之样式，以应各种不同之用。

藻类（其细胞皆同一样式）、菌类（无色粒，故不能吸食炭养二。） 二者之孤生交生时期，皆无一定之秩序。

苔类　在交生时期中，发达最盛。

蕨类　已有水管系，但尚紊乱（非如显花植物之水管系有定）。在孤生时期中，发达最盛：此已与显花植物相近矣。

显花　以子生殖。

裸子类　其子外无秕壳。雌雄蕊不同花。

包子类　其子外有秕壳，雄雌蕊多同花。

单子叶

双子叶

乙　动物

元生　为一丛膜浓质（protoplasm）所成。

多窍　其细胞之集合，始有内部外部之分。

腔肠　始有一定的消化机关。

棘皮　始有神经系。

环节　始有繁复血管，有作心用者，有作肾用者。

节足　各节始有不同之附足，以供不同之用，如咬嚼攻守泅行是。

逊软　如软体，而呼吸循环诸系不及其完备。

软体　呼吸以腮。心始有三个一定的房。除片腮外，皆有齿盘以助消化。

脊椎

鱼　始有脊椎。始有齿。

两栖　成壮后始有肺，故能居陆。

爬行　居陆之能增加，已完全脱除以腮呼吸之机能矣。为两栖与飞禽乳哺二者之过渡。

飞禽　心始有四房，故净血污血不混。齿变为喙，血始温。

乳哺　体隙内始有横膜。粪溺始不同出口。始以胎生。

欲求生物进化之具体的证据，当征之于化石。化石者，古代生物之代表也。然生物必有坚结部分，如介壳骨架之类，始能成为化石。下等生物非皆有坚结部分者：故地层之化石，不能将上表所列之生物，每种每属，一一皆代表之而无遗也。然即地质历史中之地质变迁，及化石所代表之生物之变迁，合而考之，已足为生物进化之铁证。兹将地质历史中之生物变迁，与各代中新出之生物之特性，可以表见其进化之等级者，约略言之如左。

地质历史分为四期：一无生期，二古生期（古生期又分为二期。一曰初古期。二曰中古期），三新生期（新生期亦分为二期。一曰中新期，二曰次新期），四人生期。

无生期　当此期时，球面境况（如温度过高，空气及海水中所溶化之物质过多，等情形是），不能发育生物，故无生物。

初古生期

第一代（堪伯林代）　节足门之三叶极多。

第二代（奥岛代）　多窍门之笔形极多。

第三代（寨鲁林代）　始有鱼；然其头尚有头甲，其骨尚为脆骨，盖初自节足（如虾蟹）变来者。笔形灭。

中古期

第一代（泥盆代）

鱼极多，故又谓此代为鱼代；然皆无归硬骨目者（硬骨为鱼之高等）。其鳞皆硬。鳞与齿组织同，鱼之有齿，即由鳞进化而来。其头多有头甲，未脱节足之遗式。有一节足类名翼耳者长至六尺，灭于此代之末叶。

植物：有藻类，蕨类。蕨类至此已繁盛矣。如凤尾（今之凤尾草）古苇，高可数十丈。美洲泥盆系中，已有一二归裸子类之球实（如松柏是）。

第二代（石炭代）

动物：始有两栖。盖煤层成立之时（世界煤层多成立于此代，故名石炭代),沿海地面时升时降,极其无常,故动物须能水陆两栖。然此代之两栖,皆归今已汹(编者注:此处"汹"应为"淘"之误)汰之曲齿目,乃两栖之最下等者。

植物:以蕨类为极盛(成煤之植物皆蕨类,)。古生期中,空气富于炭养,故成煤之植物,极端发达,此后所成立之右层,以灰石为最多,盖空气中之炭养,渐为海水(海水中有基性物)所收吸(多经生物主司)而成立者也。

第三代(二叠代)

动物:始有爬行。三叶灭。鱼类衰。

植物:蕨类渐衰。裸子类渐盛。

中新期

第一代(三叠代)

动物:爬行渐多。各种爬行之齿之形状不一。此代有一爬行生物,名堆齿者,为爬行及乳哺间之过渡生物。

植物:裸子类已极盛矣。

第二代(侏罗代)

动物:爬行发达极盛,故又谓此代为爬行代。其归翼蜴目者,拇指甚长,拇指与身中,有一如布之皮联之,如蝙蝠然,可飞,乃近于飞禽者。始有飞禽名古翼者,见于此代,有齿如锥,盖初自爬行进化而来者。

植物:仍以裸子类为极多。始有包子类之单子叶。

第三代(白垩代)

鱼类已以硬骨为多矣。爬行虽大而多,然多灭于此代之末叶。其归翼蜴目者,有一种,两翼张时,可被及二十五英尺,其归恶蜴目者,有一种,长八十尺(有谓生物将就灭时,极端发达其支体之积量而增加其强力以避淘汰。塞鲁林代之翼耳,石炭代之蕨类,白垩代之爬行,皆然,是谓"进化而不得其道",盖不与环境相合也。结论中当申言之),皆不能免于淘汰。飞禽类尚有齿。始有下等乳哺之单管(如今之鸭嘴兽)有袋。(如今之袋鼠"更格卢")

植物:始有双子叶。

次新期

三等代(此期仅有一代)　现今球面之海陆形势,皆为此期中之地壳绉动所规定。凡现今球面盛行之生物,皆发生于此期。

动物:鱼类多硬骨。爬行之生存者甚少。飞禽始有凸胸;凸胸乃高等飞禽,如吾人所习见者。其与爬行相似者皆灭矣。乳哺之下等归有袋类者渐少。归有蹄类之河貘,见于此代;河貘进化经四趾马、三趾马、中趾马,而至现今之一趾马(赫胥黎所考)。犀象牛羊第已多。猿亦出现于此代。

植物:单子叶双子叶皆极多。

人生期

第一代(冰川代)　当此代时,球面大半,被以冰川。此代末叶,始有人。与此代之人,与毡象同居(毡象多毛,可御寒,现今惟热带有象,毡象之齿,与现今之象齿不同,毡象今已灭。)。

第二代(新成代)

动物:人类最盛,渐由野蛮进化而达于各人期望之文明。

此上表中所列,皆生物学地质学中之简要,即无专门生物学地质学之知识,亦不难一览而知。至人类野蛮时代之初幕,将于下期"未有历史以前之人类"中言之,并将附以结论一篇,结言进化之真理云。

"鬼相与他心通"①
问题答读者信

足下所论趋于思辨的哲学,自难免有幽玄难解之初。然有一弊就是界限未能分清。物质一元是一事,物质生灭是一事,鬼相念写又是一事。宇宙之根本的真理,总只有一:各科学,各方面所研究的,原有彼此会同之处,然我们确切之经验不够,断不能作早期的普遍(hasty generalisation)。兹将我所知道的略说几句如下。

物质一元 古希腊的哲学家,以地或火或水或风为物之原质,即有物质一元之思想。后来科学的知识增加这种思想仅有历史价值了。十九世纪之初布劳司特(Proust)见原质之原子量皆为轻之倍数,故以轻为基础的原质,他种原质,皆由轻集合而成。后来化学分析,愈加精密,乃知原质之原子量,不是皆为轻之倍数;一八六〇年施达司(Stas)将此说破除。其余之借证,则同质之原质,往往产于一处:如银与铅,硫与 磃,钾与锂,镭与铀,皆同产于一处。其最有价值之辩论,则以光份之试验(odectsum)与电子论为凭者,是也。光以以太波动而生,以太之波动,由于极小的物质或为分子(或为分子或为原子或为原子之内部)之摆动。朋孙

---

① 本文原刊于1919年4月15日出版的《新青年》第6卷第4号"通信"栏。题目为编者拟加。

(Bunsen)研究光份之现象,见气体光份之有定,而推论气体分子中各部之摆动,极有规则。又因光份可为磁力所扰变,有人推论分子中之电子,可为磁力所扰动。又考察星与火云之光份,见火云之光份,皆在红的一端(光浪极长),而知其中有轻及地球未有之气体。他星球之光份,则有近于紫的一端者(光浪极短),而知其中有镁、钙、矽、养、炭等原质。总之,星球愈新者,其中之物质,愈多原子量甚小的原质。星球愈老者,则其中之物质,愈多原子量甚大的原质。所以有人说,当温度极高时(火云星中之温度约为四万度),物质之原子皆以受极大能力而析破。然此只能推到温度渐低,原子量甚小的物质,可变成原子量甚大之物质;不能推论到星球可自无而有,复可自有而无也。至因原子量之公差为四,而以轻氦为基础的原质之说,是诚有之。兰姆塞(Ramsay)亦曾说过,但未著为定论。但是这个猜度,是以亚姆司特郎(Armstrong)之氩的放射论为根据。亚姆司特郎以镭之放射之光线变成氩,又以氩与淡为同性质之原质,故创成其放射论。曰:淡是个最怪的原质。分子的淡极其懒惰。原子的淡极其猛烈(淡之分子中有二原子)。以此较论,氩与淡是同性质的,故氩必为多原的分子(一分子中不只一原子)。若分氩成原子,则极猛烈,如放射体中所储的,是也。由此断言,凡放射体,皆为氩之化合物,当射出氩时,即生放射之现象。以轻氦气为基础的原质者,更进一层说,即非放射体亦为氩之化合物,不过其能力不能发泄而已。然以气体比热之比例计之,已断定氩及其他惰性的气体,即为单原的分子(一分子中仅有一原子),则此理论已根本打消矣。现在较有充足理由之说,则为罗司得与苏底氏(Rutherford and Sondy)原子疏解之理论,是也。

物质生灭 持物质生灭说者,必以放射论为科学的根据。但苏底、罗司得已言放射为一罕见的原子的现象,非每原质皆如此的。即以放射体言之,其各级相持之均势永不变,镭之生灭必相等,故物质总数,乃是不灭的。至于原始之问题,恐非我们有限的意志所可研究的。即电子论而言。原子由于电子。电子为负电子在正电场中旋动而来。真空之中,何以能自分成正负二电，乃是不能解的。至于凝集物质，足下说无人能否证即可成立，此是借负辨（negative argument）为根据，是科学家所最忌的。如以负辨为凭，则宇宙之间，我们要说有我们未见之黑星。其多或如明星，有何不可？凡未入意识界者，科学家必断其无，哲学家虽不敢断其无，亦不敢断为必有也。至于新奇现象，是科学家最欢喜研究的，不过所根据之事实，须确切不谬耳。其头脑并不冷静也。

鬼相念写　鬼相念写，与物质生灭之关系，想以人心能凝集物质为根据。依科学的经验言之，原子变换，惟镭及其同类之原质能之，空气、泥土、人身必无镭，已如上次所言。则此种玄想，在科学上无存在之理由。若云有人能凝集物质，我们不能的人，虽不敢断言人家也必不能。然外界之真状，有公众的意义，如云一人能，一人不能，一人见鬼，一人不见鬼，则不过如欢娱嫌夜短，寂寞恨更长，都是主观的分别罢了。这不是我能说的，不多赘。

王抚五

科学的起源和效果①

我们现在讨论的问题,中间有许多地方,都牵涉到心理学。我并不是心理学家,为何敢做这篇文章呢?因为这篇中间所记载的,有些是我自己原来的意见,后来在书上找出来,不约而同的,有些是书上的理论,我把他推论出来,我自己觉得没有违背逻辑的。所以我相信这篇所记载的,至少总有一定的真实的元素。况且这篇所讨论的,是很有兴趣的问题,无论这篇的价值如何,我并不持抱歉的态度。

科学的起源

科学的起源,不是偶然发现的。因为人类是有理性的动物,有种种心理的根据,可以发生科学,我们现在把这些心理数出如下:

(一)惊奇 人类都有惊奇的心理,我们看见一物,必讶问这是什么东西;遇见一桩事,必问这是什么道理。这种种惊奇的心理,就是科学的

---

① 本文原刊于《新青年》1919年12月1日第7卷第1号,《新青年》杂志社编辑。

起源。最初的人类,看见天然界中日月山川草木鸟兽各种不同的现象,首先要辨识这些现象的不同,然后要解释这些现象的道理。把这个心理往前发展,就是科学的进步。但是有一班哲学家说:惊奇的心理,只能创造宗教,不能创造科学,因为人类到惊奇不能解释的时候,就把神来解释。那心上就圆满了。我觉得人类有惊奇的心理的时候,总想得个理性的解释,如果想了多少法子,还不能解释,方才归依宗教。所以惊奇的心理,对于科学的起源,总有一部分的潜力。

(二)求真 无论何人,总想明白万事万物的真理。人类的心理,总是信真实而不信假伪的。就是迷信糊涂的人相信假伪的,他的心上是把假伪当作真实;如果有人叫他明明白白地知道他所信的是假伪的,另外还有个真实的,绝没有不"舍其所信而信之"的。阿拉伯成语曰:"不知其不知,才叫做愚。"若是能叫他知其不知,他便不是愚了。就是有心作伪的人的心中,仍然有个求真的趋向。

罗司金(Ruskin)说:"求真的渴望,仍然存在于有心作伪的人的心中。"这话深有意思。例如点金化学家说铜钱可变为金,这个学说盛行一千年,但是自十七世纪,有人证明他是假的,也就没有人相信了。又如星卜命相之流,他的心上何曾不知道他所说的都是骗人的,不过因衣食名声,不得不说诳话罢了。但是有一派悲观的哲学家,以为人爱欺骗(Man loves deceit,就是假伪),这话我还未敢深信,因为人所以爱欺骗的缘故,还是由于"外铄"的,不是由于天性的自然。

(三)美感 美感,无论是物质的,是精神的,都是人类所共有的。物质的美,是外界的可以感触器官的美。精神的美,是心理上的异中求同综合的判断(synthetic judgment)。然而精神的美,常常隐在物质的美的后头。科学家以为天然界是美的,因为天然界各部分的秩序(order of its parts),是恰恰支配得得当,不是紊乱冲突的。这是物质的美。我们把异中的同点综合起来,成了理论定律,用它去推论、审读、判断,也是不紊乱的,不冲突的,这就是精神的美。这物质的美感和精神的美感,最初的人类也有的。考古学家查得冰川时代的洞居人类乘在灰石上所刻的毯象的图像,有写实的意思。试问那样野蛮的人类,为什么要图像呢？是因为他们有物质的美感的缘故。最初人类,解释现象界的繁复,也想用一种综合的方法成一种有系统的理论(参观以下说简约节),是因为他们有精神的美感的缘故。科学家何以尽心竭力研究科学呢？因为科学中间有和一(不紊乱不冲突参观以下说美节)的美。所以科学的起源和他的进步,美感也是一个主使的原因。

（四）致用　这个科学的起源,要分两层的说法。在太古的时候,这个想致用的心理,对于科学的发生,或者有很大的潜力；因为那个时候的人类,穴居野处,茹毛饮血,渐渐觉得天然界中所有天然的器具,实在是不够用的,总想拿这些天然的材料,制造一番,来供给他们饮食起居的日用。但是我们现在的科学,是在文艺复兴的时候重行出世的。当这十五六七世纪的时候,那些科学家,像加里里约、牛敦并不是为致用而研究科学的。一直到了近来五六十年间,才有许多科学家,特意地为致用来研究科学的。所以致用这一层,在中古期的科学降生,没有什么力量。不过近来的科学的进步,致用也是一个很重要的主动(motive)。

（五）好善　人有好善恶恶的本能。卢骚(Rousseau)说:"我们不知道什么是绝对的善恶"这话不错,但是我们心里总有个比较的善恶。这个比较,是从辨别得来。科学是辨别的武器,不是糊里糊涂的把前人所说的善恶就当作善恶,必定要明明白白地研究出一个道理来。如果要能辨别善恶,来做行为的标准,必定要发达科学。

（六）求简　宇宙万象,繁复不同。古时人类,已经想提出一个纲领来,研究宇宙的真理。因为对于繁复的东西,若是没有简约的方法,剪（编者注：此处"剪"应为"简"之误）直是对付不了,理不出一个头绪来。所以科学之唯一的方法,就是简约。至于星卜命相各种邪说,都是故作繁难,不要使人家懂得清楚的。因为如果人家懂得清楚,他的本身就不能存在了。古代点金化学家,也是如此。他教人家点金的方法,故意用颠倒错乱的数目，来蒙蔽人家。人家学过，仍然不懂。倘人来问他，他便答道："你下次就可以稍为清楚些了。"所以这些邪说，是科学的仇敌。科学是从繁复之中，用简约的方法，理出头绪来，刚刚合我们心坎儿上所要懂得的。譬如我们有书一架，各色不同，若有人把他编成目录，叫我们可以随时取阅，不费时力，我们必定感激他。科学就是替我们在天然界这个大书架上，用简约的方法，理出一个目录来，我们怎得不感激科学呢！

科学的效果

我们人类依据以上种种的心理，来研究科学：科学的发达，就是这几项心理往前发展。现在我们要问：科学既是依这几项心理而发展，还是每项心理，有一个特别的效果呢？还是他们的发展，都趋向同一的途径呢？我们的答案，是"一定趋向同一的途径"。第一，因为奇和真实是递相发现的；第二，因为真实和美、和功用、和善，原是分不开的东西；第三，因为真实是由简约得来的。怎么讲奇和真实是递相发现的呢？不懂得的就是奇，既懂得以后，拿来应用，不得生谬误的，就是真实。我们因为惊奇求真两种心理来研究科学，期望能懂得这个奇，又渐渐地逼近于真实。如算学的得数，先得万位，再得千位，再得百十单位，再得小数，一层一层地逼近。然而当每层前进的时候，层层里面有现象发现。这就是奇。再从这个奇又往前研究，我们的知识更增加，我们又得一层真实。凡是研究科学的人，没有不知道这个道理的。例如鲍以耳（Boyle）研究气体的行为，看见气体的体积，因压力而变迁，这是个奇。因此研究，就得了"气体之压力与其体积成反比"之定律，这是个真实。但是这个真实，仍不是绝对的。从此再往前研究知道在一定的情境之中，有新现象发现，就是"气体可变为液体"，这又是个奇。因此研究，就得了气体变液体之理论,和分子的物理之知识,这又是一层真实。从此再往前研究,又有进步,知道"液体变为气体之时,必收吸热若干",这又是个奇。因此研究,就得了热和形体变迁的关系,这又是一层真实。因惊奇求真,于是研究科学,得和真实相逼近。奇是无穷的,真实也是无穷的。知识增加,层层不绝,我们所以有许多的乐趣在这里。罗司金说:"知之不全,而又知之不已,人生之乐,莫大于此。"唐姆司(Thomas)说:"我们所得之真实,可以逐渐进步,并且可以随时增加确切。"科学家对于绝对的真实,自然不能断定他是已得的,然而就此逼近的真实,叫我们有预测的能力,也不妨就把他叫做真实,至少也可以把他叫做"实用的真实"了。

怎么讲真实的就是美的呢?美有两个不可缺的元素:一是秩序,一是谐和。譬如一室之内,桌椅图画,东倒西歪,毫无秩序,绝没有美之可言。又如一队音乐,嘈杂无章,各乐器所发之音,不相谐和,也绝没有美之可言。这两种性质,在科学里边发展得最完备。因为各科学都以算学为基础,算学是最真实的。所以算学秩序整齐,丝毫不可紊乱。必先得第一层的张本(data),然后能得第二层的得数(result)。不能无凭借而妄行,也不能桎梏而迁就。又算学的理论,彼此谐和,绝没有自相冲突的地方。例如一个问题,用数学算之,其得如此,用代数算之,其得数也是如此,用方格图算之,其得数也是如此。因为这些得数,都是真实的,就是气体之定律,如鲍以耳之定律,格罗撒克之定律,达尔敦之定律,都是左右逢源,无一点悖谬的地方,因为这些定律,都是真实的。就是生物学社会学里边各种理论,有貌似不相调和的,然而自科学的精神(科学的精神,指算学确切的精神,并不是说种种学说,都要拿算学公式来表明他)。输入生物的社会的学问之后,这些学问里边的定律理论,都是逼近于真实的,并没有不相谐和的地方。就拿达尔文和克尔泡得金的学说来说,外貌好像两相矛盾,其实并不是不谐和的。达氏的学说是强的存,弱的灭;克氏的学说是互助的存,孤独的灭。但是我们要记得达氏的原文是:"最适宜的就能生存"(The fittest survive),和克氏的学说并不冲突。况且"强弱"两个字，不是专指体大力强说的。因为地质历史上，人类历史上，有许多体大力强的东西，反来都灭了，是因为不适于环境的缘故。互助是发达人为同情，是合于大家的心理的，那才是真正的强。这样看来，克氏的学说是比达氏的学说更加精密，更逼近于真实，并不是不谐和的。科学是以求真实为目的，真实的才能有秩序，才能谐和，有秩序而谐和，就是美。

再从心理的一方面看来。我们观察外界，有千千万万的影子，和我们的器官相接触。当这个时候，如果我们的智慧，不能看出他们的同点出来，一把握在掌中，我们遇着无限的接触。只好见一个菩萨磕一个头，那就不堪其苦了——那就没有美感（就是愉快）之可言了。幸而我们的智慧，有这个综合———一把握在掌中——的能力。不但在不同的接触之中，寻出同点来，并且把未曾接触的将来都可以综合在一处来预测他，没有紊乱，没有冲突。这个综合，就是知识的脊椎，就是思想的经济（是有用的），就是精神的美，因为它是有秩序的，它是谐和的，所以安德雷（Andre）说："无论美是什么东西，它的根本总是秩序，它的精液总是和一。" Unity 和一就是不冲突，就是谐和。朋加烈（Poincaré）说求美和求有用的心理，都趋向同一的途径（有用的就是真实的，见后节），因为凡是我们觉得美的东西，都是和我们的智慧相适宜的，所以我们可以懂得怎样可以利用他的。

怎么讲真实的就是有用的呢？科学对于物质文明，贡献得如此之多，这是很便易看得出来的方面。物质文明，替人类增加许多幸福，把人类的生活，从不美变成美的。茫特因（Montaigne）曾说，"科学是一个最大的装饰品（美的），又是一个最良的应用品（有用的）"，但是这个物质文明，可是真有益于人类，我们可以应该享受它，还有些别致朋友（像托尔司泰一般人；"别致朋友"这四个字是吴稚晖先生给这一般人的徽号）都说不是！不是！在这篇里面，不能作详细的辨明，我只能截取科学的断案，说：科学的本身，是有益于人类的，我们大家都应该享受物质文明。

这是功利（utilitarianism）的方面，现在撇开不谈，我们再谈理论的一方面。我们的科学知识，都从物质的经验得来，真实不虚，无可辩驳的。科学战胜所得的地方，永远不会再被仇敌抢得去；因为依科学的方法，层层论断，是确切而不可移，最适宜于应用，决不至受他欺骗的。例如我们实验多次，水到摄氏百度即沸腾，因此事实构成定律，就可以预测无论何时何处的水（须非溶液），都是到百度就沸腾。又如几何学中的种种原理，把它量地，是准的，把它造机器，是准的，把它测算热光电动之分量，也是准的，就是拿它来研究社会学中人口货品增减各问题，也是准的。况且依这些定律原理推去，并可知道情境变迁之时，应有如何变迁的现象。例如水中加盐，沸腾点必加高。水上减压力，沸腾点必减低。因为这些定律原理论等等，都是真实的，所以无论用于何处，恰恰适宜，永不欺骗我们的。这不是科学的大功用吗？所以哥脱（Goethe）说："凡是适宜的，就是对的。"赫耳姆毫斯（Helmholtz）说："我们对于外界之表释（representation）何时算得真的呢？依这个表释，可以推出在一定的情境之中，必有一定的事实发生，且若变其情境，并可推出结果之同变。那么，这个解释，可以算得真的了。"换言之，凡适宜的可使我们预测将来的就是真实的，因为他是真正有用的。

怎么讲真实的就是善的呢？科学的致用如此的大，在上节里面，我们已经截取科学家的断案说，科学的本身，是有益于人类的。若是我们拿野心家资本家的罪恶加在科学身上，那就是不怪刽子手而怪刀了。科学既是有益于人类，那不就是善的吗？这是物质的一方面。再从精神的一方面说。科学所贡献于精神界的，分析起来，有两个新观念。第一，宇宙间的因果的关系。我们从试验里得了物质能力总数不灭的大理论，就是实实在在的证明有因必定有果。我们要得好果，须得我去做。我和物是分不开的，我是物的一分子，物是我的环境，所以科学的人生观，就是要求真实于生活之中。第二，是道德的真意义。从前人把盲信当作道德，科学家把怀疑当作道德；因为怀疑才研究，因为研究才有真是非，有了真是非（就是真实和错误），我们的行为，才有标准。所以科学的道德观，要能辨别是非（就是善恶），这是知的方面，就是以上所说的第二个贡献。又要能取是舍非，这是行的方面，就是以上所说的第一个贡献。苏格拉底说"知识就是道德"，同科学的"真实的就是善的"的意思很相同。

怎么讲真实是由简约得来的呢？我们要在宇宙不同的万象之中，求出真实，必用简约的方法，否则茫无头绪。所以科学家权量现象之分量，必减少其外来掺杂的情境，然后可以权量我们所要权量的。例如我们要量灯光之分量，必用一黑房，不让太阳光来掺杂它。我们要量空气传声之速率，必选择恬静的天气，不让风来掺杂它（量声之速率尚有它种精密的方法，现在犯不着细讲它），这就是用简约之原理。凡是科学之方法，都是以算学为根据，确切而不模棱。赫切耳（Herschel）说："数目的确切，是科学唯一的灵魂。"因为算学是简约的，纵是高深的算学原理公式，终是有层次，有秩序，可以寻绎，决不是紊乱无章，这就是比较的简约。因其简约所以有用所以是真实这种思想，古代人类亦已有之。试看古代神异学说，以神鬼为操纵宇宙之主。然终承认天然界中，有一种天然力，虽神鬼亦须服从——中国人说是数定的——这就是承认天然一致之定律，这就是简约之方法。不过他们所用的材料，不是真实的，没有实验可以证明，所以闹到神异莫测的地位。科学是平民的学问就是普通的智慧，都可得其门而入；因为它是简约而可解的。都是真实不虚的。不是神怪莫测，把我们送到莫名其妙的地位的。试看科学中最普遍的最真实的定律，莫过于牛敦的吸力定律（万有引力）：

$$G=\frac{M\times m}{D^2}$$

我们要知道这个定律，当先是他把两个球做试验而得来的。若是把三个球做试验，这三个球吸力的互相的关系，已经很复杂，不能拿这样的简单公式可以表明得了的。若是用四个球五个球——百个球千个球，那就更复杂，不能驾驭了。我们在前头说的异中求同的综合，也是简约方法。我们总要拿我们的智慧去驾驭现象，不能拿我们的智慧去跟随现象。怎么驾驭呢？就是简约的方法。用简约的方法，虽不能把真实完完全全地表讬（达）出来（这是不可能的），然而可以和真实相逼近，叫我们在较稳而有限制的地盘上去进行，不至于生出空疏、笼统、紊乱冲突的弊病来。波耳哈夫说，简约是真实的封锁。就是用简约求真实的意思。这样看来，真实和美、和功用、和善，是不能分开的东西。我们用简约的方法，可以渐渐和它逼近。但是什么时候可以能得着这个东西呢？拉耳默（Larmer）说：真实住在深井里边，我们永远不得到井底。然而我们要问：如果我们果然到了井底，那还有什么生活的乐趣吗？进一层说，那还有什么生活的存在吗？

科学的真实是客观的不是?[1]

近来欧美各国,科学发达,真有一日千里之势。多数的人,都承认科学是有益于人生的了。然而还有少数的人——像陶耳司泰一流人——对于这个意见,却有怀疑的态度,或者竟直有攻击的论调。他们所以怀疑和攻击科学的缘故,是因为有两个要点,他们没有懂得清楚:(1)他们以为科学是增加人类罪恶的机械,这种论调的公式,就是"科学是奴隶(Science is slavery)。"(2)他们以为科学的真实,完全是客观的,于人类的生活,没有什么相干。对于第一点,我现在姑且不讲,等到将来得便的时候,再来详细讨论一番。现在我们单独讨论第二点。

科学这件东西,不是天生成的,乃是由我们造出来的。简括一句说,科学乃是人类智慧的出产品。在心的方面,它和思想律相符;在物的方面,它又适宜于外界。内界思想之动作,有思想律可以管理它;外界宇宙之进行,有天然律可以管理它。这两界的现象都是有定的,然后我们可以构造科学。

我们在内界观察自己,例如思维记忆都是的。我们在外界观察外物,例如官支之感触都是的。我们的思想,不能离开思想之本身,无论如何驰骋往返,永远呈现一个和一(unity)的性质。宇宙的各方面,和我们

---

[1] 本文原刊于1919年12月延期出版的《新潮》第2卷第2号,国立北京大学新潮社编辑。

的官支，有联续不同的接触；由我们的智慧，把这些材料，构成多和异的印象（representation），再从这些多和异的印象里，求出它们的同点，综合起来，才能成有系统的知识，——就是科学。所以我们的自己，乃是外物变迁之认识所靠作标准的。简括一句说，"我"就是参考的中心点。

思想律是普遍的，凡我们的思想的动作，都受这个思想律所管理。譬如当我发给一个界说给一个长方或一个圆的时候，我心里必定记载着这长方和圆的表德——就是长方和圆的概念。如果别人所发给的界说，和我的界说相同，但是这个人心里所记载的长方和圆的表德，和我心里所记载的表德不同，那么，这个人的思想，就不能为我所懂；那就是说，我和这个人没有互相的了解。如果我的思想是合理的，这个人不是愚就是诬了；因为人类的审度，在同一的情境之中，必定得同一的结论。换一句话说，从同一的张本（data），必定得同一的得数。然而我们寻常辩论，每有意见不同，这又是什么道理呢？难道各人思想之进行，不是经历同一的途径吗？这都是因为事实的繁复，或张本不完备的缘故。如果张本是相同的，张本里各物对象的界说都是确定的，——各物的概念都是确定的〔赫胥黎把这种概念叫做物理的概念（physical concept）〕，那么，彼此同意，彼此互解，不但是可能的，并且是一定的，不但是一定的，并且是非如此不可的。

思想律既是普遍的，所以凡人的审度，不能为"我"所了解的，都是无意义的审度。凡人的行为，为这种审度所引导的，都是无脑筋的行为。譬如我们依经验而审度，冬天将来了，必定要冷的。如果有人说，冬天将来了，必定要热的，这不是无意义的审度吗？如果这人还要依他的审度去急急忙忙的安电扇，置热衣，这不是无脑筋的行为吗？

就是人类以下动物的审度，也是和人类一样的，不过他们审度的权能，不如人类的大罢了。现在就直线的审度而说，猫扑耗子，跳的途径，是个半圆形，然而它知道它跳的结果，是个直线；鹰打兔子，盘旋而下的途径，是个螺纹形，然而它知道它盘旋而下的结果，是个直线；蚕的行走，每环节里有各种进退左右的行动,但是它知道它行走的总结果,是个直线;蛇的行走,左右成之字形,然而它知道它行走的总结果是个直线,足见下等动物的简单思想,也和人类的思想,同受一样思想律的管理。

我们在宇宙中间生活着,必定要和外界的环境相适应,不但是支体的生活是这样的,就是精神的(智慧的)生活也是这样的。我们的支体,若是和外界的环境不相适应,决不能发达到现在的地步,我们的审度的权能,若是不能和"用我们的审度去应付"的外界环境相适应,也决不能发达到现在的地步。如果我们根据于观察的事实,去预测将来,而屡次受了欺骗(譬如我们看见每日太阳出来,预测明日太阳也要出来,但是到了明日,太阳不出来,这就是天然界欺骗我们了),那么,我们审度的权能,就无从发达了。赫胥黎说,天然界是永不冲突的。朋加烈说,天然界是和一(unity),设若天然界不是和一,天然界的各部,就不能互相影响,互相反应,但是彼此不相理会不相干涉了。从我们的经验,知道外界(天然界)的进行,有一定的定律管理它,我们的智慧,若是遵循思想律,一步一步地前进,可以渐渐地寻出这些天然定律。外界的物,为天然律所管理,我们的审度,为思想律所管理。科学的真实,乃是把"我"和外界的物同抓在一个不可分离的圈儿里。换一句话说,"真实"乃是由我们的智慧把外界的资料制造出来,并不是完全的客观的(参凡 Bouty's *I'm verite scientifique*)。由观察所得的定律,去审度将来,若是审度的现象,确是在这个定律管理范围之内,将来发现的结果,决不欺骗我们。如果欺骗,必定因为观察有错误,或不完备,否则因为审度不合逻辑。如果我们能免除这两个弊病(科学方法就是免除这两个弊病的器具),那预测和结果,必定是符合的。但是如果预测的现象和定律所根据的现象,不能完全皆同,那预测的功用,只能指示我们一定的途径,究竟将来的结果,是否和他符合,还得要试验的证明。赫耳姆浩司(Helmholtz)说:"我们对于外界的印象,怎样才算得真实呢?我的答案就是:凡我们对于外界的动作,这个印象可以明白告诉我们一个结果,而且在情境改换的时候,这个印象又允许我们由它推出一个一定的结论,那印象就可以算得真实的了。"这就是"最适用的就是真实"的意思。

再深一层说,当我们和外界的一部分相接触的时候,我们看出有些性质依我而定的,有些性质不依我而定的。前一类的性质,叫做主观的元素,例如我和物的距离,和我所用以观察外物的角度,都是的。后一类的性质,叫做客观的元素,例如密度、坚度、颜色,都是的。这主观客观的元素,竟直可说是无限的多;我们的脑子只能从这些元素之中,选择若干,保存起来,这是我们经验外界的时候,一个重要的手续。这个手续,引导我们到概念之构造。由此可见概念之构造,有强订的色彩,我们为何选择一定的元素,抛置一定的元素呢?因为凡是被我们选择的元素,都是能引起我们的兴趣的。概念之构造,既有强订的色彩,所以我们遇着新事实之发生,或是寻出主观元素和客观元素的关系格外确切详明,都可以修正概念。这样看来,概念并不是永定而不可移的。科学的知识,都倚靠概念作工具而得来;概念既是由主观的我选择元素而定的,足见对于科学之发生我们的智慧在经验的张本上的劳动,对于科学之发生有很大的功劳了。我们从这里又可以寻出一个要点:我们既用概念去表见外界的实在,又把这些概念和定律或事实合在一处再用假定作帮助(参见下节),经过逻辑的变换(logical transformation),而成为科学的理论(就拿气动说作个例子:我们对于气体、压力、温度、体积,有确定的概念,又知道它们互相关系的事实,把这些概念事实合在一处,再假定气体有分子,分子自动,再把第一层的经验,和第二层的假定,合拢推度下去。温度愈高,分子速率愈快,所以要占据的体积愈大;体积愈小,分子碰撞愈多,所以压力愈大。这气动的理论就告成了)。这些理论所呈现的结论,就是科学的真实,概念既是可以修正的,科学的真实,当然也是可以修正的了(参见 Picard's *De La*, *Methode dans les science*)。我们心里所有对于外界的概念,和已知的定律和事实,是很多而异的,这些东西,可以叫做最初的"原子"。依联合换合值理论(theory of combination and permutation)讲起来,这些原子可以成各种不同的结合式,这些结合式,决不能个个都是有意义的。然而我们何以能有创造的能力,从许多的原子之中,选择分出一定的适宜的原子,组织成一个有意义的结合式呢?到了这个地步,逻辑是不中用的,逻辑只能变换,不能创造。这创造的功劳,当归于我们的志愿!这些原子,在思想没有动作以前,可以说是悬在墙上不动的;到我们要发明理论的时候,由我们的志愿,选择一定的原子,并驱策这些原子出去,纵横驰骋,彼此互相撞碰——也许和悬在墙上的原子相碰相撞,并且把他们碰撞下来——就同气动说里的气分子一般,就便到了无意识的境界(unconscious state),这些原子仍是活动不止(这个无意识的境界,和对于这个理论思想尚未动作的时候不同。儿童夜里读书,往往有当夜不能背诵,到第二天清早,反能背诵的,也是这个道理)。一直到了这些原子,摆在适宜的地位,联合而成有意义的结合式,从此循逻辑而前进,可达发明理论的目的(再拿气动说来作个例子,鲍以耳、格罗撒克等等定律,和物有原子、原子自动的理论,好像是不相干涉的原子,然而把它们联合起来,并不是无意义的结合式,从这个结合式推度下去,就得上节所说的理论)。这样看来,我们创造理论,至少有一部分的原子,是为我们的志愿所选择的,所驱策的,然而我们的志愿,何以能选择适宜的原子呢?这是因为我们有智慧的美感。从许多纷纭复杂的原子之中,我们的直觉,可以告诉我们,那些原子是我们的智慧可以抓笼得住,而可以供我们使用,不至于发生紊乱冲突的弊病的,这就是说,我们的直觉,可以看得出,那些原子是彼此互相关系,恰如其分,有合一的美的(参见 Poincare's *Science and Method*)。

据此看来,科学的真实,是用我们的智慧,把可以引起我们的兴趣的材料,由我们的志愿使用这些材料构造起来的。这还是完全的客观的吗?

什么是科学方法？[1]

自孔德提倡实证主义，穆勒实行逻辑革命以来，科学方法之重要，渐渐为公众所承认了。科学方法是什么呢？换一个名字说，就是实质的逻辑。这实质的逻辑，就是制造知识的正当的方法。

知识原何而来，本是一个屡经辩论的问题。讨论这个问题的，大约可以分为两派。第一派说：知识是由经验得来的，是后天的；第二派说：知识是由理性得来的，是先天的。这两派所用的逻辑不同：第一派的逻辑是归纳，第二派的逻辑是演绎。我们且先看这两派的意见如何，再看科学家的意见，和这两派有什么不同的地方。

第一派的人说：宇宙之间，每件东西，有每件东西的特点，绝没有两个相动（编者注：此处"动"应为"同"之误）的东西。宇宙的全体，就是无数不同的团体集合起来的，并没有什么类，什么定律，可以管理他们。一万的人，有一万个不同的面孔，一万个人，有一万个不同的性质，谁也不能反对谁，因为各有各的道理，各有各的主观，没有两个人真正可以互相了解。所以我们彼此相待遇，应该要持互相容纳的态度，不能强迫人家同自己一样。而且依进化论讲起来，宇宙一层一层地持续不断，往前进行，每层所发现的，都是新的，决不会和已经过去的那一层相同。况且宇

---

[1] 本文原刊于1920年4月1日出版的《新青年》第7卷第5号。

宙之进行,既是持续不断的,那已经无层之可分了,不过我们智慧的习惯,把它分成层数,以期便于了解,便于研究罢了。这样看来,宇宙之行为,是没有秩序的,所以我们不能预测将来,即最近的将来,也是不能预测的。这是从异的方面着想,自然有充分的理由。然而宇宙间每个东西,把它分析起来,有无限的性质或表德,可以做我们的参考点。选择这些参考点之若干保存起来,就是概念;把这些参考点记录下来,就是界说。无论如何相同的两个东西,它俩的参考点,决不能完全都是同的,然而无论如何不同的两个东西,它们的参考点,决不能完全都是不同的。如果我们所经验的东西,每个都是完全不同的,那就无从构造科学了。但是我们这儿实在是有个科学呀!个体的事实,当然不能抹杀,然而,类和定律,是弃其异点,取其同点,构造起来的,是个最经济的方法,不过类和定律,只能做推测的指导,没有能够强纳事实入其范围的道理。科学是能预测的,但是我们不能预先断定,这个预测准到什么地步罢了。这是科学家和这一派不同的地方。

　　第二派的人说:宇宙间各件东西,都是有系统相贯串的,宇宙的全体,是一个和一,倘若宇宙的全体,不是和一,则宇宙之各部分,不能互相影响,互相反应了。然而宇宙之各部分,是能互相影响,互相反应的。换一句话说,宇宙是有秩序的,是有系统。我们只需得了这个秩序系统,就可以推论未知——预测将来,和"割牛得其纹理"一般。这就是因果律的道理。宇宙之间,有一定的因,就有一定的果,万众森罗,形形色色,都有叠相连续的因果关系。所以宇宙之进行,是有定的,是可以为我们所预测的。然而我们有时不能预测将来,又是什么道理呢?这是因为我们所凭借的张本不能完备的缘故。若是有一个超人,能够观察无限,记忆无限,思想无限,他一定可以广知四海,远知万世,丝毫都不差错的。科学最注重因果律——科学之成立,全靠因果律做脊椎,所以科学家承认宇宙是有定的。但是我们观察,是用我们自己的器官,不是用超人的器官(天眼通、天耳通);我们推论,是用我们的智慧,不是用超人的智慧。所以我们推论所得的结果,不过是或然的。这样讲法,和意志自由论并不冲突。意志自由论家恐怕:如果因果律是普遍的真实,则我们的意志,将有"为外境的因所强逼,去愿意我们所不愿意的"的时候,岂不是人类的大苦恼吗?殊不知因果律不过表明一种关系,因不能强逼果,和果不能强迫因一般,不过有个时间的先后罢了。我们的意志,究竟倾向何方,谁能说不受历史和环境的影响?只需我们智慧发达,能够把外界的情境分析得明明白白,让我们自由地权衡轻重,自有地选择途径,就不至于有愿意我们所不愿意的苦恼了。总而言之,宇宙虽是有定的,然而我们预测将来,不能完全是必然的,必得要有试验来证明它。这是科学家和这一派不同的地方。

科学家和这两派既有不同的地方,所以科学所用的制造知识的方法,也不是纯粹归纳法,也不是纯粹演绎法,它所用的是科学方法。科学方法有什么特点呢?概括起来说,它有五个特点。

(一)张本之确切

知识最初的起源,都由于器官的感触,但是在这些感触的时候,有一个智慧的我在里边认识他。这些感触所得的结果,叫做器官的张本。要造好房子须用好砖瓦好材木,要造真实的知识,也须用真实的张本。我们好多不真实的知识,如神异的知识,玄想的知识,都是由于没有真实的感触张本。科学中的观察,是极其小心的,用各种方法去防备错误,去减少错误,所以科学中的张本是真实的。而且科学中所用的各种仪器,不但可以得真实的张本,而且可以观察得到我们裸体的器官观察所不能到的地方。自望远镜发明,天空里不知添了几多星辰,自显微镜发明,世界上不知添了几多小的东西啊!

(二)事实之分析

当我们研究问题的时候,各方面的情境,呈具于我们面前的,淆杂混乱,梦如乱丝。我们必须把他分析到最小的部分,因为从最小的部分里边,易于看得出他的性质。而且如次分析之后,纵有错误,也易于寻觅出来。譬如电学家研究磁力,把他分成力线;力学家研究速率,把他分成微分。宇宙本是个毫无间断的连续,但是我们有认识的需要,所以我们必定把他分析出来。分析是智慧—理性的能事,科学中智慧发达最强,所以科学是擅长于分析的。必定如此分析,我们才能除却神秘的态度,而得个明白的态度。

(三)事实之选择

当我们比较繁复的事实而综合,或搜集过去的经验而构造假造的时候,这些事实经验,是无限的。若要从这些事实经验之中,取其有同点的综合起来,成一个定律或理论,不能完全凭借智慧—理性去决定,是要凭借我们的直觉去选择。即如科学家做试验去寻因果的关系,也只能首先凭借直觉去构造几个选择的假定,然后做作试验去证明他。但是既是凭借直觉,就不是方法所能范围的了。不过这个直觉可以培养得来的。我们无论遇着什么问题,都让我们自身有比较事实创造假定的机会,那就可以增加这个直觉能力了。这就是自动教育之原理。

(四)推论之合法

经院学派遗传下来的逻辑,都是研究推论如何合法,科学方法还能比他好吗?然而科学方法,和那普通逻辑有大不同的地方。科学方法和普通逻辑,都注重界说之清晰,都注重概念之确定。但是普通逻辑把这个概念当作具体的,把所推论的对象和所用以推论的概念,看做同一的东西。科学方法却不然,他把这个概念当作抽象的,凡我们所推论的对象,并不是界说里纯净的假定(把概念用言辞记录下来,就是界说)。不过是这个概念的影子,也许有大同小异的地方。例如"人是要死的",是人的略说;"要死"的观念,是人的概念;我们用这个概念推论某甲,某甲的"人",和界说里的"人",并不是同一的东西。所以推论所得的结果,如果能满足一个界说,都是一个新真实。

(五)试验之证实

科学的知识,不是纯粹经验的记录所能了事的,所以必定有事实之选择,和方法之推论。选择是一种简约的方法,简约必有牺牲之连带,由简约的得来的,并不是真实之本身,如何靠得住是真实呢?而不推论的时候,所推论的东西,和所用以推论的概念,并且是同一的,那么,这推论所得的结果,又如何靠得住是真实呢?所以最后的判断,还靠试验之证实。如果没有试验一层,这个知识制造法,并没有完事,没有告成的资格。试问制造半途中止,如何能有良美的出产品呢?这样看来,知而不行,并不能算做真知。这就是实验派"以实行为思想之一部"之理由。

奋斗主义之一个解释[1]

今天是旧历的新年,外边的爆竹轰轰地放,邻家的麻雀牌啪啪地打。他们脑海里所感印的影子,纵然不是一番太平景象,也必定是一幅很好的初春行乐图。我在家里,既不放爆竹,又不打麻雀牌,枯坐无聊,只得找几本书报来消遣。适巧翻着既在出版的"奋斗"。读过之后,我有一番感想,和"奋斗"里易家钺朱谦之诸君所讨论的,有大同小异的地方;但是我的结论,和他们的结论,也是殊途同归的。现在我把感想写出来,供给大家讨论的材料。

这篇里面所研究的,多在物质一方面着想。依进化论说,似乎偏于互竞而忽于互助;依伦理学说似乎偏于利己而忽于利他;依哲学说,似乎偏于机械论而忽于目的论。所以我恐怕有好些人一定不以这篇的结论为然,因为他们看见现在青年的奋斗,丝毫没有带着自私自利的污点。这是无可辩驳的事实,我当然是承认的。然而我觉得:只需物质一方面的理由,已经可以使我们信从奋斗主义;我并且相信:从别的方面研究所得的结论(像"奋斗"里所讨论的就是个具体的例子),必定和这篇的结论相同。这个结论是什么呢?就是:奋斗的人生观,是对的,是不错的,是有充足的理由的,并不是一班顽固先生所痛骂为"越轨""乱天下""犯上

---

[1] 本文原刊于1920年4月1日出版的《新青年》第7卷第5号。

作乱"的邪说。

原来人是一个生物。就"生物"这个名词之本身,已经可以看得出:生物之特性,就是有生命。生命之存在,凭什么去维持呢?第一个维持生命的重要元素,就是食料,所以生物都有寻觅食物的机能。

生物的始祖,是单细胞的微霉。这些微霉,在最初最初的时候,都是以矿物为食料的生物;换一句话说,最初的生物是由矿物变出来的(生物如何从矿物变来,现在没有一定的结论。大约光、热、空气等各种情境,是生物创造之重要原因)。后来有一部分,因为环境的要求(见下节),就变成"以其他生物为食料"的生物,于是生物界分成两大类。第一类以矿物为食料,就是植物;第二类以其他生物为食料,就是动物。充作植物食料的矿物,如炭养二,如可溶解的盐类,是几乎随处都有的,所以植物用不着外部的动。充动物食料的生物,不是随处都有的,所以动物除去血液、筋、肉、腺等内部的动以外,还得要有肢足,身体,外部的动。这样看来,动是动物维持生命的重要机能;人是最高等的动物,这动的机能,应该要发达到最高度了。

生物发生的时候,何以有一部分变成"以其他生物为食料"的生物呢?这是因为:那个时候,那个地方,必定生物食料比矿物食料较为易得(地下水和可溶解的盐,不是随处都有的),所以那些生物就创造了一个"以其他生物为食料"的生活,于是特别发达动的机能。凡生物之进化,都有"用最少的劳动得最多的效果"的倾向(即无机物之变迁,也有这种倾向。热动学第二定律说:凡一个组体之变迁,都有"走最直接的路径生出最大的可能的功用"之倾向)。然而这样的变迁,一方面有"取巧"的利益,一方面有防阻劳动的坏处。如果一时得了"劳动少而效果多"的利益,就永远减少劳动,那就要堕落到生物学所叫做惰睡(torpor)里去了。多数现在尚生存的首足(例如螺)、片腮(例如蚌),都还在这个黑甜乡里酣睡咧。请看一班守财奴拼命地积蓄金钱,留给他们的子孙,他们的子孙,因为不劳动而可以生活,反失去他们动作的能力,都变成一事无能的废物了！

自从生物界中,有了"以其他生物为食料"的生物,那些可供食料的生物——被吃的生物——除寻觅食料之外,必定还要有自卫的方法,才能够生存哪。植物动物的生活既不同,所以它们自卫的方法,也有不同的地方。植物的重要部分是根。根是长在土壤的,不易为他物所摧残。至于其余的部分,都不是致命的。摘一朵玫瑰花,玫瑰树还能活着,折一条杨柳枝,杨柳树还能活着,所以植物个体的安全,比动物稳固得多。惟于保护种子一方面,特别发展。榛栗的种子有壳或刺;橘橙苹果之种子,都是坚硬的不能充当食料;松柏之种子,都有毛羽可以飞播远处。即雌蕊之受胎,因为植物没有动的机能,也要生出香、色、糖质,去引诱媒介物,才能传种。总而言之,植物只要把种子保护得好,就可以收到生存之效果之大部分了。动物却不然。它的全身的部分,都是暴露的,而且它的各部分的关系,更是互相依靠的;去了一部分,它部分就不能生活。至于修补之权能(power of healing),只有低等动物有之,等级愈高,修补之权能愈小(例如虾蟹断了一只腿,可以又长出一只腿,若是人断了一只腿,终身也长不起来)。所以动物个体之危险,比植物更大。因为动物要生活于更大的危险之中,所以除保护种子之外(例如卵外之壳,卵中食料之储蓄,和母性的本能,都是保护种子的器具),对于保护个体的机能,特别发展。因为有这个保护个体的自卫的需要,所以有感动中枢之(sensual motor centre)发生。感动中枢就是动物动的时候最便利的收发处。

动物的危险,既比植物的较多,动物自卫的能力,也必定比植物的较强,才能免除这些危险。动物究竟用什么方法自卫呢？依进化的阶级说来,可以分为三层:第一层是藏匿;第二层是逃避;第三层是奋斗。奋斗是最有效的自卫方法。因为奋斗是动之积极的表现,只有动的能够真正自卫。

无脊椎的动物,大多数都有外面的介壳保护他们;腔肠类之珊瑚,棘皮类之星鱼,软体类之螺蚌,节足类之虾蟹,外面都有坚硬的部分——介壳。这是因为：这些动物想用藏匿的方法，去免除危险的缘故。到了高等动物，把坚结的部分移向里面做脊椎和其他骨节去了，外面反来没有介壳保护他们；但是在动的方面，逐渐发展他们的机能，所以遇着危险，可以逃避得了，或者可以奋斗的方法，去达那免除危险的目的。试看昆虫为节足类之最高级；其余的节足类，外面都有坚硬的部分，独独昆虫没有介壳，但是昆虫发展了四个翅膀，能够飞行，这飞行的用处，比介壳大得多了。泥盆系中的盾首，为鱼类之最低级，他的骨头，还是脆的，没有长得坚硬（脆骨鱼现在还有生存的，例如狗鱼），他的头上，还同他的最接近的祖宗——虾蟹等（节足类中之高甲，crutacea）一样，长了一块大壳遮着。到了高等鱼类却把腮、鳍特别发展，以便行动，没有盾首头上的大壳了。至于素食的乳哺，除家畜的牛羊等之外（家畜有主人保护他）。没有不会跑的：斐洲鹿能奔驶于悬崖之上，南美洲长尾猴能穿射于树林之中。若是到了十分危险的时候，无论什么动物，都有奋斗的本领。什么"困兽犹斗"，什么"急兔反噬"，都是用奋斗免除危险的例子。

　　把以上所引的代表的动物的习惯比较起来，用介壳来自卫——用藏匿的方法去免除危险，是一个最笨的方法。以为介壳之保护的力量有限，而阻止行动的害处，倒是很多。试看蜗牛驮着宝塔上墙，何等的迂缓，蚌壳背着两扇门攒泥，何等的迟钝。到了较高级的动物，都把介壳丢掉了。这一层变迁，虽失去保护的利益，然而却得了行动的自由。这行动的自由，倒是一件极可宝贵的东西：在消极的方面，既可以逃避，在积极的方面，又可以奋斗。用这样的方法去免除危险，比静的方法好得多。所以高级动物，除极少的数种（如龟鳖刺蝇之类，）之外，外面都没有坚硬的部分去保护它。唯对于保护色（protective color）一层，高级低级动物，都是一样的发展，因为保护色，既有保护的利益，又不妨碍行动的自由。

　　这三个阶级之经过，在一个动物想免除危险的时候，也可以能看得出来。中非洲的猴，看见猎人必藏匿于一株树上，或藏匿于一个崖石的后面；若看见猎人渐渐地逼近了，于是尽力逃跑；若受伤未死，到猎犬攫取的时候,还要伸出爪子来抓剥。即如我们在街上遇着一只狗,若拿杆去打它,它必定回到主人家里藏匿起来而后狂吠,若是无处藏匿,它必定极力奔逃;若到了十分逼近的时候,它必定要张开牙齿来咬。前一个例子,比较的不常见,后一个例子,是无人不知道的。诸君莫要以为用狗比人失了我们尊贵的体统,我们相信进化论的,既承认猴子是老祖宗,那么,用狗比人又有什么比拟不伦的可笑呢!

即以战争艺术之进化而言,也是经历这些阶级的。古时战士,最重盔甲。到了近代,渐渐地把盔甲抛弃尽了,到反来在运动之灵敏,和战斗力之强大的方面,力图进步。试看此次欧战,俄国的瓦梭比国的里叶诗,世界最著名的大炮台,都被德国占去;至于法国斐尔登所以保存的缘故,是因为那个时候德国的战斗力,已经减小,而法国战斗力,因为受了其他协约国的帮助,到反来增加了。海军进化之历史,亦复如是。从前的海军,专注重铁甲,现在海军所注重的,是驶行之快,和钻刺之锐。用油的灭鱼雷艇每点钟可行三十六挠脱,鱼雷之钻刺,可以穿过五寸厚的铁甲。各强国的海军,都有许多鱼雷艇和灭鱼雷艇,因为这些战舰虽小,然而极其灵便。有人把这些小战舰比作活动的针鱼,把大战舰比作迟的鲸鱼,鲸鱼遇着针鱼,到反来要吃亏的。

人类由动物进化而来,失去鳞甲爪牙各种保护物,然而同时发展手足之灵敏。试看我们一双手,可以作各种不同的动式,而供各种不同的需用,然后能够渐渐地免除各种天然界的危险,战胜各种天然界的阻力。

再看人类思想之进化,所经历的阶级,也是和这三个阶级相符合的。——非德分知识进化为三层:第一,是神异的阶级;第二,是玄想的阶级;第三,是实证的(或译积极的)阶级。神异的阶级,就是藏匿;玄想的阶级,就是逃避;实际的阶级,就是奋斗。

当初民知识未开的时代,他们对于天然界中各种现象,不能解释,所以他们以为天然界中,有神主持。而且每日生活之中,时常遇着疫疠、饥馑、刀兵、水火、种种危险,他们既然以为天然界中有神主持,所以期望神来保护他们；换一句话说,他们想藏匿于神权之下。这个意向中的神,就是他们无形的介壳。于是他们以万事归之于天,"天将兴之,谁能废之""获罪于天,无所祷也"都是这个思想的表现。这样求保护的思想,可以叫做奴隶思想。从这个思想发生出来的政治的组织,就是专制政体,寡头政治,大家都希望有个圣君贤相出来,就可以天下太平了。这个思想,到了现在的中华民国,还没有脱除干净。民国自己身上的事,不去理会,却希望人家制造一个好国家出来,给他们享福。到了失望的时候,就浩然长叹"尧舜不复出,壤歌安可闻"起来,真真是可怜可悯哪!

到了知识渐开的时候,看见各种复杂的情形,不是纯粹的迷信所能解释得了的,各种社会的腐败倒塌,也不是宗教思想所能维持得住的,于是逐事逐物总想寻出一个道理来那就入于玄想的阶级了。逞力思辨,想入非非,是这个阶级里知识之特色。从这样的知识发出的人生观,就是出世主义。他们看见社会上各种罪恶,无法铲除却希望逃于物外,把物质的生活,如政治社会各种组织,都看作一钱不值。这就是想用逃避的方法,去免除人生的危险。这样的思想以叫做怯夫的思想。他们天天想慕他们的乌托邦,极乐世界,却不自身去构造,这不是怯夫是什么呢?然而这也难怪,人类本有这样的倾向:凡人有事实上不能满足的欲望,都渐渐移到悬想里去满足他,不过这些欲望,往往出乎可能的范围啊。

神异的知识,既渐渐失信于人,玄想的知识,又没有实在的用处,于是进到实证的阶级,这个阶级的知识,以事实为主体;无论什么知识,都要事实证明;所研究的问题,必是我们人类所能解决得了的。这就是科学的知识。从这样的知识发生出来的人生观,是以为:"我"是实在的。我虽不是为社会而生存,然而我必定凭借社会而生存,所以我和社会,是分不开的。社会就是许多的我集合而成,所以我应该替社会谋利益;为社会谋利益,就是为我谋利益。但是社会应该有让我替社会谋利益的机会。若是社会没有这个机会给我,就是剥夺我的生存,就是不良的社会。不良的社会,我就应该和他奋斗,就应该改造他;因为每一个我,都有专长,若是每一个我,不能发展他的专长,那社会是不会好的。所以我和不良的社会奋斗,一方面是为我争生存的权利,一方面是为我争"应该服务社会"的义务。这样的思想,才是"人"的思想。

这样看来,奋斗的人生观,是进化的人生观。奋斗是自卫,免除危险,维持生存,改良社会,之最有效的方法。然而有人说:现在的学生、商人、农民、工人,仍然是在那里生存,并没有什么危险哪,要什么自卫呢?要什么奋斗呢?殊不知这是大谬不然的见解。我们须知道:为切近的需要(immediate necessity)而动作,是低等动物的生活。游釜之鱼,鱼必到水热的时候才跳,危幕之燕,必到暮倒的时候才走。我们人类的智慧,已经发展到现在的地步,可以比较过去而预测将来。人类动作的目的,虽不能"奠苞桑之永固",然而决不是徒顾目前的。诸君试详细地观察现在中国社会情形再试为推测:若照现在的社会情形联续下去,将来应该到什么地步!想到这个地方,我恐怕诸君都要不寒而栗啊!

据有人调查日本正金银行存款时说,民国元年以前,中国人存款至千万元以上的,只有盛宣怀一人,现在中国军阀存款至千万元以上的,有十八人之多。又有人调查香港各外国银行存款说,中国官僚存款至千万元以上的,有二十人。然而这还是就"千万翁(millionaire)"而言,至于存款数十万百万的,更是多不胜举了。这些大款,都是中国的军阀官僚存的。这些军阀官僚拼命地刮地皮,把钱存在外国银行里,使中国社会上各种事业,停滞而不发达,所以我可以说:垄断国民的生计的是军阀官僚。

有几个这次北京文官考试考取的"文官",去拜门的时候,还说:"门生将来的前程,还要承老师栽培。"现在一班下级军官去向师长督军大人找差事的时候,都说:"还要求大人赏一碗饭吃。"我们小百姓,将来如果不愿意转死沟壑,只得钻营投刺、阿谀夤缘,才能吃得着一口无谓的饭,况且就令这样的谋饭吃,还不知道谋得着谋不着呢!所以我可以说:降低国民的人格的,是军阀官僚。

依各民族的经济发达史看来,都是由游牧而农业,由农业而工商。现在中国本部的人口,已经增加到土地不够分配人口的地步了。熟悉内地情形的人,必定看得出这些可忧可惧可怜的现象。一班劳动的人,田没有得种,生意没有得做,不是当兵,就是做土匪,徒消耗而不能生产。若要补救这些缺点,只有发达工商。但是现在经济大权,都操纵在一班军阀官僚手里。他们只知道升官发财,哪里愿意发达工商?纵说他们愿意发达工商,也没有发达工商的知识;纵然他们有这个志愿,有这个知识,也不过是替他们又加了一层资本家的势力,我们小百姓的头上,除武力之外,又添了一个经济的铁圈,那才没有翻身之一日咧!中国的前途,有这样大的危险,这不是我们应当免除的吗?如何免除呢?就是要和这些军阀官僚奋斗。

依以上简括的讨论看来,我们可以得一个结论:动是人的天性,奋斗是动之积极的表现,奋斗是自卫—免除危险—发展专长—改良社会的最有效的方法。我们如果愿意堂堂的做一个"人",只有奋斗这一条路走。

罗素的逻辑和宇宙观之概说①

我们都知道宇宙间有两种东西：一是物质（matter），二是形式（form）；换一句话说，一是原质（elements），一是关系（relation）。二者缺一，不能成其为宇宙。这两样东西都是实在的。依罗素的意思，哲学之精髓就是逻辑；逻辑和算学一样，是专门研究形式—关系的学术，至于物质，有各行专门科学去研究他，不是哲学所应研究的。形式是普遍的，所以哲学的目标是普遍的。哲学不借科学的材料为基础，而哲学的结论，也不因科学理论为转移。他有他自己的范围，若懂得这个范围里的东西，就可以懂得宇宙之普遍的模样（general aspects of the universe）。

我们首先举一个例，来说明这个形式—关系之实在（哲学问题中所举的）。譬如我说："我是在这间居（编者注：此处"居"应为"屋"之误）里。""我"和"屋"固然是实在的，"这间"是表明这屋的性质的。然而"在里"二字，也必定代表一个实在的东西；这个实在的东西，就是我和这间屋的关系。若是"在里"二字，不能代表这个实在的东西，则"我是在这间屋里"这一句话——这一个命辞——是没有意义的，是不能为人所了解的。所以我们的了解（understanding）之中，不但隐含着物质及其性质，并且隐含着关系，即此一层，已经可以证明关系是实在的了。

---

① 本文原载于1920年11月1日出版的《新青年》第8卷第3号。

因为要承认关系之实在，所以罗素反对经院派的逻辑。经院派的逻辑，自亚里士多德传下来，乃是类之逻辑——把宇宙间的所有，汇成一一的类，本是亚里士多德的野心。这个逻辑，即以主词（subject）和谓词（predicate）之关系为起点。例如在"牛是有角的"这个命辞之中，"牛"是主词，"是有角的"是谓词；在"人是能笑的动物"这个命辞之中，"人"是主词，"是能笑的动物"，是谓词。依经院逻辑说来，所有的命辞，都可以归于主谓词的形式（subject－predicate form）之下；换一句话说：所有的关系，都可以简约而成一个主词的性质。以上所举的二例，原是说主词"牛"和"人"的性质，当然是主谓词的形式所能收纳得下的。若把这个理论，应用到我们在上节所举的例子"我是在这间屋里"上去，就有点不大好说了。因为这个命辞之中，含有两个项（items）——两个物件。这两个物件，是相对的——是有相对的关系的。若必以此项不过为彼项之性质，未免是抑制原来敌辑之妻，而为丈夫的附属品了。然而这还不算是经院逻辑之致命椎。我们再看看中含比较的等级（comparative degree）的命辞；这种命辞中所隐含的关系，就是罗素所叫做的反相称的关系（asymmetrical relation）。这个关系，是无论如何不能简约而成一个主词的性质的。试看他所说如何。

今有一个命辞"此物是较大于彼物"。在此命辞之中，我们不但知道他俩有不同的体量，我们并且知道，其一的体量是较大于其他的分量。这个关系，是完全无法可依简约而成一个主词的性质的。倘若我们知道：此物是与彼物相同的，我们还可以把这个命辞"此物是与彼物相同的"变成"这两个物件是相同的"一个命辞；在这个新命辞中，以"这两个物件"为主词，以"是相同的"为谓词，那就是说：以"是相同的"为"这两个物件"这一个主词的性质。换一句话说，我们把他俩的关系，简约而成他俩的共同性质了。倘若我们仅仅知道：此物是与彼物不同的，我们也还可以把这个命辞"此物是与彼物不同的"变成"这两个物件是不同的"一个命辞。在这个新命辞中，以"这两个物件"为主词，以"是不同的"为谓词,那就是说:以"是不同的"为"这两个物件"这一个主词的性质。换一句话说:我们把他俩的关系,简约而成他俩的不同性质了,但是,现在我们不但知道此物是与彼物不同,并且知道此物是较大于彼物,则他俩的不同性质,在形式方面,完全不能够解释这个事实。质说起来,"此物是较大于彼物"这个命辞之中所包含的,不仅仅是他俩的不同性质,则"此物是较大于彼物"和"彼物是较大于此物"毫无分别之可言了。我们须得说:此物的体量是较大于彼物的体量;我们无论如何,驱逐不掉"较大"这个关系。因为关系不同,所以形式不同。所以,"此物是较大于彼物"这个命辞和"这两个物件是相同的",和"这两个物件是不同的"这两个命辞,各有形式不同。这个反相称的关系,既是无论如何,驱逐不掉的。由此更可见关系是实在的,我们必得承认它。

较大的关系是如此,较小,较先,较后,在左,在右,在内,在外,诸关系,都是如此。以上所举的例,不过是两项之间之关系;我们须知道:有这种关系的项,可以为三,为四,为五,以至无限,例如一排中之单位,一直线中之点都是的。

经院逻辑既相信主谓词的形式之普遍,所以他相信"天下"只有一个主词,这个主词,就是绝对。它以为凡当判断(judgement)而发结命辞之时,我们都是描写一个共总的同一的主词之性质。如果"天下"可以有两个主词,则"两个主词是在这里"这一个命辞(此命辞之中以"两个主词"四字为主词,以"是在这里"四字为谓词)也不能描写二主词中此主词之性质,也不能描写二主词中彼主词之性质。所以赫格尔的道理是哲学的命辞之形式,必定是:"绝对是如此如此"(见罗素的《哲学中之科学方法》)。这个道理是罗素所极端反对的。他以为命辞之形式,不止这一个(主谓词的形式),不但不止这一个,并且是多得很——无限地多咧!如上节所举的例,已经可以表明:命辞可以有不同的形式。其余如凡一命辞中有"与""或""除非""倘若""如果""加""每""不""非",没有(编者注:此处没有应是"没有"之误),以及其他否定的字,等等字样的,都各有不同的形式。因为这些字样，都介绍进来各自特别的关系。罗素这个道理，若应用于含有否定字如"不""非""没有"的命辞之中，最为明了。这些字都是代表关系——形式的。若不以形式为实在，而把这些否定字表明实现的物质，是说不通的；因为没有一样实现的物质——如日月桌椅——可以有消极的——"没有"的性质。有些许哲学家，因为这一层说不通的道理，而主张：天下没有"没有"。你不能设想"没有"。（Thou canst not conceive nothing）就是他们的偈言。但是我们每日判断了解之中，几乎无时不碰着"没有"，足见"没有"也是实在的。但是他这个实在，是一个消极的形式；凡形式之实在，都和物质之实在不同罢了。所以罗素说："从前的人以为心理的世界和物理的世界之外，还有一个形式的世界；这个形式的世界，和物理的世界一般也是客观的，但是不像物理的世界之可为器官所感触的。"逻辑之职务，就是要研究这个形式的世界。在这个形式的世界里，也有各种类之不同，可以用物理世界里的"光怪陆离"的草木鸟兽来比喻他们，不是像在经院逻辑之中只有一个以一概百的形式。所以逻辑的机能，就是分析；逻辑形式之"字典"，必须充足，才不至于发生"屈众就一之下"的毛病。这样逻辑之第一步，就是承认关系之实在。

由这样分析的逻辑所发生出来的宇宙观，概括起来说，有以下四个特点：多元；人类渺小；唯实；中立。

（一）多元　这个实现的世界，是许多的物带着许多的性质和许多的关系所成的。这个关系，从不比物质还重要——依罗素说其实在哲学的方面，只有这个关系是重要的——至少也和物质是一样的重要。譬如我和你有友谊，其中有两项之关系；我因为她而嫉妒你，其中有三项之关系；我希望你把这本书送给他，其中有四项之关系；世上所有的人，都各尽所能，各取所需，其中有无限项之关系。我们可以用一个粗浅的——我希望不是误引的——推较来说：物质是砖，关系是泥，二者缺一，不能成墙。但是这个泥，也是占据空间的，我们切不能因此而把关系当做占据空间的东西。许多项在一道,如何因为连接的关系集合而成世界,其中又要牵引到联续和无限之观念。罗素的联续和无限之理论,是从算学中得来,带有专门的色彩的。此处也不便说及它了。

(二)人类渺小　希腊哲学家信从和一,以为宇宙就是一个"一"。中古宗教哲学家以为人是宇宙之主。依罗素说:这都把宇宙太看小了。希腊哲学家所以信从和一,是因为他们过于尊崇理性而不重经验,他们依理性推论起来,宇宙必是一的,不能够是多的。中古哲学家日居战争扰乱之中,所以他们的理想,就是一个么小整齐的宇宙。罗素以为如此的宇宙观,是把宇宙之所有——已知的和未知的——都当做书案上的地球仪,晤言一室之内了。依罗素逻辑说来,我们只能因彼此之关系,由此推彼,因彼与又彼之关系,而由彼推又彼;再往前推,关系复杂,也许就无从推了,何以见得是和一呢？所以我们不能在未知的区域以内,设一个和一的范围界线。若说这个宇宙是完备的,所以是和一,则"天下"也许有许多宇宙,每个宇宙都似乎是完备的。这就是算学中无限之外可以有有限的道理,何以见得是不可能的呢？所以:这个宇宙,也许是许多宇宙中之一个;太阳系是这个宇宙中之微尘;地球又不过太阳系中之一部分;人类又不过是地球上一类生物。若以为人类之欲望,与宇宙之进行相符,那真是井蛙不可语海了(这个道理和第四特点中立,自然也是相符的)。

(三)唯实　逻辑是研究关系的学术,这些关系的张本,就是感触(亦译感觉)。这个感触的张本,是实在的,不是像唯心论家所说,它是因心神而存在的,也不是像唯物家所说,它就是外界的物体的本身。凡感触都是真的,即梦中之感触,也是真的。因为梦中之感触和醒时之感触,不能连接起来而不相冲突,所以我们说梦不是真的。足见梦之不真,并不是感触之分子不真,是这些分子之关系不真(科学的真实是系统的真实,也是这个意思)。这个感触,既是实在的张本,则物理学中之"物",都是由这个感触建设起来的。换一句话说,物理学中之物,和感触张本有一定的关系,物理学中之物,就是感触张本之函数(function)。譬如我绕一个桌子而走,看见桌子之联续为眼所感触的颜色;这些颜色之联合的级系,是实在的,至于桌子本身之存在,乃是经由各感触(视官的感触和筋肉的感触)之互组,而建设起来的。所有几何学中之点(point),力学中之瞬(instant),都是由感触张本建设起来的。

(四)中立　哲学所研究的普遍的形式,是不受人类欲望之驱使的。二加三得五,不能因为我们望它为六而即变为六。罗素以为宇宙之行动,究竟是进化,还是退化,不是哲学所应答的问题。凡进化论中自不善而进于善之观念,乃是人类欲望的出产品(科学的进化论之本身,本不过是内界的组织,随外界环境而变迁,是一种机械的动作,自不善进化于善之观念,乃是带着伦理学的色彩的)。但是我们不要害怕,普遍的形式,既是中立的,则人类之生死存亡,全凭命运支配。我们若要直接地寻快乐,往往不如经由别的途径间接地寻快乐者所得之多,星卜学是直接地求趋福避祸的,然而不如中立的天文学之有益于人类,点金化学是直接地求发财的,然而不如中立的近代化学之有益于人类。求善亦是如此,哲学尽管不以善为目标,然而如果我们懂得宇宙之普遍的模样,则所得的结果,比拘拘守财奴式的求善者所得的结果,大得多啊。

宗教问题[1]

前天承诸君邀我到这里来讲演宗教问题，我觉得这是很荣幸的事情。但是我对于这个问题，毫无研究，所以我首先不敢担任这个讲演，以后我虽然勉强担任了，但是我还要声明"我今天所讲的话，都是零零碎碎的意见，并未经系统的制造，究竟有无空疏肤浅或冲突之处，我现在还不敢断定，也只能供诸位的参考罢了。"

在未讨论宗教问题之前，我们首先须下一个宗教的定义。宗教是由两个元素组合而成的：(1)信从，(2)崇拜。二者缺一，就不成其为宗教了。若是一个问题之中，只牵引到信从而不牵引到崇拜，那只是哲学问题而不是宗教问题。且举两个例子：先就低级的多神教而言，野蛮人类看见风吹树动，而以为有一个风神在那里动作；他们看见太阳每日绕地一周（姑就他们的口吻而言），而以为有一个日神在那里拿着太阳兜了一个圈子；他们看见雷轰电闪，而以为有雷神电神在那里发脾气；这是初民的宇宙观——这是物活的哲学，并不是宗教。唯其因为他们崇拜风神、日神、雷神、电神，那才成为宗教。再就高级的一神教而言，无论什么讲大乘佛教的人，也不能抛除焚香礼佛的典礼，无论什么清新教徒，也不能

---

[1] 本文原刊于《少年中国》第2卷第8期《宗教问题（上）》，1921年2月15日少年中国学会编辑，上海亚东图书馆印刷发行。原题"王星拱先生的讲演"，本题为编者拟加。

免除祷告。足见崇拜是宗教之不可缺乏的元素,若是没有崇拜,那宗教就无立足之余地了。

崇拜与信从,虽是有密切的关系,然而也不是一而二二而一的分不开的东西。我们可以信从而不崇拜,例如我信从你所说的话是真的,我并不崇拜你所说的话;我信从二加二得四,我并不崇拜二,也不崇拜四。至于崇拜须分两层说:(1)仪式的崇拜;(2)心理的崇拜。在仪式的方面说来,我们有时崇拜而不信从,例如有人从俗从宜而行敬拜鬼神之典礼,而其心中并不信从鬼神之存在。但是在心理的方面说来,绝没有崇拜而不信从的。所以我们虽可以信从而不崇拜,但是崇拜必根据于信从。

宗教中之崇拜,大概是根据于下列的两种信从:(1)超人的权力之存在;(2)这些权力可以支配人类的生活。这两种信从,都是发源很早的。在初民时代,他们看见许多天然力,可以做到"人力所不能做到"的事情,例如风能拔树,电能殛人之类,于是他们信从有一些超人的神力,在那里发生这些动作出来。他们看见怀山里陵的洪水,可以淹毙无数的人,遇着即死的黑瘟,可以扫除全城居民之大半,于是他们又信从这些超人的权力可以支配人类的祸福生死。由这些信从所发生出来的崇拜,当然是我们所不赞成的,然而我们也须得说出一个不赞成的理由,不能因为他是很浅近的很明显的便忽略过去了。

先说对于第一个信从所发生的崇拜,我们不赞成的理由是:我们看见风能拔树,只承认拔树的就是风——空气之流动,不是风之背后的风神,我们看见电能击人,我们只承认击人的就是电——电悬之远隔,不是电之背后的电神。风和电是现象界里的实现的存体,风神和电神是玄学界里的虚设的存体。这些虚设的存体,其本身之有无,还须得经受我们的考验,我们为何反来崇拜他?至于天然界中,自然有许多天然力,如风水日电……实在是大到可惊可骇的地步,不是人力所能及的。但是我们能够知道他们(即科学知识)大,我们比他们还要大。若是我们因为大而崇拜,须得崇拜我们自己。

再说对于第二个信从,所发生出来的崇拜,我们不赞成的理由,也不是简单几句话可以说得了的,如其貌似为"可以为简单几句话可以说得了"的。因为这里要发生宇宙无定和有定的问题。(A)若说宇宙是完全无定的,那么,我们的生死祸福,完全是乱碰,用不着崇拜什么超人的权力。(B)若说人类之生死祸福,是由于这些权力所操纵,但是我们还要假定"这些权力究竟降祸降福,由于我们崇拜不崇拜而定",然后我们才有崇拜的理由。若说我们有仪式的崇拜,即能获福,这也是唯心家心想着火,万物皆热,心想着水,万物皆冷——心想什么就有什么的论调,这种论调之对不对是简单的经验事实所能两明的。试问这是崇拜之充足的理由吗?(C)若说宇宙是完全有定的,那么,死生祸福,生来便是如此,我们自然用不着崇拜。(D)若说宇宙有定之意义是:人类用了多大的力量,就有多大的效果;那么,我们的命运,是由于我们自己制造出来的,更用不着崇拜。所以无论宇宙是无定的,是有定的,我们决用不着崇拜。我们不但用不着崇拜的仪式,并用不着崇拜的心理。崇拜的仪式,养成迷信,无知;崇拜的心理,也生出各种恶结果。我们崇拜圣贤,所以有不合时宜的学说;我们崇拜英雄,所以屈众就一,而养成特别势力的深像。万一我们若要崇拜,只有崇拜自己;但是自己也是由外面历史环境所造成的,并不是一个常住不变的东西。这样看来,世上没有一样东西是可以崇拜的。

崇拜是宗教的灵魂——不但崇拜的心理是宗教所必需的,并且崇拜的仪式,也是宗教所必需的。没有仪式的崇拜,就没有庄严静肃的情境,没有这些情境,就不能引起与保存崇拜的心理。崇拜的心理,所以不能保存,则信从就要动摇了(在这个地方,崇拜与信从,有互相的关系,先存信从然后崇拜,然而必有永远的崇拜,才能不为别的可信从的所引诱,而永远信从我们向来所信从的)。信从一经动摇,宗教的基础就要推翻了。试问用崇拜来保护不稳固的信从,是正当的还是不是正当的呢?

再撇除崇拜而谈信从。撇除崇拜而谈信从,本不是宗教问题,乃是哲学问题。若不谈崇拜而仅谈信从,我们不能问宗教是应该有的,不是应该有的,我们只能问宗教的态度是对的,不是对的。这个宗教的态度,换一个名词说,就是神秘的态度。这个神秘的态度,依许多科学家看起来,坏处多而好处少。先说他的坏处。

(一)笼统的总解决 我们对于一个不知的问题,应该持如何的态度呢?若是持科学的态度,必定把这个问题分析成零碎的部分,再拿这些零碎的部分和过去已经知道的相比较,于是渐渐地可以得一个成理的解释。当如此进行之时,自然也有时发生新的不知的问题,于是我们又重新分析如前。若是持神秘的态度,却不是这样的,我们遇着无论何项不知的问题,都拿一个共总的玄学的存体去解决。我们不知道宇宙之起源,他说这是上帝;我们不知道现象何以有因果的关系,他说这是上帝;我们不知道生物何以有生命,他说这是上帝。那么,这一个玄体的存体上帝,岂不是"水火刀兵都能退却"的法宝吗?我们承认:我们对于一个问题,分析复分析,怀疑复怀疑,有时到了一个地方,不能再往前分析,若再往前分析,就无从下手了,不能再往前怀疑,若再往前怀疑,就根本不成立了。若是到了这个时候,我们才信从有一个不可思议的不可知的东西,或者还有可讨论的余地(这个信从究竟是对的不是对的,下节再为讨论)。但是宗教的态度,并不是这样的,他无论对于何项问题,都是用一个"俯拾即是"的总解决。这样总解决,用一个好名词,就是直觉。研究一番而莫知其所以然,然后信从一个不可知的存体,还有可以饶恕之理由,毫不研究,在开宗明义之时,就信从如此如此,是科学所极反对的。这是我们反对宗教的态度之第一个理由。

(二)他以不知为知,而设一个界限于知与不知之间,而使我们永不能自不知而进于知 知与不知之界限,不是一定而不可移的。野蛮人不知雨之原因,而信从是龙王所降的,文明人知道是水蒸气所凝结的了;野蛮人不知道瘟疫的来源,而信从是瘟神所传布的,文明人知道是微霉传染的了;古人不知道人类自何而来,而信从是上帝所创造的,现在我们知道人类是从猴子进化而来的了；古人不知道各种心神之动作之彼此关系的系统，而信从另外有一个灵魂，神体心物在那里动作，现在我们知道心神的动作和生理的动作是相依而并行的了。足见有许多东西，是我们所不知道的，别人却知道；是野蛮人所不知道的，文明人却知道；是古人所不知道的，今人却知道。固然，依现在科学知识的水平线而言，还有许多东西，是纵令集合现在人类的知识，都不能知道的。然而我们并没有理由去说：现在我们所不知道的地方，有一个神秘不可思议的东西存在在那里，永远不能为我们所道。若是这个神秘的东西，将来为我们所知道了，也许是很平常的东西。诸君切莫以为这句话是很奇怪的。从历史上看来，有许多东西，例如日月山川草木鸟兽，在从前是很神秘的，其神秘之程度，也不亚于现在的上帝，到了现在，都成了毫不足怪的现象了。有许多神道学家，以为科学有科学的合法领土，而且只有这个合法的领土。在这个领土之内，是科学定律所管理的，是我们所能够知道的；在这个领土之外，是上帝所管理的，不是我们所能够知道的。有些哲学家也以为科学只能知道相对的范围以内的东西，因为这个范围以内的东西，是逻辑的因果的；他不能知道绝对的范围以内的东西，因为这个范围以内的东西，是神秘的，是自由的。就是科学家，也有以为科学与宗教是无从比较的，如算学中之无比重：科学是代表智慧最高度的发展，宗教是代表情感之最高度的发展。但是我们觉得科学以全体宇宙为领土，并无合法的领土之可言。科学的武器，就是科学的分析方法，科学用了这个方法，曾经把它的领土扩充得极其广大，从前所以为不可知道的——在科学领土之外的——如天体的行动，物种的由来，心神之动作，诸问题，因为受了科学方法之攻击，都逐渐降服于科学，而入科学领土之中。我们又何能提出现在尚未为科学所占据的领土，而倡言永能保存呢？我们只能说对于这些问题，我们现在不知道，但是不能说：这些问题，永远不能为我们所知道。这是我们反对宗教的态度之第二理由。

（三）唯心的构造之危险　宗教家以为人类之知识，是可以在神秘的基础上建筑起来的,而把观察试验——经验——看作不值一钱。他们信从他们的神秘的基础如此之深,而以为从这些不稳固的基础上建筑各种理论起来,用不着经验来证明:就可以算作真实的,而且若是经验所得的结果,和他们的理论的结果不符,他们宁愿意判决前一层为虚幻后一层为真实。科学的基础,究竟是稳固的不是稳固的,固然也是一个迭经辩驳的问题;有人以为科学的基础是稳固的,如罗素,有人以为科学的基础不是稳固的,如朋加烈。但是无论科学的基础,是稳固的,不是稳固的,依科学的态度而言,我们终不敢轻视经验。我们在理论一方面步步进行,在经验的一方面,也须得在每层都要审计一番,看看这一笔账算得错不错。我们决不敢离开经验而发展理论,以至于理论与事实愈趋愈远,而陷入于唯心的构造之危险之中。我们可以举一两个极端例子来说明,就知道这个唯心的构造之危险是极大的。当十字军来征之时,他们全凭思想造成一种理论,以为从前十字军之失败,都是由于从军者之有罪,若是用无罪的童子,去征伐回教国民,必定是可以成功的。于是他们送了五万童男女去东征,这些童男女也有淹死于海中的,也有被杀于战场的,也有为回教国民收没为奴的。中国义和拳"符籙可以退兵火"之邪说,也是一种想入非非的唯心的构造之结果。科学中极重实证,就是恐怕陷入于这个危险。这是我们反对宗教的态度之第三理由。

  但是有人说,宗教的态度,有两种好处:(1)宗教的态度,有鼓励人类前进的力量。科学的态度,是使人辨别途径的,宗教的态度,是使人向这个途径上走去的。换一句话说,科学的态度,是使人知的。宗教的态度,是使人行的。照这样说来,我们若要知之而又行之,必定先持科学的态度,明明白白地辨别是非出来,然后持宗教的态度,糊里糊涂地往前做去。若是我们对于同一的问题,可以先明白而后糊涂,可以自有知而退入于无知!我们才能在不同的阶级,而持不同的态度。试问人类可是有这样的圆转性呢?而且这种鼓励进行的力量,就是曾经叫忠臣殉君烈女殉夫的力量,是只能鼓励无知者一往直前于独一无二的途径的力量,不是能够使有知者择其善者而从之的力量。倘若使世上人都成了浑浑噩噩的无知者而进行力甚猛——这是军人的教育所注意的,这是可庆贺的事情吗？我想,我们对于一个问题,经智慧辨别途径权衡轻重之后,究竟能够前进不能够前进,一半是由于先天的生理,一半是由于后天的教育而规定。可以发生生理的效果的。我所说的教育,是包含各种社会环境而言(例如家庭朋友),我所说的生理,是包含各种天然的因子而言(例如饮食气候之类),血液质偏胜的人,有激进的性质,神经质偏胜的人,有迟疑的性质,这是先天的生理和人类的进行力之大小之关系。有了名士教育,大家都要打破利锁名缰,有了理学教育,大家都要言寡尤而行寡悔。这是后天教育和人类的进行力之大小之关系。所以我们如果要有进行的毅力,除非讲优种学,那先天的部分,已经是很难补救的了,但是在教育的一方面,却能收到一部分的功效,用不着什么宗教的力量来鼓助。

(2)宗教的态度,可以减除人类的苦恼。人世苦恼甚多,只有的依宗教,而持一种莫名其妙不识不知的态度,然后能够免除；并且有极端的人,以为：人类的苦恼,都是由于知识,若是毫无知识,那就没有苦恼之可言了。我们姑且假定这个道理是对的,然而自有知退于无知,是不可能的事情。而且我们活在世上,应该在减少人世苦恼一方面多做工夫,不应该专在忍受苦恼一方面做工夫。专在忍受苦恼一方面做工夫,是百年前的注重正心诚意的伦理学,没有什么良美的结果,在减少人世苦恼一方面做工夫,是现在注重改造环境的伦理学,现在虽尚在试验阶级之中,然而已经成绩斐然。固然人世苦恼,无论如何减少,或者也不能减少到零点,所以我们不论在何阶级,仍然还有一种"安心立命"的东西之需要,据宗教家说上帝就是供给这个需要的"无论何时,你若陷于苦恼之中,上帝永远预备帮助你。"就是这个意见的结晶句子。我们暂且不说宗教有这个效能没有这个效能,先把苦恼之来源简说一番。

我们人类何以有苦恼呢？总是因为不能满足一种欲望——求不得——的缘故。这些欲望,是正当的,不是正当的,是可能的,不是可能的，全凭科学智慧来辨别它。有一些欲望，是发生于生命之冲动的。是正当的，我们并不应去禁绝它。至于有一些欲望，可以发现为事实，不能发现为事实，完全是要知识充足，把各种情境排列在一处互相比较，才能知道，而不至于胡思乱想。若是这个欲望，是正当的，是可能的，到了不能满足的时候，我们只应该暂时忘却，减少我们的苦恼，到了一定的时候，我们还要掩土重来，来满足这个欲望。若是到不能满足欲望的时候，便永远抹杀这个欲望，以便安慰自己，这是恰恰和刚才所说宗教之那一层效能——鼓助进行的效能完全相反了。至于说及如何可以暂时忘却苦恼，我们承认：若是我们相信一个物外的东西，固然可以有安慰苦恼的效能，但是这个效能，是可完全自美术里供给出来的。当我们"有求不得"的时候，若有好的诗歌图画音乐风景，也可以使我们有精神的愉快，并用不着什么宗教的态度，把人自有知而退于无知。但是这个美学的问题所牵涉的心理的部分，过于精细，过于远大，也不是我所能讲的了。总括一句话，宗教没有崇拜，就不成其为宗教，崇拜无论是仪式的是心理的，都不是科学家所赞成的。至于宗教的态度，就是不经研究不经证明而信从的态度，却是坏处多而好处少，而且它的好处，也是可以用教育美术去代替的。

物和我[1]

　　这个问题乃是常识中所以为无须讨论的问题,又是哲学中讨论而难得其究竟的问题,然而又是我们每日生活之中必须解决的问题,无论我们解决得对不对,我们总是随时随地地在那里解决它。因为各人有各人的人生观,所以各人有各人的解决的方法。我想:多数科学家解决这个问题的方法和中国历史上沿袭下来的而在现在社会上流行的解决的方法,大不相同;我现在且把这个解决法说一说。

　　若有一根针刺到我们的手上,我们必定觉得"我"痛的很,我们又觉得:这个痛是从外边的一个物———一根针———所发生出来的。我们的这个见解,是从我们的老祖宗野蛮人类沿袭下来的。野蛮人类以为:他的一张皮,就是物和我之间不可磨灭的界线,凡在皮以外的都是物,凡在皮以内的都是我。这个谬误的见解,到了现在的时候,仍然为我们不知不觉地保存于头脑之中,或者我们实在是保存着这个见解,我们却不承认我们的见解——物和我之区别——是如此的粗浅的。然而若有人问:我们的见解究竟如何? 我们又答不出来。

　　"我"这个字的意义,既是不易了解的,"我的"这个字的意义,也是不

---

[1] 本文原刊于延期出版的《新潮》第3卷第1号;1921年10月1日北京大学新潮社编辑,国立北京大学出版部发行。

易了解的，不过在实际一方面，我们每天糊里糊涂地用这个字罢了。例如我们在假期内，从北京回家，到了"乃瞻衡宇"的时候，我们觉得那儿是"我的"家了。其实那儿不过有几株树几间屋，和别的地方的树和屋一般，何以见得就是我的家呢？根本的说来，不过是因为那儿的几株树几间屋曾经为我所据有经历若干时间罢了"把我所习惯的据有的东西当做我的"。这个见解，也是从很古的时候低等动物沿袭下来的。甲街上的狗，若跑到了乙街上去，乙街上的狗必来追他，若是追到甲街上去，则甲街上的狗，必定竖起尾巴张开牙齿来抵抗，其意若曰："这是我的领土，有我的主人保护我，你是不能来的。"〔这是赫胥黎所举的例来说明领土之观念(idea of territory)之由来的，并不是我故意地开玩笑〕。其实它的领土，它的主人，何曾真正是它的呢？也不过是曾为它所习惯的据有（为它所据有经历若干时间）罢了。或者动物本有据有的冲动，而对于一些曾经为他们所据有有若干时间的东西，就以为"这些东西是'我的'"是固定的了。若照相对关系的意义说来，各种东西彼既不能据有此，此亦不能据有彼，即以最固定的据有物而言，我对于桌上的一本书而说"我的书"，然而从书的方面对我而言，也可以说"书的我"，但是我们不说书的我，一定要说书之据有者（the possessor of the book），不过是取其文法的方便，并没有什么充足的理由。况且我可是有独立的存在，还是难了解的问题。如果我是不能有独立的存在的，那么，"我"之不存，"我的"又将焉附呢？

我们现在讨论"我可是有独立的存在"的问题。在未讨论之前，我们可拿讨论所得的结果提前说出：我不能有独立的存在，我是不能和物分开的。这个讨论，我们且分做两层：物质的我；精神的我。

物质的我

这个物质的我,就是身体发肤等等。野蛮人以为这明明白白的是一个我,除非死了,是永久存在的。这个见解,当然是很易得驳消的。一个人现在是小孩子,将来可以变成大人,一个人今年没有胡子,明年可以有胡子。设若有一个人,当二十岁的时候,有一定的容貌状态,我们把他的这个容貌状态,叫做他的二十岁的"我"。设若他的二十岁的"我",可以离开他自己而生存,而其容貌状态又永远不变,像相片一般,但是他自己却"继长增高"地往前生活着,到了四十岁的时候,他又有一定的容貌状态,我们把他的这个容貌状态,叫做他四十岁的"我"。假使他的二十岁的"我",和他的四十岁的"我",有一天在街上对面相遇,他俩必定不能认识自己,即令旁人也必定不能认识他俩本是一个人。一个"我"在不同的时候,竟直不能被人认识是同一的,还能说是永久存在吗(永久存在就是不变的意思)?

从生理学讲来,生命不过是消长的变迁(metabolic change)。我们一方面吸收食料进去,构造称为神经、筋肉、皮肤、骨骼、脆骨、血液,各种细胞而存置于身体之中,这是长的变迁(katabolic change);一方面又借养气之养化力,撞散这些细胞成为水,炭养二,含淡的有机酸各种东西,而排泄于身体之外,这是消的变迁(anabolic change)。野蛮人所看做的物和我之界线——他的一张皮,若用分子的眼光看起来,实在是内外交通,一点儿障碍也没有——即皮肤的本身,也随在一道变迁。这些细胞分起来看,和单细胞的下等生物一般,个个都有独立的生命;合起来看,各尽所能,成了一个有机的系统,就是我们所看做的我的生命。其实我的生命,就是许多细胞的生命集合起来的,并不是另外一个东西。所以斯宾塞(spencer)说:生命是各部分之互组(corroboration of parts)。我们再看:

这些细胞,生的生,死的死,竟直是变迁不息的,我们实在说不出在那一群特别细胞既生之后未死之前,有一个我的生命,在其余的时期以内,没有我的生命。试拿一座北京城作个比喻,无论城里的男女老少生死不息,而这一座城(指此城之组织,不是城墙房屋)仍能接续存在,但是不能独立存在,若是有一天北京城里的人都死完了,那北京城也就化为乌有了!再就针刺指头之例来说,我们总以为这个痛是从外边的针生出来的,若是我们害了盲肠病,我们又以为这个病是从里边的盲肠生出来的。其实我们的皮,既不能为物和我之界线,则无里外之可言,针和盲肠,都不过是"物"罢了。但是有人说:针和盲肠固然同是物,然而针或盲肠所发生的痛,是一个精神界的活动,总是属于我的。针是大家都能看见的,盲肠若经解剖之后,也是大家都能看见的,因为他们是属于外界的物的。至于痛,只有我一个人知道的,因为这个痛是属于内界的我的。说到这里,我们要想想:什么是我们所叫做的针,不过是尖锐的形式,白的颜色,如金的光泽;这些形式,颜色,光泽,都不过是视觉器官的神经所供给的感触(sensation)(盲肠也不过是如虫的形式,肉红的颜色等等感触)。若是不幸把针刺到指头上,指头上又有一束神经供给我们一种感触——不受欢迎的感触,我们把这个感触叫做痛。视觉器官的神经所供给的感触——形式颜色光泽——和指头上的一束神经所供给的感触——痛——"感触虽不同(前是形式等等后是痛。参见皮耳孙科学之文法第二章),其为感触则一也"。试问除实用的方面,我们还有什么理由把前引的感触,推到假定的针之实体上去,而说他是物;把后引的感触,却留在假定的心之实体上去,而说他是我呢?所以罗素说:宇宙之间,心也不是真的,物也不是真的,另外还有一件东西是真的。这个另外的东西,就是感触(参见皮耳孙《科学之文法》第二章)。

精神的我

这个精神的我，简略说来，就是指我们各人不同的性质——和平、激烈、怠惰、发奋、洁净、肮脏、滑头、戆头，等等——而言。我们讨论这个题目，最好是分做两层：（一）先天的我；（二）后天的我。

（一）先天的我　先天的我，是从祖宗遗留下来的。依生物学讲起来，各种性质，并不是直接遗传下去的，但是这些性质之发展之可能，是直接遗传下去的（参见 Goodrich 的《进化》）。这些可能，都是依附于生殖细胞里面的。一个生物之起源，是从上代生物所有的生殖腺津（germ plasm）分出来的。这个生殖腺津，藏在生殖细胞核的里边，和独立的生物一般，可以借食料而生长，就是细胞学里所叫做的格罗马丁（chromatin）。这个格罗马丁，是由若干 idants 集合起来的，每个 idants 是由若干 ids 集合起来。这些 ids 经过一定的染色之后，都可以用显微镜看得出。每个 id 是一个小宇宙，把各种性质之发展之可能，都包藏在里边，它的组织，是依过去无限的历史而规定的。每个 id 由许多定子（determinants）集合起来；每一个定子，将来即长成一个"可以独立地随环境而变衍"的机关（如手足心肝之类）。这些定子之集合之形式与股份，就是由历史规定的（如人之脊椎和四肢骨成大字的形式，下等乳哺之脊椎和四肢骨成兀字的形式，人头大而尾小，下等乳哺尾大而头小）。每个定子，又是由许多 biophore 集合起来的。这些 biophore 可以离细胞核入细胞液，而支配其行动。

各种性质之可能，由定子如何集合而规定，定子如何集合，又由过去的历史而规定，换一句话说：就是由祖宗遗传下来的。祖宗的性质之发展之可能，究竟有多少遗传下去呢？依加耳敦与皮耳孙的祖先定律（ancestral law）而言，一个生物由遗传得自每个祖先的部分，等于此代祖先之数之反数(reciprocal)之平方。例如最近的一代祖宗,只有父母二人,则子女得自父母各人的部分,为二分之一平方,即四分之一;换一句话说,一个生物之先天的我,有四分之一,是从父遗传下来的,有四分之一是从母遗传下来的;共总有二分之一是从最近的一代祖宗遗传下来的。其次最近的一代祖宗,有祖父、祖母、外祖父、外祖母四人,则孙子孙女得自祖父、祖母、外祖父、外祖母各人的部分,为四分之一之平方,即十六分之一。换一句换说:一个生物之先天的我,有十六分之一,是从祖父遗传下来的,有十六分之一,是从祖母遗传下来的,有十六分之一,是从外祖父遗传下来的,有十六分之一,是从外祖母遗传下来的,共总有四分之一,是从其次最近的一代祖宗遗传下来的。其余仿此类推,相离代数更远的祖宗,所遗传下来的部分更少,一直推到安麦帕,我们由它遗传下来的部分,真正是微乎其微了。

我们说了这一大篇的话,我们所要得的结论,在什么地方呢?我们所要得的结论,是我们的先天的我,不是有独立的存在的,是有父母、祖父母、外祖父母……遗传下来的。试问父母,祖父母,外祖父母……是应该属于外界的物呢?还是应该属于内界的我呢(纵令实在有这个区别)?我想:我们都要用"是"来答复第一问,用"不是"来答复第二问,至少那些受过家庭压制的而"不以父母的意见为自己的意见"的一班青年,一定要赞成这样的答复!

(二)后天的我 我们对于同一的东西,各人可以构成不同的概念。例如有一支毛笔在此,一个国民学校的学生看见了它,就构造起来以下的概念:一根长圆坚硬的管,管杪有柔软的麻和羊毫;一个生物学家看见了它,就构造起来以下的概念:长圆坚硬的芦管,中间有如星的水管束,柔软的麻和羊毫每根中间都有洞通的微管;一个化学家看见了它,就构造起来以下的概念:长圆坚硬的芦管和柔软的麻和羊毫之中,都是纤维质布满了;一个物理学家看见了它,就构造起来以下的概念:长圆坚硬的芦管和柔软的麻和羊毫之中,都有无限的电子在那里旋转不息。这是因为：我们各人的过去的经验不同，所以对于同一的东西，而构造起来不同的概念。然而各人对于毛笔的概念之中，又有一部分是大概相同的，你觉得笔管是长圆的，我也觉得笔管是长圆的；你觉得笔端是柔软的，我也觉得笔尖是柔软的，这又是什么缘故呢？这是因为我们的器官——经验所穿过的途径——是有同样的组织的。我们的眼睛，大概都能在离眼睛十英寸的地方，看见二百五十分之一英寸的东西；我们的耳朵，大概都能听见每秒十八摆以上的音响。所以我们所见闻的宇宙，大概是相同的，就同"大概相同的模型，必定铸出大概相同的机器"一般。若拿下等动物来比较，例如具有复眼（即千万眼珠合在一处）的苍蝇，它所看见的这支毛笔的颜色形式，必定和我们具有两只单眼的人类所看见的大不相同。

　　以上所说的，还是假定毛笔是一件外界的东西，毛笔不过是一群感触，并不是一件外界的东西，这一层道理，在前面针刺手指的例中，已经说明白了。现在我们所要讨论的，是：这一群感触，是完全都是从最近的刺激得来的呢？还是有一些是从过去的经验得来的呢？当我们看见一支毛笔的时候，我们的最近的刺激，不过是笔管之长圆的形式和白的颜色，与笔端之尖的形式和黑的颜色，至于笔管之坚硬性，和笔端之柔软性，我们并未曾用手摸他们，我们何以知道呢？然而我们却知道：倘若我们用手去摸它们，我们的触官必定报告我们：笔管是坚硬的，笔端是柔软的。这是因为：我们曾经有"笔管是坚硬的笔端是柔软的"的经验，储留在记忆界里（记忆和感触是联续的，例如我们看见电光，电光本身已经灭了，我们的视觉器官仍然有电光的感触若干时间，但是，愈久愈淡，渐渐入于最近的记忆）。当我们视觉器官感触了毛笔的形式颜色之时，我们把记忆界里之笔管的坚硬性，笔端的柔软性，凑合在一道，而构造称为毛笔之概念。若是各人过去的经验不同，例如生物学家有生物学家的经验，化学家有化学家的经验，则其所构造的概念，自然可以不同。这些经验都是过去的感触，足见我们构造概念之时，都受过去感触的支配，并不是有一个独立的我，可以"毫无凭借突如其来"地在那里构造啊。

当我们解决一个同一的问题的时候,你有你的意见,我有我的意见,你的意见,是由你的历史环境构造起来的,我的意见,是由我的历史环境构造起来的。我们无论用什么方法——归纳演绎推较——去思想,都是把过去经验的分子选择集合起来。我做这一篇不通的文章,是因为我对于这一类的题目,曾经读过几部书;我想到极乐世界的金堂玉户,是因为我曾经看见过金、堂、玉、户,或与此相似或相反的东西。但是有人说,我们构造概念解决问题之时,所用的材料,固然是过去的经验,然而总有一个东西——我——自己——在那里把这些经验分子集合起来。这也是应有的疑问,然而并不是不能解决的疑问。我是由过去经验分子集合起来的,这些分子,无论如何集合,总要成一个我。在此意义之中,我们也可以说:经验是物质,我是形式;但是这个形式的我,随经验分子之增加而变迁;经验是增加不已的,所以我也是变迁不息的。经验是器官的感触,我就是这些感触之集合,并没有一个形而上的精神的我,可以脱离经验而存在。如此说法,并没有什么奇怪。现在的科学,把许多形而上的存体,如时间、空间、物质、能力,都渐渐地简约而为器官的感触了。

这样看见,物质的我,既是和外物互相交换变迁不息的,精神的我,又是由先天的生理组织和后天得器官经验规定的,那么,物和我还能分得开吗?

从前的人以为物和我是可以分得开的,于是发生出来种种伦理观念:综合起来,可以勉强分为两大派。

(一)消极派　因为他们以为物和我是可以分开的,所以他们以为:我是可以脱离世界而独立的;往消极的方面去做,于是发生厌世思想。他们的意见是:世界是坏极了,我还是远引高蹈超世独立游于物外罢。谁知道,我们无论如何超脱,总还是在这个地球上,于是他们又以为另外有一个精神界的独立生活,在这个生活之中,有极乐园,有波罗蜜,是值得去寻觅的。至于物质的生活,却是不值一钱。若是他们受着物质生活的痛苦太大了,而在精神界里,实在又找不出他们所希望的极乐园波罗蜜,他们竟直可以陷入于自杀的地步。

又有一些文学家,从厌世而变为疾俗,于是发为笑骂玩世的文字;他们极力地痛骂某甲如何穷凶,某乙如何极恶,然而却忘了某甲何以至于如此的穷凶,某乙何以至于如此的极恶。我想:我国近来写实派的文字,也有这一种趋势;他们对于描写个人罪恶的地方,的确是长进的多了,然而对于描写社会罪恶的地方,却未曾十分注意(这是我个人的意见,我并没有文学的知识,我不知道这个意见对不对)。这样的文字,只能引起我们嫉恶个人的意念和"预防入险"的小心,不能引起我们改良社会的动机;纵然可以引起我们改良社会的动机,决定不能引起怜悯罪人的同情。我们仔细想想:某总长何以要侵吞公款,是因为他必定如此,然后可以照顾他的亲戚本家,然后可以"终其天年",然后可以留资财给他的子孙;某督军何以把卫兵挂在汽车上来吓人,是因为有这些无执业无知识的人愿意当卫兵去壮他的威风,大家又以为这是莫大的荣耀。其实:他们的脑筋,也许同我们的脑筋,原来是一样的。但是如此说法,把个人的罪恶都推到社会身上,那么,各人都可以随意作恶,没有责任心了。我们对于这一层的答案,是我们相信:好社会里就不会发生恶人出来,而且科学中的因果律,最能增加我们的责任心。若想有一个良好的社会,必须我们竭力去做,良好的社会,不是能够侥幸得来无因而至的(因果律所牵涉到可讨论的地方甚多,下次当另作辩论)。所以照科学发产出来的伦理观念说来,不会使人没有责任心。

(二)积极派 因为他们以为物和我是可以分开的,所以他们以为:社会无论如何毁坏,我是可以单独地做好人的,于是他们专在刻苦砺行、克己复礼上做工夫,凡社会上有种种引诱威胁加到我的身上,我必定要抵抗它,要做一个"富贵不能淫,贫贱不能移,威武不能屈"的大丈夫。但是有一层,却是很奇怪的:他们以为社会不能影响我,我却能影响社会;他们一方面在"我"上做工夫,一方面又要社会好,于是他们创造出来一种"唯心的淑世主义",他们说,"一正心而天下定","中孚之信可格豚鱼",只要我心上时时刻刻地求好,天下就会好了,用不着在社会制度上去求进步。

又有一派的积极的力行家,以为社会改良,完全可以在个人事业上做起,不要借什么团体的力量;例如耶稣之牺牲,墨子之兼爱,都是拿个人的力量去拯救社会的。这样的行为,自然是可钦佩的,然个人事业的结果,比社会事业的结果小得多。我们在街上拿钱散给叫花子,纵然把我所有的钱都散完了,不如用社会的力量创造许多贫民工艺场;我们多赏校役一份节钱,不如借群众的力量,多开些校役夜班。至于对于其余的社会的痛苦,我们不能做一个救苦救难的好人,来满足一时剧热的感情,就算完了,我们要用智慧去搜求这些痛苦之来源而铲除之例。如要免水旱必讲水利,要减少死亡率,必讲公众卫生;然而水利公众卫生等等事业,都不是个人所能办得了的,更要从社会方面下手了。

总括起来:物和我是分不开的,物是我的环境,我又是物的分子,与其偏重分子,不如偏重环境,所以我们须得改造环境,然而这个环境,又须得我去改造,这就是科学中间之貌似的矛盾的物我观。

环境改造之哲学观①

我们试看看,现在世界上实在是闹得非常地光怪陆离,变得非常的激烈勇猛。什么民族自决啦,什么市民自治啦,什么共产主义啦,都在那里极端地发展。我们要问问:我们为什么不坐在家里吃饭睡觉,享受消极的幸福呢?再不然,为什么不端坐终日,正心诚意;专在自己一方面,去做积极的工夫呢?我们为什么要自寻烦恼,去改革种种政治的、社会的、经济的制度,增进物质的生活呢?换一句话说,我们为什么要改造环境呢?这种改造环境的活动,实在也有它的根据的理由;这些理由之一种,就是哲学的理由。我们现在就把这个理由来简单地讲一讲。

我们说到哲学,不能不说到本体论(ontology)。本体论可以说是哲学之最后的归宿。各派的本体论,自然有许多不同的地方,然而概括起来说,从前的哲学中之本体论,不外唯心唯物两大派。

唯心家的派别甚多,然而皆主张无物能离精神而存在。他们说:桌椅房屋山川草木,等等,都是假的;即以桌子而论,我们必定看见桌子才知道有桌子存在。然而当我们看桌子的时候,不是单独用眼睛可以了事的,因为死人未腐朽的也有眼睛,然而我们相信死人不能看见桌子,换一

---

① 本文为1921年8月王星拱在安徽安庆暑期演讲会讲稿。北京哲学社编辑的《哲学》第4期,1921年11月刊发出版。

句话说，这个桌子，对于死人是不存在的——即不是实在的。足见我们当看见桌子的时候，我们还有一种精神的活动（即意识），加在视官的感触上边，我们方能认识那里有一个桌子。所以桌子不是能离精神而独立的，更进一层说，唯有精神——心——是实在的。

唯物家派别较少。他们说：宇宙唯有物质是实在的，即以桌子而论，那里必定有一张桌子，然后能够发生出来种种性质，如形式、颜色、坚度、声音之类，可以为我们的器官所感触。唯其因为物质是实在的，所以各人所看见的同一的桌子，都是一样的。而且无论在有人看桌子或无人看桌子的时候，那桌子都是存在的，"但是严格说起来，这两层都没有直接的证明。"他们有一句笑话，说您若不相信物质是实在的，请您拿您的头往墙上碰一碰，就知道物质（墙中之物质）究竟是实在的不是实在的了。即如精神的活动，也是由于脑筋物质之变迁，例如用心过度，神经就要发痛，感触之传达，也有一定的速率，和热同光一般。简而言之，宇宙间之现象，都不过由于原子之碰击而已。

以上所讲的，自然有粗疏的地方，我不过是把它俩提一提，以便引起另一派的本体论，并且可以把它们彼此相较。这一派的主张叫做实在论（realism）。

实在论者说心也不是实在的，物也不是实在的，只有感触——眼所见的，耳所听的，手所摸的——是实在的。即以桌子而论，桌子的本体不是实在的，颜色形式等等性质，是实在的。这些性质是直接地由感触得来的，若桌子之本体，都由这些感触得来的张本推论而来。凡由推论而来的，都不能算作实在。纵令我们拿头和墙碰一碰，所得的结果，仍不过是一定感痛，并不能证实墙之物质之本体。若说桌子是不能离精神而独立的，因为独立之意义不易明了，亦非正确的判断。依唯实家说来，桌子有二观（aspects）：其一，是由观察点而定的，叫做心理观；其一，是不由观察点而定的，叫做物理观，桌子的物理观，是可以离精神而独立的。

不但现在的感触是实在的，即过去的感触也是实在的。这个过去的感触,就是记忆。我现在姑且把现在的感触叫做感触,把过去的感触叫做记忆感触,与记忆之间,是不能一刀切断的。试举一例:今有电光一闪,为我们所看见了。当我们看见电光的时候,电光已经闪过若干时间了,因为电光从发起的地方传到我们的网膜,总要经过若干时间;倘若电光甚强,我们在网膜接触电光之后若干时,仍然看见电光。我们视官上这个电光的感触渐渐稀薄,而消灭于最近的记忆之中。较远的记忆也是从较近的记忆渐渐接续上去的。这样说来,现在的感触,和最近的记忆,以及最远的记忆,都是持续不断的,都是实在的。

诸君听到这里,想必要生一种疑问:当我们迷惑、误忆、妄想的时候,我们都能把我们的感触记忆做实在的吗?例如我眼睛花了看见神鬼,其实并没有神鬼(迷惑);我记得昨天曾上大观亭,其实我昨天在家里读书(误忆);我设想我在天空里飞行,其实我在讲台上讲书(妄想);难道这些感触记忆,都是实在的吗?依实在论说来,他们都是实在的。然而我们何以把迷惑当作虚妄的呢?不过因为这个感触:和别的感触不能互相符合罢了。例如我看见鬼(视官之感触),到了把手去捉他触官的感触的时候,他就没有了。我们何以把误忆当妄虚妄的呢?因为这个记忆和别的记忆不能互相符合罢了。例如我误忆了昨天曾上大观亭,我又记得昨天曾经下雨,我又记得昨天我的衣服并未曾湿。我们何以把妄想当作虚妄的呢?因为这些"记忆"和现在的感触不能互相符合罢了。例如我现在看见许多房屋灯火人都是和"我在讲台"相符合、不能和"我在天空"相符合的。至于这些现象中之每个分子——见鬼、大观亭、天空、飞行,都是实在的,都是从现在的感触和过去的感触得来的——都是从经验得来的。

当我们解决一个问题,或构造一个意见的时候,我们都是从经验界中搜出种种与现在相关的分子集合起来,这就是普通言词中所说的,"我以为"、"我觉得"——"愚见"就是哲学家所叫做的自己。这个自己是什么呢?就是无限的个人经验和种类经验(即遗传性)之麇集,所以杜威说:"自己是由过去的经验集合起来的。"马赫说:"灵魂即自己也是可为破成碎块的。"

各人有各人的经验,互不相同,所以各人的自己亦互不相同。甲有良好的经验,所以有良好的自己;乙有恶劣的经验,所以有恶劣的自己。若要使人人都干良好的事业,必要人人都有良好的自己,若要使人人都有良好的自己,必定要使人人有良好的经验;若要使人人都有良好的经验,必定要使人人都有改好的环境。所以从哲学方面说来,我们应该改造环境。

(这一篇文章,是我在安庆暑期讲演会讲演的稿子。这种讲演,是含有通俗的性质的,当然不免有挂一漏万的地方。现在佩青先生一定要登载这篇稿子,我现在工课很忙,没有工夫去增改它,只好将原稿勉强应命了。还望阅者原谅。十,十,廿三,王星拱)

科学与人生观[1]

张君劢先生和丁在君先生为了这个问题,打了一个月的恶战,并且引起许多人加入战团,于是战线因之而延长,战地也因之而扩大,所争论的问题,愈弄愈复杂了。一直到了旧历的端阳佳节,还没有打得一个决定的结果出来,或者纵令打到无限年的端阳佳节,也不能有一个决定的结果出来!我早已也想摇旗呐喊,加入拥护科学的战团,但是因授课过于忙碌,没有做到这一层。今天因为傅佩青先生找我来讲演,我于是抽出若干的时间,把我自己的意思,组织成一个局部的系统,写一篇出来。我这一次的加入战团,固然不敢比较美国的对德宣战,把德国打到落花流水,然而却希望可以比较中国的对德宣战,仅仅发出一篇宣言,而能处理中德邦交之局部问题。

这个问题中有两个名词,一是"科学",二是"人生观"。我们先把这两个名词的意义确定下来,然后来讨论它俩有无关系及其关系若何。科学有两个意义:一是广义的,一是狭义的。广义的科学是:凡由科学方法制造出来的,都是科学。这句话有一些人不承认。他们说:"科学之所以成为科学者,以其内容,非以其方法也。"他们的意思似乎是,科学方法是

---

[1] 本文原刊于《努力周报》第 58 期,1923 年 6 月 24 日出版。《晨报·副镌》1923 年 7 月 9 日转载,后收入亚东图书馆所编辑《科学与人生观》一书(1923 年 12 月出版)。

形式的逻辑,这个形式的逻辑,宗教中也用它,小说中也用它,难道宗教小说都可以叫做科学吗(见张东荪先生的"劳而无功"论文)?这实在是误解科学方法。科学方法不是形式的逻辑,其中有许多精密严毅的手续。所谓精密者,是层层不漏空;所谓严毅者,是不以感情而定去取。宗教家小说家实在没有用过这个方法,而且他们无须用这个方法,或者他们简直不能用这个方法,若用这个方法,那就不成其为宗教小说了。狭义的科学,是指数学、物理学、化学、生物学、地质学等等,现在已经为普通街上人所承认为科学的。这些科学,萌芽于希腊,重生于文艺复兴时代,昌明于十八世纪之后。我现在姑就这个狭义的科学来立论。

　　人生观这个名词,因为历史上之沿袭,也有两种不同的意义:一是生命之观念(conception of life),二是生活之态度(mood of living)。这个生活,是就普通术语中所谓精神生活而言。依科学去解释生命问题,应该叫做"人生之科学观";依科学去解释宇宙问题,应该叫做"宇宙之科学观"一样。对于生命这个问题,科学独有科学的解决方法。其解决之圆满不圆满,和大家之赞同不赞同,那是另外一个问题。纵令科学能够解决得圆满,也不能得大家全体赞同。科学家说:地绕日而行,宗教家一定要说日绕地而行,那有什么办法呢!依科学态度而整理思想,构造意见,以至于身体力行,可以叫做"科学的人生观"。科学家的态度,与宗教家及美术家的态度实在是不同的。现在我也要从这两个意义上面,略为讨论一番。

　　我们把这两个名词的解说陈述明白了。我们再来讨论科学是否能应用于人生观?换一句话说:科学是否能够应用以解决人生问题?我们要想讨论这个问题,必须先看科学所凭借以构造起来的是些什么?

　　科学所凭借以构造起来的,有两个原理:一是因果之原理(causality),二是齐一之原理(uniformity)。

　　因果之原理是说:宇宙中之各种现象,必定有因果的关系,没有无因而至的,也没有不生效果的。这个原理里边,包含着可分之原理(divisibility)或多元之原理(pluralism)。因为辨别出来何者为因,何者为果,那已经把宇宙分成零零碎碎的块片了。有些哲学家以为宇宙是不可分的,故对于这个原理,极端反对。姑举一例而言:布拉德烈(Bradley)说:"我不懂得何以糖是甜的?"把他的意思引申出来是,糖是一件东西,甜是一件东西,这两件东西如何发生关系起来?依因果之原理来讲,因为糖中有糖质,所以糖是甜的。但是这里又要发生两个问题:一是何以糖中有糖质?二是何以糖质是甜的?再往下追寻可以至于无限,而糖与甜两个的因果关系,永远接续不起来。所以他的结论是:"原来就没有糖是甜的这样一回事。"庄子说:"今日适越而昔至""庸讵知天之非人乎?庸讵知人之非天乎?"也是宇宙不可分析的意思。科学以为宇宙是可分的,德毛克里脱司(Democritus)所讲的原子,几何学中所讲的点,莱柏氏所讲的单子(monad),力学所讲的力线,物理学所讲的电子量子,化学所讲的分子原子,生物学所讲的单位性质,都是在宇宙可分之原理上理论。固然,拿时间、空间、物质或其他存体逐渐分析,是无限的,然而无限无碍于分析,这是算学中群论所发现的。凡我们经验所分得到的,总是有限的,但是又可以用理智分至无限。无限之外可以有有限,例如零与一之间,有无限的分数,然而一却是有限的整数。若是宇宙是一个混沌圆软的东西,那么科学就不能成立了。

　　齐一之原理是说:同因必生同果。假使没有这个原理,则宇宙之间只有千千万万一点一滴的事实,我们很难寻觅因果关系出来,那么,科学也无从构造了。历史告诉我们:科学可以从许多现象上看出同点,而把这些同点综合起来,就成为定律。有一些哲学家也极力地想方法去推翻这个原理。然而比推翻因果原理,却还要困难得多。其中最时髦最有力的论调,就是柏格森的创化。他的意思是,宇宙间所有过去的现象,都是现在现象发生的原因,套佛家一句话来说,就是所有过去都成现在。但是宇宙间所有过去的现象之共总,是时时刻刻不同的,所以宇宙间永远没有同因的现象。既没有同因的现象,那里能有因果的现象呢!那么,

同因必生同果,不过是一句便利的虚诳。然而科学的意见,却不与此相同,试为叙述于下:

一件东西的性质,可以从两方面看待:一从个体方面看待,是为个体的性质;二从类的方面看待,是为类的性质。个体的性质,是一件东西所有无限的性质;把这些无限的性质集合起来,就是这一件东西——物。类的性质,是一类中之分子所共有的若干性质,把这些共有的性质集合起来,就是类。科学的定律,是建筑在类的性质上面的。

类的性质,可以分为两种:一是一类中之分子必有的性质;二是一类中之分子性质之平均代表。形式逻辑与数学中之类的性质,归第一种,例如凡甲皆归甲类,凡非甲皆归非甲类;凡是单独的(不一定是物质)都归一类,凡是成双的都归二类,凡是没有的都归零类,凡是无限的都归无限类。但是在黏滞物质的科学之中,类之性质都归第二种——都是平均代表,却可以有例外。在社会学中,固然是如此,在生物学中也是如此,即在物理学、化学中也是如此。这种平均代表的类的性质,又有两种:一是定性的平均代表,例如凡物受热则膨胀,是物类之类的性质,然而水在零度四度之间,受热则反收缩,有一种镍渗金,受热亦不膨胀,受冷亦不收缩。能言为人类之类的性质,然而人类中却也有哑巴子。一是定量的平均代表,例如五尺半高,为人类之类的性质。然而严格测量起来,恐怕没有人恰恰是五尺半高。有许多人对于从平均代表上构造起来的定律,大加攻击,而以对于定量的平均代表为尤甚,他们的意思以为:各人有各人的高度,五尺半不过是一个平均代表,代表不是本身,所以没有真实之价值。岂不见现在的国会议员吗?他们倒是代表,但是这些代表的意见,可是真实的国民意见呢!我也承认这个攻击,不是无理取闹。两千年前亚里士多德,也曾看出这个困难,他想用最终法式的观念来免除它。他说:一个人无论多高,都有倾往于五尺半高——最终法式——的趋向。依我看来,这倒可以不必。这个类的性质,唯其因为它们能够代表类中分子的性质,所以它们也是真实的,从它们上面构造起来的定律,也当然是真实的。倘若从国民中抽出的议员，真正能做国民的平均代表，他们的意见，岂不是真实的民意吗？这不过是一个比喻，严重的讨论，还要归到平均代表之类的性质之问题。

定性之平均代表的类的性质，就是各分子之个体的性质之一部分。个体的性质，既是真实的，这个类之性质自然也是真实的。一个特别的物之个体的性质多得很，例如颜色坚度……而受热则膨胀，也是这些个体的性质之一端，但是这个"受热则膨胀"的性质是所有的物所共有的，至少也是多数物所共有的。我们把各物之不同的性质——如颜色坚度——放在一边，而把各物之共有的性质——受热则膨胀——单提出来，为类之性质，这有什么稀罕呢！

至于定量的平均代表的类的性质，也是真实的。在生物界中，一个生物之个体性质，参差不齐，这是事实，我们不能不承认。然而一类中各分子的性质，总有一个类的平均（race average）这也是我们不得不承认的事实。一个类中各分子的性质之分量，也许没有一个恰恰和这平均代表相符，但是也许有多数是恰恰和这碰见你代表相符的。足见个体之性质即为类之性质，并不是不可能的。例如一群人中，也许没有一个恰恰是五尺半高，但是也许有许多人恰恰是五尺半高。若是一群人中没有一个恰恰是五尺半高，而我们仍可用五尺半来做平均代表，这个因为宇宙是可分的——因为五尺二、五尺三、五尺四、五尺六、五尺七、五尺八……和五尺半都是理智截分宇宙的数目；五尺二……五尺八，既是可有的，五尺半自然也是可有的，并没有如攻击者所说的那么与真实不符。在无机界中，各原子各电子之温度速率等等，分量固然是不同的，然而却不是不同的"奇怪"的地步，而可以为一个平均数所代表。这样的事实，即朋加烈所说的无秩序之秩序。我们在力学中用它，在电磁学中用它，在气动说中也用它，并不是在客观方面无所凭借，而随意建设起来的。这些定量的平均代表，论它们的价值，固然是真实的，因为它们可以利便思想推测之进行。即论它们的本质，也是真实的。不过它们的真实和感触所得的,不是完全一样的。我们承认:在感触世界之外,另外有一个世界,罗素把它叫做形式的世界,皮耳孙把它叫做概念的世界。他俩的意思固然不同,例如罗素的形式的世界不是有描写的作用的,皮耳孙的概念的世界,是有描写的作用的。然而有一点却相同,就是这个非感触的世界,是由感触的世界构造起来的,而且这个非感触的世界之行动,是绝对地有规则的。这一点却与玄学家所主张的超物质的自由的玄学的世界,大不相同。所以罗素说:从物质之个体的性质,抽出类之性质,是抽象之原理,也可以叫废除抽象之原理(因为不是抽出一个空的东西出来)。皮耳孙说:概念的世界是用感触世界建筑起来的。

现在我们就用皮耳孙的名词:概念的世界,来陈述我们的意见。类的性质,是一类中分子之个体的性质之平均代表,个体性质是存在于感触世界的。类的性质,是存在于概念世界的。科学事实,就是个体性质之表现。科学定律,就是类的性质之表现。类是不能脱离个体而独立的,概念的世界是不能脱离感触世界而独立的。科学定律,也是不能脱离科学事实而独立的。所以概念世界中有同因必生同果的定律,感触世界中,也必定先有同因必生同果的事实。

这两个原理,实在存在于宇宙之间,所以数学、物理学、化学等等科学可以凭借它们而构造起来。我们再看人生各种现象,是否与数学、物理、化学等等科学所研究的对象——从这两点看来——有根本的不同。换一句话说,就是这两个原理,是否也存在人生各种现象之中?

一、生命之观念

生物界与矿物界之最大的区别,就是一边是有生命的,一边是无生命的。然而这两大界的界线,也不是容易划得出的,就和"低等动物之本能，和高等动物之智慧不是容易划得出的"一般。地球上的生命，必定曾经有一天从无机物进化而来，这是我们必须承认的事实。而且化学家也有一种试验，虽不能证明，然而却可指示生物如何从矿物进化而来之途径。波特罗（Butler）把一种胶体物质，放在极紫光中，此胶体物质之动，颇类似单细胞生命之动。极紫光是富于能力的，多数胶体物质之原子，是很大的。由此我们可以猜度：无生命的物质，若依一定的成分之配合，再经受一定的势力之传递，是可以变成有生命的。这种配合与传递，自然是现在科学家所做不到的。但是我们不能因为现在科学家做不到，就相信有一个神秘的力量在里边主持。天地之间，科学家所做不到的事，还多得很咧！即就无机界而论，我们还不能用人力去发生和支配镭类原质之放射的变迁。试问我们可能相信镭类原质里边，也有一个生命之力或与生命之力有同等神秘意味的力在那里主持吗？斯宾塞耳虽信宗教，然而因为受了赫胥黎的影响，对于生命问题，到底主张是各部分之互组（corroboration of parts）。我们解决这个问题，实在用不着像唐马森另外加一个生命力到生物界里边，也用不着像赫克尔主张万物皆有生命。无生命的物质，在地质历史时期中，有一定的组织，经受一种特别环境之刺激（这个环境也许在现在和将来的地球上天然状况之中，不能重行发现了）就进化而成生物，并不是不可能的事情。下等动物不过用本能的反应去求生，到了高等动物，遂进化而用概念之选择与组织——即智慧的活动，我们也不必另外加入一个灵魂，去解决高等动物的智慧之问题。总之，高等动物之智慧活动，不过是生物活动中之最复杂者，和低等动物之不能活动，并无根本的区别，用不着归功于灵魂。生物活动，也不过是天然活动中之一部分，和无机界之活动，也没有根本的区别，也用不着归功于生命力。所以凡用以研究无机物质的物理化学，也可以应用于生物问题，用以研究生物的生物学，也可以应用于人生问题。不过在人生问题中，因子较为复杂，不及在科学（就狭义的科学而言）里边各问题中的各因子，容易为试验者所规定而已。

二、生活之态度

前段已经说过,这个生活是指普通术语中所谓精神生活而言。玄学家之主张科学不能解决人生问题,其最重要的理由,大概不外乎三种:

(一)意志自由　他们说:人的意志是自由的,科学所凭借的因果律,不能应用到这上边去。意志是人生动作之起源,即是人类历史之产地。意志既不受科学的管理,则由意志而产生的人生动作,自然也不受科学的管理了。我们因为要讨论科学是否能应用于人生,我们到要首先问问:意志可是真正自由的?从好的意志的方针说起来,爱生恶死,是生物之天性,人类当然也有这个天性。然而田横岛上的五百人,到了死着半个都不留的地步也不悔(用梁任公先生所举之例)。欧洲大战的时候,有许多爱国健儿,甘心致命于枪林弹雨之中。从坏的意志方面说起来,爱好也是人类的天性,寡廉鲜耻的事,总是人所不愿意做的,然而竟有人终身从事于娼盗事业,而恬不以为怪。试问我们受了气质(temperament)之遗传,和环境之濡染与暗示,都能愿意我们所原来愿意的吗?

(二)感情神秘　对于这一点,唐钺先生的《一个痴人的说梦》已经说得很详细,我现在不必多说了。人类有求生活(包含个体与种族而言)与求较好的生活(即所谓向上的生活)之欲望。能够满足这些欲望的,就发生愉快的感情,不能满足这些欲望的,就发生悲苦的感情。其经历的途径,虽不能像二加二得四那样容易明了,然而却也不像"哲子石"(philosopher's stone)那样地不可捉摸。若是我们明了这个途径,却可以用方法去发生感情。而且中国旧书中有"以理克欲"、"发乎情而止乎礼仪"的说法,这个"克"和"止"也就是用方法去支配。不过我们究竟愿意克不愿意克,愿意止不愿意止,又要回到上节所说的意志问题上去,这里不再说了。

（三）人生观之不统一　他们说，人心不同，各如其面。对于同一的境遇，乐观者以为可喜，悲观者以为可忧。对于同一的事体，"仁者见之谓之仁，智者见之谓之智"。张君劢先生说科学与人生观无关，丁在君先生说科学与人生观有关。科学里没有什么公式，把大家的意见都可以囊括无遗。固然，各人有各人的天性，由先天遗传而得来；各人有各人的学识（指所有的知识，不必是科学的知识），由后天教育而得来。各人的观察点不同，当然各人的人生观不同。而且我们并不希望世界上各人的人生观，都是相同的。如果世界上各人的世界观都是相同的，那样"清一色"的世界，有什么趣味呢？但是甲有如此如此的遗传与教育，所以甲有如此如此的人生观，乙有如彼如彼的遗传与教育，所以乙有如彼如彼的人生观。张君劢先生有他的遗传与教育，所以他主张科学与人生观无关。丁在君先生有他的遗传与教育，所以他主张科学可以完全应用于人生问题。而且凡是与张先生受过相类似的教育的，其主张大概都与张先生的相同。凡是与丁先生受过相类似的教育的，其主张大概都与丁先生的相同。人生观虽不能统一，但是人生观由于遗传与教育而定这一个原理，是统一的。若能将各人的遗传与教育明白地知道了，他的人生观，也可以一索而得。但是我们所比较容易做到的是考察各人所受过的教育，若能明白知道一班人所受过的教育都有大致相同的，他们的人生观，也可以测度得大致不差，而可以得一个平均代表，和在科学（狭义的）里的定律一样。不过因为有一部分因子没有预先明白，所以它的准确程度稍逊一筹而已。

我的结论是：科学是凭借因果和齐一两个原理而构造起来的；人生问题无论为生命之观念，或生活之态度，都不能逃出这两个原理的金刚圈，所以科学可以解决人生问题。

科学之本质已经讨论过了，科学之价值也不能一笔抹杀。实验主义家把价值和本质混在一起，固然也有可以訾议的地方。然而我们却也不能把科学之明物致用的价值，卑之无甚高论。因为我们是要生活在世界上的，并且是要改良现在的生活，而求得较好的生活的。我们既不能返璞归真脱离这个世界，我们应当把这个世界上的人类生活切切实实的维持，一步一步地改良。吴稚晖先生说得好，我们生活在这个世界上，是要把在这个世界实现的东西，弄得很美满的，原来我们生活在这里就是这样的一回事。智慧之维持生活与改良生活，在经常的状况之下，总要比本能高千万倍。科学为智慧发达之最高点。而且我们中国一班穿长衫的先生们，向来都欢喜偷懒逃入于"此天地之所以为大也"一个笼统的橡皮性的玻璃球里边，不肯切切实实地做去。一个首善的北京城，连一个消粪场都没有，到了暑热的天气，还有许多粪车在街上横行。贫民窟的贫民，都穷到不成人样子。我们天天所用的物品，都是直接地或间接地从外国输入的。到了这样的地步，而负思想先进之责者，还要压迫明物致用的科学，还要摧残维持生活、改良生活的无上利器的智慧，我也要套一句老文章来嗟叹一番，"呜呼，是亦不可以已乎"！

哲学方法与科学方法[1]

把各种学术下一个确定的界说,往往不是易于做到的事情。要下各种学术之界说,不外以各该学术所研究的范围或其所使用的方法为根据。然而范围同的,方法不必同。例如这里有一棵玫瑰花,从文学(严格说来应为文艺)方面研究起来,要领会她的颜色如何娇艳,她的香味如何幽馥,她的颜色香味及其他性质如何构成一个完全的美。从植物学方面研究起来,要考校此花之花图为辐射式,为上下式,或为不称式,其雌蕊之位置为高的,或为低的。方法同的,范围也不必同。例如物理化学同为试验的科学,但是物理研究能力之变迁,化学研究物质之变迁。概括说来,把人类动作之结果分成大类的时候,可以用方法为根据;凡用信从的方法者为宗教,凡用领悟的方法者为文学,凡用实证的方法者为科学。把大类分成小类的时候,可以用范围为根据;凡研究有机的为生物学,凡研究无机的为矿物学,凡研究物质的为化学,凡研究能力的为物理学。

但是哲学与科学的界说,应该要从何下手呢?依各种学术之互相关系而言,哲学介乎宗教文学与科学之间。它所用的方法,也有近于宗教文学的,例如直觉哲学;也有近于科学的,例如实验哲学。所以若从方法

---

[1] 本文原刊于《社会科学季刊》第 2 卷第 4 号,北京大学社会科学季刊编辑汇编,国立北京大学出版部 1924 年 8 月出版。

方面下手,不像文学与科学之界限之明了。依各种学术之消长变迁而言,近来科学发展,一日千里,似乎把哲学的领土侵略殆尽了。哲学尚有其本身的范围与否,还是一个问题;如果是有,其范围究竟是什么,也是各人有各人的说法不同。所以从范围一方面下手,也不是同矿物学与生物学,或物理学与化学之界限之比较地确定。我现在把我所知道的可以代表其他的各种说法汇集起来,分门别类而陈列之,各项之下加以批评,全部之终,加以结论。这似乎是解决这个问题——或者也是解决任何问题之正当方法。

一、哲学与科学之范围不同,而其方法亦不同

(一)哲学是研究本体的,科学是研究现象的　换一句话说,哲学就是本体论(metaphysics or ontology),凡讲神秘哲学的,其立论大都如此。兹就柏格森之创造进化论大意而言。现象是貌似,本体是实在。现象是无时间性的,本体是有时间性的。现象无时间性,所以是因果的;本体有时间性,所以是自由的。因为现象是因果的,所以我们可以用理论的方法去研究;因为本体是自由的,所以我们不能用理论的方法去研究,只能用直觉的方法去领会。这话怎么讲呢?凡无时间性的东西,无论在什么时候,都是一样的。今天有一块铜受热必膨胀,这一块铜,到了明天,还是受热必膨胀,就令到了百年之后,还是受热必膨胀。所以我们可以用理论去概括起来说,凡铜受热必膨胀。至于有时间性的东西,随时把历史加在里边,就同一个雪球在雪地里往前轮转一般(用柏格森自己所爱举的例子),时时刻刻的加大。今天有一块铜,受热必膨胀,这一块铜,到了明天,固然也是受热必膨胀,然而这一块铜,从今天到了明天,其中原子电子之互相的位置,已经不同了,这一天之中,它同外界的空气,日光

……及观察者,发生许多关系了。这一块铜的本体,要包括这些历史而成,所以永远不是同的。理论的推论,唯凭借于"同因必生同果"之齐一律。在这个本体界里,既无同之可言,则论理的智慧失其作用,于是我们不能不问道于直觉。他并且举一些下等动物之本能之伟大,来帮助他的直觉说之成立,因为下等动物之本能,人类的直觉,都是根本于生命之冲动,本是一样的东西。

和直觉相类似的方法,有宋儒之所谓玩索。他们说:善读者玩索而有得焉。又说:至于用力之久,而一旦豁然贯通焉。贯通就是直觉之同意的命词。他们的偈语,就是思之思之,神明通之。所谓神明通之者,是不可用论理来限制的。注重这种方法的人,不但把它应用到本体问题上去,他们以为对于任何问题,都可以用这个方法去解决。试看明加烈自叙其伏详函数(fuschian function)的发明。他起首研究这个问题,深思苦虑,经两星期之久而无结果。有一天晚上,他吃多了一点黑加非,睡不着觉。正当"辗转反侧"的时候,他觉得有许多观念在脑子里驰骋冲触,到了后来,有两个观念联合起来,成了一个系统。到第二天清早起来,不过证明结果就完了。过了若干时日,他跟随矿业学校的人出去旅行,把他所研究的东西都忘了。有一天他出去游玩,一脚刚踏上车,一个新的理论——他所用以证明伏详函数的变换(transformations)和非欧克里得几何学里边的变换是同一的——骤然在脑子里发现出来,并且他觉得这个新理论是一定靠得住的。以后有了闲暇,他果然证明了这个理论之真实。他叙述这两个以及其他的例子的意思,是要表明出来那一种骤然发现的光明——直觉可以解决问题,可以发明新理论。他以为凡我们尽心研究一件东西,首先是意识的我(conscious ego)在那里用论理的方法进行。到了意识的我停止工作的时候,仍有一个非意识的我(non conscious ego)在那里研究。研究得了结果,于是打一个电报给意识的我,就是一个新解决或新发明。这个非意识的我用什么方法研究,我们当然无从知道的,因为他是非意识的。

这样的注重直觉,我恐怕未免太过了。我们研究问题,仍当注重论理的追索,把许多旧有的观念,互相攻击,互相冲撞,互相错综,互相联合,总有若干观念联合起来,成一个言之成理的理论。首先研究不得结果,以后骤然发现出来,自然也是间有的事情。然而这个骤然发现,仍是根据于当初的研究。并不是无因而至的。而且这样的发明,究竟真实不真实,仍须经过证明,其错误之可能,总比用论理方法直接所得的结果,还要大的多。

(二)哲学是研究知识的,科学是研究事实的　换言之,哲学研究"知",科学研究"所知"。所以有人说,哲学就是知识论。这是一个普遍的倾向,因为近代哲学家多半拿哲学解释为经验之分析,不像古代的哲学家拿哲学解释为物之最后的性质之考定。这或者也是一个进步的倾向,因为本体是须由研究知识间接得来的。康德似乎已有这样的区别。康德的哲学,以纯粹理性之批评为中心,换言之,就是知识论。他所研究的问题不是知识之如何发源,如何进化,乃是知识之如何可能,根据于何种条件。前项问题,属于心理学,后项问题,属于知识论。心理学为科学之一支,知识论即是哲学。心理学与哲学之区别,即是科学与哲学之区别。心理学研究各种精神的即心理的事实——认识概念之成立,印象之组合及情绪之发生、欲望之发展等等及管理这些事实关系的定律。知识论研究在何种条件之下,知识方才可以成为知识。心理事实的研究,和生物学一样,须用历史的方法,即发生的方法(genetic method)。知识论里,须用超越的方法(transcendental method)。所谓历史的方法,是比较各事实之发生的多数原因,而汇集其同者,归之于一个定律之下。所谓超越的方法,乃是吾心之自然发现的动作。心理学中之材料,乃是个别的起于后天的经验。知识论中之材料,乃是普遍的根于先天的固有。前项之真实须诉之于经验之证明。后项之真实,无待于经验之证明,若亦诉之于经验之证明,往往发生冲突或虚伪,例如康德之反论:(一)时间无始无终;(二)时间有始有终,照经验的论理来讲,二说都讲得通,然而这是不可能的,故时间乃是先天的固有,但须认定经验之条件,即建设经验之范畴。此种认定或建设,乃是智慧之机能,俯拾即是,心所同有,永久存在,非由外铄。这样超越的方法与经验无关——其无关到什么田地呢?他竟说:这样超越的自觉中的观念,若移置于经验的自觉之中,或为明了,或为模糊,丝毫不成问题,甚至于或有或无也丝毫都不成问题。但是我们必定先有此种潜隐的范畴,然后遇着客观的事实,方可分别应付,而成各种辨别的判断。例如在分量的方面,我们原来有了单一的范畴我们才能判断一件东西为普遍的,我们原来有了众多的范畴,我们才能判断一件东西为个别的。在性质的方面,我们原来有了实在的范畴,我们方才能判断一件东西是有,我们原来有了虚无的范畴,我们才能判断一件东西是无。

固然本体及事实之研求,必有待于知识,犹之乎房屋之构造,必有待于工人。我们必定先将"知"知道了,然后才可以审察"所知"之靠得住靠不住,故知识论必先于本体论。然而当我们用超越的方法研究"知"之时,我们已经承认我们当"知"之时,甚至于我们当用超越方法本身之时,有一个自觉之存在。这个自觉之存在,也是一个"所知",和其他科学的事实一般,仍然有客观的性质。所以我们无论如何超越,根本上仍脱不了经验的势力,况且当研究知识之时,总要用一些由后天经验得来的观念。排斥实质于世界之理解部分之外,乃是人家讥诮洛克(Locke)的集语。绝"所知"而言"知",乃是不可能的事情。洛慈(Lotze)对于新康德派曾加一种批评,说:日日磨刀而不切东西,将成劳顿无聊的工作。我把这个比喻还可以推进一层,说:刀的本身,也同样是一件东西,就是用以磨刀的石头,也同样是一件东西。世上果有绝对超越的方法吗?

(三)哲学是研究形式的,科学是研究实质的 换言之,哲学研究关系,科学研究发生关系的东西。形式虽是必定依附实质而表现,但是形式之本身,另是一个世界。由此言之,凡是黏滞物质的都是科学。例如植物学之研究花草,心理学之研究心理现象。凡是脱离物质的是哲学。

例如数学中之二加二得四,不问还是二人加二人得四人,或是二马加二马得四马,论理学中之"若凡甲皆为乙,今有一物为甲,则此物亦为乙",只问甲乙之关系如何,不问甲乙所代表的实物。数理哲学,及概念论理学皆为哲学,因为数学只管数之较大较小或相等,不管所数的是什么。论理学只把思想当思想(即概念)来研究,不管所思想的是什么。这是数理哲学家(如罗素)概念论理学家(如汉密耳敦)的意思。现在就罗素之立说言之。

哲学研究形式,科学研究实质。形式是普遍的,不随时间空间而不同;实质是个别的,其中总有一些性质是随时间空间而变迁的。研究实质的方法,既以经验为起源,复以经验为归宿。凡管理实质界一切的定律,须先由经验归纳而成立,既成立的,此定律之真实不真实,仍须随时随地用新经验来证明。经验证明到什么地方,定律就真实到什么地方。若是有一天发现一种经验,和原有的定律不符,则此定律即刻失其真实的地位。所以科学中的定律,是可以新陈代谢的。至于研究形式的方法却不同,它完全凭借理性。理性为吾人所固有,不像经验是由于感触得来的。形式的真实是永久的,它要把过去未来都包含在里边。因为我们只能经验过去,不能经验将来,所以我们不能凭借经验来成立形式的真实。但是理性不受时间的限制,形式的真实,是凭借理性而成立的。经验不能证明它,也不能否证它。例如论理中有一个命辞"凡鱼皆能游水,今有鳝是鱼,鳝故亦能游水",大家都认为是真实的。倘若拿一条鳝鱼试验起来,放在水里,竟同石头一般毫无游水的本能。在实质方面,这个命辞固然失了真实的价值,然而在形式方面,其真实仍然存在。因为这个实质的命辞,可以简约为一个形式的命辞:"凡属于某类(鱼)的东西,都具有某种性质(游水),如果有一件东西(鳝)是属于此类的,则这件东西也必定具有某种性质",其中彼此关系,永远存在于天壤之间。至于某类是否都有某种性质,(即凡鱼是否皆能游水)。今有一件东西,是否属于此类(即鳝是否为鱼),却要让与动物学家去考查,不关哲学家的事。

由此言之，研究科学须用经验，研究哲学须用理性。唯其要用经验，所以要在观察试验上做工夫。唯其要用理性，所以注重纯粹的推论。我们觉得各种形式的真实，是推之百世而不变的，然而又不能用"最能证明真实"的经验方法去证明它。所以我们不能不诉之于理性。依大家公认的常则说来，经验是后天的，理性是先天的。但是理性是否能脱离经验而独立发展，无从试验出来，故理性与生俱来之说，也不过是一个假定。一个小孩子连数目都数不清楚，何曾知道二加二得四，是永久不变的呢？赫胥黎反驳天赋人权之说，说道："人之初生，不过一块血团，人权是什么地方呢？"我想把他这个话里的"人权"二字改作"理性"二字，用以反驳天赋理性之说，比较还要妥当一点。詹姆司说："形式的知识，其本身也是经验的一种"可以做本段理论之批评。

二、哲学与科学之范围相同而其方法不同

（一）哲学在前而科学在后　哲学与科学都以全世界为领土，但是我们对于世界各部分的知识，有充足的有不充足的。我们研究一种东西，或为生物，或为矿物，或为社会，或为心理，先由哲学作急先锋，探险于未知之疆域，然后有科学一步一步地切实布置起来。就同欧洲列强攫殖民地一般，其先有教士、商人，或游历家向各处探险，探得之后，然后有军事家去征服，政治家去管理，实业家去发展财源，把它弄成一片可居的土地。所以哲学重在思辨，科学重在证实。因为对于一种新问题，我们所知道的张本，过于薄弱，观察试验，都不易于举行，所以我们只能用比较自由的思辨。思辨所得的结果，当然不如观察试验所得的结果之准确，它带着可辩论的色彩。所以在科学里边，虽有时有两个或两个以上的对敌的理论，然而彼此交战，不要多少时候，胜负就决定了，就同中国的战事一般。胜负既经决定，于是只有一个理论遗存下来。在哲学里边，却

常时有几种言之成理持之有故的理论,同时存在,就同列强鼎峙一般。有人竟以可辩论为哲学之特性。这是因为:在科学里边,我们可以用判决的试验取其一而去其他,在哲学里边,常有不能应用判决试验的困难。又因为在哲学探险时期,我们往往可以虚设一个假定的存体去解释一个问题。到了科学证实时期,假定的存体非万不得已,绝不容它存在。这个限制,叫做奥康刀(occam razer),乃是科学里重要的精神。古列的科学原理里边,就是这样立论。他并且用一种比喻说:哲学所思辨的等于日食时之模糊的部分,科学所证实的,等于日食时之光明的部分。但是模糊的部分,终久也要变成光明的。

从学术史上看来,有一些例子,和这种说法相符合。希腊的德漠克利特(Democritus),罗马的留光瑞修斯(Lucretius)在两千年前已经想到物质由原子集合而成;各原子大小不同,重量不同;原子相碰,则可互相冲动;原子的结合与冲动,完全由于物理的力量,并无神道的力量夹杂于其间。他们的原子论,实在是哲学的思辨。一直到了十九世纪,达尔敦才从多数含炭气体的试验,证明原子之存在与其结合。于是规定原子论中之定份倍份换份各定律。物质一元之说,在希腊时代,也已经有人想到。不过他们有以为是源于水的(Thales),有以为是源于火的(Heraclitus),有以为是源于空气的(Anaximenes),有以为是源于土的(Xenophanes)。一百多年前,蒲劳司特(Proust)以为物质由于原质之积合,而各种原质皆由于轻之积合。这都是摸索窥探的思辨。一直到了近来三十年间,由放射化学及光学,方才证明:各种原质,都由于同一的基本物质——电子——集合而成,并且把这些电子之电学的性质及管理电子行动之定律,都考订明白了。不过现在科学中所说物质之一元为电子,古代哲学中所说物质之一元为水火等等而已。然而其为物质一元论则一也。

但是,哲学之思辨,亦不可过于勇猛,以致与证实的科学不相衔接。十字军中"童男女无罪,必能克敌"之荒谬的见解,佛学中"三千世界"、

"十二万年一劫"种种想入非非的宇宙观,何曾不是思辨的结果,它可有哲学的价值呢?这叫做纯粹的唯心的构造(mental synthesis)。唯心构造之危险,是具有科学精神的哲学所必须避免的。培根说:"人类智慧之前进,不必加翅膀去鼓舞它,但是须垂一个铅铊去滞留它",正是洞见这种危险之极大啊。

(二)科学在前而哲学在后　它俩也是以全世界为领土,但是科学先从局部方面详细研究,把各局部研究所得的结果,聚在一处,于是哲学集其大成,组织一个系统起来,安置于一个原理之下。这似乎和普遍论理学中所讲的归纳的方法是一样的。然而这个哲学的组织,比普通归纳方法更为深远一层,更为抽象一点。普通归纳是从事实而构成定律,哲学组织,是从各科学中之原理、理论、定律而构成更普遍的系统。例如从水至百度即沸腾至零度即结冰,水银至二百六十度即沸腾,至零下三十九度即结冰,炭养二气至零下八十度即沸腾,至极低温度(约零下二百余度)能结冰,几个例子,而构造成一个定律,曰:凡物质皆可依温度之高低而变迁其状态。这是普遍的归纳。又如从化学里物质之化分化合,物理学里能力之互相变换,生物学里生物之历代分衍,数种理论而组织成"宇宙是进化的,是变迁的"一个宇宙观,这是哲学的组织。由此言之,科学在前,故其方法重在分析;哲学在后,故其方法重在综合(即上文之组织)。分析不离个别的事实,其结果在于事实之描写,发现各种事实之性质及其彼此的关系。综合是到了普遍的原理,其结果在于全部之了解及全部与局部之关系之了解。据此而言,全部不仅是各局部相加的共总,各局部之所得,加在一道,仍须经过一番抽引汇归的手续,然后能成一个系统,这才到了解的地步。分析得愈密,则其所得的结果愈确切而精微。综合的分子愈多,则其系统所包含的范围愈大,综合的层次愈多,则其系统愈高远而难明。因此,有人把哲学叫做科学之科学(scientia scientiarum)。但是论理学也叫做科学之科学。这两个实在有不同的意义。论理学之所以叫做科学之科学,是因为各科学之建设,都必定要用论理的方法。哲学之所以叫做科学之科学，是因为哲学用科学所得的材料来构造它的系统。薄耳孙（Paulsen）的哲学引说，及唐母孙（Thomson）的科学引说所陈说的，都是这样的意思。

从学术史上看来，也有一些例子和这种说法相符合。在试验的方面，有物理学证明热光电磁之互相变换，有力学证明出来潜能力之存在及其与动能力之互变，又热与动能力之相同又永行机器之不可能，然后才有热动学中之"能力不灭"、"能力自不平渐趋于平"（热动学中之二定律）两条普遍的原理，然后才有能力论中之"能力主使一切"的观念。自生物学中发明了"机关用久则发展废久则退缩"种种事实，化石学中发明了许多古有今无的生物，及地质变迁与生物变迁之互相的关系，历史学中考订了一些民族兴衰隆替之理由，然后才有一个普遍的有科学意义的物竞天择之进化论。自化学证明原子之存在，而"物质之成分是个别的不是连续的"之说稳固了。自放射化学发明电子之存在与行动，而电为"原子"组成之说（atomic theory of electricity，言电子之成分亦是个别的）成立。自光学研究出来光份之浪长为整数之函数，而量子论（quantum theory，言光亦为个别的，非连续的）成立了。自此之后，我们方有物质能力皆非连续之普遍的理论。

近代的多元哲学，以为宇宙为亿万无数的多元组合而成，虽是在历史上，仍有其他哲学的基础，不是完全根据于这些物理化学的新发明，然而实在是因为有了这些新发明，然后敢于出面问世，毫无怯缩的态度了。

但是，哲学总其大成，故有莫大的功劳，然而过于急速的综合，和过于冒险的思辨，同有一样的弊病。若是科学逐件分析尚未底于完密之时，而哲学就遽然收拾起来，打一篇报捷的通电，其结果不免于自欺而欺人。达尔文做了十九年的观察试验，然后综合成了进化论。还有许多科学家，做了一生的试验，仅仅把局部的事实描写下来，竟直未曾做过广大的综合。朋加烈说：古人综合，我们笑他以不同为同，我们综合，又安知后人不是同样的笑我们呢？人类本有好作综合的癖性，我们对于这一层,还应当有相当的防备啊。

（三）哲学是全部的,科学是局部的　哲学的方法,是先有一定的原理,而后选择与此原理相符合的事实来做辅助。科学是以事实为事实而研究的,绝不穿凿事实于原理之下,亦不避免冲突的事实,而保持固有的原理。哲学中用作根据的原理,是从信仰或武断或其他方法规定下来,既经规定之后,奉守之而不移。科学中除叙述事实之外,也有原理,但是科学中的原理,是根据于观察试验而得来的。若是后来观察试验的新事实和固有的原理不符,科学很愿意修改,或甚至于完全抛弃它的固有的原理。这就是科学家在试验室的态度。必有如此的态度,而后科学方可有切实的进步,方可有新异的发明。总括起来说:哲学立原理以统事实,科学就事实而求原理。马赫(Mach)对于科学与哲学之批评,大致是如此的。他并且具体地说明科学方法与哲学方法之不同。大意是:

哲学家总要解决物之真相和我之真相两个问题,这个问题未曾解决,他总踌躇不安。他要引导科学家去显露这种不成问题的问题,而把其他的问题——心物相交而发现于感触界之现象——付于实证科学家去研究。但是科学家所贡献的最近的结果(不是与事实相离甚远的),又不足引起哲学家的注意,他们早已知道了或是相信他们早已知道了,宇宙之基础的原理! 不特如此,他们还要用他们的原理而批评科学所得的结果,甚至于修改科学所得的结果以适应他们的需要;或者因科学所得的结果,和他们气味不相投,他们也可以抛弃它。科学家的思想与工作,与以上所说的大不相同。他们不幸,没有一些不可动摇的原理作护身符,所以他们把他们的理论、观念——纵是最有根据的——都当作临时的假定的东西,就是实验哲学里所谓利于进行的工具。他们当工作之时,固然有理想的目的,但是它的实现,是逼近的,是缓进的,往往留之将来而不忘诩为己得。因为一个问题中各分子之关系常是复杂的,不是可以一目了然的,所以科学家永远有劳苦的工作而无止境。

从以上各种理论之中,我们可以看得出有一个共同点:哲学方法是偏重理论的,科学方法是偏重事实的。哲学方法是偏重思想的,科学方法是偏重试验的。哲学家多用脑,科学家多用手。在崇尚哲学的人看起来,哲学精微,科学浅陋,哲学扼要,科学逐末。在崇尚科学的人看起来,哲学虚渺,科学切实,哲学武断,科学谦虚。我是学习科学的人,自然也是相信第二说的之一分子。依历史沿革和近代趋势而言,哲学的历史甚长然而进步甚缓,科学的历史甚短而进步甚速。因为哲学中的结论,没有切近的证明,所以易于发生辩论;科学中的结论,都是紧密依据于观察试验的,所以其所得的领土,虽不是永保之而不亡,然而却不是朝秦暮楚旋得旋失的。而且近代哲学,都有科学化的性质。这不是因为现在科学之势力很大,使哲学屈服于其下,是因为:哲学在历史上所制造的虚浮无着的辩论实在是太多了。拘迫过久则思解决,紊乱过多亦思秩序,于是我们渐渐觉得须在耳闻目见的方面做工夫。假使现在有一个哲学家,因为他自己偶尔高兴,依随他自己的癖性,建筑一个哲学系统起来,不管事实究竟如何,其立足总是不稳固的。唯其因为立足不能稳固,所以大家对他,也没有久远的信从。则此系统之摧毁,或者比此系统之建筑还要容易。其结果不过宇宙间多发生一番现象而已。现在我们可以下一个简单的结论:现代的科学自然有科学的方法,现代的哲学,也必须采取科学的方法——换言之,具此科学的精神,方能称为哲学。二者之方法渐渐地要趋于一致了。

参考书:Poincaré, *Science et méthode*;

  Mach, *La connaissance et l'erreur*;

  Cooley, *Principles of sciences*;

  Thomson, *Introduction to science*;

  Russell, *scientific method in Philosophy*;

  Encyclopedia Britannica, *Philosophy and Logic*.

今日中国的社会根本问题[①]

我是相信唯物论的。所以我对于过去的事实,都用唯物的眼光去观察;对于将来的问题,都用唯物的方法去解决。这样观察究竟对不对,要看它对于过去的事实解释得圆满不圆满而定。这样解决究竟对不对,要看他在将来实现的时候,能得良美的效果不能得良美的效果而定。

一个人生活在世上总有两种欲望:第一是要求生活的欲望,第二是要求较好的生活的欲望(此系指要求个体生存的欲望,至于要求种类生存的欲望不在此例)。第一种欲望是对的,第二种欲望也是对的。不然,人类的生活就无进步之可言了。要满足第一种欲望,当然是生活之基本必需条件(bare necessities of life),就是低级的衣食住。至于满足第二种欲望的条件,是随社会进化的阶级而变迁的。一个人生活在一个社会里边,一方面要贡献他在这个社会里边所应做的工作,一方面要收获这个社会所应给予他的报酬。这个报酬,不是虚浮无谓的奢侈品,乃是一种"使他在该社会中可以存在为一个健康分子"的必需条件(necessities to keep one in normal condition of social existence)。这个必需条件,可以随时随地而不同,而尤以随时不同为其特性。倘若把古代的死人骨头复活

[①] 本文原刊于《太平洋》第4卷第8号,1924年9月北京太平洋杂志社编辑;上海商务印书馆印刷发行。

起来而问之曰:"你可想坐坐火车去游历么?"他必定瞠然莫知其所云。但是,现在的一个专门卒业的学生,总以未曾出洋为缺憾。倘若问现在的人,"你可想坐坐飞机去环游地球么?"我想:抱存此种野心的人,总还不多。若在将来,这一定是一件很普通的事情。这是第二种条件随时不同的缘故。但是此种条件,也可以随地而不同。一个中非洲未开化的人民,绝不以没有电灯为不满足。一个通都大邑的居民,若是没有电灯,那就感受不便了。一个穷乡僻壤不识字的农夫,决不希望购买爱皮西提的洋画。若是一个学校的教员学生,那就常常感受书籍缺乏的苦恼了。这是第二种条件随地不同的缘故。但是随地不同的限制,渐渐因交通便利工业发展种种情形而消灭。而随时不同的限制,却是时时刻刻地变迁而毫无限制的。

由此看来,一个人生活在世上,不是得了第一种条件,就算满足的。如果只要得了第一种条件,就算满足,那么监牢里的囚犯也应该满足;因为他也能享受低级的衣食住。然而我们何以以此种生活为苦恼呢?足见我们除得了低级的衣食住之外,还要有别的东西——就是第二种条件。这些第二种条件,又是随时代而提高,没有一定的标准,所以成了一个很困难的问题。

于是有人说:物质的欲望,是无穷的。拿有限的人力,去满足无限的欲望,就同拿有限的土,去填无限的壑一般。这样的以心为形役,是永远陷于苦恼之中,不能超拔出来的。但是他们也没有好方法去解除这个苦恼。他们的方法大约不外乎下列的两种:一个是"绝圣弃智"的方法,一个是"随遇而安"的方法。第一个方法,就是剖斗折衡而民不争,不见可欲而心不乱,把世界上所有的所谓物质文明,都消灭到无何有之乡。第二个方法,就是苦海无边,回头是岸,乐天俟命,素其位而行一类的意义。天和命给我什么,我就以什么为满足。其实这一个问题,不是这样便易解决的。第一个方法,不过供给清淡的材料,实际上完全没有应用的可能。第二个方法,也不是无条件的可以应用的。若要叫我们随遇而安,也要看我们所"遇"的究竟是那一种状况。若是所"遇"的状况,只有低级的衣食住,甚至于并此而无之,实在不是一般普通的人所能"安"得下去的。而且一个人生活在一个社会里边,处处与社会有密迩的接触,有连锁的关系。若是社会所能供给的,与个人所能享受的,二者之中之距离太大了,自然要发生一种不满足的愤恨。社会现象,为社会心理的表现;(但是这个心理,仍根据于客观的事实。)于是这种愤恨,就是秩序扰乱之根源。

但是有人说:现在人类幸福,比古时人类幸福,已经高得多了!也可以说:现在人们之所"遇"比古时人们之所"遇"已经好得多了。不应该再有不满足的心意。十七世纪英国的工童,要到烟囱里去扫煤灰,往往被灰熏死。现在的工人,总不至于受这样的困苦。明末张李之乱,杀人如麻,现在土匪充斥的地方,也还没有到这样的田地。我们当然承认这是一种进步。然而人类幸福之权量,不是以纵的为标准,是要以横的为标准,不是以古时的幸福和现在的幸福相比较,是要以现在社会所能供给的幸福和现在个人所能享受的幸福相比较。上面已经说过,若是这两项之中之距离太大了,仍然难免不满足的愤恨之发生。若要使人能安其所遇,必其所遇者为可安,不然也不过是一句空话而已。我想孔夫子先说不患寡而患不均,然后说不患贫而患不安,均必先于安,或者也有这个意思。因为:所谓均者,就是社会所能供给的和个人所能享受的相差不远之谓也。

我们在前面所说的第二种条件,虽是随时地而不同,然而在一个社会里边,总有一个为大家所公认的——所不自觉而公认的水平线。若能使社会中全体分子——至少也要最大多数分子——都在这个经济的水平线之上,再加以道德的熏陶,法律的裁制,那个社会才得真正地安宁。具体将来:若是一班社会分子,在贡献其应做的工作之后,对于较好于低级的衣食住,公众的卫生,普及的教育,交通的便利,纯粹理论的知识,愉快感情的美术,都能有相当的享受——就是都在这个经济的水平线之上,则不满足的愤恨,自然不至于无端发生于社会之中。于是道德法律方才可以有下手之处,方才可以收到普遍的效果。这本来也不过是人家说的老话。仓廪实则知礼节,衣食足则知荣辱(管子)。乐岁终身饱,凶年免于死亡,然后驱而之善,故民之从之也轻……乐岁终身苦,凶年不免于死亡,此惟救死而恐不赡,奚暇治礼义哉(孟子)。这就是说仅仅用道德来维持社会,是无用的。民不畏死,奈何以死惧之(老子)。使民衣食有余,则自不为盗,安用重法耶(唐太宗)。这就是说:仅仅用法律来维持社会秩序,也是不成的。

把以上所讨论的归结起来,就是:若要使一个社会安宁,除非先使社会分子都在社会公认的经济的水平线之上,然而,"道之以政,齐之以刑",是不能做得到这一层的。

拿这种眼光去观察过去的事实,试看能否得圆满的解释。

孟子说:天下之生久矣,一治一乱(孟子自己已经举过几个例子,兹不重举)。古语说:五十年一小乱,五百年一大乱。此语虽不甚准确,然其中实在包含着一定的真实之元素(中国历朝换代的时代,都有大乱发现。一朝代之长久,约皆在三四百年左右)。试问一个"天下之生",何以一治后必有一乱?又何以短时间中有一小乱,长时间中又有一大乱?除非将宇宙论中之轮化来解释第一层,将周期律中之短周期与长周期来解释第二层,实在不易寻得圆满的解释。若云:道德良美,为世治的原因,道德堕落,为世乱的原因,则道德何以由良美而堕落,又何以由堕落而良美,实乃未必然的事情。若云政治修明,为世治的原因,政治窳败,为世乱的原因,则一国之政治若是没有其他的背影,何以在一定的时间之中,而有修明窳败之分别,所以这也不是根本的解释。唯有用经济观去解释,才可以说明世之治乱——即社会之安宁与扰乱——之循环性。

据马尔撒司人口增加率,若无他力与之相消,为二十五年增加对倍。若以二十五年为一段落而推测之,则五十年增加四倍,七十五年增加八倍,一百年增加十六倍,五百年增加一百零五万倍有奇。这个数目的增加，竟直到了可惊骇的地步！然而地球的面积总只有四万万万平方米达，而其中之陆地又只有一万四千万万平方米达，故终有人满之一日。若是以一国为范围，则一国之土地更为有限的。土地有限，故土地之供给亦有限。人口增加无限！故人民消耗之增加亦无限。以有限的供给，应无限的消耗，这一本大账簿上，收支不能符合，自然要发生困难出来。若要解决这个困难，在历史上只有扩充疆土和加大死亡率两条途径。[至于道德的节制(moral restraint)，我想，在中国历史上就不存在。因为中国"无后为大"的伦理，对于人口增加，只能说是道德的鼓励，决不是道德的节制。]老是扩充疆土，就要发生历史上的民族战争。至于死亡率之加大，不外乎瘟疫、饥馑、刀兵。这几种之中只有瘟疫一层，从野蛮人看来，唯有束手待毙，死而无怨的。至于饥馑一层，不是可以平平稳稳减少人口，而不生其他变故的。因为他们都不愿坐在家里饿死，所以饥馑往往为刀兵的导火线。况且在第一次扰乱既平，第二次扰乱未起的中间，凡在政治社会上占有优先地位者，率皆牺牲其地位较劣弱者的利益，而增加其本身的利益。历年既久，渐渐呈现偏畸不均的现象。一遇着导火线，自然要爆发出来，于是发生历史上的阶级战争。凡是战争，无论为民族的，为阶级的，都是加大死亡率的利器。一直到了人口稀少、土地旷废的时候，大家才安息下来。于是一两个侥幸成功的英雄，大家旗帜宣言"与天下更始"，而收天下太平的效果了。从此以后，旧戏重演，不过换了角色而已。

总之，历史上的大乱——社会秩序之扰乱——总是原于经济状况之不安。从历史之记载看来，每当大乱的时期，总是把"朝政失纲权奸弄柄"一类的话头大书特书，让大皇帝看着，可以"以史为鉴"，可以收"资治"的功效。然而同时（除外患侵入一层外），也往往把彼时悲惨的经济状况，挂一漏万地记载下来。孟子说大乱的原因，在于暴君代作。然暴君之所以致乱者，在于坏宫室以为污池，而使民无所安息，弃田而为园囿，而使民不得衣食。百姓的衣食住都没有了，哪有不乱的道理。西周幽厉时代的变雅，也有天笃降丧、瘨我饥馑、浩浩昊天、降丧饥馑、饥馑荐臻的记载。通鉴及其他史书纪秦之亡有云：劳役无度，百姓欲为乱者，十室而六。纪西汉末之乱，有云：民以饥寒穷愁，起为寇掠。纪隋之亡，有云：百姓劳役不堪，轮作征挽，死者相枕，天下骚动，始相聚为群盗。纪唐末之乱，有云：关东连年水旱，州县不以实闻，上下相蒙，百姓流殍，无所控诉，因相聚为盗，及黄巢起，民之困于重敛者，争归之。纪北宋之乱，有云：花石之扰，比户致恨。纪元末之乱，有云：多所兴建，百姓苦烦扰，河夫倡乱，百姓贫者从乱如归。纪明末之乱，有云：山西陕西大饥，人相食，饥民投贼者逾众。以上所举的，自然有许多偏仄缺漏的地方。若做精密的搜罗，一定还能得着更多的材料。然而就此寥寥数端，也可以看见每当大乱之时，必有悲惨的经济状况为之先导了。

再看现在世界上一两种可以注意的事情。大战以前，柏林总算是世界上数一数二的文明都市，真是各安其乐，道不拾遗。到了现在，工人因抢面包也同警察开战了。晚间是没有人敢于单身在较僻的街巷里行走了。柏林还是从前的柏林，德国人还是从前的德国人，不过因为穷了，遂一变而至于此。从前俄国的贵族，也没有什么个人道德堕落的故事。现在有许多男的变成盗贼，女的变成娼妓。足见经济力量之大，是讲社会科学的人所不能漠视的。

由是观之，历史上社会上种种变迁，都有经济的背影。有些事实，例如以上所说的世之治乱的循环性，若是从经济方面观察，——而且只有从经济方面观察——可以得圆满的解释。

我们再看：中国现在的经济状况如何。现在中国人民究竟贫乏到了什么地步，恐怕有些生长在通都大邑的阔绰绅士和纨绔子弟，还不曾梦想得到呢。我现在举一两个具体的极端的例子，来指写中国的国民经济状况之一班。河南陕州有一个小军官，得了胃病。他说：他的胃病，是由于吃黄泥土得来的。问他何以吃黄泥土，他说，他前年到山里去剿匪，那个地方，没有别的东西吃，土匪吃土，居民吃土，我们也只得吃土。试问吃土是如何的味道。江西赣州有一个司法吏，说他曾经判决一个毛贼以七日拘留，这个毛贼请求他多拘留几天，因为出去没有饭吃。试问为吃饭而求拘留，是如何的生活。这是中国国民经济状况所能产生出来的事情。

筋力劳动阶级，因工业未曾发展，不能得正当的职业，其结果可以到上节所说的地步。精神劳动阶级——知识阶级——也呈现杌陧不安的现象。知识阶级失业的呼声，逐渐地在我们的耳鼓上增加浓度了。依教育部民国五年的统计，全国的学校数目及毕业生数目如下：

表1　全国学校毕业生总况

教育程度	学校数	该年毕业生数
初等教育	120103	302136
中等教育	933	25544
高等教育	84	6839

以上高等教育系包含各种专门、高等师范及大学而言，此项学校之在北京者在民国五年只有六个。北京高等以上学校毕业者在民国五年只有四百三十人。五年以后的统计，无从搜集，但就北京一处为标准而推计之，也可以得一个概括的统计。

现在北京的国立及私立专门以上学校一共有三十八个之多（这是就我调查所得知道者而言）。

每校学生最多者，有三千人，少者亦有两三百人。平均计算，大约有一万二千左右。依六年毕业计算，每年毕业者约有两千人。较之民国五年，增加四倍有余。近来北京以外各处公立私立之大学及专门学校也日见增加，而尤以教会大学为多。全国专门以上学校，在民国五年已有七十八个（北京六个不在此列），现在总不会少于一百个。依民国五年毕业数而推计之，则每年各处专门以上学校毕业生之数目约有八千左右。全国(北京及各处)专门以上学校毕业生之总数,约在一万左右。五年高等教育学校毕业生之数,与中等学校毕业生之数,约为一与四之比例。依此比例计算,则现在每年全国中等学校毕业生之总数,当在四五万左右(其实近来各处中等学校之增加,较之专门以上学校之增加更快,因为教员较易聘请,设备较易安置故也)。

表2 北京专门及以上学校概览表

国立大学及专门学校	私立大学及专门学校	教会立大学
(国立)北京大学校	中国大学	燕京大学
(国立)北京师范大学	朝阳大学	协和医学院
(国立)北京工业大学	民国大学	
(国立)北京医科大学	平民大学	
(国立)北京农业专门学校	华北大学	
(国立)北京法政专门学校	神州大学	
交通大学	郁文大学	
中法大学	民治大学	
北京女子高等师范大学	孔教大学	
清华大学	南方大学	
(国立)北京美术学校	中央法政专门学校	
(国立)税务专科学校	新华商业专门学校	
盐政	北京私通才商业专门学校	
陆军大学	中央大学	
	新民大学	
	务本女子大学	
	国际大学	
	畿辅大学	
	竞成大学	
	京城大学	
	进群大学	
	文治大学	

此等中等毕业学生在开通较迟的省份，大多数不能升学，都要散布于社会之间，而为一个特殊阶级，说得好听一点，就是绅士，说得不好听一点，就是高等游民。

假定上列的统计是不差的（除初等学校毕业生不计外），高等中等学校每年所供给于社会的毕业生，约在五万左右。这个数目不过全国国民万分之一。从教育方面着想，我们方恨此数之过小，然而从职业方面着想，反觉得此数过大，各种有益的社会事业，都连带地建设起来，则如此寥寥的毕业生，自不难散布于四百万英方里之上，消纳于四万万人众之间。然而中国现在的状况，不是这样的在常轨上进行。国家的收入，有百分之八十五（按法国人的调查）用在军队上面，故国家工业永远没有发展的机会。社会工业，因为苦于资本之不易集中，各处政治状况之不稳，也不能发展起来。于是这一班知识阶级的分子，因为他们的社会地位已经提高，既不能"退隐归田"，安居于旧式的乡村生活农业社会里边。（而且这样乡村生活农业社会，现在也到了不稳固的地步），又不能用其所学，尽一种利己利他的职务，遂颠沛流离于新式的城市生活工业社会之中。其所受到的精神痛苦，和吃黄泥土及求做囚犯的滋味，也差不了多少。

然而他们不能束手待毙，才要找出一条生路出来。他们所觉得的出路，不外乎政治、教育二途。中国人向来是喜欢做官的，然而无处不是人浮于事，又不能各个做得着官，于是钻营投刺，朋比攻讦，只要可以达到做官的目的，无论何种卑劣手段，亦不惜采而用之。这就是政治道德堕落的一个重大原因。近来这种现象，也逐渐地侵入于清高神圣的教育界了。

当今人士其留心国计民生问题者，自然都会思虑到这一层，但是他们解决这层问题的方法，都有缺陷的地方，现试为综合而列举之。

（一）知识阶级之自觉　知识阶级应该在政治上社会上占引导的地位。现在他们既已受无知识而有势力者所摧残，应该自家结合成一个强有力的团体,来执行政治上社会上种种职务。这个方法,如能做到,自然是有益于国有益于身的事情。但是知识阶级,虽是智勇辨力,无一不备,自己可以独树一帜而成一个各色齐有的团体。然而因为分子复杂,而且经济方面,无立足的地步,故易于为其他势力所吸收。甚至于有卑劣分子欲依附恶势力而自图出路者。若欲知识阶级永远团结,以预备将未获取政治社会上第一层的地位,是未免希望过奢了。

(二)练习办事而谋生　从前的士,是要国家养的。现在的士,是要自养的。在学校中读书,为一回事。出学校后办事,又是一回事。出学校后,是要谋生的,要谋生,则不能不有办事之才。故在学校中,一方面要读书,一方面要练习办事的才具,以备出校后谋生之路。这种办法实在有妨碍于学术之发展。因为一个人学习了一种专门学术,到出了学校之后,仍然要继续研究,方能对于其所学习的学术,有所贡献。一国的学术之发展,无论为理论的,为应用的,全靠有人竭毕生的精力去研究。这些研究学术的人,国家不去养他们,试问谁去养他们?赫胥黎说:国家应该给予科学家以稍优于生活费的数目,使之终身从事于发明。因为不如此,是不能收到效果的。而且这样办法,仍然不能解决知识阶级失业的问题,因为知识阶级之失业,不是缘于他们无办事之才,乃是缘于他们无事可办。所以我们必定在生产力方面,想个方法出来。

(三)职业教育　我们学习一种东西,要适应社会上的要需,不要去学空疏的文艺,也不要去学高深的理论,因为这些东西,是无补于实用的。社会上要肥皂,我们就学制肥皂,社会上要螺丝钉,我们就学造螺丝钉。这当然是切实的办法,然而还不是根本的办法。因为肥皂、螺丝钉等等日用东西,不是从石头里制造出来的。它们背后还有别的基本的东西。肥皂的背后有制碱,制螺丝钉的背后有炼钢。我们因为缺乏这些基本工业——制碱与炼钢——致令小项工业,不能兴起,纵有一二项可以兴起,亦须经受逾分的困难。所以现在有些工业的学生,不能在工业方面去做事,而弃其所学而学之,有的做官去了,有的当教习去了。工业发展的大障碍,除了资本缺乏和秩序不定两个困难以外,就是因为我们缺乏这些基本的东西。

(四)建设基本工业　我们若要从根本上解决中国现在经济问题,只有建设基本工业。世界上工业先进的国家,至少都有四五十年的历史。他们的工业,是逐渐地分部地发展起来的,现在已经到了"精粗毕具,本末兼赅"的地步。他们如果要制造一种物品,他们用不着从头至尾地层层制造出来。例如他们制造无烟火药,自有纺纱厂供给碎棉花;他们要制造纸,自有碱厂供给碱及漂白粉;他们要用机器,自有机器厂供给各种机器。搬运也甚简单,安置也甚方便,还有银行可以借贷资本。所以一个企业家不需有过人的才识及资本,就可以建设一种企业起来。中国要想在短时间以内,急取直追,使各项工业蓬蓬勃勃地发展起来,必用纲举目张的办法,先将基本工业创设起来,使各工厂中所需要的人造的原料(一个工厂里制造物品所需的原料,有天然的原料和人造的原料二种。天然的原料,是从天然界取来的,例如制肥皂工业中的油,人造的原料,是从别的工厂里取来的,例如肥皂工业中的碱)可以用极便利地方法而取给予国内,则各种演产的小项工业,自然因利趁势而发展,工业既发展,则社会上其他事业,自然也相随而发展。于是各人自然都有职业,都可以谋生活而有余力,彼时政治自易地于休明,秩序自易期于宁静了。

但是现在工业,名目繁多,花样日新,究竟何者为基本工业,何者为演产工业呢?凡是制造日用品而须用人造原料的,我把它们叫做演产工业。凡是制造别的工厂里所需要的,我把它们叫做基本工业。基本工业可以分做两种:一是材料上的基本,一是方法上的基本。材料的基本工业,就是硫酸厂和碱厂;方法上的基本工业,就是炼钢厂和机器厂。世界上工业发展的国家所消耗的硫酸的总数,为每年五百万吨。英国产盐之总额,为每年二百万吨,其用以制碱者,为每年八十万吨。美国自一八九五年至一九〇七年十二年中产盐之总额,自二百万吨增加至三百八十万吨。其所增加出产的盐,多半都是消用于制碱工业上边,其因人口增加而增加产额的部分,比较地小(据《龙施硫酸及盐基之制造》)。世界铁矿产额之总数为每年一万二千四百万吨。生铁之产额之总数,为每年六千万吨。钢之产额之总数为每年五千万吨(据《百科全书》)。这些硫酸和碱和钢铁,其最大的部分,都不是我们日用的东西(我们试到市场上去看看,从没有看见一个人买硫酸的)。它们是一班工厂里所用以"制造我们日用的东西"的东西。

我们再看,硫酸和碱之用处。硫酸可用以制造磷酸肥料,金银之溶化,铜之电的洗刷,白黄铜之浸洗,铔气之吸收(硫酸代铔之产额为每年百五十万吨),油及脂蜡之洗净,煤膏及石油之蒸洗,燃料之硫化,火药明角人造丝,糖,矾,金鸡纳及各种酸及各种药品之制造。碱可以用于肥皂及纸及玻璃及透明纸之制造,绿酸化钠、青酸化钠、磷酸化钠、醋酸化钠、安息酸化钠及其他酸根化钠之药品之制造,又是洗净污垢之用品。至于钢铁机器之用途,更是显而易见的。无论什么工厂里边都要用内燃或外燃的发动机。化学工业中之研磨、搬运、掺和、蒸馏、滤过、压挤,种种之工作,都无一处不要用钢铁的器具。至于土木工程之必用钢铁,那是更不待言的。硫酸和碱及钢铁,乃是各项工业中不可缺乏的元素,它们实在可以称作"万业之源"。

因此,我们如果要在短时间以后,发展工业到最高的程度,必须先把这些基本工业建设起来。然而这些工业所制造出来的东西,既如上节所说不是我们日用的东西,乃是"制造我们日用的东西"的东西。所以它们不是可以销售于普通市场的,乃是销售于其他工厂的。换言之,此种工业不像其他演产的小项工业,今天制造物品,明天就可以卖钱的。而且,如果要为提倡工业起见,在其他工厂销售这种出产品的时候,应该特别廉价出售,以资鼓励。那么,像这样的不获近利甚至于先要赔钱的工厂,非有雄厚的资本,不能开设起来。试问这样的雄厚资本,从什么地方可以征集起来呢?不外乎从社会方面或政府方面。先从社会方面说起,中国现在据有资本的人,十之八九,皆为无知识的军阀。他们只知道拿钱去开澡堂，开饭馆（这是我亲自听见一个熟悉军界人物的朋友说的），贩鸦片烟。高一点的也不过知道拿钱去买卖公债，开设对于政府放高利的银行。若是叫他们去制造硫酸和碱或钢铁，他们是莫名其妙的，如何出资本呢？况且这种基本工业，将来可以执工业界之牛耳，左右工业界之大势。纵令私人可以创办，也不应该落在私人手里——像美国一个资本家可以辗转连接做几十个公司的董事，而具有操纵金融界与产业界的一切之势力一般（见陶孟和先生的《美国的高等教育》）——而种植将来社会扰动的恶根。所以我们必须在政府方面划出国家收入来，举办这种基本工业。我们要知道政府每年所用的军费占据全部收入百分之八十五。以此设厂，何厂不开！以此兴工！何工不举！而且这种基本工业，是为提倡其他工业而设的，不是专为谋利而设的。若要满足这样的条件，那更不是社会上的资本家所能办得到的了。

　　以上所说的，是资本一方面的事情。至于人才一方面，我们也必定有充分的准备。建设基本工业的资本，若是到了政治经济改革的时候，是可以用政府的权力在短时间以内筹措得来的。至于建设基本工业或演产工业的人才，纵令到了政治经济改革的时候，是不能一朝一夕培养得来的。近数年来我国专门以上的学校，增加得也算不少，然而因为理工科方面设备加倍困难，所以大都是限于法政文哲方面。职业教育，既无充分的发展，高等理工教育，更无发展之可言。即原有的高等理工教育的机关而论，因限于经费之困难，也渐渐地要到敷衍维持的状况。这实在是很可悲观的事情。我们在这样不绝如线的理工教育之中，若再不尽量设法求取实用的知识，那就永远没有"家给人足"的希望了。有一天我同一位朋友在中央公园，看见许多学生，各人都带着一枝自来水笔。我的朋友说道：从前的学生，都戴金丝眼镜，现在他们都带自来水笔，总是一种进步。我说：诚然，但是必须到了他们各人都带着一枝流动算尺（slide rule，工程师用之以供计算的）和工刀（engineer's pocket knife，上有刀、钩钳等等小件），中国才有光明的一日啊！

从过去的事实看来,凡社会上的扰乱,都可以找出经济压迫的原因。中国现在劳动阶级之民不聊生,知识阶级之学无所用,已经到了社会扰乱之沉淀点。我们若要消除社会扰乱之原因,必须使一班国民可以维护他们的生存,可以保持其社会中健康分子之资格。若欲做到这样的地步,只有发展工业一条路走。但是要在短时间以内,兼程并进,而收到最大的效果,必须先行建设基本工业,而提倡其他演产的小项工业,使各种有益的事业,也相随发展起来,自然可以容纳高级的和低级的无业可图的分子。这样的包含提倡性的基本工业,非政府举办不为功。试问现在的政府,能够谈得上这些话吗?

民国十三年六月十日,北京

关于知识的问题[1]

其次，兄弟所要说的，是关于知识的问题。在上次纪念周里，周鲠生先生说过，知识也是一种力量。现在我把知识之重要，再为引申一说。

总理的心理建设的学说，为行易知难，这是大家所知道的。但是，总理的学说，一方面可以鼓励我们力行的精神，而其他一方面并不是禁绝求知的欲望。因为，总理又说，凡真为特识，皆从科学而来，所谓科学，就是各种有系统的学问。而且，总理个人也是努力读书的。在民国八年的时候，我有一个朋友，会见丸善书社里一个经理，问及中国行销书籍以何处为最多。这个经理说中国购买书籍最多的，不是机关而是私人。问是什么人呢？他说是孙逸仙博士。足见总理是极其注重读书的。所以"读书不忘革命，革命不忘读书"两句话，总理实在是以身作则了。

总理主张恢复中国旧有的道德。旧有道德，也是注重知识的。《大学》上的最终的目的是"治国平天下"，但是其最初的工作是"格物致知"。所谓"格物致知"，是即凡天下之物，莫不因其已知之理而益穷之，所以《大学》以致知为知本。《中庸》说"博学之，审问之，慎思之，明辨之，笃行之"，是学问思辨，乃是在行之先。现代有一些哲学理论，也说一个人的

---

[1] 本文为1929年3月11日王星拱在武汉大学讲话，节选自《国立武汉大学周刊》第13期。题目为编者所拟。

自己,是由过去经验构造起来的。所谓经验,是从客观的物理的表现和主观的心理觉察集合而成的。知识也是经验方面的东西,知识到什么地步,人生的立脚点就在什么地方,所以知识是立身的基础。

从人类向上社会进化的立场上看来,道德、知识、技能,都占重要的位置,而尤以知识为基本的主体。因此,鉴别不明,故行为因之而错误。凡道德方面的缺陷,都是由于知识方面不健全。所以苏格拉底说:"知识即道德。"至于因物致用的技能,更要借知识做基础。征服天然,本是科学的能事,所以培根说:"知识即权力。"由此言之,在主观方面的修养,不能脱离知识;在客观方面的应用,尤须以知识为源泉,足见知识是我们重要的宝藏了。

况且就现在我国状况而言,训政建设,是主要的工作。训政乃是教训国民驶入政治的正轨。倘若没有知识,如何能够教训?至于物质建设,更要有专门的知识,那是不待言的。所以无论从哪一方面看来,知识都是重要的。

我们武汉大学,为全国四大学区之一。它在我国文化上,占据重要的位置,是值得我们大家共同努力的。我们要秉承学术独立的精神,以满足我们共同求知的欲望,使武汉大学不愧为全国知识的中心。这是我们大家对于武汉大学所抱持的极热烈的希望。

军事、政治与教育事业的性质比较[①]

我们从前讲出身,不外乎文、武二途,西洋人讲服务于国家,也是分 civil & military service。从我们的历史讲来,各时代治国的方略,也不外乎文治与武治。大概开国的皇帝尚武,继统的皇帝尚文,所以历代第一个皇帝的谥法或年号总是什么武,第二个皇帝的谥法或年号总是什么文。以武得天下,以文治天下,这个道路,无论在什么时代都是对的。所以总理的建国大纲,第一个时期是军政,第二第三个时期是训政和宪政。

于是兄弟又联想到刘先生演讲中所说的军事、政治和教育所发生的互相的影响。军事就是武,教育就是文,政治可以说是介乎二者之间。教育如何能够影响到军事、政治,刘先生已经详细说过了。兄弟今天还想把这三种事业的性质比较比较,而归结到我们所应当采取的态度。

我想这三种事业最大的不同点,在它们收效的缓速。军事的收效最快,政治次之,教育又次之。那军事和政治来比较,军事是要收获目前的胜利的,政治是要收获久后的胜利的。军事胜利,于是什么都为它所有,若有不幸而失败,也就什么都完了。所以拿破仑自滑铁卢失败之后,总不能恢复他原有的势力,项羽虽是战无不胜,然一旦败于垓下,就不免于

[①] 王星拱,本文为1929年10月5日在武汉大学总理纪念周上的讲话,节选自《国立武汉大学周刊》第31期,题目为编者所拟。

身死国亡。胜败乃兵家常事,这是一句绝对不通的话,其实军事是只可胜不可败的。惟其如此,所以兵不厌诈,兵贵神速,虚者实之,实者虚之,种种所谓兵法,只要可以获取目前的胜利,都是可以采取的。例如关税保护政策之有益于工业之发展,是因为关税保护可以减除舶来品之竞争,则本国制造可以多一份发展的机会。普及教育之有益于国民的健康,是因为普及教育中有一部分是卫生知识,大家都有了卫生知识,然后可以履行个人卫生的条件,拥护公众卫生的政策,于是体育才能发达,传染病才不至于发生或蔓延。凡如此类的效果,都要经过长久的时间,才能收得到的。所以政治家要有深远的眼光,不可狃于目前的功利。

同样的比例,可以移到政治和教育之间。政治的收效缓于军事,而教育的收效,则更缓于政治。政治的收效,在乎纲政的实行;政纲的实行,又要靠着政党的在位。一个政党如果能够获得民众的拥护,使用政治上的权力,其收效还是较快于教育。若教育乃是百年树人之大计,它的任务,是要研究学术的。有一些关于物质方面的学术,乃是公共的、中立的,不但是无党派的,并且是无国籍的。即就一般关于精神方面的学术而言,我们在学校里边——尤其是在大学里边,也不是用一张命令式的教条所能了事的,必定要经过居安资深的历程,才能得到笃信力行的结果。

我们试看看:一种学术之影响于民族之兴衰及国家之隆替,往往都是在数十年之后。英国亚当·斯密《原富论》,以自由竞争为财富之源,这种学说,对于别国的经济命运有无影响,及其影响如何,我们姑且不管,但是在工业先进的英国,它实在曾经做过鼓励工业的工具。卢梭的《民约论》,主张天赋人权之说,我们也姑且不管它是否革命理论中之普遍的绝对的真实,但是它实在是法国革命的急先锋。至于物质科学,而是如此:德国霍夫曼和他的朋友研究有机物之制造,把德国在欧战以前变成世界唯一的燃料制造国家,增进德国经济的地位真是不少;巴斯德研究微霉,改良了法国蚕业,又增加了一般医学的知识。这种例子,实在是多不胜举。总之,我们研究学术,不能有求速效的心思,所以孔子说:"志于道,据于德,依于仁,游于艺。"《学记》上说:"君子之于学也,藏焉、游焉、修焉、习焉。"韩愈《进学解》上说:"业精于勤荒于嬉,行成于专毁于随。"所谓志据依游,所谓藏游修习,以及所谓勤所谓专,都是要朝夕不离,优游涵泳于学术之中的意思。

因为军事、政治、教育三种事业的性质不同,所以从事于这三种事业的人所应当采取的精神和方法,也应该不同。在政治里边,倘若使用军事的眼光,必定损失政治的效能;在教育里边,倘若掺杂政治的工作,也必定动摇教育的基础。所以我们从事研究学术的人,是要不管政治才好。

但是有人可以说:这不过是一片迂腐的话头,与现代潮流不合。对于这一层,我们不能不有相当的解释。我们也知道:凡是公民都负有政治上的责任。希腊古哲说:人为政治的动物,因为人要依赖社会而生存,凡是社会上各种公众事业,都是与他有关系的,所以各人都应当管政治。英国有句俗话说:政治乃是我们的面包和牛油,那就是说,政治是和布帛菽粟一般,它们都是不可一日可离的东西。为什么我们反来不管政治呢?我们须要知道:当现在的时候,我们要管政治,不但与教育有损,而且与政治也是无益。从前我们以为无人管政治是很危险,现在我们知道管政治的人太多也是危险;从前我们以为管政治的人无知识是很危险,现在我们知道管政治的人没有充分的知识,也是危险。我们在这个时候,若是在增进知识、修养人性上多做功夫,所得的总结果,必定比在现在政治的范围里求速效还要好得多。

我们在这个时候,必定要抱持不管政治的态度,才能造成研究的空气,才能希望得到学术独立的结果,才能把武昌变成文昌,才能从武汉的名义而收到文华的实在。

这是兄弟今天因联想而发生的几层意思,还请诸位加以思索和批评。

考试和休假的意义[①]

在上次纪念周里,皮(宗石)先生曾经把一年以来国内国外国际的政治报告得很详细、很准切,盛名之下,难以为继,而且兄弟是个外行,所以不必有所赘言。今天所要讲的,是考试和休假的意义,因为期考和寒假已经在最近的将来等着我们了。

一、考试

自古及今,选拔人才的方法,概括地说,有两种:一是选举,二是考试。选举是偏重德行的,考试是偏重学识的。两种制度自然也是各自有利弊,但是平均说起来,考试是较优于选举。因为,德行的判断是不免参有主观的偏见,至于作为运动贿选,那更是违背德行的标准了。用考试的方法,是依据"白纸包着黑字"的结果来评判,是完全客观的,所以是比较公平的。虽然是对于"士先器识而后学问"的说法,似乎是轻重倒置,

---

[①] 本文为王星拱 1930 年 1 月 5 日在武汉大学总理纪念周上的演讲。刊于《国立武汉大学周刊》第 44 期。

但是我们在学问的方面,有了确切的评判,同时在器识方面,当然还要用别的方法去考核,况且考试也不是完全不能表现器识的。

在学校里边,考试也是一种重要的制度。有人对于一切制度——尤其是对于考试——都不赞同。他们说:制度的束缚,可以阻止天才的发展。这话自然也有片面的理由。但是学校是公众的团体,其目的以大多数的学业利益为依归,天才固然可贵,非天才也不能置之不理。倘若学校完全根据发展天才的原则去进行,则一般普通的中材,必定弄到无所适从的地步。况且,如果是真正的天才,任何制度也不能阻止它的发展啊。

反对考试的还有两种理由:一是污蔑学生的人格。这句话实在是不能成立。考试是一种极庄严的事情,并不是戏弄或侵侮,哪有污蔑人格之可言;倘若说恐怕学生考不出来,所以不考,那才真是污蔑人格咧。古人说:责难于君,谓之恭。岂有施考试于学生,反来含有污蔑意思的道理?二是考试不能得精确公平的结果。这句话也是以偶然的错误而抹煞全部的功用。平时学得很好而偶然考不出来,固然也有,但是决没有平时成绩不佳,而偏偏考得好的。况且考试的题目,注重概括的范围、基本的原理,也不会像某校考试历史的题目为《六朝五代各姓御宇几年?》,似此追求零碎偏僻的事实,又何至于有不公平的弊病呢?

考试还有两种功用:一是记录学生的成绩。教育是社会的事业,它对于社会负有报告及证明成绩的责任。倘若没有考试,如何能够办到?所以从这一方面讲起来,考试也是一件必要的事体。二是促进学生的进步。学生学习功课,本来是要求心得,心得就是最高的奖品,那些什么70分、80分,本然不是上乘的东西。不过就寻常人情说来,品题的高低,实在也有鼓舞用功的效用。就令诸位只求心得,不求分数,考试也可以给大家一个最好的机会,把一个时期以内所学的东西,加以综合的测量,平时所学习的,是"日知其所无",考试的时候所综合的,是"月无忘其所能",岂不是一件极好的事情吗?

二、休假

人生本来有两方面：一是应用，一是娱乐。下自低等的动物，上至万物之灵的人类，都是如此，请看猫子捉过了老鼠，有时要彼此相扑地弄玩。捉老鼠是应用的功利的生活，彼此相扑是娱乐的游戏的生活。人呢？也是如此。应用固所必须，娱乐亦不可少。不但打球、散步，是娱乐的事情，就是文学艺术以及科学中对于宇宙之理论的了解，都是供给人生娱乐的游戏，使人类的生活成为值得生活的生活。在学生读书的时代，当然也要双方并重。从前曾经听见严几道先生说：学生分为三等，用功而又保重身体的是第一等，只知道用功的是第二等，不用功的是第三等。当时我总觉得无条件的用功，应该是第一等。现在我却知道他的话倒是对的。因为无论是继续求学，或是学以致用，都是要有健康的身体。我又曾经听见一个英国化学家兰姆塞说：工作的时候，拼命工作；游戏的时候，拼命游戏。这话可以表现西方民族活动的精神。他们把娱乐当作一件正经事情，例如公园、戏院、赛会、音乐会，都建得十分完备；不像我们中国人做事，其名是一年到头不休息，其实是萎靡懈怠，丝毫不吃紧，天天都在那里休息。外国的大学休息的日期，实在是比我们多，但是他们的工作并不比我们少。中国的文明，向来只讲内部的实现，不讲外部的活动。在修养有素的人，或者可以得到所谓"乐亦在其中"的趣味，而一般普通人，因为没有正当的娱乐，于是流于污邪的途径，以至于破坏道德、危害健康，这是我们所应当改正的。所以，休假是含有给予我们以正当娱乐来满足我们完美生活的意义。

我们要工作后娱乐，娱乐后工作。现在努力工作，预备考试，到了假期努力娱乐，预备第二学期再来努力工作。

学术设备、卫生设备与乡村新校舍[1]

今天兄弟所讲的,是关于新校舍的问题。新校舍的建筑,经校长细心筹划,第一期,已开始动工,第二期也就要招标承办了,这是何等值得庆幸的事情!可是,我曾遇着人对于新校舍发生两种疑问。固然,他们的疑问不能阻止我们的进行,但是我们总也要有一个合理的答复才好。

他们的疑问是:

一是现在物质艰难,我们有一个校舍就够了,为什么要费许多金钱去造新校舍?二是纵然要造新校舍,在城里造就好了,为什么要跑到乡下去?

我今天把我所用来答复这两个疑问的理由说一说,或者也可以帮助诸同学共同做一个关于校舍的"答客难"。

答复第一个问题有三层理由:

(一)关于学术设备方面的　学术是随时代而变迁的。古代所讲的学术,是偏重理性,近代所讲的学术,是偏重事物。前者是心理的,后者是物理的;前者是真心诚意,后者是格物致知。古代的学者,不妨独坐山洞之中,也可以立言万卷。在现在的时候,若要研究物有本来事有终始

---

[1] 本文为1930年3月31日王星拱在武汉大学总理纪念周上的演讲,刊于《国立武汉大学周刊》第53期,题目为编者拟加。

的至理,必定要物质方面有许多工具的帮助。没有完备的天文台,如何能够测定星球的位置和行动?没有发动机和工作厂,如何能够考较能力的应用和变迁?就是图书馆的储藏和阅览,也必定要有合宜的建筑,才可以防危险而收利用。所以新校舍的建筑,是极端需要的。

(二)关于卫生设备方面的　卫生对于个人身体的发展和民族健康的维系,都有重要的关系,那是不待言的。但是有人说,我们对于无论哪件事,只要刻苦就够了,何必要良好的校舍?我们承认,刻苦是极其重要的,然而刻苦和卫生,是互相为用而不相冲突的。譬如说:洁净的水和充足的日光,都是卫生上必需的条件。水必须洁净,才能防止病菌之侵入,日光必须充足才能维护血能的生机。这两个条件,都必待有适宜的房屋,才能够满足。我们何能因为要刻苦而不讲求这两件事情呢?有一位日本人写一本书,叫做《硬教育》。他说:我们文明人类,因为舒适的日子过多了,组织都变得脆弱了。我们应当吃不易消化的东西,受大家所不能受的苦,以增加抵抗困难的能力。他自己便以身作则,天天吃不易消化的东西,结果是送到肠胃病院去了。一般人说中国人抵抗病菌的力量,比西洋人强,因为中国人是在病菌繁殖的环境之中,经过天择而遗留下来的。但是,我们可能因为这个缘故,而不讲求卫生吗?抵抗困难的能力,固然是可以增加,但是也有限制。从这一点着想,适当的校舍,不是奢侈,乃是必需。

(三)关于团体观瞻方面的　我们先说中国古代对于学校的重视。凡是一个酋长或皇帝攻克一个城池的时候,第一件要做的事,就是造圣庙,即是所谓辟雍泮宫。这些辟雍泮宫并且占据一个城池里顶好的地方,这是封建时代的事体,我们且不必说。我们试看看近代兴盛的国家,哪一国不是有一些规模宏大的大学呢?再以本国而论,武汉为全国的中心,为工业上、商业上、政治上重要的地点,为全国四大学区之一,难道不需要一个宏伟美丽的大学替我们国家一壮观瞻吗?所以,即便不从实质上讲而从形式讲,武汉大学也应该有一个很好的新校舍。况且,在此四大学区之中,北平因为旧首都的关系、南京因为新首都的关系、广州因为纪念革命策源地的关系,这几区的大学,或者是已有相当的建筑,或者是在建筑方面积极进行;那么,武汉大学,更应当有同样的发展了。

答复第二个问题也有三层理由:

(一)在乡村里面,我们能够领略自然的美　这一点是大家都知道的——花开遍地,鸟声满林,云霞蒸蔚,湖光明媚。这些自然界的美丽,不是城市里所能领略得到的。并且,在自然怀抱的乡村里,可以使文学修养者另外得一个源泉。所谓文学的泉源,本来有两种:一是社会的(即人文的),一是自然的。前者是要到人群里面,体会过、经验过人间的悲苦辛酸和快乐,通过艺术的道路,而宣发为各种作品,使鉴赏的人们发生共感。至于后者便是庄子所谓神游,苏子瞻所谓游于物外,柳子厚所谓与天地为一的意思。前者是世间的,后者是超世间的。在苦乐上讲,前者往往是使人觉得很苦,后者则可以使人得着高尚的愉快。假如文艺是站在个人主义上面,到自然界那是再好没有的了,效用是另外一回事。所以为享受自然,养成文艺家的自然趣味,学校是建筑在乡村里最好。

(二)在乡村里,可以观察自然的秩序　这一点是大家所不十分注意的。因为中国科学不发达,一般人对于秩序的观念都很薄弱——不知道遵旨秩序。所谓尊重秩序者,就是相信宇宙间各种现象,都有因果的关系,而且要把这些关系研求出来。我们要养成这种习惯,最好自然是要在实验室里学习实验的科学。水到零度必结冰,到百度必沸腾。有此为因,必有彼为果,是容易看得到的。其次,就是观察自然界的各种现象。云腾致雨,露结为霜,气候的变迁,是有一定的;种瓜得瓜,种豆得豆,农夫的工作,也是有把握的。至于社会里边各种复杂的现象,往往不能把因果的关系,明白地表现出来。我们因为不能明晰这些关系,往往就轻视了,忽略了,而不去研究,其结果不是武断,就是无所适从。所以为养成尊重秩序的思想习惯,最好是就表现因果关系较为明显,而又不是与日用常识相距太远的自然界里的现象,随时做做观察的工夫。就这一点来讲,学校是建筑在乡村里好。

（三）在乡村里,可以领受自然界的清洁　物质上的清洁,自然是乡村比城市好,尤其是市政未曾完美的城市,更不能和乡村相比较。还有精神上的清洁,也不是在城市里所能领受得着的。我们试看看,骄奢淫逸的风俗、欺哄讹诈的行为,以及政治上社会上,一些不正当的运动,都是发生于城市之中。我们在这种环境里面,受了耳濡目染的影响,渐渐是如入鲍鱼之肆,久而不闻其臭了。学校若是建筑在乡村里边,那么,我们天天所接触的,是非世情的白云、无恶意的流水,和真挚的师友,悠韵的图书,以及天真烂漫忠实诚恳的乡下人,倒是有益于我们的身心的修养,人格的培植。当然,也有许多人说:我们负着改革社会的责任,我们是不应该离开社会的。佛家说,我不入地狱,谁入地狱？这个道理,自然是对的。但是要入地狱,先要成佛。不是佛而入地狱,恐怕要混入魔鬼道而不自知。我们也是一样的,要改革社会,先要立定脚跟。不然,不但改革不了不良的社会,反被不良的社会同化了。所以就修养身心、培养人格讲起来,也是把学校建筑在乡村里是好得多。

这是我所用以答复朋友们的问题的内涵,已于此讲过。我希望这几层意思,或者可以给予同学答复同样疑问的时候一点帮助。

专心读书与增加兴趣①

各位同事、各位同学：

兄弟今天所要报告和演讲的，很简单。现在先报告本校最近有一个很大的困难问题，就是晚上自修的电灯坏了，这很不方便，电灯公司方面也不晓得几时才能修好，因此，本校原来以为新校舍成功了另有电机的，这里本来不预备再买，可是现在却又不能不买了。本校有一个机器是20匹马力，现在买了一个 Dynamo，它的发电量是16个基罗华特，配合起来可以发出400盏电灯的电力，大约10天后就可以装起。但在这里要报告的是：本校的电灯原不止此数，所以现在正要设法减少，因之更希望同学不要随便接线，以免光线不亮或有其他的危险。这是我所欲报告而望同学注意的。

至于演讲，兄弟今天本来没有预备，只在这里稍说几句。在这个寒假之内，我到上海去了一趟，又在南京住了两天，会着了许多旧交和新识的朋友，每每和我谈起话来，总是一律地夸奖说武汉大学办得怎样的好。有的说它是全国大学中的后起之秀，将来有无限的希望；有的说它是全国顶好的学校。说这些话的朋友并不是和我开玩笑或讲恭维话，我直接

---

① 本文为1931年2月2日在武汉大学总理纪念周上的演讲，选自《国立武汉大学周刊》第83期，题目为编者拟加。

和间接所听到的多是如此。因此,我便在这里发生了一些感想:就是人家夸奖我们,我们固然喜欢,但另一方面反来发生疑惧的情绪。古人说:"声过开情,君子耻之。"又说:"盛名之下,难以为继。"我们听到人家的夸奖,我们不能不反躬自问:我们学校里是否有充实的内容,当得起这个荣誉?这个荣誉我们是否可以保存下去?我记得有一个朋友说过,"名誉可以毁坏一个人"。因为一个人有了名誉,往往就觉得自满,既是自满,于是就怠废下去了。个人如此,学校何独不然?假使我们的学校现在做不到人家所称誉的地步,或者我们现在纵然做到,将来不能保存下去,那么,这名誉对于我们学校反来是一种致命伤。

谈到这里,我就有两点意见要讲:第一,是努力和收效,是应当互为因果的。有了以前的努力,才有现在的结果;有了现在的效果,更应当增加将来的努力。不要以为已经有了效果就随之而怠惰下去了。第二,是团体与分子的关系。各分子都能够有贡献,那么团体好,才能够有进步;假使分子不健全,或者不尽责任,或者各分子的力量,不往同一的方向走,则团体也绝没有什么进步可言。这两点都要切实地做下去,那么,我们的学校才会名实相符,而且更能保存下去。

我们同学的贡献是什么呢?也是一句老生常谈的话,用功读书。读书有两点要注意:第一是专心,第二是增加兴趣。要专心,必先对于读书以外的事一概不管,我很相信大家不会驰为心志于社会的浮华。就是政治方面的事情,我们也不能分心去管。我们要晓得,现在是训政时期,一切的事情都要受党的训练,训政的工作就是要使国民了解本党的主义和行使国民所有的权利。这时期是以党治为方法;到了将来宪政时期的时候,民治就是目的。只要我们笃信本党主义,有了充分的学识,将来致力于国家社会的地方是很多的,现在我们不用管。

再谈增加兴趣。在早先原多是主张灌输教育,那是不对的;现在乃是有启发兴趣的一说。在这方面,我更有两点要讲:第一,是要创造兴趣,才有兴趣。例如一个数学问题,起先对之有一种解决欲,因而有一种动作，算出来的结果便是报酬。这就是愉快——兴趣。假使以后又遇着了更难的问题的时候，依样地更用心去应付，那么结果必更好，所得的兴趣必更高更大。这和心理学中所谓性格的养成是一样的。至于要如何创造兴趣的话，就是要对于某种问题存着一种要求解决的欲望。这欲望是从自己发生出来的。第二，无论哪种学问，都有阶段的不同。初学的时候是很容易的，往往觉得有兴趣，继而又觉得难，兴趣往往因之而断丧，再进一步学下去却又左右逢源而可以发生兴趣了。所以无论何事，中间必定要经过一个困难时期。关于这点，我有一个故事可以讲：我十几岁的时候，学英文。第一天学 26 个字母，第二天学两个字的拼音。那时有一个同学，要算是有点小聪明的人，当时就借着这英文想骂人，他说出 ye an ox 一句话；又学了几个月以后，才晓得早前骂人的话不对，ye 是古字，应当用 you，an 是用于第一人称的，ox 前面更应该加一个 an 字。他当时就觉得这英文太麻烦、讨厌，因之他的英文终究不行，没有进步，这位同学现在还健在，但是他的英文知识，还是没有超过字母拼音的程度。因此，我们知道，无论什么学问之中必有困难，决不都是好玩的、顺适的。大家要发生兴趣，第一要创造兴趣，第二要吃苦而得兴趣。

我还要慎重地说一句话，就是大家一方面用功读书，一方面却不要忘掉了体育这一层。这方面，王校长本来已经讲过几次，我现在再在这里重复提一提。现在学校的功课很忙，伙食又很苦。力学而又苦行，若是再不注意身体的锻炼，将来吃亏是难以补救的。

求学的理由和求学的方法[①]

主席、诸位同事、诸位同学：

当开学的时期，校长要我向同学说几句话，但是我所要讲的话，各位先生大致都讲过了。即是今天所讲的，也难免有重复的地方。今天所讲的，是我们应当求学的理由和如何求学的方法。先说我们应当求学的理由：（一）从学校方面说，现在是天灾人祸纷至沓来的时候，各事的进行，都受横阻。本校有校长负着重大的责任，不但能够进行，并且能够发展，使我们有一个进步的学校可以读书，这是很难得的机会。同时我们试想想：有许多在同等年龄的青年，想受高等教育而不得如愿，倘若我们有很好的求学的机会而不努力求学，那真是辜负学校了。（二）从个人方面说，我们吸收新知识的能力——尤其是记忆力——随年龄之增长而减小，而且以后到了年事稍长的时候，又要为生事所牵制，不能专心致志于学问。倘若我们不趁年富力强努力求学，将来到了想求学而不能的时候，再来追悔就迟了。还有一层，学问是立身之本，无本如何能立？我记得我从前读书的时候，有些同学，也是有志的青年，慷慨激昂，不可一世。但是在学问的方面，不能立足，以后或者是颓废了而一无成就，或者是堕

[①] 本文为1931年10月12日王星拱在武汉大学总理纪念周上的演讲，刊于《国立武汉大学周刊》第104、第105期，题为编者拟加。

落了而无所不为,却是悔之无及了。(三)从国家方面说,现在也许有人说,我们是受着日本的欺侮而必须打仗的时候,求学是无益的。我痛心地承认,现在努力求学,与打日本无关,但是,倘若我们不求学,不为国家做一种有效的准备,我们永远没有打得过日本的日子。日本的人民不及我们的四分之一,日本的土地不敌我们二十分或三十分之一,为什么敢于这样欺辱我们呢?虽是由于日本军阀之暴行,而且又有可以侵略中国的力量。它所以有这样统一的意志和充实的力量,是因为他们的政治上了轨道,工业发展到了和近代列强同等的地步,不是已死的田中,或活着的本庄,可以随时制造出来的。我们知道,近代列强的战斗力和它的国内各种事业都有关系,尤其是和工业的关系更加密切。我们可以说:在现在的时候,工业没有发展到一定的程度,就不能与列强战争。因为战争必用军械,而军械制造,决不是靠有限的政府所举办的兵工厂所能供给得了的。在工业发展的国家,一有战事发生,所有的工厂,都可以变成兵工厂,那么,才不至于有军械缺乏的困难。我们惭愧,中国还不曾注意到这些问题。倘若我们不能急起直追,于政治上没有切实合宜的设施,工业上没有系统的具有提倡效果的建设,我们将来永远不能自立起来。我们现在求学,就是对于这些事业做有效的准备。总之,我们的志趣须得宏远,同时,我们的能力须得充实,这是我们应当及时求学的理由。

次说如何求学的方法。我每天到学校来,经过文华的图书馆,那上边刻着《论语》上的两句话:"博我以文,约我以礼。"依朱子的注解,"博文"是格物致知,"约礼"是克己复礼。前者是关于事物的,后者是关于身心的。和这个方法具有同样方式的原理,随地都可以发现出来。在论理学上,有归纳和演绎。归纳注重事实和博文相似,演绎注重理论和约礼相似。各种学问里边,也有事实,也有理论。倘若我们只管庞杂的事实,而不管贯穿的理论,其流弊是千头万绪无所归宿。倘若我们只管抽象的理论,而不管证明原理的事实,其流弊是恍惚玄渺,不可捉摸。我知道,有些科学教科书——尤其是一年级所用的——其中包含着30%为理论,

70%为事实。我们在读书的时候,也要双方顾到,则结果的效率较高。我现在只就可以在这里最容易表现这个道理的一两种例子来说——这些例子是我个人所知道的。我从前有一个同学,学英文极其用功。那时所用的袖珍字典,约有一万多字,他竟用苦功去读字典,一天读50,10天读500,不到一年,居然被他读完了。但是他写起文章来,满纸都是奇怪的而且意义不恰当的生字,旁人看不懂。这是因为只顾生字而不顾方法——只顾事实而不顾理论——的结果。又有一位在学过英文之后再学法文,对于法文动词词尾之变化,不肯背诵。他说,我知道文法的构造就够了。他写出东西来,自然是错误很多,而且在写的时候,因为这些极其常用的字不能运用自如,也格外的迟缓。这是因为只顾文字而不顾生字(假使每个语尾的变化都算做一个生字)——只顾理论而不顾事实——的结果。我们学习国文,若是只管记诵"三都"、"两京"赋,必是奇字满纸诘屈轴钩。若是只讲义法,也必定是言中无物,剩了之乎者也几个虚字眼。我们学习算学,算学是演绎的科学,若是不管理论而只做应用的演题,自然是无从下手,但是,若是只管理论而不做演题,那么,那些形式的条文,不但是不能彻底了解,而且是极难记忆的。推而至于各种学问,多少都有这样的原理,随时发现出来。固然,我们在求学的时代,时间是有限的,我们须得用我们的智力随时审判,把这两个标准都保存在心中,于是我们所费的脑力和所得的结果相比,总是较为经济的。今年的课程,经校务会议定,略为减轻,希望大家可以多做点实验和练习。因为实验和练习,有时可以引出兴趣,而所需索于脑力的分量较轻,也有配合理论事实两方面的成分的意思。退一步说,我们就是为应付考试起见,也须得双方兼顾,此不至于吃亏。我有一次看见一本试卷,其中有一题,是问物理化学中一个理论何人发明及其内容如何。这问题自然是注重内容,而应试的人答复,将发明人的历史、年月、地方、何国人氏及古代所用的粗笨仪器,写了一大篇,而于内容却不能答出。这是因为他向来读书的时候,不知道审判轻重,所以吃力不讨好。诸位若是把理论、事实两个标准记在心上，于应付考试也是有用的。

最后，我们对于军事训练和体育，仍是注重的。二者之目的，固然不是完全相同，但是有一部分相同的，就是锻炼身体。我们注重这两项科目，才不至于成为埋头伏案的病弱书生。

细胞及体素之通透问题[①]

今有一布袋于此,浸水其中,则水必漏出,吾人确知水之黏力(cohesive force)小,故其分子集体小,而布袋之孔隙大,故水可以自由流出也,又置沙与水于其中,则水去而沙留,吾人又确知沙与水之分子集体大小不同,故水可穿过而沙不能穿过也。然有若干物质(固体或液体),其通透性(permeability)往往非如此之简单,而以多数细胞(cell)与体素(tissue)为尤甚。或二物同为液体,此液体能穿过而彼液体不能穿过,例如以水置试管中,以油覆之,上加酒精,则酒精能穿过油层而下入水中,水不能穿过油层而上入酒精中,是也。或为同类之游子(ions)。此游子能穿过而彼游子不能穿过,例如水生植物之生长于水中,水中之钾能穿过其皮而入细胞液中,而水中之钠,虽较浓于钾,反不能穿过是也。

通透者,乃物质之一种性质,在一定状况之下,吾人可利用之,以分判两项以上之混合物或化合物者也。又此篇所注重者,非普通通透之问题,乃分别通透(selective permeability)之问题(如上举之两例)。二者同为分判之方法(separation)。兹先将各种分判方法——天然的及人为的——胪列于下,以资比较之标准及参考之取材。其与本题无甚关系

[①] 本文原刊于国立武汉大学理科季刊委员会编印的《理科季刊》第3卷第2期,1932年12月发行。

者,亦因连类而举其名,以备一格。

筛漏 此依颗粒之大小而分判两项个体者。

簸扬 此依比重之大小而分判两项个体者。

滤沥 此亦依颗粒之大小而分判个体与液体者,例如用滤纸及无釉之漏瓷者是。

沉积 此依物质[或为固体,或为不溶解的液体细珠,即乳状物质(emulsoid)]在液体中沉下速率之快慢而分判者。沉下速率与物质之比重成正比例,与其圆径及液体之滞力(viscosity)成反比例。此关系可以下列公式明之:

$$V=\frac{F}{6\pi rn}[司托克司(stokes)定律]$$

此处 V 为沉下速率,F 为地心吸力,r 为沉下物之圆径,n 为液体之滞力。此公式经柏灵(Perrin)研究,亦可应用于极小之物质,例如胶体(colloid)物质。

磁性分判 如二项固体,一有磁性,一无磁性,可用此法分判之。

电析分判 凡溶液之具有正游子与负游子者,可以此法分判之。

蒸馏 此依沸点之高下,而分判二项液体者。

分别结晶 此依溶度之大小,而分判二项溶液混合物者,溶度小者先结晶成固体,溶度较大者次之。

漏斗分判 如二项液体不互相溶解,而比重不同,可用此法分判,有机分析多用之。

吸收 此指一种液体分判而言,如甲能吸收(或为物理的或为化学的)乙,而不能吸收丙,则丙中所藏少数之乙,可以甲除净。例如酒精中少许之水,可以无水硫酸铜吸收之,轻油(Benzene)中少许之水,可以钠吸收之。

栖附(absorption) 凡二位相的物质相接触处,皆有能力,谓之面积能力。此能力可生工作。但在寻常二位相接触状况之中(例如以石置水中)其接触面积甚小,故其能力甚微,无工作可言。若接触面积增加至甚大之地步,例如极细的沉淀,或胶体物质(固体或液体),悬于水中或其他液体之中,则能发生栖附之动作。所栖附之物质,或为其他胶体物质,或为分子,或为游子,或为电子,不等。如所栖附者为溶媒,而此溶媒为水,则为水化(hydration)。如所栖附者为溶解物,而不栖附者为溶媒,则溶媒与溶解物可以此法分判之,至于气体栖附之现象,兹不具论。

此种分判现象,可以溶液理论中之分布定律所管理者相比。如有一物甲可溶解于液体乙,又可溶解于液体丙,而乙丙二者不相溶解,则甲之分布于乙丙二者之中之分量,视其在乙丙二者之中之溶度而定,而二分量之比例为一常数:

$$K=\frac{C_1}{C_2}$$

设甲原溶解于乙中,而甲在乙中之溶度小,在丙中之溶度大,且乙丙不甚互相溶解,则加丙之后,乙丙分为两层,而乙中之甲几全移至丙中。例如水中之溴与碘,可加绿迷液(chloroform)而分出于绿迷液之中,而水中所溶解之其他物质,不能溶解于绿迷液中者,仍留存于水中,是也。

栖附现象亦复如此。今取一具体举例而言,水中所溶解之染料(实为胶体溶液)若以炭屑滤沥之,则染料皆栖附于炭屑颗粒面积之上;若再以此染料已经栖附之炭屑置之蒸馏水中,则有若干染料又分出而溶解于水中,盖受上述分布定律所支配而然者。不过在前例之中,二位相皆为液体,在此例之中,一为固体,一为液体而已。

此种栖附动作,为胶体物质重要性质之一。生物细胞物质,均为胶体状态,则栖附动作之常见于生物现象界中,乃必然之事也。

薄皮穿分(membrane dialysis)法 以蜡纸薄皮或猪膀胱扎于宽管之下,内贮胶体溶液[例如明胶(gelatine)溶液、胶糖(dextrin)溶液之类],与晶体溶液(例如绿化钠、硫酸化铜之类),以此管置清水中,则晶体穿过而胶体不穿过。或严格言之,晶体穿过之速率甚大,而胶体穿过之速率甚小。此为格拉汉(Graham)之老实验也。大约有机的生物产品,多属于胶体类,而各种无机盐,多属于晶体类。然同一物质,亦可呈具两种状态,例如硫酸化钡,原为晶体,若使之沉淀极速,亦可成胶体。轻养化第二铁,在中和环境之中为胶体,而在酸性环境之中为晶体,故格拉汉的旧分类法,近渐不用,吾人但云一物在胶体状态或在晶体状态而已。概括言之,胶体溶液中之晶体物质,其集合体大(约为 $50\mu\mu$ 至 $300\mu\mu$[①]),晶体溶液中之晶体物质,其集合体小(约为 $0.1\mu\mu$ 至 $50\mu\mu$),故其穿过有难易之不同也。

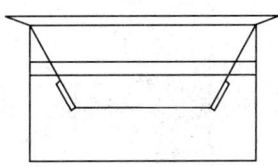

图 1　薄皮法一

半通透的薄皮(semipermeable membrane)　此类薄皮,可让溶媒自由通过,而阻止溶解物之通过。或为人为的,或为天然的,或为固体,或为液体。试叙述数种为渗透压力试验中所用者。

(1)蜡纸,或硝酸纤维,或猪膀胱,法用一长柄漏斗,其口以腊纸扎之,中贮糖液,而倒置于水中,则水之分子可以自由出入,而糖之分子不能通过外出。于是柄管中之水逐渐升高,管内外水平面之差数,就其压力单位计之,等于糖溶液之渗透压力,此物理化学中基本试验之一也。

(2)铁青酸化铜(copper ferrocyanide)之薄皮(见图 2)。法以一多孔瓷管 A′(其孔甚微)上安一细玻璃管 B。A 管中贮硫酸化铜溶液。再将此管置之铁青酸化钾溶液之中,则二溶液交流而相遇于瓷管墙孔之中,而发生铁青酸化铜之沉淀。再将瓷管中之硫酸铜溶液倾去,是成一渗透压力权量器。其权量法如前。此项薄皮,不但可以阻止一定的溶解物之通过,并且可以承受甚大的渗透压力。凡浓溶液渗透现象之考研,必藉此而进行。故其用处较蜡纸各种为大也。又此项薄皮,其孔隙必较前数项为更微密。因此项薄皮可以阻止质量较大之游子或胶体游子通过,例

---

①　$1\mu\mu = 10^{-6}$ mm

如以铁青酸化钠溶液置于上述实验状况之中,则钠游子(经过电析后)可以自由出入,而铁青酸游子(亦经由电析而来者)不能通过是也。此事实与通透之理论有关,以后当再提及。

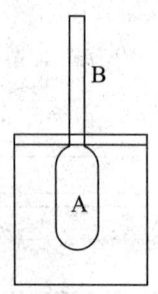

图 2　薄皮法二

(3)液体薄皮(见图 3),先预备以太一杯,又预备一种有机物之以太溶液一杯。但此有机物必为可以溶解于以太而不可溶解于水者,例如纳夫达林(Naphthalene)。以猪膀胱扎于玻璃管 A 之下端,浸于水中,使膀胱成潮湿状况。倾纳夫达林的以太溶液于管内,至满乃止,上以木塞塞之,而木塞戴一细管如图。再将此管置于中贮以太之 B 杯中,以盖盖之。因膀胱组织之中成立水薄皮一层,此层水薄皮,可让以太分子自由出入,而阻止纳夫达林分子之外出,于是 C 细管中之液体平面逐渐升高。若曾稍加染料于其中,则平面之升高,更显而易见。但此实验中所用之以太,必先以水饱和之,则以后以太出入水薄皮之时,不至侵毁水薄皮之原态也。此为鼐耳司脱(Nerst)定性的表现渗透压力之试验,且亦与通过之理论有关,以后亦将重叙及之。

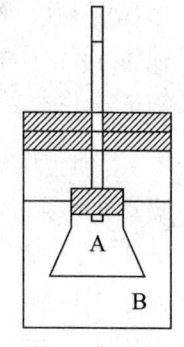

图 3　薄皮法三

(4)细胞盈朒,细胞中之溶液,有一定的渗透压力,而细胞外膜,为天然的半通透的薄皮。其细胞液之渗透压力,可以盈朒法量之。例如以血球置净水中,或甚淡之盐溶液中,则血球膨胀,因淡盐液之渗透压力甚小,故水自球外浸入球内也。若置之甚强之盐溶液中,故收缩,因此时球内之水浸出球外也。若置之百分之零九食盐溶液中,则血球不膨胀,亦不收缩,因如此浓度之盐溶液,其渗透压力与血球中之溶液之渗透压力相等,亦即与天然的血液中之血浆(plasma)之渗透压力相等也。其他细胞亦呈现如此现象。例如以植物体素置之蒸馏水中,则细胞膨胀,抵至墙边为止,若置之强盐溶液中,则收缩。此种现象,谓之缩胭(plasmosis),是为生物学中常作之试验也。

在 B 项多孔瓷管试验之中,下列数种物质,亦曾有用以充薄皮者,铁青酸化第二铁,矽酸化铜,矽酸化铅,韧酸化明胶(gelatin tannate),韧酸化第二级蛋白(peptone tannate),即硫酸化钡与绿化银,亦曾用作此项薄皮也。

一边通透之薄皮

(1)以蛤蟆皮隔水,水能自皮外穿入皮内,不能自皮内穿出皮外,是为一边通透之现象。

(2)以蝌蚪置盐溶液中,则渐收缩而死(其尾不动为死之症状。)若置极淡盐液中或淡水中,则并不膨胀,而生活如常,足见蝌蚪细胞之外层,可以容水自内往外,而不能自由自外往内也。

(3)以小肠内皮与腔皮比较,二者之通透性质不同。以葡萄糖水置腔皮外,经过半小时后,腔皮外原置之糖水中有食盐,腔皮后之凌巴液中有葡萄糖。足见凌巴液中之食盐可穿过腔皮而至腔皮外之糖水中,腔皮外之葡萄糖亦可穿过腔皮而至腔皮后之凌巴液中,是盐液糖液皆可自由出入腔皮也。又扎取小肠一段,置葡萄糖液于其中,经过半小时后,小肠内原置葡萄糖液中仍无食盐,而小肠内皮后凌巴液中有葡萄糖,足见小肠内之葡萄糖,可穿过小肠内皮而至凌巴液中,而凌巴液中之盐,不能穿过小肠内皮而至小肠中也。盖小肠内皮之重要机能即为吸收液体食料,故有此一边通透之现象也。

（4）肾中之格劳莫（glomeruli）体素之重要机能，为盐之分泌。一边为血，一边为尿，尿中之盐之成分，超过血中之盐之成分远甚［血中之盐为百分之零九，食盐约占百分之零六，尿中之无机有机各种盐为百分之四，而食盐约占百分之一零四，且血之渗透压力为七气压，而尿之渗透压力为三十二气压（此依冰点之降低而推算者）］。而血中溶解之盐，乃反抗较高之渗透压力，经分泌而至尿中，是肾中之格劳莫体素，只许盐自血通透往尿，而不许其自尿通透往血也。是亦一边通透之现象也。

选择通透之薄皮　水生植物细胞中包含钾多于钠或钙，而水中溶解物之成分，则钠与钙皆多于钾。海藻中包含碘颇多，而海水之成分，则碘少于绿至数百倍。动物之脊腺（thyroid glands）中含有碘，而供给各腺以滋养料之血液，其所含碘之成分极微——微至不可试出之地步。血液中绿之成分颇多，而此腺中无之。足见水生植物细胞之外层，必只许钾穿过，而不许钠钙穿过，海藻与脊下腺细胞之外层，必只许碘穿过而不许绿穿过也。

以上叙述分判方法——天然的或人为的——计十五项。其利用薄皮为分判之工具者必不出乎下列数种因子分别动作或共同动作。兹试分项论之。

（一）筛漏之动作　以薄皮譬之一网，大鱼不能穿过，小鱼出入自由。其有黏力而成大粒之固体物质，大鱼也。其无黏力而不能成为较大的分子联合体的液体物质，小鱼也。此乃甚简单的概念也。试进而推求之，薄皮具有漏孔，漏孔有一定的圆径。再以气动说之观念应用于液体中，则溶解物与溶媒之分子，皆有四方八面之活动。再以屡试有效之方脱毫夫（Van't Hoff）理论施于此处，以溶解物之分散的分子，比之于气子分子，以溶媒之密集的分子，比之于颗粒极微的以太（谓以太为极微的颗粒所构成,本为物理学中固有的理论,近且有分此项颗粒为正负二类者)。换言之,即比之于真空,则在半通透的薄皮试验之中,溶媒之所以能自由通过者,如以太之通过储蓄气体瓶之墙也。溶解物之不能通过者,如气体分子之不能通过其瓶之墙也。使果如此,则半通透之现象甚易索解。然溶解物之分子与溶媒之分子,其颗粒之大小,及其他物理性质,大略相同。非如气体分子与以太之颗粒之有如许区别也。因此,方脱毫夫以气体定律应用于淡溶液之研究,以解释渗透压力之现象,虽有惊人之效果,而究未能满足物理化学(包含方脱毫夫自己)最后的理论的需求。于是有丁克耳(Tinker)、巴克劳夫脱(Bancroft)等以溶媒压力说解释渗透压力之现象。此说之重要基础观念,即在以溶媒之分子与溶解物之分子,视为质量圆径及其他物理性质约略相同之物质,是也。今试以此观念为意想上的图画。溶解物与溶媒之分子,皆自由向各方面行动而互相碰击。因溶解物少而溶媒多,(吾人常以少者名为溶解物而以多者为溶媒。)故就一个分子而言,其与溶媒分子相碰击之机会必多,而与溶解物分子相碰击之机会必少。其实在碰击之次数,可依下列公式计算之:

$$n = \frac{4}{3} \frac{vQ^2\pi}{\lambda}$$

此处:n 为每秒钟内此分子与他分子碰击之次数;v 为各分子行动之速率;Q 为动作范围之半径(动作范围者乃其物理的化学的能力所能达到的范围也);λ 为两分子间之平均距离。

今试设想此溶液中有溶媒而无溶解物,再设想此溶液中有溶解物而无溶媒,但其体积不变。再假定溶媒与溶解物二者之行动速率与动作范围约略相同(且为近理的假定)。如此,则不同者唯两个同样分子之间只距离耳。溶媒多,故其分子密,故此项距离小;溶解物少,故其分子疏,故此项距离大。则就一个一定的分子而言,其与溶媒分子相碰击之次数必多,与溶解物分子相碰击之次数必少,而且其次数多少之区别甚大,因此数与其距离之立方成反比例也。

今以薄皮与溶液相接触之面上之孔隙,视为溶液中之分子,复取一个一定的孔隙,视为一个一定的分子,用上列公式以考求之。空隙之大小,在此种试验状况之下,必与分子圆径大致相当,但分子动而孔隙不动耳。然空隙不动之事实,不能改变上述公式在此处应用之价值,盖因在大数运动之中,一个动的分子,与其他方向相反而动的分子相碰击之次数之增加,必与与其他方向相同而动的分子相碰击之次数之减少,两相抵消,故就此一个一定的动的分子而言,与不动的分子无异也。今就一个孔隙而言,实乃与一个不动的分子相同耳。如此则一个一定的孔隙,与溶媒分子或溶解物分子相碰击(即相遇)之机会,必与二者之同类的分子之距离之立方成反比例。此距离之立方,即为包含一个分子之体积。此体积愈小,则每单位体积中所包含的分子之数愈大也。

由此言之,溶媒之分子密,故与薄皮孔隙相遇之机会多,溶解物之分子疏,故其与薄皮孔隙相遇之机会少。唯其相遇,所以穿过。且溶液愈浓则溶解物穿过薄皮孔隙者亦较多,是亦与预测相符之事实也。此乃纯粹的物理的动作。

(二)选择的微管吸引之动作　由极端显微镜的实验,可知半通透的薄皮,其组织为胶体沉淀颗粒之集合体。每一颗粒之圆径,多数为自 $0.1—1\mu$,其间孔隙之圆径约亦如之。例如铁青酸化铜、矽酸化铜、矽酸化铅、韧酸化第二级蛋白,皆然。惟硫酸化钡及绿化银沉淀颗粒之间圆径,约三四 μ。为较大耳。此丁克儿所考验也。每一颗粒,又由更小的颗粒集合而成,此更小颗粒之圆径,约为 $10\mu\mu$ 至 $50\mu\mu$。故半通透之薄皮之组织之中,有两种孔隙。第一为较大颗粒之间之孔隙,譬如干路,第二为更小颗粒之间之孔隙,譬如支路(如圆4)。其孔隙愈小者,愈为完美之薄皮。然渗透现象即半通透之现象,即孔隙颇大之薄皮亦有之。其具有

900μμ 圆径之孔隙者,已略表现渗透现象。若具有 180μμ 圆径之孔隙者,则渗透现象更为显然。似此,则孔隙之圆径,并不小于溶解物分子之圆径,而且在晶体溶液之中,其溶解物分子之大小,与溶媒分子之大小乃约略相等也。然则溶媒分子碰击通过,与溶解物分子之不通过,必非仅为筛漏工作之结果也。

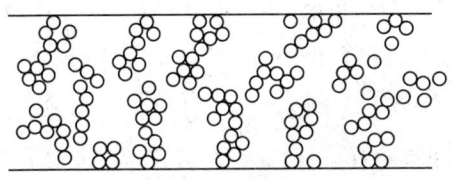

图 4 半通透薄皮组织

夫薄皮中既有孔隙,此孔隙必有微管吸力(capillary force),而此微管吸力对于其所遇而不同的分子又必有选择的性质也。若为选择溶解物之分子而吸引之者,则无渗透(依经常界说而言)之现象。凡发生渗透现象者,皆薄皮孔隙对于溶媒分子之选择的微管吸力为之也。故溶媒可以自由出入,而溶解物则不能。又因薄皮两边溶液浓度不同(若一方面为纯粹溶媒,则其浓度当然为零)。故有平均浓度之趋向,而淡溶液方面之溶媒,逐渐钻穿薄皮而至浓溶液之方向,至浓溶液方面干管之中之水静压力(hydrostatic pressure)可以阻止此项运动之时,始为平衡状态。此即渗透之现象也。

然在少数举例之中,溶媒可自浓溶液穿过薄皮而至淡溶液中,谓之反渗透。兹就胶体溶液而言,以滤纸置水中,使成潮湿状态。再以此纸湿处浸一半于夜蓝(night blue)溶液之中,则此项蓝色染料停积于湿纸内。惟净水上升于纸之微管之中,故其上部无蓝色。若用同样方法浸于碱蓝(alkali blue)溶液之中,则此项蓝色染料随水上升于纸之微管之中,故其上部有蓝色。盖因滤纸湿于水中,亦具有胶体物质之性质,带有负电。而水之本身戴有正电(多数胶体物质在水中皆带负电),而夜蓝溶液中之夜蓝(即溶解物)带有正电,故与纸上之负电相消而停积为较大之颗粒。碱蓝带有负电,故随水而上升也。

故薄皮微管中之吸引,当亦有时有电力动作于其间。若薄皮带负电,而溶解物(胶体物质)带正电,则停积甚易发生,于是仅余溶媒(纯粹水)穿过薄皮之孔隙,而且由浓溶液方面向淡溶液方面进行也。

(三)凡可溶解或稍可溶解于 A 者,即可穿过 A　上述第十三项中液体薄皮之试验,即可表现此理。蜡纸上所沾之水,能溶解以太而不能溶解纳夫达林,故以太可以自由出入,而纳夫达林则不能穿过也。而且以太在水中之溶度不大。如溶度过大,则以太与水必成完全溶液。如此,则水之液体薄皮不能存在,尚何穿过之可言。又此篇首节中所引之油水酒精试验,亦可说明此理。以一试验管贮若干水,水上覆以橄榄油,油上加酒精,成三层。以木塞封之。放置两日之后,则橄榄油之平面升高。盖酒精可以溶解于橄榄油中,且其溶度亦不甚大,故酒精穿过橄榄油而至水中,与水成完全溶液,于是使橄榄油升高也。

又凡化学组织约略相同者,多能互相溶解,此物理化学中之概括原理也。故有机物质多溶解于有机液体,而无机物多溶解于水,又凡含有脂酸根(fatty acids)之有机盐,多能溶解于油,凡含有轻养群之有机物,多能溶解于水也。普通溶媒多为水,而多数物质皆能溶解于水,特溶度有大小之不同耳。由此言之,凡一物质,但使能成薄皮,而能略溶解于水,皆可使水通过。若溶媒为水,而溶解物又与此薄皮不发生互相溶解之动作,则此项薄皮,可供半通透现象之表示矣。

溶解问题本甚复杂。其溶度甚高者,或全为物理的混合,不能发生通透之现象,以通透过快也(例如酒精与水)。其溶度不甚高者,至少必杂有化学的化合,可以发生通透之现象。以通透甚缓也。如就溶媒为水之举例而言,此种化合即为水化(hydration,例如以太与水)。然则液体之穿过薄皮,由于此液体与薄皮中之物质成一种松散的化合物。在渗透压力试验状况之中,即此化合物成立于溶媒方面,而又解散于溶液方面也。薄皮者,乃如一接触剂,始终不经受变化者也。

此种理论,不但可用之于液体薄皮,亦可用之于固体薄皮。上段已言,多数物质皆可多少溶解于水,固体薄皮自非例外。又多数物质,皆可发生水化作用,而且水化之后,不必成为溶液,例如水泥遇水,反凝结为坚石,晶体中之结晶水,不改结晶体之为固体也。又凡发生水化之动作,不必皆为一分子也。上而至于分子集合体,可以水化,例如胶体颗粒经水化而加大(如轻养化第二铁)下而至于游子,亦可水化,例如硫酸盐中之硫酸根游子之水化。此乃为胶体电析物之结块理论(micelle theory)之要点也。若水化过多——即携带水分子过多——可将一物(分子或游子)自晶体状态变为胶体状态。此亦破除格拉汉原有简单分类之事实之一端也。故固体薄皮之让水通过,而不让溶解物分子通过者,亦可认为薄皮中之组织与水起水化作用也。

然就铁青酸化铜薄皮而言,有一事实,又与此说不甚相合。若以铁青酸化钠或钾之溶液试验之,则钾或钠之游子可以穿过,而铁青酸根之游子不能穿过。倘以(组织略同,则相溶解,而相溶解者,则可通过)之理衡之,则铁青酸根应可通过铁青酸化铜之薄皮也。然铁青酸根为胶体游子,而钠或钾为晶体游子,二者大小不同,故此举例之中之现象,或受筛漏动作之支配,而非溶解动作之支配也。

(四)细胞液外层之特殊构造　欲叙述此说,应先简单说明细胞液之组织。细胞液中之物质,皆为胶体状态。就其化学成分而言,有糖类,有脂肪类,有蛋白类,有盐类,以及少数酵母及生命素。糖类中有为真溶液者,如葡萄糖,有为胶体溶液者,如小粉。脂肪类有成油泡者,有成乳状溶液者(亦为胶体溶液),而以列西丁(lecithin)为最重要。蛋白类种类极多,为明胶状(gelatin)的胶体溶液。盐类,或为真溶液,如绿化钠,或与有机体化合而成复杂化合物,于是成胶体溶液,如血输中含铁的血色质(haematin)及叶中含镁的叶绿质(chlorophyll)。脂肪在细胞液中甚易成为乳状油珠,以细胞中之蛋白,可以降低其表面张力也。此项关系,可以试验明之。绿迷液(choroform)与水原不相溶解,置之一试管中,必分成两层。若加以少量蛋白而震摇之,则成极细的乳状细珠,而不分离。故细胞液中之列丁西,亦为乳状的胶体溶液也。

其成立特殊构造者,是为列西丁与各种蛋白。试将列西丁之化学组织,与各种蛋白之大概组织,略为叙述如下。

$$\begin{array}{l} CH_2 \cdot O \cdot CO(CH_2)_{14}CH_2 \\ CH \cdot O \cdot CO(CH_2)_{16}CH_3 \\ CH_2 \cdot O \cdot \overset{O}{\underset{OH}{P}} \cdot O \cdot C_2H_4 \cdot N\overset{OH}{\underset{(CH_3)_3}{}} + 4H_2O = \end{array}$$

列西丁

$$\begin{array}{l} CH_2 \cdot OH \\ CH \cdot OH \\ CH_2 \cdot OH \end{array} + \begin{array}{l} CH_3(CH_2)_{14}COOH \quad \text{脂酸} \\ CH_2(CH_2)_{16}COOH \quad \text{脂酸} \end{array}$$

甘醇

$$HO-\overset{O}{\underset{OH}{P}}-OH + \begin{array}{l} HOC_2H_4 \\ CH_3 \\ CH_3 \\ CH_3 \end{array} \!\!\!\!\! \rangle N \cdot OH$$

燐酸　　　　　高林

列西丁为含淡与燐之化合物,其性质与脂肪相同,不溶解于水。凡可溶解脂肪者,皆可溶解列西丁。观其组织,与脂肪相同。其不同体,惟燐酸根与高林耳。如遇水析(hydrolysisi)则成甘醇(glycerine)、脂酸(fatty acids)、燐酸与高林。故其性质与脂肪相同,无足怪者。

蛋白种类甚多,但皆有—CO·NH—群为联串各跟之枢纽。此群遇水析,则破裂—CO 成为—COOH,—NH 成为 NH₂。

$$—CO \cdot NH— \rightleftharpoons —C \cdot OH : N—$$

故其一为酸,其一为碱,其在不分裂时,H 可以移动,或与 O 相联,或与 N 相联。与 O 相联时,可分成 H 游子,故可为金类游子所代替。与 N 相联时,则不能分为 H 游子也。又一蛋白化合物中所含有之— —CO·NH—群,往往甚多。试以些列公式表出之。

COOH·CH·CO·NH·CH·CO·NH·CH·CO·NHCH·NH₂
           | |
           R₁   R₂

R_1、R_2,代表任何单价根。此根之组织,有时极为繁复,不过总价须等于一耳。其组织可至甚长之地步。此甚长之组织,或与胶体状况有关也。

观蛋白化合物之组织,一方有酸群COOH,一方有钚群NH_2,二者相等则为中和,否则有酸性,或有碱性。酸群中之H游子,及COH:N中之H游子,皆可为金类游子所代替。而且此金类游子,亦可移动于O与N之间。若与N相联,则失其电析的性质,此层与下节所述之非电析的蛋白盐亦有关也。

既知列西丁与蛋白之组织及性质,吾人可设想细胞液外层之构造矣。在透明的蛋白胶体溶液中,有无数乳状的列西丁铺散其间。若为无系统的铺散,如图甲一则唯溶解于蛋白溶液者(即溶解于水者,盖蛋白溶液之溶媒为水也。)可以通过,而溶解于油者不能通过,因油珠不能成为通过之沟渠也。若铺散成行列式,如图乙一则凡可溶解于油者,可由列西丁柱中通过,凡溶解于水者,可由蛋白溶液基地中通过。若铺散成为漏斗式,如图丙一则凡溶解于油者,可由列西丁柱中通过,凡溶解于水者,只能经由蛋白溶液中自外入内,不能自内出外,纵能自内出外,亦经受极大的困难,是即一边通透之现象也。(凡供给细胞营养之食料,非溶解于油即溶解于水)

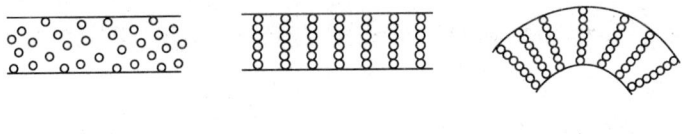

甲一　　　　　乙一　　　　　丙一

由此言之,凡发生一边通透现象者,其细胞液之外层,必具有漏斗式之特殊构造。此说若确,则凡一种物质或一种方法可以摧毁列西丁之柱或破坏蛋白溶液之基地者,必能变更其一边通透之性质。今试于实验中求之,吾人确知有如此事实之存在。

(1)改变油之性质者。凡改变油之性质者,皆能改变列西丁之性质。

性质改变,则行列之柱不能存在,即漏斗式之组织不能存在。故一边通透之特点亦必因之而消灭也。

A. 油之溶媒。凡可溶解油者,皆可溶解列西丁。故酒精、绿迷液、以太,皆可毁坏细胞或体素之一边通透之性质。试就吾人习知之例而言,绿迷液可使人麻醉。据此理论而言,其麻醉之原因,盖因绿迷液对于列西丁发生溶解作用,使神经细胞变更其特殊构造,而停止工作也。若所用分量不多,则麻醉而可醒。若所用分量过多,则麻醉而不可醒。盖绿迷液之变更列西丁之程度有深浅之不同也。试依附图说明之。甲二为列西丁柱之截面,其空隙处为蛋白溶液。当绿迷液浸入之时,列西丁油珠涨大,而成状如乙二。此时柱间之空隙减小,故凡溶解于水之营养资料,不能穿入细胞,于是细胞停止工作。是即麻醉也。若再加绿迷液,则列西丁油珠更加涨大,彼此相接,而渐凝结成为更大之油珠,如小泡之合成大泡者然如丙二。如是漏斗式之构造根本摧毁,不可恢复原状矣。

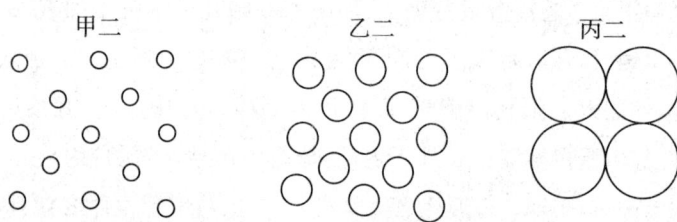

B. 醇类。以蝌蚪置酒精中,则渐受毒气而死。然高级醇(即 CH_2 之链较长者)致死之时间,较短于低级醇,盖高级醇对于油类之溶解力大于低级醇也。

C. 肥皂。以体素置肥皂溶液中,则其通透率增加。盖肥皂与油类既相溶解,且可于泡面发生栖附作用,故列西丁之组织易摧毁也。又天然肥皂 Saponin 亦有毒,而对于鱼尤甚,或亦由于列西丁之摧毁也。

D. 脂酸(fatty acids)。此类皆可溶解油,试以汗酸(butyric acid)而言,海膽卵之人工受孕,即可用汗酸而奏效者。盖因其卵细胞外层之组织受伤,而海水可以侵入,使之膨胀之故也。海水侵入之后,其中之蛋白质又渐另成一薄皮,(所谓薄皮之成立,formation of membrane)再渐长为成熟之海膽。

(2)改变蛋白之性质者。蛋白溶液成为明胶状之组织,gel structure 透明,滞力甚大。析散媒(dispersing medium)与析散物(dispersed)极不易分(此胶体溶液中之二位相,若以真溶液比较之,则析散媒等于溶媒,析散物等于溶解物)。关于此项组织之说明,有二说在。一谓蛋白之化学成分为链形的,牵引甚长,如线,而明胶状组织中之析散物如网。以线织网,甚为自然。一说谓明胶状组织中之析解物,为未成形之结晶体。错综砌集,略如堆石,中有空隙。空隙之中,是为析散媒。此二说各有实验的辅助。姑无论何者为确,然明胶必有一定组织,不待言也。使此组织摧残,则发生大颗粒的停淀。故凡有可使明胶停淀者,皆能使细胞外层之通透性变更。其有一边通透之性质者,则基地破除,柱亦无从成立,而漏斗式之组织自不能存在。兹举三例以证明之。

A. 热。蛤蟆皮原只容水自内往外,不容水自外往内。但经过热至五六十度之后,则成为两边皆可通透之薄皮。盖明胶状之胶体溶液,遇热即凝结为大粒也。

B. 重金属之盐。凡重金属之盐,皆能使蛋白停淀。例如草履虫(paramecia)之细胞核,不受咪绿(methyl green)染色液之影响。若以绿化铜溶液洗之,再置此染色液中,则核变成绿色。盖其外层经受绿化铜之停淀作用,而蛋白之明胶状之组织,全部或局部摧毁,于是染色液可以通过,而与核相接也。凡重金属盐皆为毒剂,至少亦有一部分之原因在此点也。

C. 不称量的生理溶液。血清及凌巴液中之各种无机盐,皆具有一定比例。若此比例变迁,即有伤于其所涵润之细胞。任何一种盐的溶液,若为纯粹的,皆为有毒的。但同时有两种盐,则彼此之毒可以互相减消。若有三种,则互相减消之力量更大。凡单价正游子,皆增加细胞之通透性。凡双价正游子,首先减少细胞之通透性,而嗣后则增加。凡酸略与双价者同。凡碱略与单价者同。而尤以钠与钙之比例为最重要。盖此种正游子与明胶中之蛋白物质,有成化合物者。如外边溶液之成分变迁,则此种化合物,必受摧毁之结果,而明胶状之组织,亦必倒塌。所以通透性增加,而一边通透之机能,则更不能发现矣。又凡使钙发生沉淀者,如含有炭酸根、硫酸根、蓚酸根,之溶解物,皆为泻药,亦必缘于此项理由,而阻止肠部内皮之吸收。于是内皮后边之液体,可以通透至于肠部,而使之泻也。

以上所列事实,皆直接的或间接的证明一边通透之薄皮,具有漏斗组织也。

(五)非电析的蛋白盐之成立　今有一薄皮于此,其一边为胶体蛋白质,因分子甚大,不能穿过。其一边为各种盐的溶液,可以自由穿过。而此各种盐中,有一种盐之游子,或全部分子,与蛋白质成一化合物。而此化合物又不能电析成为游子,则此一项游子或分子为蛋白所包收,而无回返至原来一方面之可能。至于其余各盐之游子或分子,则或自左至右,或右至左,而无阻碍。是此种薄皮,对于甲物质为两边通透,而对于乙物质为一边通透。此种蛋白对于甲为不吸收,对于乙为吸收,而有选择吸收之能力矣。

淡水植物生长于溪涧之中,水中所溶解者,钾少而钠钙镁等质多。但此种植物能吸取钾,而成其细胞中之化合物。盖或由于钾与其细胞中之蛋白成为无电析性的化合物。故其细胞外层对于钾则吸收而不放出,对于其他各游子,则任其自由出入也。

脊下腺中有碘,血液中绿多而碘少,然此腺吸收碘而拒绝绿。盖由于腺中成立三碘轮状化合物 $\begin{smallmatrix} & I & \\ I & & I \\ & I & \end{smallmatrix}$,无电析性。故其外层对于碘则吸收而不放出,对于绿则任其自由出入也。

又如胃内皮之制造盐酸,久为生理学所难解释之问题。此盐酸必自绿化钠变化而来,乃无疑义。盖血中无绿化钠,则胃汁不能发生,此已定之事实也。然而绿化钠如何成为盐酸,终难寻绎。依上述理论,可以说明如下。胃内皮之体素,其一边为毛管所供给之血液,中有绿化钠。其一边为胃中食物,初自口来,略具碱性。血液中之绿化钠,微受水析(hydrolysis)而成盐酸与轻养化钠。由此发生之盐酸,穿过细胞外层,而与其中蛋白质相结合,而成为无电析性之化合物。由此发生之轻养化钠,则为血液中之炭酸所中和,成酸性炭酸化钠($NaHCO_3$)。因盐酸与轻养化钠均有所归,于是血液中之绿化钠,又经水析而成盐酸与轻养化钠以补偿之。此盐酸与蛋白质结合之化合物,至与胃中食料相遇之一边,又分解为盐酸与原来之蛋白。此处之分解,或亦与胃中食料之碱性有关。果尔,则饱食后盐酸之制造所以较多者,亦由于食物碱性催促盐酸蛋白化合物之分解。不尽由于神经之刺激也。由此言之,胃内皮细胞中之蛋白,乃一化学的接触剂,将从绿化钠变来之盐酸,运至胃藏之中,而本身不受损伤也。

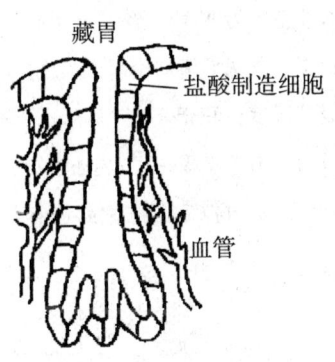

(六)两边游子之不相等的分配　东耐薄皮(东耐薄皮 Donnan's Membrane)之理论,对于胶体游子与晶体游子之可通透与不可通透之区别而发生者也。今有一薄皮于此,其一边为盐溶液,一边为水,或一边为强盐溶液,一边为淡溶液。而溶媒与溶解物之分子或游子,皆可通过薄皮孔隙之中,则浓者必渐淡,淡者必渐浓,直到两边浓度相等时始止。此时两边之未经电析前之分子,及既经电析后之游子,皆彼此相等。此可由传电率之试验以考知者也。若一边为胶体游子与一晶体游子所成之盐,一边为两个晶体游子所成之盐,而二盐之中,有一游子相同(下例皆就正游子相同者而言)则经过穿透抵于平衡之时,两边发生游子之不相等的分配,因此,有同样游子而有不同的通透性之现象。兹特分别言之。

A. 薄皮对于游子通透之方向

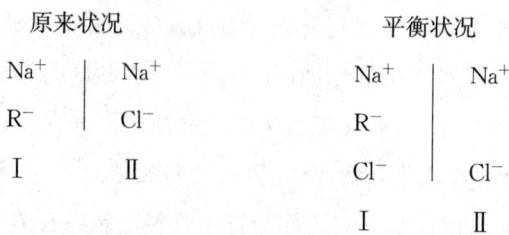

今有二溶液于此,其一为 NaCl 无机盐溶液,其一为有机盐 NaR 溶液。R 代表任何胶体游子。如此有机盐为肥皂,则为一高级腊酸根,如为康哥红染料,则 R 为 bis diphenylphosphino amine sulphonic acid。中有薄皮隔之。此薄皮之孔隙,可让钠游子及绿游子及未电析的绿化钠分子之通过,而不让胶体游子 R 之通过。原来 I 室中为 NaR,II 室中为 NaCl。经过若干时间之后,则 I 室中有 Cl,而 II 室中无 R,而抵平衡状态。兹就平衡理论而推求之。

在平衡状态之中,设若温度体积俱不变,而有一个极小的反行的变迁发生。其总工作必等于零(即自由能力等于零,是为热动学第一定律)。此处之变迁,乃就自 II 室至 I 室之极小数的 Na^+ 与 Cl^- 游子之移运而言。其等于零之工作,为

$$\delta nRT\log \frac{[Na^+]_{II}}{[Na^+]_I} + \delta RT\log \frac{[Cl^-]_{II}}{[Cl^-]_I} = 0$$

即
$$\log \frac{[Na^+]_{II}}{[Na^+]_I} = \log \frac{[Cl^-]_I}{[Cl^-]_{II}}$$

即
$$\frac{[Na^+]_{II}}{[Na^+]_I} = \frac{[Cl^-]_I}{[Cl^-]_{II}}$$

故 $[Na^+]_{II} \times [Cl^-]_{II} = [Na^+]_I \times [Cl^-]_I$ \hfill (1)

此处在方括弧内之符号,乃代表以公钱游子数(gram ion,最简单之概念,即认为游子之个数,盖游子之个数,与公钱游子数成比例也)计算之浓度。

其两边电距(potential)仍相同,因移运时之 Na^+ 与 Cl^- 相等也。

若以同样之方法应用于未经电析之 NaCl 分子,则得

$$\delta nRT \log \frac{[NaCl]_{II}}{[NaCl]_{I}} = 0$$

故 $\qquad [NaCl]_{II} = [NaCl]_{I}$ (2)

再以(2)除(1)则为

$$\frac{[Na^+]_{II} \times [Cl^-]_{II}}{[NaCl]_{I}} = \frac{[Na^+]_{I} \times [Cl^-]_{I}}{[NaCl]_{I}}$$

即 $\qquad \frac{[Na^+] \times [Cl^-]}{[NaCl]} = \text{Constant}$

是无论在Ⅰ室或在Ⅱ室,此游子与分子之比例皆不变,亦即质量动作之定律也(law of mass action)。然试验电传率之结果,Ⅰ室与Ⅱ室中二者之比例并非不变,即(1)、(2)两公中,至少必有一个为不符。东耐以为不符之处在(2)公式中。其所以有此不符者,盖由于 R 游子之存在也。故 $[NaCl]_{II} \neq [NaCl]_{I}$,而 $[Na^+]_{II} \times [Cl^-]_{II} = [Na^+]_{I} \times [Cl^-]_{I}$ 仍为正确。但Ⅰ室中与Ⅱ室中之 $[Na^+]$ 之浓度不相等,因 Na^+ 游子乃从 NaR 与 NaCl 二者电析而来,非仅由 NaCl 电析而来也。于是而欲维持(1)公式之相等,则Ⅰ室中与Ⅱ室中之 Cl 游子亦必不相等。今再加以说明如下。

今试假定(a)NaR 与 NaCl 均为甚淡之溶液,其分子完全电析,(b)Ⅰ室中与Ⅱ室中之体积相等,则可计算其在平衡时两边游子不相等之分量如下。

原来状况				平衡状况		
Na^+ R^-	Na^+ Cl^-	Na^+ R^- Cl^-	Na^+ Cl^-
C_1 C_1	C_2 C_2	C_1+x C_1 x	C_2-x C_2-x

此处 C_1、C_2 为以公钱游子数计算之浓度,x 为 Na^+ 或 Cl^- 游子自Ⅱ室移至Ⅰ室之数。

故 $\frac{x}{C_2} \times 100$ 为自Ⅱ室移至Ⅰ室之 NaCl(已电析的)之百分数;

$\frac{C_1-x}{x}$ 为在平衡时 NaCl(已电析的)在两室中之分配比例。

于是公式(1) $[Na^+]_{I} \times [Cl^-]_{I} = [Na^+]_{II} \times [Cl^-]_{II}$ 可以写为 $(C_1+x)x = (C_2-x)^2$

故 $\qquad x = \frac{C_2^2}{C_1+2C_2}$

故
$$\frac{x}{C_2}\times 100 = \frac{C_2\times 100}{C_1+2C_2}$$

$$\frac{C_2-x}{x}=\frac{C_1+C_2}{C_2}$$

如果 C_2 比 C_1 为甚小之数，即Ⅱ室中之 NaCl 甚淡，而Ⅰ室中之 NaR 甚浓，则可写为

$$\frac{x}{C_2}=\frac{C_2}{C_1} \qquad \frac{C_2-x}{x}=\frac{C_1}{C_2}$$

试取一具体数目言之，C_1 为 100，C_2 为 1，则 $\frac{x}{C_2}$ 为 $\frac{1}{100}$ 是Ⅱ室中之 NaCl，仅有百分之一穿过薄皮而至Ⅰ室也。若 C_1 比较 C_2 为甚小之数，则可写为

$$\frac{x}{C_2}=\frac{1}{2} \qquad \frac{C_2-x}{x}=1$$

试取一具体数目言之，C_1 为 1，C_2 为 100，则 $\frac{x}{C_2}=\frac{50}{100}$ 而 $\frac{C_2-x}{x}=1$，是平衡时两边之 NaCl 相等也。

凡平衡者，不论自何方向皆可抵到者也。若 NaR 与 NaCl 原来皆在Ⅰ室之中，而 NaR 甚多，则所有甚少的 NaCl，亦必几乎完全穿过薄皮而入Ⅱ室中也。此结论之要点，即在胶体游子对于薄皮之通透性之改变。在上例中，薄皮对于 NaCl，本容有出入之自由。然因有 NaR 在一边，而使 NaCl 只能往一方向——离开 NaR 之方向——而行动。是乃成为一边通透之现象也。试以肾之分泌而言，绿化钠乃自淡溶液而往浓溶液中进行——由血往尿，或亦因血中有钠的有机盐，可以发生此处 NaR 之作用也。

B. 薄皮之水析的作用

原来状况		平衡状况				
Na R	净水	Na⁺	H⁺	R⁻	Na⁺	OH⁻
Ⅰ	Ⅱ	Ⅰ			Ⅱ	

今有胶体有机盐 NaR 溶液与净水，中有一薄皮隔之。如前，Na 游子，及水分子，及 H 游子与 OH 游子，可以自由出入，而 R 胶体游子不能

通过。吾人试推测其应得之结果如何。因薄膜可通过 Na,而不能通过 R,故 Na 游子单独穿过薄皮而至净水之中。然二室之全部与各部,皆在电的中和状态之中,故凡有若干带正电之 Na 游子通过之时,必有同数的带负电的 OH 游子同时通过。然 OH 游子必自水之电析而发生,故凡有 OH 负游子自Ⅰ室穿入Ⅱ室之时,必有同数 H 正游子自Ⅱ室穿入Ⅰ室之中。故Ⅱ室中成为有基性,Ⅰ室中成为有酸性。若此 H 游子与Ⅰ室中之胶体有机酸根 R,成为非电析的,或为电析度甚小的化合物,则 H 游子减少。于是必更需要水之电析以补充之。故 OH 游子又加多。换言之,即水析之程度更加高也。今再从公式推之如下。

在平衡状态之中,上节业已说明,

$$[Na^+]_{II} \times [Na^+]_{II} = [Na^+]_I \times [OH^-]_I$$

故
$$\frac{[Na^+]_I}{[Na^+]_{II}} = \frac{[OH^-]_{II}}{[OH^-]_I} \tag{1}$$

今更依其浓度计算之,

原来状态			平衡状态				
Na^+	R^-	净水	Na^+	R^+	R^-	Na^+	OH^-
C_1	C_1		C_1-x	x	C_1	x	x
Ⅰ		Ⅱ	Ⅰ			Ⅱ	

此处 x 为自Ⅰ室穿至Ⅱ室之 Na^+ 游子分量(其单位当然与 C 同),故(1)公式可写为

$$\frac{C_1-x}{x} = \frac{x}{[OH]_I} \tag{2}$$

此处 $[OH]_I$ 为Ⅰ室中 OH 游子之浓度,为上表所为列者。但水之电析常数为 K_ω(约为 10^{-7}),故 $[H][OH]=K_\omega$,今Ⅰ室中之 H 游子之浓度为 x,故 $[OH]_I$ 为 $\frac{K_\omega}{x}$。将此数代 $[OH]_I$ 于(2)式中,则得

$$\frac{C_1-x}{x} = \frac{x \times x}{K_\omega}$$

故
$$x^3 = K_\omega(c_1-x)$$

若 x 与 c_1 相比，为数甚小，则可写为
$$x^3 = K_\omega C_1$$
即
$$x = \sqrt[3]{K_\omega C_1}$$

此公式表示，当 C_1 增加之时，x 亦增加，但如 C_1 之立方根，为甚缓耳。x 为 Na 游子穿过薄皮之分量，亦即为原来胶体盐水析之分量也。若 Ⅱ 室之水之体积增加，大于 Ⅰ 室溶液之体积，至于 v 倍，则上表中 Ⅱ 室中之 Na^+ 及 OH^- 游子之在平衡时之浓度，非为 x 而为 $\frac{x}{v}$。于是所得之(3)式，当为

$$x = \sqrt[3]{K_\omega v^2 C_1} \tag{4}$$

设使(3)式中之 C_1 与(4)式中之 C_1 虽相同，而(4)式中之 x 比(3)式中之 x 必较大。换言之，即当 Ⅱ 室净水体积增加之时，Ⅰ 室中之胶体有机盐之水析程度为更高也。其尤可奇者，此理论开始即假定 NaR 为完全电析的。完全电析者，乃强酸根与强基根化合而成之盐之性质也。以完全电析者，尚有水析之现象发生，若其一根为弱者(而且此处 R 所代表者皆为弱酸根)，则此盐之水析程度更高矣。

上述推论之结果，皆已经试验证明者。夫一边为胶体有机盐，一边为净水，必为生物细胞或体素常遇之状况，而植物逢此机会之时为尤多。由此言之，凡含有 NaR 或 KR 之细胞或体素，其外边相近处之水，必略具有碱性也。

C. 正负电子之选择的通透

设有一薄皮于此，其一边为 NaR，其一边为 KCl，两边无一相同之游子。但唯 R 游子不能通过。设两边之体积相等，而皆为完全电析的，其原来状态与平衡状态之浓度如下表。

原来状态				平衡状态						
Na^+	R^-	K^+	Cl^-	Na^+	K^-	Cl^-	R^-	K^+	Na^+	Cl^-
C_1	C_1	C_2	C_2	C_1-z	x	y	c_1	c_2-x	z	c_2-y
Ⅰ		Ⅱ		Ⅰ				Ⅱ		

因为两边俱在电的中和状况之中,故自Ⅰ室穿入Ⅱ室之 Na^+ 正游子,必等于自Ⅱ室中穿入Ⅰ室中之 K^+ 正游子减去自Ⅱ室中穿入Ⅰ室中之 Cl^- 负游子(三者均为单价的),故 $z=x-y$。用同样的热动学的推求,其平衡标准如下式。

试以实在浓度代入,则为

$$\frac{c_1-z}{z}=\frac{x}{c_2-x}=\frac{c_2-y}{y}=R$$

又
$$z=x-y$$

从上列四等式中,可求得

$$R=\frac{C_1-C_2}{C_2}$$

此 R 即各游子在平衡时在二室中分布之比例数也。试取一具体数目而言,C_1 为 100,C_2 为 1,则自原来状况之平衡状况之时,经过下列的变迁。

Ⅱ室中原有的 K^+ 游子,有百分之九十九穿过薄皮而至Ⅰ室中。

Ⅱ室中原有的 Cl^- 游子,仅有百分之一穿过薄皮而至Ⅰ室中。

Ⅰ室中原有的 Na^+ 游子,亦仅有百分之一穿过薄皮而至Ⅱ室中。

此结果之可奇者,有两点。(1)K 与 Na 原为同类的游子,今则 K^+ 几乎完全穿过薄皮而左行,而 Na^+ 几乎完全不能穿过而右行。K^+ 与 Cl^- 除化学性质与正负电荷不同外,其他性质,如原子价、体量、游子速率等,亦大半相同,今则 K^+ 几乎完全穿过薄皮,而 Cl^- 则几乎完全不能穿过薄皮,是皆胶体酸根 R 之不能通过之性质为之也。若 KCl 原与 NaR 同在Ⅰ室之中,其结果亦复相同。因平衡可自任何方向抵到也。但在此处则 Cl^- 游子几乎完全被驱逐穿过薄皮,而 游子几乎完全被扣不能穿过耳。如是,则等于有选择通透之能力。而且依 NaR 与 KCl 二者之同在一边或不同边,而可以改变游子穿过之方向也。此就胶体游子为负电者而言也。若胶体游子为正电子,则所发生之现象,恰为与上列者行动相反,但原理相同也。

D. 胶体有机盐之渗透压力

薄皮者为权量渗透压力必用之器具。若 NaR 夹有 NaCl，而以薄皮权量其渗透压力，不能得真正渗透压力，因 NaCl 穿过薄皮而至对面发生方向相反的压力，可以抵消 NaR 压力之一部或全部也。

原来状态				平衡状态					
Na^+	R^-	Cl^-	净水	Na^+	R^-	Cl^-		Na^+	Cl^-
C_1+C_2	C_1	C_2		C_1+x	C_1	x		C_2-x	C_2-x
I			II	I				II	

若以 NaR（例如康哥红）之水溶液，中夹有 NaCl 者，置于 I 室之中，II 室中为净水。而以薄皮权量其渗透压力。至平衡时，I 室中之 NaCl，穿至 II 室，而发生与 NaR 相反之渗透压力。故所量得者，非真正 NaR 之渗透压力也。夫 NaR 之分子重量甚大，其渗透压力之小，乃当然者。然平常权量此项压力之时，往往有他项无机盐杂于其中，而以天然蛋白为尤甚（例如鸡卵蛋白中有盐），故所量得的结果，其小，为过分耳。

试假定 NaR 与 NaCl 皆为完全电析的，而二室体积相等。以 P_0 代表 NaR 之真正渗透压力，以 P_1 代表所得的 NaR 之渗透压力，以 P 代表 II 室中 NaCl（来自 I 室者）之反对渗透压力，则

$$P_1 = P_0 - P \tag{1}$$

依气体定律而言，$PV=RT$。以此定律应用于淡溶液中，因 $C \approx \dfrac{1}{V}$，故 $P=CRT$。此处已假定为完全电析者，故

$$P \approx 2CRT.$$

故

$$P_0 = 2C_1 RT$$
$$P = 2(C_2-x)RT - 2xRT$$
$$= 2(C_2-2x)RT$$

故(1)式可写为

$$P_1 = 2C_1 RT - 2(C_2-2x)RT$$

$$=2RT(C_1-C_2+2x)$$

故

$$\frac{P_1}{P_0}=\frac{2RT(C_1-C_2+2x)}{2C_1RT}$$

$$=\frac{C_1-C_2+2x}{C_1}$$

因

$$x=\frac{C_2^2}{C_1+2C_2}(见上 A 节)$$

故

$$\frac{P_1}{P_0}=\frac{C_1-C_2+\dfrac{2C_2^2}{C_1+2C_2}}{C_1}$$

$$=\frac{C_1+C_2}{C_1+2C_2}$$

如 C_1 比 C_2 为甚小数,则 $\frac{P_1}{P_0}=\frac{C_2}{2C_2}=\frac{1}{2}$。是所量得的胶体盐之渗透力,等于其真正渗透压力之一半也。如 C_2 比 C_1 为甚小数,则 $\frac{P_1}{P_0}=\frac{C_1}{C_1}=1$ 是所量得的胶体盐之渗透力。即为其真正渗透压力,此理之自然者也。

由此可见晶体电析溶液杂于胶体电析溶之中,因薄皮之存在,后者减少前者之渗透压力。有游子相同者,如 NaR 与 NaCl,固如此,即无游子相同者,如 NaR 与 KCl,亦如此也。且胶体盐之渗透压力本甚小。故少数晶体溶液,可使消灭其渗透压力。例如康哥红染料中,如杂有 13% NaCl,其渗透压力即几等于零也。渗透动作为生物界重要工作之一,而无机盐之掺杂,亦极普通。故此项现象之发现于生物界中,亦应为常见之事也。

E. 薄皮电距(electropotential)

若一薄皮左右之溶液发生不相等的游子之分配,当其在平衡状态之时,左右有电距高低不同。试依下例求之。

原来状态						平衡状态	
Na^+	R^-	Na^+	Cl^-	Na^+	R^-	Cl^-	Na^+	Cl^-
C_1	C_1	C_2	C_2	C_1+x	C_1+x		C_2-x	C_2-x
Ⅰ		Ⅱ		Ⅰ			Ⅱ	

设在平衡之时，Ⅰ室溶液与薄皮相接之处之电距为 π_1，Ⅱ室溶液与薄皮相接之处之电距为 π_2，此电距皆依正电为标准计算。而 π_2 高于 π_1，设温度不变，有极少分量 $F\delta n$（F 为每个游子所带之电）正电自Ⅱ室移至Ⅰ室之中，依热动学第一定例，其电的工作为 $F\delta n(\pi_2-\pi_1)$。同时必有 $F\delta n Na^+$ 正游子自Ⅱ室移至Ⅰ室，$q\delta n Cl^-$ 负游子自Ⅰ室移至Ⅱ室。以发现上项变迁时之电流为一，电流者为正负二游子所传者也。p 为正游子所传之部分（即分数），q 为 Cl^- 负游子所传之部分。故 $p+q=1$。p 与 q 即 Na^+ 与 Cl^- 二游子各自的移动数（transport numbers）也。此处之最大渗透的工作，为

$$p\delta nRT\log\frac{[Na^+]_{Ⅰ}}{[Na^+]_{Ⅰ}}+q\delta nRT\log\frac{[Cl^-]_{Ⅰ}}{[Cl^-]_{Ⅰ}}$$

因此组体乃在平衡状态之中，上述渗透的工作，必有电的工作以抵消之。其可以抵消此渗透的工作者，必与此渗透的工作之方向相反，即与上述 $F\delta n(\pi_2-\pi_1)$ 电的工作之方向相反，是为 $F\delta n(\pi_1-\pi_2)$。故上述二项假定的工作必相等。

$$F\delta n(\pi_1-\pi_2)=p\delta nRT\log\frac{[Na^+]_{Ⅱ}}{[Na^+]_{Ⅰ}}+q\delta nRT\log\frac{[Cl^-]_{Ⅰ}}{[Cl^-]_{Ⅱ}} \quad (1)$$

但在平衡之时，吾人已知

$$\frac{[Na^+]_{Ⅱ}}{[Na^+]_{Ⅰ}}=\frac{[Cl^-]_{Ⅰ}}{[Cl^-]_{Ⅱ}}=\lambda \quad (2)$$

在电析溶液之理论中，吾人又知

$$p+q=1 \quad (3)$$

故(1)式成为

$$F\delta n(\pi_1-\pi_2)=p\delta nRT\log\lambda+q\delta nRT\log\lambda$$
$$=(p+q)\delta nRT\log\lambda$$

$$= RT\delta n\log\lambda \tag{4}$$

故
$$F(\pi_1-\pi_2)=RT\log\lambda \tag{5}$$

故
$$\pi_1-\pi_2=\frac{RT}{P}\log\lambda \tag{5}$$

依平衡状态之表言之,(2)式可写为

$$\lambda=\frac{C_2-x}{C_1+x}=\frac{x}{C_2-x} \tag{6}$$

因
$$x=\frac{C_2^2}{C_1+2C_2}(见 A 节)$$

故求得 $\lambda=\frac{C_2}{C_1+C_2}$ (7)

今二室相差之电距,即薄皮左右之电距,为 $\pi_2-\pi_1$。试以 E 代之,则

$$E=\pi_2-\pi_1=\frac{RT}{F}\log\frac{1}{\lambda}=\frac{RT}{F}\log\frac{C_1+C_2}{C_2}$$

$$=\frac{RT}{F}\log\left(1+\frac{C_1}{C_2}\right) \tag{8}$$

此处 R 为气体常数(以热之单位计算为 2 克,以电之单位计算,为 0.82 volt coulomb。此处须以电的单位计算也。)为 0.82;T 为绝对温度,普通为 290℃,F 为 96540 轮(coulomb)。又 $\log 1 = 0$,故(8)式成为:

$$E=\pi_2-\pi_1=0.058\log\frac{C_1}{C_2} \tag{9}$$

如 C_2 比 C_1 小,则 E 随 C_1 之增加而亦增加。如 C_1 比 C_2 小,则当 C_1 逐渐减少之时,E 即渐趋于零,此乃自然之理。因 C_1 为零之时,即Ⅰ室中无 NaR,故Ⅱ室中之 NaCl 平均分配于二室之中,无不相等的游子之分配,故无薄皮电距之发生也。

凡此亦皆已经试验证明者。此理论于胶体物质之带电的现象,必有关系。因东耐薄皮之理论,其要点在于不相等的游子之分配,并不在于薄皮之本身。从无薄皮存在,但须两边有不相等的游子之分配,则电距之现象仍能发生也。胶体溶液中析解物与析解媒二位相中可有不相等的游子之分配,故发生带电的现象。如此则所谓电的双层之理论(electrical double layer)可以取消矣。

总而言之,液体通透薄皮之现象,为物理及化学中之常见者。而细胞与体素之通透,尤为生理学中之重要问题,其情形颇为复杂。或在不同举例之中,由于同一因子之动作,或在同一举例之中,由于不同因子之共同动作。其原于筛漏之因子者,小者过而大者留,乃其最简单者。然普通溶媒皆为水,而多数物质溶解在水中时,皆可发生水化作用,而成带水之团体。此带水团体之中心,或为分子集合体,或为单独分子,或为游子。有一游子而带六七个水分子者,故其质量与体积之加大可知。此种体积之增加,减少其行动之速率,此已经试验证明者。同时亦必减少其通透性,而影响及于筛漏之动作也。又质量大而个数少者,其渗透压力小,故溶解物,若经水化而发生发电析或分子凝结之现象者,其溶媒之渗透,亦必减少也。

然就"凡溶解于 A 皆能通过 A"之理论而言,溶媒之通过薄皮,由于薄皮与溶媒发生溶解之作用。若溶媒为水,是即薄皮亦可少许溶解于水也。又如薄皮可以发生水化作用,而对于溶解物不发生化变者,则亦必容许水之通过,或亦即选择的微管吸力之原因也。

至于一边通透之薄皮,唯以特殊构造之理论解释之为最完善。且凡可以改变油类之乳状性质,或蛋白之明胶式的性质者,皆可销毁一边通透之特点,是亦其明证。若细胞之一部有此构造,则一部有一边通透之性质。若全部有此构造,则全部有一边通透之性质。若使水穿入其中,则必膨胀至抵外墙时方止。若一体素中之细胞,其漏斗式之构造,皆依同一方向而排列(如下图),则此体素必有一边通透之性质也。

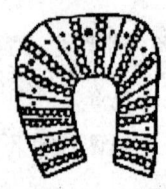

至于选择的通透,即选择的吸收,尤为生物界中常见而难经解释的问题。以前学子皆归功于生命力,自有蛋白盐类之非电析性,与东耐薄皮理论之产生,亦可略窥其底蕴矣。

由东耐理论而演绎所得之结果甚多。尚有未能应用于细胞或体素之通透性之解释者,然迟早必能奏效于此途,乃可断言者也。

大学的任务[1]

主席、各位先生、各位同学：

今天所拟的题目，是大学的任务。近几年来，政治紊乱，民生凋敝，加之以空前紧急的国难，各人的心里都闹得惶惶然没有主张，都有祸至无日的忧闷。在这个状态之下，倘若有人问大学应当占据怎样的地位，以及大学应当采取怎样的方针，他们的答案恐怕是"言人人殊"，不能趋于一致的。就现在一般已有的议论而言，已经有种种不同的意见了。有的说：大学应当提倡精神文明和物质文明的并重；有的说：大学应当专攻浅近的、切实的学术；有的说：大学应当注重训练，把学生都训练得整整齐齐；有的说：大学无用；有的说：大学是装饰品；有的说：大学只当办理工科；有的说：大学只当办法科和工科。这些议论，都是我亲自听过的述之于口的演讲，或亲自看过的笔之于书的文章。除此以外，或者也还有旁的议论，那就无从计算了。就大学的问题而言，我想他们的答案，都是对的。至少都是对的答案中之一部分，但是我并不是说：至少这些答案中之一部分都是对的。这两个说法，确是有大大的不同。

好几年以前，有人替大学做过秀才式的辩护的文章，说"大学笼括宇

---

[1] 本文为王星拱 1932 年 12 月 12 日在武汉大学总理纪念周上的演讲，刊于《国立武汉大学周刊》第 148，第 149 期。

宙,包含万有……此大学之所以为大也"。西文所谓 university 也有普遍和广博的意思。既是大,既是广博,它所包含的项数当然不止一样。一个人不能专吃蛋白或糖或脂肪……而维护他的生存;一个民族也不能专靠钱财或武力外交……而撑持它的命运。大学是为国家社会造就人才的。我们要使我们的国家成为一个健全、充实的国家,使我们的社会成为一个新时代的、为人类求共同进步的社会,我们必定要有可以担任这样使命的人才。要造就这样的人才,是不能只顾一项的。所以大学的任务,是很繁多的,但是概括起来,可以分作三方面来讲:

(一)在道德的方面,大学应当树立国民的表率

在上古的时候,士是一个特殊的阶级,往上去,衔接少数治人的卿大夫;往下去,衔接多数的治于人的庶人。所以他们的责任是很大的。所谓"士不可以不弘毅,士志于道,临危授命,见得思义,祭思敬,丧思哀,可以谓之士矣"……种种说法,都是注重士的道德和责任的意思。汉朝有太学博士的设置,我们现在还有旧书可读,都是汉儒的功劳(旧书的好或不好那是另外一个问题)。东汉的气节,也是他们培养起来的。宋朝有太学三舍,并且有一个时期,把它代替科举,以后又有四大书院的设立,于是有宋朝的理学,在中国学术界上另外开一个新局面,而在金元外患连续不断的时候,也还替中国支撑了一百四五十年。明朝注重太学的方法,更为特别,从一个普通的太学生,可以骤然变成很高的行政官吏。明末清初的士大夫,也替我们在历史上增加不少的光荣。换一个方向来看,巴黎大学之最初的起源,是由于一班人要特别研究论理学,去解决几种久悬不决的形而上学的问题。中古时期德国各大学,对于脱离罗马教皇的努力,解放经院逻辑的束缚,以及近代科学萌芽的培植,都做了很多的工作;而所谓欧洲的改造(reformation)即是由此而发生。十九、二十世纪之间德国科学的进展,以及其国家的强盛,多半由于柏林皇家大学和西部的莱茵大学的提介。英国属地布满全球,他们自信,并且大家都承

认,他们善于统治、精于组织的政治能力,是由于牛津剑桥的君子、绅士的,或经日耳曼的教育所造就出来的。凡是在文学上、艺术上、宗教上、政治上……改革的运动,往往都从大学里发生出来。就其概略而言,中国大学里所注重的道德,是趋于保守的一方面;欧洲大学里所注重的道德,是趋于进取的一方面。现在我们要成立合乎国情而又适应现代趋势的道德标准,这两种的精神都是需要的。这话似乎是不通之论,因为要保守就不能进取,要进取就无须于保守。但是我们所说的保守,是重在"立",所说的进取,是重在"行"。能立而不能行,是僵立;能行而不能立,是乱行。我们要能够立得住,能够行得通,这两方面的好处,是不可偏废的。这就是人格教育。这样的道德责任,是要大学学生来做国民的表率的。

(二)在知识的方面,大学应当探研高深的理论

这一层意思,恐怕有许多朋友不赞成。他们以为:中国在危亡紧迫的时期,我们还要谈什么空疏的理论。我想我们固然不能不讲应用,也不能天天在那里求切近的应用。这里边有三层意义。

(1)近代学术之最初的起源,本不是从应用方面发生的。希腊学术之所以发展成为古时代的学术之花,是因为它有非功利的精神。欧洲文艺复兴,也是为求正确的知识,不是为求切近的应用。纯粹理论的知识,是和艺术一样,不能用它的功利的价值来批评的。一张颜色生动的油画,不能当作饭吃;一首音韵铿锵的诗录(词),不能当作衣穿。纯粹的理论,也是如此。我们要知道甲项和乙项在一定的形式之下,有一定的函数关系,或者要知道以太是究竟有或没有,实在是和应用无关。它只是能够满足人类求知识的欲望,安慰人类"于复杂的现象之中要求和一的统系"的情感。但是,我们人类——下而至于一般生物不是仅此需要物质的供给就能够生活的。艺术方面的东西和纯粹理论的知识,都是"无用之用"。诸君不必奇怪,任凭哪一位极端讲究应用的人,他每天所做无

用的事情,还多得很呢!

(2)退一步讲,纵令人类的活动,都是以应用为目的,然而达到此项目的的方法,有直接的和间接的二者之不同。野蛮人的方法,多是直接的,文明人的方法,多是间接的。而且文明的程度愈高,则其所用的方法之间接性也愈远。换一句话说,活动的动机和应用的结果两项中间,有极大的差距离。譬如我们为着要解决吃饭的问题,于是我们去种田,这总算是切近的应用了——虽是不如渔人和猎者以捉住一只(条)鱼或一个野兽,当时就可以饱肚子那样的切近。但是,为要保障收获的安全,增加收获的分量,我们要研究地质学,去考察土壤是否适宜;我们要研究气象学,去测度天时如何变迁。因为要研究地质学,又要研究化学;因为要研究气象,又要研究天文。因为化学又牵涉物理,因为天文又牵涉到数学。而且为着"以羡补不足",又要研究农村经济;为着"贸迁有无",又要研究运输的便利;为着"各安其所有",又要研究法律。因为这些研究,又要牵涉到许多其他的地方。我们试看看,为着种田吃饭的问题,绕了这一个大圈子。这个大圈里所包含的东西,是和吃饭直接无关系的,然而又是和吃饭间接有关系的。或者也可以说:是和个人吃饭无关系的,然而又是和大家共同吃饭有关系的。倘若我们个个都种田,那饭又能吃成吗?又能吃得好吗?孟子在周末的时候,尚且不赞成许行的泛劳动主义,况且在现在分工组织极端发展的时代,我们哪能只讲直接应用呢?这样看来,理论之最后的目的还是应用。然而倘若我们天天只把直接应用的目标摆在眼前,反而不能得着圆满的应用的结果。这就是人类文明和野蛮人类的区别。

(3)还有一层,不但是理论之最后的目的是应用,而且理论和应用往往有错综的关系,随处都可以发现出来。在科学史上,有许多的研究,先是为应用去做的,但是后来成了理论方面的发明;又有许多的研究,先是完全在理论上进行的,但是以后收了最大的应用效果。波义耳研究气体在圆筒内之膨胀和收缩,原是想增加汽机的能率,然而因此而发明了热力学第二定律——科学中第一级的普遍的定律。德斐耳研究白金的接触作用,原是为工业制造而进行,然而因此而成立了热化学的基础。这是为应用而研究,而在理论方面得结果的。至于为理论而研究,而在应用方面得结果的,那更多不胜举。例如霍夫曼研究有机物质之构造,是理论的问题,而德国人造染料的工业,因此而发生。欧战以前,全世界所用的染料,都是从德国供给出来的。巴斯德在德国兵团攻巴黎的时候,还在一个楼上试验微霉(病毒),也是理论的知识。后来把微霉学应用到蚕病治疗上去,法国的丝业因此而改良发达,而收入大为增加。他们说:德国1870年战争的赔款,是巴斯德一个人偿还的。现在镭质和X光线的研究,也都是在理论方面的探求,在医学方面的虽有一点应用,但是还是很少。然而,谁能够用一种肯定的口吻去断定:将来世界上的最大问题——能源供给问题——不能由此而解决呢!

把以上所说的综合起来,第一,我们需要一种"为理论而理论"的知识;第二,理论之最后的目的是应用;第三,理论和应用有错综的关系。我们固然不能漠视应用,但我们也不能为应用而抛弃理论。这种理论方面的探求,是大学所应当去做的。所以大学不应当只在教学上做工夫,还得要在研究上去努力。

(三)在技能方面,大学应当研究推进社会进步的事业

这里把技能排列在第三层,绝对不是看不起技能的意思,也不过是依着习惯如此排列罢了。我们应当担负这个责任,也有三层理由:

(1)人类之所以能够首出庶物,文明人类之所以能够高出于野蛮人类,大部分的理由,就是因为他们有特殊的技能。动物住山洞,人类却要住房子。野蛮人类的跳舞场,烧着一大堆的木头,文明人类的跳舞场,却要点着光明灿烂的电灯。我们的脑袋,比动物的脑袋大得多,我们的手,比动物的"手"灵敏得多。我们要发展特殊的技能,是顺着自然的——即进化的——趋势而进行的。我们试用淡一层的眼光来观察生物界最普

遍的现象，就可以看得出这一层道理。一株植物，为什么要把无机物质的空气和土，变成有机物质的油和糖，又把这些有机物质，分化支配，成为花果干叶……种种不同的组织？它们为什么不把空气和土就做成花和叶？偏要经过许多麻烦的手续，曲折的历程？一个动物，为什么要把食料中的蛋白和小粉……用消化的方法，变成简单的含碳酸和简单的糖？又用循环的方法，将这些简单的物质，分配到各部机关？到了各部机关，又因各部机关的适用，构造成各种不同的、复杂的蛋白和小粉？它们为什么不用食料中的蛋白和小粉……直接供给各部机关，也偏要经过许多消长、往来、分合、盈虚的方法？这些形形色色的飞潜动植种种东西，到头来还是归宿到空气和土。"何造物之不惮其烦，以至于此！"但是，上帝已经规定了，世界上是要有生物的。换一句话说，世界上是要有有生命的东西。既要有有生命的东西，就得要有这种种的动作。动作不是维持生命的，动作就是生命的本身。生命即是动作，动作即是生命，这也是动的宇宙观之一种。

人类的社会，也是如此。我们为什么不茹毛饮血，而必须食精脍细？我们为什么不上巢下窟，而必须上栋下宇？再进一步说，我们为什么不学鸟兽的"毛毡绒毛"，而必夏葛而冬裘？我们为什么不学鸟兽的"拔胡掷尾"，而必定水乘舟而陆乘车？这衣食住行四项，都随人类的历史而逐渐变迁，近来物质文明发展，这四项的进步，当然比从前更大得多了。但是，这种种营养的东西，不是天空中可以落下来的，必须我们工作，然后可以直接地或间接地取得来，我们的工作也就是直接地或间接地有关的。把人类的工作弄得很精密，把人类的生活弄得很繁华，乃是人类进化的趋势，是自然的程序。社会的生命，是前进不已的。倘若没有工作，不但不能前进，而且没有生命之可言。我们所以不赞成黄老的清净、释家的寂灭，是因为清净寂灭，是反自然的趋势的。总而言之，人类若要有进步，若要有生命，就须得要有工作。但是，工作的方式，又随进步的程度而有不同。一个乡下人进了城，不知道电车怎么坐；一个非洲野人看见伦敦街上的水月灯,却疑心天空的月亮落了下来。让如此的人在如彼的环境里去工作,如何做得到呢?所以近代文明人类的工作,是要有特殊的技能的。

(2)自从文艺复兴之后,科学渐渐昌明了。自从工业革命之后,机器的应用也逐日加多了。于是我们物质的生活,固然感受了极大的变迁,进而至于社会上的、政治上的、教育上的种种制度,也都相随而变更原来的格式,以及人类的种种活动,都受这个变迁的影响。工人的罢工,不能发生在农业社会里边;以竞争市场为目的的大战争,不能发生在机器未发明的时代。这不是本人所能讲的,而且不在本篇的范围,姑且不去管它。现在所要概括说的:自科学发明而产生工业,自工业扩张而改变人类的生活状况,却是处处都有复杂化的趋向。换一句话说,近代的各种人类事业,都含有专门化的性质;要从事于这些专门化的事业,都需要特殊的技能。中国既不能闭关自守,那么,这些近代的事业,也不能不兴办起来。要兴办这些事业,就不能不造就有专门技能的人才。从来有人主张,大学应当只研究理论的知识,具体的办法,就是只设文理两科,至于具有专门技能的人才的造就,应当设专门学校去负这个责任。这样的制度,在欧美各国也有实行的,并且成效甚佳。但是在中国,恐怕不能得同样的结果。如果在大学里不能养成专门的技能,在经费较少、规模较小的专门学校里边,更不能养成专门的技能,所以这个责任,还是大学所应当负的。

(3)中国是个工业落后的国家,洋货充斥,利权外溢,这是大家共同痛惜的一件事。近来又闹得农村经济破产,老百姓更觉得穷困不堪了。目前当务之急的事情,自然是恢复农村经济,因为中国国民经济的基础,还是建筑在农村上面。倘若农村经济不能恢复,纵然工业方面能够制造,也没有人能够购买,还是无用的。但是,我们也须得注意:倘若我们能够购买,我们总要做到"不必一定要购买外国货"的地步。所以我们仍然不能不注重工业的发展。况且依现在的国难而言,中国之所以打不过日本,并不是我们的民气不如他们,老实说,就是因为我们的军械不如他们。军械是工业的副产品,世界上的海陆军强盛的国家,都是工业发展的国家。我们要发展工业,以及与工业相关联的各种事业,都必须要有具有专门技能的人才。因为在旁的地方这样的言论已经很多,这里无须多说了。

说到这里,也许有人要发生重大的感慨。他们说:我们尽管学习了专门的技能,但是社会上并不需要专门的技能,你岂不看看现在人浮于事的状态吗!所以有人主张:学校的教育,须得适应社会的需要。直截了当地说,就是:出了学校就可以吃饭的科目,我们就去教它、我们就去学它,这就是适应。生物的适应,固然是进化历程中的重大关键,然而适应的解释,也不是很简单的一件事。至于在人类社会之中,我们更不能无条件地讲适应。一个病态社会里所需要的东西,和一个健全社会里所需要的东西不同,所以要适应一个病态社会的条件,和适应一个健全的社会的条件不同。我们不能只管社会的需要是什么东西,我们应当改良社会,使社会需要它所应当需要的东西。专门的技能,是近代健全的社会所应当需要的。至于在目前状况之中,专门技能之不需要,乃是由于政治未入轨道、秩序不能安宁、工业未曾发展、经济陷于破产、强邻尽力侵略……种种特别的病态的情形而来的。如果我们在健全的状况之中,我们应该感受专门技能之缺乏,不应该恐惧专门技能之过剩。这里所谓专门技能,自然是指真实的、精到的专门技能而言的。如何能够使社会需要专门的技能,这不是仅仅在学校一方面所能解决得了的。但是,大学的任务之一,还在于要造就具有专门技能的人才。

总括起来,大学的任务:在道德方面,要树立国民的表率;在知识方面,要探求高深的理论;在技能方面,要研究推进社会进步的事业。它的应有的机能,固然是很繁多,但是它所包含的意义,并不是大而无当。

求学的态度[1]

主席、各位先生、各位同学：

今天所讲的题目，是求学的态度。但在未讲这个题目之前，另有几句紧要的话须得先说。

一个月以来热河的军事消息，是很吃紧的。最近又发生极不幸的事情。我们对于这件事情，不必骇异，不可恐惧，更不宜丧气和灰心。本来日本是强国，我们是弱国，而且日本用全国的精锐打我们未曾尽量防守的一隅，败是意中的事。但是我们总希望败也要败得迟一点，不要像现在的不战而溃，弃城而走。现在，热河虽是败了，然而我们不能因此而改变抗日的决心；我们仍然要抱持至死不变的精神，经过困苦艰难，去做抗日的工作。

从感情方面讲，一个人被人打了，自然要回手，被人骂了，自然要回口的，不管他的能力够不够。我们受日本人的欺侮，已经到了这样的田地，哪还有不拼命的道理？从历史上看来，我们也曾经做过御侮的工作。南北朝的时候，我们也还支撑着二百年。南宋的时候，我们也还抵抗着一百四五十年。英国和法国，曾经有百年的战争和七年的战争。欧洲大

---

[1] 本文为王星拱1933年3月6日在武汉大学总理纪念周上的演讲，原刊于《国立武汉大学周刊》第157期。

战,虽然因为工业经济种种近代情形,不许过于持久,然而也打了四五年。热河的战争,不过才是初期的接触,哪能因为一次的挫折,就屈服于日本人?况且,我们抵抗日本人,把自己比坏一点,就同叫花子和大少爷打架一般,叫花子撕破几件衣服,脸上抓了几条血痕,就算不得什么事,可是大少爷是要顾面子的。况且,日本也是一个外强中干的大少爷,它对于每日 200 万的战费,已经有支付不了的困难。所以我们把它拖得愈久,它愈不能支持。我们总不能把东三省和热河送给日本人,让他安安稳稳地进行再进一步的侵略。

从理智一方面讲,我没有政治外交专门的学识,不过是从有常识的国民的立足点来说明我们应当继续抵抗的理由。第一,日本人对于中国的侵略,固然是全国一致的主张,但是悍然不顾一切的态度,拿武力来强占,乃是日本军阀政府的政策,不是日本全国人民所赞同的。日本军阀政府,自然知道这种情形,于是他们对日本全国人民有一种宣传,说:"你们忍受痛苦三年,三年之后,我们有顶好的地方,让你们去发展各种能力。"他们不但是要占据东三省,而且还要在东三省建设施。倘若我们不能抵抗,那么,他们就能安安稳稳地去设施。于是,他们的商人去经商,投资的去投资,探矿的去探矿,种田的去种田。而且东三省是一个物产丰富、人口稀少的区域,而北满尤甚于南满。倘若让他们占据了,又经过一番的设施,利用东三省的物产——尤其是煤和铁,来发展他们的工业,来扩张他们的军备,于是日本军阀政府的势力,更加坚固。而且他们侵略的政策,更因之而变本加厉。到了那个时候,中国想要收复东三省,就不可能了,世界各国想要制裁日本,也就十分困难了。所以我们为要催促日本军国政府之倒塌,我们不能不继续抵抗。第二,国际联盟近来不承认"满洲国",设立谈判委员会,总算给予中国一个援助,因之我们得到一个相当的安慰。然而人贵自立,国亦宜然。譬如两造争执,当事人愿意屈服了,旁边的人如何替他打抱不平?所以我们为维持国际的同情,要求世界上公理和正义的援助,我们也不能不继续抵抗。第三,近几年来，国内发生了不少的内战。自"九一八"以后，内战虽然没有完全免除，但是确实比较少了。说句痛心的话，我们向来缺乏民族的自觉心，也许因为国难而改变国人内战的心理。倘若我们不继续抵抗，恐怕立刻又要发生内战。现在我们应当集合全国的聪明才智、精力财富，致力于同一的方向，经由有系统的步骤，才有效果之可言。古人说"无敌国外患者，国恒亡"，又说"多难兴邦"。我们希望这几句话可以做我们的针砭。所以为要免除内战，促进我们民族的自觉心，我们也不能不继续抵抗。所以热河虽然失败了，我们不能因此而灰心，我们应当因此而更加努力做抵抗的工作。

再说到求学的态度。求学是我们的本职，不可因为国难而抛弃的。学问的标准，从大处说来，不外乎博与深（深亦可说成精）。古今中外的大学问家，也不出乎这两类，而且一个时代或一个地方的学者，往往有同一的风气。六朝的时候，有个支道林，他说：北方的学者，渊综浩博，如广处观日；南方的学者，清通简要，如窗中窥月。前者是博，后者是深。这是好的方面。从坏的方面讲，有顾亭林的两句话，可以引证。他说：北方的学者，饱食终日，无所用心；南方的学者，群居终日，言不及义。博而无从下手，就成了无所用心；深而不能独到，于是舞弄小聪明，就成了言不及义。我们应当探取两方面的好处，避免两方面的坏处。这两种趋向，在近代科学界中，也可以看得出来。德国人喜欢著大部头的书，连篇累牍，无所不包，是趋向于博。英国人往往写小册子，用很漂亮的文字，把自己特殊的见解或发明写出来，是趋向于深的。但是这样的依地方而分类，当然都是概括的说法，并不是没有例外的。

依天然的程序而言，博应在先，深应在后。所以《论语》上先说博文，而后说约礼，《中庸》先说博学广问，而后说慎思明辨。博而不深，无所归属，深而不博，无所取材。我们在研究一种学问，或是读一本书的时候，都要遇到这两种标准，摆在我们面前。一种学问，有它的特殊的区域，然而又有与它相关的东西。一本书因为要成一个完备的单位，往往也有把不关重要(或者是不需记忆)的材料放在里面,我们不能从头至尾一个字都用心读下去。所以我们要把最重要的,次重要的,或者还有又不重要的,分别出来,以便分配我们努力用功的分量。我们在大学,虽是有四年之久,然而在头一年,既要补习高中之不足,后一年,又要补救出校后或者不能继续求学的缺陷,所以我们觉得功课很拥挤。这也是必然的情势。我们在这样的情势之中,要得最高的效率,不外乎三种方法:

第一,是熟能生巧。我们对于一项学问,如果到了纯熟的程度,于是在这项学问以内的问题,究竟能够成为问题,或者不成问题,以及与此问题有重要关系或无重要关系的材料,一到眼睛里,就可以辨别出来。但是我们在学校的时代,还不能够熟,怎能生得出巧来呢？所以这一层我们还不能完全做到。

第二,是师友的指导。关于一种功课,何处应当特别用功,先生可以算是识途的老马,可以告诉我们的。现在学校里正预备请先生于授课时间之外,有一定的时间,停住在学校里边,以便给予课外的指导,而且各学会,也可以多开讨论会。据个人的意思,这种会不必过于严重化,因为大学的功课都比较忙,哪有工夫去预备严重的讲。但是所谓不严重者,自然也不是随便谈天。我们须将个人自己的意见发表出来,再比较各人意见的异同,自然可以受到互相切磋的效果。大凡我们读一本书,须得循序渐进。所谓一目十行,或者过目不忘,那是有特别禀赋的,我们不能妄有希冀。第一遍是观察大致,陶渊明看书不求甚解,诸葛孔明读书略观大意,那是因为一个是为着会悟养生的玄理,一个是怕妨碍御国的大事,我们不可以引以为训,不过可以把这种方法做第一步的工作罢了。第二遍是详细探求,所有不懂的地方都得用苦功去弄懂,不能放松。第三遍是提要钩玄,融会贯通。一本书要这样读过三遍,才能算得是自己的书。但是这是个人自修的方法。我们在学校里读书,有教师的讲解,有课外的指导,又有朋友的讨论,可以节省工夫不少。

第三,是个人的判断。这自然有大部分是关于个人的天才。然而天才也是可以由练习培养而增长的。我们在普遍用功的时候,不要忘了特殊重要的地方。我们在专注一点的时候,也要时常想到相关的各部分。这样的长久练习下去,判断的能力自然可以增加。于是博而不至于无所归属,深而不至于无所取材。这并不是什么玄妙精巧的方法,如此做法,我们才可以得着较高的效能而已。

研究学术以求致力于国家社会[1]

各位先生、各位同学：

今日是一九三三年度本校举行开学典礼的日期。同时，我们又深切地记得昨日是"九一八"，是日本占据东三省的国难纪念日。我们的情绪，一方面是欢喜，一方面是悲愤。所以今天的典礼，是有庆祝开学和纪念国难两层意义。

先说本校本年度内推进校务的步骤。本年度进行的计划，是雪艇校长在上年度所预定的。从建筑的方面讲，图书馆工程即日地上兴工，工学院、法学院的建筑，亦定于本年度中开始。从设置院系的方面讲，本年度增设了机械工程学系，并且筹备农学院。机械是近代工业革命的来源，中国是工业后进的国家，而且在中部的地方，从来缺乏培植机械工程人才的学校。所以机械工程系的设置，是刻不容缓的，即机械工程系中之必需的设备，也是要尽力增购的。中国以农立国，现在又是农村经济破产的时期，我们应当在农业上力图救济的方法，所以我们筹办了农学院。还有一层，湖北棉花的出产，占全国棉花出产的2/3，近来外货的输入，亦以棉织物为大宗，其价值有时占50％，所以我们在农学院中又特别

---

[1] 本文为王星拱1933年9月19日在国立武汉大学开学典礼上的演讲，原刊于《国立武汉大学周刊》第175期，题目为编者拟加。

注重棉业改良的研究。

再说本校所应有的精神。兄弟觉得有三点应当注重。关于这三点,兄弟以前也曾经说过的,现在再为申述一番。

第一,须有切实耐劳苦的精神。古人有名言说:难字惟字典上有之。这是表现不畏难的精神,并不是说世上无难事。其实,凡是有重大意义和价值的事情,都是很难的。从国家方面讲,现在是一个民族竞争的时期,经验告诉我们:一个国家,如果不能自立,想人家不侵略,是做不到的。就令想要求他人的帮助,也须得自己有值得帮助的资格。再进一层说,即使到了大同世界之中,如果一个民族,不能担任它所应当担任的职责,也是可耻而且可危的事情。世界上的列强都已经有百十年的发展历史,我们是一个后进的国家,要想在短时期以内追上它们,非从各方面耐劳耐苦努力前进不可。况且,自从日本占据了东三省和热河,我们抵抗的志愿,不能算不坚强,然而到了现在,我们还没有收复疆土。我们为着要抵抗日本,消除空前的国难,更应当要埋头切实去做有步骤、有效果的工作。徒有志愿,是不行的;说而不做,也是不行的。尤其是在物质应用的方面,须得切实地求进步。凡此等等,自然都是很难的事情,但是我们不能因为难而就不去做。再从个人方面讲来,要成就一种学问,也不是一件容易的事情。古人所谓的囊萤、挂角、燃发、漂麦的故事,都是指示我们求学须得用功。大科学家达尔文、门捷列夫,也都是用过几十年的苦功。无论研求哪一种学问,决不是走马观花、浅尝辄止所能得到结果的。固然,研究学术,应当注重兴趣之引起,但是兄弟以为这不过是在研究开始的时候所必需的,以后应当经过一段艰难困苦的历程,到了学问有了成就以后,又有融会贯通的快乐。如果一种学问之获取是过于便宜的,则其价值必不高,而且享用也必不久。这一段艰难困苦的历程,是应当在大学四年之中经过的。所以我们读书,不能怕麻烦、不能怕艰难。如果遇着一点麻烦,就生了厌恶心,或是遇着一点艰难就生了畏葸心,那就不会有成就。我并不是说:我们必定要把有用的工夫,花费在无用的、琐碎或枯燥的问题上去,但是所谓效能、所谓经济,那是说求学的方法,不是说求学的精神。如果有不畏困难的精神,又有减少困难得方法,自然有更好的结果了。

第二,应当保持团体的目标。一个团体,必定有一个共同的目标。如果团体的目标不能维持,则团体的秩序自然不能遵守。我们最终的目标,是研究学术,以求致力于国家社会。要实现这个目标,不能不图谋学校这个团体之生存和发展,不能不有一定的秩序要共同遵守,以利进行。十年以前,我们注重思想自由,近来四五年,我们注重思想统一。不但中国是如此,世界各国都是如此。不注重自由,无以求进步;不注重统一,则事无结果。我们现在注重思想统一,但是我们在大学里边,对于思想自由,也应当有相当的维持。大概说来,各人的性情、见解、历史、环境,以及其所专治的学术乃至其思想,都是不同的。"比不同而同之",在事实上固然是困难,在理论上也未必是合理。所以,我们必定并且应当有不同的地方。然而我们必须注意:这个不同,不能危害到学校团体的生存和发展。如果危害到这一层,那么,我们原有的目标——研究学术以求致力于国家社会——就无从实现了。所以我们对于于学校有利益的事情,都应当鼓励和帮助,对于于学校有妨碍的事情,都应当禁止。

第三,综核名实,以保存固有的声誉。本校自雪艇校长经营数年以来,已经有很好的声誉。声誉是可爱的,但是同时又是可怕的。如果名实不符,乃是一件可耻的事情。因为声誉好了,于是惰废下去,使固有的声誉无以为继,更是可耻的事情。我们听见人家说好,也应当自省。我们的学校,应当求进步求充实的地方还是很多,不可因为有了好声誉便决然自足了。况且在京沪北平各处,大学甚多,在中部的地方,大学甚少,其为国立者,只有武大一所。所以我们对于在中部地区文化之阐扬,各种应用问题之解决以及工商业之发展,都负有极重大的责任。我们应当综核名实,使之充实光辉,名实相符,不至有声闻过情的耻辱,不至于有名誉低落的危险,这是我们所应当注意的。

此外还有关于训育的一个办法,也在此处报告。

本来大学的目的有两层:(1)知识提高;(2)人格培养。各国大学,对于这两个方面之注意,有轻重之不同。武汉大学对于这两点是并重的,这是雪艇校长从前已经说过的。上学期校务会议曾经议决:新生的训育,由教员分别担任指导(每位教员担任指导十人或二十人)。大纲已经拟就,不日即将讨论详细办法,以便执行。

总之,在今日艰难困苦状况之下,我们想图谋民族之复兴,想成就个人的高深学问,都须得于艰苦卓绝中求之。现在要研究学问,不是住在家里可以做得到的,必须要住学校,所以我们要维护学校。我们又应当保存而且发扬固有的声誉,舍实以徇名,固然是不好的行为;但是核实以符名,乃是我们所应当奉守的圭臬。这就是兄弟在庆祝开学和纪念国难的时候,所贡献的几句互相警惕之词。

科学化运动的使命[1]

谁都知道,中国的科学实在是太不发达。谁都知道,现在非努力发达科学,不足以挽救中国的危亡。但是,中国的科学为什么这样不发达呢?我们必须要明了过去所以不能发达的原因,才能决定今后努力发达的途径。据我个人的观察,中国科学的不能发达,是由于下面的原因:(1)一般人都缺乏对于科学的同情心;(2)缺乏发达科学的合作方法。现在就来分别说明这两点。

怎样说是缺乏同情心呢?就是因为一般人虽都有中国科学落后和应当发达科学的感觉,但是大家对于科学的重要性、对于发达科学可以挽救危亡复兴民族的实在性,都还没有彻底的明了和十分的确信,所以大家对于实际的科学事业,并不十分关心,就是对于应用科学,也不知道怎样地去爱惜。现在就举一个实在的例子来说吧!记得有一个外国朋友,曾经告诉我说:中国的工人,有一点和外国的工人大不相同,就是在外国工厂中,管理机器的工人,对于他们管理的机器,都非常知道爱惜,而中国管理机器的工人,就都没有爱惜机器的精神;再如外国的汽车夫,都知道爱惜他的汽车,无论在驾驶或者是停放的时候,他都知道小心保

---

[1] 本文为王星拱1934年5月26日在中国科学化运动协会武汉分会成立大会上的演说,刊于该年《中兴周刊》第46期。

护他的车子，他决不肯随便同人家竞赛抢先，博得一时的快意，而使得他的车子受损害，再至于一切使用机器的工人，都能把机器当作他们的生命；而中国的汽车夫和一切使用机器的工人，都不能这样重视他们的汽车和机器。由这一点上，我们就可以看出我们的国人，现在确实还没有十分认清科学的重要和伟大，所以大家对于有关日常生活的应用科学，都是如此漠视，这就是使得中国科学不能发达的第一个原因。固然，在科学先进的国家，这种爱护机械、仪器的精神，因为科学教育的普及，已经成了民族遗传的性质；现在我们要来发达科学，也必须首先就要使一般国人，都能认清科学的伟大和重要，因而建立起大家对于科学的同情心，大家都来热心并尽力促进科学的发达。

怎样说是缺乏合作的方法呢？这就是说发达科学要有系统的计划；尤其是在科学落后的中国，要想加快速力，寻求捷径，来迎头赶上一般先进的国家，更是要看清路线、明了系统，才能在最近期内，求得最快的发展。所谓系统的意思，就是要分别科学的性质，由社会各部门，分别量力担任，来促进共同的发展。例如应用科学，可以分为基本的和附属的，凡属带有基本性质的科学事业，都应由政府负责举办，凡属附属性质的科学事业，都可让给一般社会去举办。只有这样的分头进行，才能避免舍本逐末、轻重倒置的错误，而促进普遍的发展。不然，政府就是不避麻烦地能在附属性质的科学事业上，尽了许多零碎的努力，结果也一定不能八面玲珑地全盘顾到；而许多社会力量可以举办的附属事业，倒会因为基本事业的缺乏而不能进行了。现在再拿一个实在的例子来说吧！去年军政部咨请教育部向各大学发了一个训令，要各大学研究一种染制军服的染料，条件一是保护色，二是国产，三是耐久，四是价廉。这从一般学习自然科学的人们看来，这些问题，是用不着研究的，这并不是现在一般研究自然科学的学者，没有这样大的能力，而实在是因为现在的环境，不能符合这些要求的条件。据我们所知道的，中国有两种天然的黄色染料，但是颜色都不十分合适，产量也很稀少，自然价钱也就不会太廉了；

至于人造染料,一定要有煤气工业和硫酸工业做基础,而这两种工业,中国都不发达,所以结果是没有办法。再至于枪炮的制造,也有许多借助于其他专门工业的地方,如就中国现有兵工厂的规模而论,有的兵工厂是能够制造迫击炮的,但是炮上的望远镜,自己做不出来,所以只好仰给于外国,这在战时是如何的危险! 由这一点看来,我们现在要发达科学,一定要看清路线,明了系统。首先运用政府的力量,来完成几件最基本的和最重要的科学事业,供给一般社会以举办附属事业的基础,只有分工合作,大家才能走向一个共同的目标;不然,尽管是有发达科学的愿望、决心,以及零碎的努力,结果也是不会有圆满的成就的。

总之,中国科学的不发达,是由于大家都缺乏对于科学的同情心和缺乏合作的方法。现在要想发达科学,一定先要唤起一般人对于科学的同情,并要定出有系统、有步骤的合作方法。中国科学化运动协会的使命,就是要一面努力宣传,一面努力研究,来完成这两个伟大的任务。

理论和应用、教学和研究并重①

各位先生、各位同学：

今天是武汉大学举行一九三四年度开学典礼的一天，同时又是纪念"九一八"的国难。自从"九一八"事件发生，现在已经三年了。不但东四省恢复无期，而且华北还在危险状况之下。国际联盟非常任理事的资格，也不能取得，足见世界列强都漠视我们中国。长江流域又受着八十年来未有的旱灾，哀鸿遍野，民不聊生。我们在这样的环境之下，应当有下述两项警惕：(1)一个国家，是不可以侥幸而图存的。假使我们在经济、学术、军事各方面，没有自立的力量，不但仇国要侵略我们，即使与国也不能——甚至于不愿意——帮助我们。(2)我们国家的元气，也经受了重大的损伤，我们不能再有消极的破坏，必须有积极的建设。现在不是我们优游容与过舒服日子的时候，我们应当以艰苦卓绝的精神，致力于救亡的工作。具体的办法，就是积极地建设。建设成功，然后有充实的力量，有充实的力量，然后可以救亡。学校就是造就建设人才的，这种方法，虽是较缓的，但是是有效的。

其次，说到武汉大学的本身。我们检查我们的工作，同时参考外面

---

① 本文为王星拱 1934 年 9 月 19 日在武汉大学 1934 年度开学典礼的演讲，原刊于《国立武汉大学周刊》第 209 期，题目为编者拟加。

的舆论,有几处应当注意的地方。有赞扬我们的,说:武大是后起之秀,又说:武大是已经上轨道的学校,以后进步就快了。这是自雪艇先生主持以来的计划经营,各位先生的努力工作,各位同学的用功读书,所收来的效果。我们仍须继续策励,不要使"后起之秀"成了一个"大未必佳",不要使一个上了轨道的火车,再演出出轨的紊乱和危险。

还有其他的批评,可以供我们的参考,或者是经过我们自己的考虑,认为是应当注意的。

有人说:"武大只管外观的建筑,不管内容的设备,我们只看见他们天天做房子。"这是不正确的观察。我们自创始到现在,从没有轻视过设备。所以我们有一个委员会,叫做建筑设备委员会,并不是单独的建筑委员会。所以我们的图书仪器,也已经准备到相当的程度。不过在过去几年之中,我们实在是侧重建筑。这本是本校创设伊始原定的计划。我们认定了没有适宜的建筑,不能符合于一个近代大学的需要。但是现在逐渐地趋重于设备了。我们可以说:过去是侧重建筑的时期,现在是建筑设备并重的时期,将来是侧重设备的时期。

又有人说:武大整肃的纪律有余,发扬的精神不足。教育部上次派来的观察,也有这样的批评,希望我们于百尺竿头更进一步。即如我们同学里面,也有人以为武大的生活太沉闷了,说得厉害一点,是太尢生气了。但是这种情形,也有它的历史的根据。在几年以前,我们认定了就时与地二者而言,要使武大称为一个造就有实用人才的学校,无论是抵抗国外的敌人,或是拯救国内的民众,都非从切实工作的方面做起不可。整肃纪律,就是切实工作的一个条件。进一层说,凡是一个团体,近而至于学校,远而至于国家,都必须有纪律以规范其行动,才可以收到更高的效率。但是前进的精神,也是我们必须注重的。倘若精神萎靡,事业做不成,学问也求不得。所以我们既要有英发的精神,同时又要有整齐的步伐。

还有一层,使我们所应当注意的。理论和实验或应用,原是并重的。

与这个问题有关系的道理，我们在别的时候已经说过。现在我们可以概括地说：依大学的标准而言，我们不能漠视高深的理论；换一句话说：我们不能把一个大学，变成一个职业学校，或是一个专门学校。但是现在是急迫需要应用的时期，我希望实科方面的同学，更加努力于实验的工作，把工厂、农场、实验室，当做我们的"甜家"，天天拿实验室来解决切近应用的问题。这也是我们应当注重的趋向。

武大自从开办以来，历史还不长久，在这几年中，我们专在教学方面做工夫。但是大学的任务，不仅仅在灌输已有的知识，还要在知识的世界增加未曾发现的材料，所以教学和研究并重。武大的历史，已经有几年了，现在应当采取二者并重的政策了。近来又奉到教育部颁来设置研究院的训令。所以在本年度内，我们要增设研究员。用节省、切实的方法，渐渐地把研究院的规模树立起来。这也是本年度要做的事情。

最后，还有应当注意的一点。各国大学制度不同，有的侧重于知识之创造和连续，有的还要并重人格的培养。我们的学校是采取第二原则的。不但是教室、实验室里，要有一定的秩序，即在平素的时候，也要养成良好的学风。雪艇先生从前在这里曾经详细说过，现在我们还应当特别地注意。

总括一句说：现在是困苦艰难的时候，我们应当用艰卓奋发的精神，造就成为建设人才，来担任救亡和进步的工作。

读书的兴趣[1]

今天预备讲的题目,是《读书的兴趣》,这个题目可以分作几个方面来讲。

第一,从伦理学方面,也就是从哲学方面讲。骤然听来,哲学似乎是一种非常专门的学问,其实日常事物之中,也含有哲学的真理。在哲学中有所谓"宇宙论",意见分为两派:一个是机械论,说是宇宙间的活动好像是机械式的自然活动,例如水到沸点就自然地沸腾起来;一个是目的论,说是宇宙间的活动是各有一定的目的的,例如演讲的人是为了宣传他的学说而演讲,听讲的人是为了获得知识而听讲。普通说来,无机体的活动多是机械的,有机体——尤其是高等动物,像人类的活动多是有目的的;但是研究哲学的人,往往要把他的理论变成普遍化。本来,普遍是哲学理论之重要的性质,不普遍就不成其为哲学理论了。主张机械论的人,不仅说无机物的活动是机械的,就是有机体的活动也认为是机械的,例如说人类之所以从事劳动,就是受着饥饿的驱使;主张目的论的人也不仅说有机体的活动是有目的的,就是无机体的活动也认为是有目的的,例如说"水流湿,火就燥",这个"流"和"就"也都是有目的的。哲学中

---

[1] 本文为王星拱1935年1月7日在湖北省立一中的演讲,原刊于该年《中兴周刊》第77期。

间有了这样的两大派,反映到人生哲学——即伦理学——也有两大派:一是克欲派(stoics),一是乐天派(epicureans)。克欲派主张刻苦,乐天派主张任意享受;克欲派是悲观的,乐天派是乐观的。两派的中心主张,都是要勉人为善,不过彼此的看法不同:克欲派以为要人能为善,除非尽量抑制恶念,把作善当做做人的义务;乐天派以为要人能为善,只需令人对善事发生兴趣。从我们看来,义务是压迫,兴趣是诱导,诱导人为善比起压迫人为善来,当然是容易收效得多。中国古代的大学问家,对人生哲学也有很多的讨论和主张,现在举法、儒二家来做个例子。法家主张拿法来制裁坏人,使人不敢向坏,这同克欲派主张把义务来压迫人为善的说法有点相像。儒家主张引人向善以"止于至善",和乐天派的兴趣说也有点相同。再就儒家详细分析起来也有两派不同。孟子主性善,荀子主性恶。因为把人性看作恶的,所以要先之以礼,后之以法,故荀子之流裔亦成为法家。因为根本把人性看做善的,所以只要下点引导的工夫来发展个性就够了,正统派儒家的说法大都是这样的。因此,主张性恶的认为,要人为善就只有克欲;主张性善的认为,要人为善就只要引导。但有时也发生困难,例如遇着需要重大牺牲的时候,主张性恶的倒有说法,主张性善的就无法解释了。不过,关于这一点,主张性善的也有一种见解,就是认为牺牲生命或金钱,虽然是种痛苦,但是因此可以得着的精神安慰,也可以叫人乐于忍受这种痛苦的。如果能引导人看重精神,看轻物质,一个人也可以忍受物质的痛苦去换得精神的快乐。这种说法,有人说是功利派,其实从浅的方面讲,计较目前的衣食问题,固然是讲功利,再从深的方面讲,佛家的"涅槃"、道家的"升天"、儒家的"成仁取义",又何尝不是功利呢?比较起来,人生须注重兴趣才有意义可言,拿兴趣来诱人为善,也易于受人欢迎;因为"好逸恶劳,人之恒情",古人能因势利导,"故民之从之也轻"。因此从哲学方面讲,我们读书是应该注重兴趣。

第二,再从教育学方面讲。我们首先就问为什么要教育?教育的目的是什么?一般说来,教育的目的,大概是不外三点:(1)培养德性——

德育；(2)增长知识——智育；(3)强健体格——体育。其次再说到教育的方法，大体上旧式的方法是注重灌注，新式的方法是注重启迪。私塾教书的先生大都是沿袭旧式，每天照例教学生几页书，强迫地要他读、要他背，不管他懂不懂，在这种方式下读书的学生，也就只有埋头晴习。从上面哲学说法看来，这种方式就相当于克欲派的主张，因为它是要学生把读书认为一种义务的压迫。至于现在一般学校教师所采用的新方式——启迪，就相当于乐天派的主张，因为它的着重点是在如何引起学生学习的兴趣，使学生能够跟着先生走。这两个方式是哪一个好呢？我想不待讨论，大家都一定赞成新式的启迪。现在，且就心理现象方面来略加说明。心理现象本来是整个的、不可分的，但普通也可以把它分做三个范围，即(1)知识；(2)情感；(3)意志。就增加知识方面讲，灌注式的方法是注重意志，要学生立下坚定的志愿，不顾一切地埋头努力，所谓"只要工夫深，铁杵磨成针"，就是勉人立志的话。启迪式的方法是注重情感，要学生感觉读书的乐趣，自动地、愿意地朝前努力。简言之，前者是讲学生以义务，后者是诱学生以兴趣。比较起来，注重情感的启迪当然是要比注重意志的灌注容易收效得多。再就培养德性方面讲，也是如此。采用灌注式来迫人为善，也不如采用启迪式来引人向上。中国从前有位大学者王阳明先生就是这样主张的。他认为每个人都有他的"良知"，只要能够"致良知"，就能够成为一个好人。这里我想起了一个故事。又一次，王先生在江西打仗的时候，捉着了几个强盗，这些强盗都知道王先生是讲"良知"学说的，于是他们就向着他说："王先生的'良知'说是不充分的，因为如果我们要有'良知'的话，我们何至做强盗呢？"王先生听了，说："你们现在愿意照着我的话去做事么？"强盗们都答应了。于是王先生就叫他们把衣服脱下来，脱一件又要他们脱一件，最后只剩下一条裤子的时候，王先生还在要他们脱，他们再不肯脱了。王先生说："有了！这就是你们的'良知'。"由此可见，人人都有为善的意念，只要能把这点意念扩而充之，那就凡善皆可为了。例如好名的心理，人人都是有的,利用好名的心理也可以引人为善,学校采用比赛等方法,就可以提高学生努力的情绪;比赛同斗争不同,斗争是要打倒人家,比赛则主要鼓励自己。所谓"射而不中,不怨胜己者,返求诸己而已矣"。最后就强健身体的体育方面讲,也应该拿兴趣来提倡体育。本来体育的目的是有二:一个强健身体,一个是从体育活动中间去找乐趣。从前只注重第一目的,现在是注重到了第二目的。因为拿强健身体的说法去教人学习体育,不如拿体育活动的乐趣来诱人学习体育来得容易。总之,站在教育学方面,为了完成教育的目的——培养德性,增加知识和健全体格,教学方法是应该着重引起学生向善、用功乃至运动的兴趣。

第三,再就学习功课的具体问题来讲。无论学习任何课程,都可以把上面所说的学理拿来应用。但是,事实上也并不是如此的简单;有价值的学问,不是可以完全从追求浅薄的兴趣的途径得来的。如果学校真的完全不采用灌注式,对学生不加强迫,学生就可以借口于先生,不能引起兴趣而废弃学业了。先生固然当注重引起学生的兴趣,而学生则仍当准备刻苦用功。用功之后,自然有兴趣发生出来。一个人在开始学习某种学科的时候,往往是可以因为好奇心的吸引而感觉到高兴,但在学习过程中,一定不免要遇着艰深困苦的问题,要能有毅力把这一个难关渡过了,才能真的领得读书的乐趣。所谓"知之者不如好之者,好之者不如乐之者"。"乐"当然是一个最高的境界,但是先要"知"才能"好",先要"好"才能谈得上"乐"。因此,"知"又是一个最初必经的阶段。要能乐,必先知,要能知,又必须要用苦功;如果一遇着困难的问题,便马上息惰起来,不肯努力吃苦,那便一辈子不会"知",也更一辈子不会"乐"了。因此,在求知的这一个最初阶段中,强迫的用功也是必要的。学国文是如此,学英文也是如此,学算学,学理化以至学任何一门学科也都是如此,都是先要努力用苦功来解决艰深的问题,然后才能求得读书的乐趣。求得了读书的乐趣,才能更加去努力以至于完成专门的研究。这是我们每个同学对求学应有的态度。

最后,我还要贡献一点意见,那就是我们凡做一件事,如果先预备着吃苦,结果一定是乐多苦少,如果把事情看得太容易,一定是失望大而痛苦多。因为就心理方面讲来,所谓苦乐,就是希望的失败与满足。把事情看得太容易,当然是容易遇着失败;自己预备着吃苦,当然是容易得着满足,而且经过困苦以后所得着的快乐,那才是真快乐。在学生时代,我们无论学习什么学科,都先要把困难和吃苦当做意料中事。这样,遇着了困难也不觉得是痛苦;经过了困难,那就是真快乐了。俗语所谓"不经困苦,没有快乐",又所谓"苦尽甘来",都有它颠扑不破的真理,希望大家能过细地玩味!

论武汉应为中国工商业中心[①]

武汉是中国本部地理上的中心,工商业是立国的重要根本之一部分。就地点的中心,建设国家一部分的重要根本,问题何等重大,头绪何等纷繁,自非短篇文字所能讨论得完的,也不是一个人的精力所能考虑得周到的。这里所说的,不过是概括的理由而已。

但是,或者有人说:现在洪水为灾,黄河和长江流域,都受了极大的痛苦。怀山襄陵,荡析离居,庐舍漂没,饿殍载途。偃师、鄄城、宜昌、天门……处,淹死的人民有几十万。冲毁的田地不下几千万亩。我们现在惟救死之不暇,哪能谈到那些工商业不急之务呢!

或者又有人说:我们现在所需要的,是强大的军力,充实的军备。去抵御强邻,也谈不到什么利用厚生收效迂缓的工商业。

不但如此,或者还有人说:中国以农立国,百分之八十五是农民。现在农村破产,民不聊生,我们紧急的工作,是恢复农村。我们要使全国的人民,都回到乡下去安安稳稳规规矩矩的种田,增加生产,减少消耗,自然可以恢复元气。那工商各业,本不是我国之所擅长,即如工商各业发展的国家里面所有各种社会制度政治系统,以至于生活状况,甚至于伦

---

① 本文原刊于1935年8月9日天津《庸报》,上海银行周报社1935年9月24日发行的《银行周报》第19卷第37期作为专载刊发。后又有汉口市商会《汉口商业月刊》第2卷第8期(1935年8月10日出版)选载。

理思想,也都和我们农业国家不相符合。舍我之所长而求人之所长,不会有好的结果,我们还不如努力于国有的农业罢。

以上三种说法,并不是假定的,是我亲自听见有些朋友们说过的。我也承认这些说法,是有一方面的理由。但是临时困难,虽然是应当竭力去应付,而永久的基础,也绝没有可以轻忽过去的道理,如果我们能够把永久的基础树立起来,将来自然不会有临时的困难发生,纵令发生,也必定是比较易于解除的。

第一,本年的水灾,在未成灾的地方,自然是要竭全副力量去免除,在已成灾的地方,也必定要有切实的救济,那是不成问题的,然而"平素不烧香,急则抱佛脚",是我们的最普通而最有害的毛病,"曲突徙薪无恩泽,焦头烂额为上客"也是尽人皆知,但是尽人皆不注意的成语。"皇天无亲",水灾是各国都有的,然而防范水灾的能力,却是和一个国家的物质建设的程度为比例。美国米西悉河流域,是向来洪水汛滥的地方,然而经过建筑蓄水库及堤坝之后,却成了万顷良田。荷兰国的大部分,都比海面低,然而因为海堤坚固,人民都能安处无虞。即如埃及的尼罗河,印度的恒河,也都是历史上著名的水患极大的地方,然而自英国人统属之后,代为整理,或建水闸,或修河渠,埃及成为沃壤,印度的水灾也逐渐减少了。即如今年春季,日本和北美也有严重的霪雨,然而却未成为像中国这样可怕的水灾。我们要知道,英、美、荷兰、日本都是商工业发展的国家,平时的修治,临时的补救,因为材料充足,技术优良,种种原故,都能够有高率的效能。例如地面高下之测量,雨量之统计,沉淀率之考订,河流之疏浚,堤埂之建筑,都需要专门的知识,全部的计划,有系统的执行,才可以从切实的张本,做适合的工作。至于平时修治和临时补救两种工作如何支配,这自然还有须要详加考察的地方,本文姑不具论。

第二,近人估计一国之军力,不在兵数之多寡,而在工业之兴衰。因为各种犀利的军械,只有工业发展的国家可以制造得来。而且,在工商发展的国家,增加军械之设备,虽是增加政府的预算,并不完全增加国民的担负,因为各种军械,例如枪炮、飞机、军舰、火药都在本国工厂里制造,这种用费,还是取之于民,用之于民。不像工业不发展的国家,平时所有购置军火的用费,都是利权外溢的漏卮;一到了紧急的时候,若是敌人把海口封锁起来,又因为中立国不能供给军火的限制,虽欲购买于外国,且不可得。所以亚比西尼亚想同意大利开战,而有无处购买军火的困难。倘若工业发展,任何工厂都可以变成兵工厂。所以德国虽受了欧战之打击,现在还是易于恢复起来。这都是有明白的前例,可供我们借鉴的。我们如果不是甘于灭亡,而求有自卫的能力,非从工商业下手不可。

第三,恢复农村,当然是重要的事情,然而各种事业,往往是相依而行的,恢复农村,也得——并且必定要——他种事业之帮助。我们试分析恢复农村的条件,一要农夫能够种田,二要种田能够收获,三要收获后能卖得出钱来。要使农夫能够种田,必须安定秩序。要使种田能够收获,必须防除水旱各种灾害。要使收获后能够卖钱,必须输运便利,而又须有各以农产品为原料的事业去吸收去周转。然后集中于海口大埠的金钱,才能分散到农民的钱包里去,然后农民生活才可以充实,而不至于影响于治安。以上种种方策,除安定秩序一层,是需要政治的力量直接去担任外,其余都是有待于工商业之振兴。防除水旱,需要掘井、凿渠、筑堤、修闸。这都是工程方面的事情。便利运输,需要建筑铁道、扩修航路,这也是工程方面的事情。至于吸收农品,更要各种工业的发展:我们自己有了碾米厂、面粉厂、稻麦才有出路,我们自己有了油漆、肥皂、罐头、食物等厂,大豆、桐油、牲畜食品才有出路。况且,我国农夫生活,虽然简单,然而也绝不是吃了自己所种的粮食,就能满足的,他们也需用各种工业品来撑持他们的生活。现在是万国交通时代,倘若我们自己没有本国制造的工业品供给他们,他们自然要使用比较便宜的,外国输入的工业品,于是成为我国一个最大的漏卮。所以从各方面说来,我们为恢复农村,也必须要发展工商业。

以上一大篇的话，都是只说中国应当注重工商业的理由，还是和武汉无关。下面再说为什么武汉应当做工商之中心，换言之，为什么这个中心一定要选在武汉？

　　自欧力东渐之后，外国人的势力，是从海口打进来的。于是有些海口商埠，就成了中国的大都市。这些大都市，都是由外国人经营而成的。都不是中国人管理的地方。既是由外国人经营起来的，当然只顾到外国人的利益。他们重要的利益，是在销售他们的工业品，吸收中国的金钱。他们有时因为原料不足，也要售买中国的生货。但是就我国立场而论，卖生货而买熟货，是一件极不合算的事情，况且近来，我国生货的售出，也逐渐减少了。他们为便利在中国销售工业品，吸收中国金钱的原故，他们又在这些大商埠上，设置银行和各种销售的公司，再进一层，他们还要享受治外法权，于是在这些海口大商埠上所有经济的以及政治的主权，都操之于外国人之手。因为海口和内地脉息相通，于是国内的经济权，也都受外国人的支配。

　　因为这些海口商埠，是欧力东渐以后新式文明的出发点，——应当说是输入点，所以各种新式事业，除政府自行举办者外，都从这些海口商埠发生。报馆是这些地方创始，学校也从这些地方开端，不但过去如此，就是到了现在，报馆学校，还是以这些地方为多。至于工商各业，更自然不是例外。中国本来是产业落后的国家，工商业已经是有限了。然就此有限的工商业而言，又是集中于这些海口商埠。前面已经说过，这些商埠，是外国人经营起来的。当然要受外国人势力的支配——这种支配力，一半是有意的，一半是自然的。于是所有的工业，或者是为外人所创办；或者因为借债的关系，受外人的监督；或者是消纳外国半成熟的制造品，而装制起来，算做自己的出品，例如火柴及化妆品电料；或者是拾掇外人之唾余，而成就为小本工业，例如橡皮、五金、手工，在商业方面，大部分是运进外国的成品，小部分是售出中国的原料。至于中国著名的茶丝瓷器向来是出口大宗或贵重物品，近来因为他们的工业改良进步，外国丝反来成了人口大宗,瓷器入口也不少,我们的茶业,也逐日衰落。总之,这些海口商埠,其主要的目标在外货之输入,附属的目标在原料之输出,我们在这个中外贸易对流之中,有时也可以从事于一小部分零碎工业之进行。然而,这些工业并不能制造销售外国商场的物品(除广东有少数工业品销南洋群岛者外)。只能接受外国制造一半成熟的物品,转加制造,而销售于中国商场。固然,也有少数商人或企业家,因此而致富的,然而究竟是无补于整个民族的国计民生。同时,多数的热心工商业的人们,因为没有本国实力的保护,或是不能开办,或是开办而终归于倒塌。

那更是外国的城市了。

我们如果想复兴,必须能够自立。如果想自立,必须我们自己能够有营养自己、保卫自己的力量。如果想具有这样的力量,必须振兴工商业,如能想振兴工商业,必须具有以中国利益为本位的工商业之中心,合乎这个条件的城市,莫过于武汉。武汉在地理上,是中国内部的中心,在交通上,先说铁路,北有已成的平汉,南有将成的粤汉,西有将成的川汉;而且这些铁路,还是可以继续不断地推广;次说航路,有干路的扬子江,又可以分达汉水,川省各江,湘沅各江,以及赣省各水道。就出产言,中国腹部各省,为农矿原料比较丰富之区;就销路言,可以由汉口而直达于内地各省,而且在交通发达之后,各处原料之吸收,和各处商品之销售,都可以集中会齐于武汉。我们在这里,应当有中国人自主的银行团,把他们贩卖公债买地皮的钱,投资于各种工业。我们在这里应当有自己主办的基本工业,来做各种相随而起的工业的领袖相提携。譬之如人身,武汉就是输送血液供给营养的心脏;譬之如天体,武汉就是发生吸力维系行星的太阳。这样做上去,我们才可以自主,才可以独立,我们才可脱除次殖民地的地位,我们才可以复兴。

但是,也许有人说:这是闭关思想,甚至于说:这是封建思想,我们就把海口商埠来做中国工商业之中心,有何不可。日本的大阪,美国的纽约，英国的伦敦，德国的汉堡，不都是在海口上做成工商业的大城市吗？我想：这些城市和中国上海等城市大不相同。第一，外国海口城市，是他们自主经营的，中国海口城市，是外人主使经营的。这是前面已经说过的理由。第二，上述各国，都是海军强盛的国家，领土之外，还有领海，领海之外，还有海上霸权，若是把海面和陆地同等看待，他们这些省市，并不是在垂尽的边疆，而仍是在中心的腹部。我们现在何能谈到领海，更何能谈到海上霸权。第三，他们是工商业已经发展的国家，他们需要占据国外的商场，不但是要在国内销售他们的工业品。我们的地位不同，我们只要自己能够供给自己，并没有攫取世界商场的野心。所以这两方面不同的情形，是不可以相提并论的。

　　总括起来，我们如果要在这个地球上面成立一个独立的国家，必须能有自给的力量。如果要能够自给，不能不致力于工商业。如果要致力于工商业，必须要以本国利益为本位的工商业之中心。这个中心，只有武汉是一个最合格的被选。但是要成立这样的一个中心，自然也不是一件便宜的事情。仅此靠着社会上各个分子依据自由进化的程序去发展，是不能收效的，至少也是在时间方面，苦于赶不上来的。必须我们的政府有整个的计划和迈步的进行。我再说一句，整个的计划和迈步的进行。

大学之使命①

今天承王先生之邀,鄙人来广播电台讲演,所指定的题目,为《大学之使命》。鄙人没有预备,深恐无以餍远道听众诸君之望。本题目的内容,分为道德和经济两方面,凡人类的活动,本来不出乎这两个区域之范围。大学是主持高等教育的机关,教育和政治一样,也是以维持人类生存和培植人类上进为最终目的,不过政治是实现,教育是准备,其阶段不同而已。

近来蒋委员长提倡新生活运动之后,又提倡国民经济运动,指示我们在道德、经济两方面同时并进的趋向。新生活运动,注重礼义廉耻,是道德方面抽象的标准。国民经济运动,注重物质建设,是经济方面具体的途径。大学学生是受过高等教育的人,对于道德、经济两方面所应负的责任,必定比别人还要重大。

先从道德方面讲:士为四民之首;又说,读圣贤书,所学何事,所有最高的道德条件,别人所不能履行的,"士"都应当履行。所谓礼义廉耻,国之四维,四维不张,国乃灭亡。这个四维以复兴民族而使国不至灭亡之责任,大部分都在大学学生的肩膀上。因为在顺适的环境之中,不违犯

---

① 本文为王星拱 1935 年 8 月在汉口广播电台的广播演讲,刊于该年《中兴周刊》第 106 期。

道德的规律,是常人可以做到的事情;在困难环境之中,而不违犯道德的规律,只能责望于受过高等教育的人。现在我们国弱民贫,是在一种困难环境之中,所以大学学生的责任特别大。

再从经济方面讲:我们中国所以闹到这样百孔千疮的地步,是因为未有的工业不能振兴,原有的农业又逐渐衰落,以致外货充斥、农村破产,经济的基础一天一天地倒塌下来。我们要挽救这样严重的困难,自然要在应用方面做切实的工夫。我们大学学生,不能学魏晋人士只讲求超世离俗的风格,也不能学乾嘉诸子,专门研究艰涩零碎的典章。即宋儒的理学,其偏重正心诚意而忽略格物致知的方法,也不能树立我们全部的学术标准。我们应当研究稻麦如何种植,牛羊如何畜牧,火车如何开,无线电如何收发,以及合作如何组织,行政效能如何增加,以求应付我们目前的紧急需要。我们应当时时刻刻地把社会需要当做研究的对象。换言之,学校里所学的东西,不能和社会距离太远,以至于不能适应社会之要求。这也就是一般人士所常说的"不能读死书而忘却了活社会"的意思。这是我们所时常懔懔遵从的警戒。

但是我们对于社会,也有一种希望和要求,这个希望和要求,就是社会上各种近代事业之发达。必须如此,我们大学学生才有效力的地方;必须如此,我们的国家,才有改进而为近代国家——与列强平等的国家的机会。所以这并不是专为大学学生求出路的问题,乃是为我们全民族——整个国家求出路的问题。学校(包含大、中、小各学校而言)这个名字,虽然很古,但是意义还是很新。它不是我们祖传的夏校、殷序、周庠,乃是舶来的 university、college 和 school。现在的学校,不但课程的内容和古代的不同,即论其部分的组织和教学的方法,也和古代的不同。古代不过京师有一个太学(即大学),州郡的学校很少。现在的各级学校,比古代多得多了(私塾不算)。古代的学校偏重自修,现在的学校偏重上课。至于课程的内容,那更是大不相同。古代学的是之乎者也,现在学的是 ABCD,古代学的是政治经济,即以欧美各国而言,古代的学校,也和现在不同。总之，近代学校的制度和课程，是工业革命后所产生的。我们都知道：工业革命的影响，不但是在工业制造一方面，其他如交通、商业、军事、政治……甚至于艺术、宗教一切的社会状况，都相随而有重大的变迁；于是形成近代列强所具有的近代社会。近代的学校，是适合这种近代社会而产生的。所教授的材料，是这种近代社会里所造就的人才，是这种近代社会里所需要的人才。他们诸大列强，有各种的近代事业，去消纳这些人才——虽然现在也有失业问题之发生——使这些人才，可以尽力于各种近代事业之中，以推促其社会与国家的进步。回顾我们中国，各种事业落后，不但不能迎头赶上去，并且有时倒退下来。我们大学学生，虽是想去适应社会之需要，也是无从适应，驯至于供求两方不相衔接。此所以大学学生之失业，已经成为一个社会问题。有人以为大学毕业学生人数太多，社会上不能容纳，又有人以为多数大学学生所学的专门知识，不够精深，不足以满足各种事业所需要的条件。我们对于第二层的责备，愿意接受，并且愿意努力提高大学之标准，充实大学之内容。对于第一层的意见，我们却有点不同。拿日本来比，日本大学学生人数，占全国国民人数千分之一，而中国大学学生人数，不过占全国国民人数万分之一。拿美国来比，美国著名大学，约有三十个，又四十八州各州有一个州立大学，连同各私立大学，不下二百余处。其著名大学中，学生人数之多者，竟至八千余人。我国大学及大学学生之数目，若与此相比，还是相差甚远。由此看来，我们所以或受供求不相衔接的困难，不是因为供的太多，而是因为求的太少。社会上不开工厂，我们所学的机械工程有什么用？社会上不改良农业，我们所学的农林学有什么用？社会上没有大规模的公司和组织，我们所学的会计学、科学管理有什么用？总之，如果我们所学的是二十世纪所需用的学识，而我们的社会，仍然没有脱离十八世纪的状态，这个困难，终是没有方法来解除。但是这个困难，不是大学学生一方面的；我们民族若不努力于这些有近代性质的新事业，我们永远不能建设起来一个近代国家。换言之，就是国家不能自立。以不能自立的国家，不但不能抵抗列强，并且不配和他们做朋友。而国内经济情形，自然也有每况愈下之趋势，将来不但大学学生失业，即出洋的学生，以及中小学学生，乃至于没有受过教育的人民，都有失业的危险，那就要成为更严重的社会问题了。

总括起来，大学学生，是曾经受过高等教育的人，所应负的责任，比旁人更重大。在道德的方面，我们应当在困难的状况之中，有毅力把道德的标准树立起来；在经济的方面，我们应当刻苦用功，充分地学习近代事业所需要的知识，以求建设一个近代国家。但是，同时我们也希望并要求政府和社会，发展各种近代事业，使有专门学识的人才，能够致力于社会国家而增进我们中华民族之地位。

抗战时期知识阶级应当采取的态度和趋赴的方向①

各位先生、各位同学：

今天是武汉大学举行开学典礼，并补行"九一八"纪念的一天，各位想必都有深切的感想。在过去几年之中，上项典礼和上项纪念都是同日举行，但是，今天和过去五年之中同样的一天是大不相同。在过去五年中，我们把眼泪咽下去，往肚皮里流；今年我们的眼泪，是往外流了！不但流泪，而且流血！敌人的压迫，我们是不能再忍下去了！我们要出气！……我们又须牢记着：我们要准备吃苦头。

武汉大学的精神，是努力服务、用功读书；武汉大学的风纪，是研究实学、恪守纪律。关于这一点，兄弟今天不多说，因为旧同学是已经知道的，新同学，是不久也就知道的。今天所说的题目，是在抗战时期——非常时期——我们所应当采取的态度和所应当趋赴的方向。

就采取的态度而言，我们——尤其是受过高等教育的我们，在平常时期，都偏重理智之分析，但是在非常时期，我们应当偏重——至少应当兼重——情绪之奋发和意志之坚定。我们知道：人类心理的动作，可以分为三部分：理智、情绪和意志。理智是指导我们道路的；情绪和意志，

---

① 本文为王星拱 1937 年 9 月 21 日在武汉大学年度开学典礼上的演讲，原刊于《国立武汉大学周刊》第 287 期，题目为编者拟加。

是组成我们进行的力量的。我们的道路,是已经选定了,而且是敌人压迫着我们所必须走的一条路——抗战的一条路(即是不求战,而应战的一条路)。现在要从情绪和意志的方面,增加我们进行的力量。

先从情绪说起。无论有什么大难临头,我们不能存恐惧的心理,要把恐惧变成愤怒。从心理方面讲,恐惧和愤怒本是同一本能动作之消极和积极的两方面,恐惧是觉得对象可怕,愤怒是觉得对象可恨到极点,自然无怕之可言。从生理方面讲,一个动物遇着强敌攻击的时候,先发生恐惧的情绪,由恐惧之感动,发生一种特别内分泌,由此种内分泌之刺激,发生愤怒的情绪,而且又发生抵抗的筋肉力量,这样发生的力量,比平常的力量高至十倍而不止。这还是就分子而言,若是整个集团——像我们民族四万万五千万人的集团——的分子力量,都照这个比例增加起来,那真可以塞乎天地之间了。

其次,说到意志。我们只要有百折不回、至死不变的意志,任何困难都可以克服,任何危险都可以抵抗。从伦理的研究,道德的训示上讲,我们的行为都应当以至善为依归。我们这一次的抗战,是为着保护民族生存而抗战,是为着维护世界公理及人道而抗战,这就是至善。为着依归至善而抗战,是有至深且远的意义的,是有至高无上的价值的!我们应当牺牲我们所有的一切,来依归这个至善的目标。至善的目标,是不可比较的。向着这个目标去进行,是我们的义务,是我们的责任。我们所有的一切,既应当都付在牺牲之列,自然更不能闹意气、争地位、图舒服、占便宜,以致损伤我们抗战的力量,妨害我们神圣工作之进行。

再就一个具体的事例,来说明情绪奋发和意志坚定之必要。在两国交战时期之中双方都有宣传,既是宣传,自然不免有言过其实的地方,这本是人之常情。但是,在我们和日本人这一次战争中,敌人的宣传,其虚妄的程度,是远远超过于寻常宣传的标准——虚妄到万无可信的余地。例如,在武汉第一次被空袭的时候,敌人的飞机不过在离城市很远的江边抛下三枚炸弹,而敌人的广播,竟说兵工厂、飞机场、军营、学校都毁成齑粉。两三星期前，日本人在北平所发出的新闻说，杭州已占领了，上海更不成问题，南京也即日可以占领。这真是笑话。反转来看看，我们自己的宣传，倒是真实可靠。为什么我们的宣传真实，敌人的宣传虚妄呢？这中间也有一层道理。因为：我们是抵抗敌人的侵略，时时要提心吊胆、刻苦自砺，互相奋勉、互相警惕，胜不必夸张，败不必隐讳。敌人的立场是不同的，他们是穷兵黩武，师出无名。他们所以要用虚妄过度的宣传的缘故，第一是恐吓我们的民众；其次是维持他们在国际上一等强国的架子；最后而最重要的，是欺骗他们本国的人民，以保全执政军部的地位。本来在战争的时候，我们只能听自己的话，树立我们的自信心。况且我们知道敌人宣传之虚妄，更不能轻听敌人的造谣，以致情绪为之颓废，甚至于意志为之动摇，而影响及于我们抗敌的力量。那是极其危险的事情。所以我们不听敌方的宣传，也是维持情绪坚定的意志之一种方法。

我们常把光来比喻理智的分析，把热来比喻情绪的奋发。光和热是两种能力，这两种能力的效用是不同的，光能指示路途，热能鼓动前进。同样的，我们可以把原子内储的能力——来比喻意志的坚定，这个放射的能力可以说是无穷尽的。我们有了坚定的意志，就和这种能力一样，可以发生无穷的工作出来。

再说到我们所应当趋赴的方向。我们——尤其负着介绍及发展近代科学的人们，在平常时期，都偏重物质之创造和补充，但是在非常时期，我们要偏重——至少要兼重精神之锻炼和警惕。在人类生存条件之中，精神和物质，不可偏废；无物质则无所依附，无精神则无所主持。国家自然也是如此。物质不发展至一定的程度，则必贫而且弱；然而没有精神为之主宰，为之推动，纵有物质，也是无用的，那就是说，"虽有粟吾得而食诸"，"坚甲利兵，委而去之"。我们的国家，是一个物质落后的国家，那是不可讳言的。我们的敌人，接受物质科学比我们早五六十年。近代犀利凶猛的战具，都是从物质科学应用到工业才产生出来的。所以我们的军备，自然是比不上敌人。假使我们的军备——飞机、大炮、战舰、潜艇等——可以和敌人相等，我们早已把敌人赶到四国九州了。回过来说，假使我们的军备可以和敌人相等，敌人早已不敢欺侮我们、压迫我们了。然而，在这一次抗战之中，我们还能够表现伟大的成绩，在上海方面的敌军，除了以租界为根据地及以海军掩护的江边以外，不能有寸土的攻取；华北本是敌人所认为他们的势力范围，但是，除了用欺诈的方法袭取平津之外，也不能有顺利的进行；至于我们的空军奋勇杀敌，更给予敌人以意外重大的打击。这是因为我们的政府在过去五年很短的时间之中，于物质方面，曾努力准备到相当程度；于精神方面，又曾加紧训练，所以前方将士，忠勇效命，而全国民众又皆同仇敌忾，于是才能够撑持得住现在的局面，决不是侥幸得来的。固然，物质方面，如果能有充实的准备，自然是最好的事情；然而物质也不是独一无二的必需因素，而且敌人也不让我们在物质上有充分的准备。唯其因为物质方面有缺乏的地方，所以精神方面，更不能不有艰苦卓绝的毅力、牺牲奋发的热心来补偿它。我们这一次的战争，是拼命的战争，不是比武的战争！我们纵然打到死，也是不可为不义屈。有了这样的决心，最后的胜利，自然是属于我们的。

　　退一步说，就用物质来比较吧。我们的军械固然是较逊于敌人，然而经过政府几年以来的苦心筹置，也可以和敌人相周旋。而且近代战争中所谓物质，不是专指军械而言，换言之，近代战争，不但是疆场上的军事战争，而且是全国人民的整个经济战争。在欧战的时候，德国人在军事上，并没有经过重大的挫折，但是最后他们还是失败，那是因为经济方面，他们无法支持了。我们确切知道，敌人的经济基础是极其脆弱的，他们依靠着价廉量大的工业品，经由国外贸易的路途来维持他们的经济生命。现在战事开始了，他们的工厂，都要被强迫去做与军事有关的工作；又因为原料减少，工人要服兵役，他们生产的能力自然要大为降低；生产降低，贸易自然减少；贸易减少，自然无钱可赚。而且敌人要输送大量的具有新式装备的军队,在别人国家的领土里从事战争,是要花费庞大的军费的。他们所需要的军费,比我们所需要的高出十五倍至二十倍,试看他们议会所迭次通过的预算就明白了。他们所需要的这样庞大的军费,都要从他们的穷百姓身上用租税公债的方法榨取出来。凡此生产降低,贸易减少,租税加重,以及物价高涨、债券低落等等情形,都是他们的经济致命伤,历时愈久,还要愈加严重。

再说我们自己一方面,打仗当然是要受苦,但是我们是受惯了苦的,现在为了保护民族的生存、争取民族的光荣,再多受点也算不了一回事。况且,我们的经济情形,没有经过近代的高度化和尖锐化。从短时间里行使力量这一点讲起来,这种情形,固然是一个缺陷,然而从长时间里拼命拖延这一点讲起来,这种情形,反来是一个优点、长处。我们的经济力量,是浩大而散漫的,只要用有效的方法统制起来,集中起来,可以说是取之不尽用之不竭的。敌人也知道这些区别,所以,他们总想在短时间内得着战胜国的地位而结束战争。因为不能实现早期战胜的奢望,于是采用各种无耻的、不正常的策略,都在所不惜。前方打不胜,就扰乱后方;不奈何我们的将士,就残杀我们的平民;疆场上不能得决定的胜利,就用虚妄的宣传来恐吓我们。如果我们恐惧战争,也想早期结束,那正是着了敌人的算计。我们要打定主意,长期抗战,把敌人拖到精疲力竭、不能有丝毫侵略的意念的时候,方才放手!

在从精神方面说,我们这一次抗战,是整个民族之意志的表现。在历史上,无论什么战争,都比不上这一次抗战中这样的精诚团结、一心一德;男女老幼、士农工商,没有不提起日本人就痛恨切骨的。国内的民意既然如此,我们再考察国际的空气和舆论,对于我们这一次抗战,也都表现充分的同情。不但英、法、俄、美和我们是真实的朋友,即如德、意二国,从他们的国策上讲来,似乎有可滋疑虑的地方,然而事实和言论都表现出来,他们仍然是切实帮助我们的。因为天下究有公论。我们为保护民族生存、维持世界公理与人道及国际和平而战争,自然是全世界人类所共同赞许的。甚至于敌人国家里面的人民，也有大部分是同情我们的，因为日本的侵略，是他们军阀要实现他们的世界主人翁梦想，不是他们全国人民所诚意赞同的。他们的农工阶级，都要把金钱和生命拿出来供给军阀的不知意义所在的牺牲。他们的资产阶级，虽然也是主张侵略中国，但是不愿用武力的工具。至于他们的知识分子、外交人士更是知道世界大势，是不容允日本军阀这样悍然不顾一意孤行的，不过在积威之下不能说罢了。所以，我们这一次抗战，对于我们自己，是维护生存；对于世界上，是维持公理；就是对于敌人方面，也是吊民伐罪的王者之师。总而言之，全世界的人类，除了日本万恶军阀之外，都是和我们站在一条线上的。我们看到这种情形，在精神上自然得到极其恳挚的安慰和热烈的鼓励。

总括起来说，我们知识阶级的人们，在平常时期，要注意理智之分析，但在非常时期，要注重情绪之奋发和意志之坚定。我们素来负着介绍近代科学的人们，在平常时期，要注重物质之创制和补充，但是在非常时期，要注重精神的锻炼和警惕。我们这一次抗战，有至深且远的意义，有至高无上的价值。民族生存、世界公理及人道，是我们的具体的至善目标。依归至善目标，是我们的义务、是我们的责任。我们大学学生，应当做国民的表率。我们应当咬定牙关，撑起脊梁，抱必死之决心，争最后的胜利。我们相信：有志者事竟成，苦心人天不负，国难拔除，民族复兴之光明的旗帜，是树在前途等着我们的！

蔡子民先生的伦理及教育学说中之特点[①]

自蔡子民先生在港病逝的消息传到各地以来,知与不知,莫有不同声哀悼的。值此抗战时期,国难未除,人师遽丧,尤为痛心。蔡先生的道德文章,为海内外所共仰,其嘉言懿行,亦为举世所周知,无待于鄙人之赘述。兹仅就蔡先生伦理及教育学说中之特点,略为阐述,以志哀悼。

蔡先生主张以美育为教育大纲之一,推其功效,可以美育代宗教。这种学说,从外貌看起来,似乎是越离纲常的规范;然而详细体认起来,实出乎人性之自然,亦即是伦理规范中最高的标准,且和吾国传世立国的儒宗系统相印证,是和性善之说切相符合而且是确有根据的。

儒家首尊孔子,孔子以仁为人之全德,故就仁之见于具体的行为者,说明最多,然不曾讲过性善,但言性相近也,习相远也,且有"夫子之言性与天道不可得而闻也"之说。性善之说是孟子所明白揭开的。他以仁与义并称以说诸侯,而仁乃专为爱人一义所独有。宋明诸儒阐发性善之说最详。其派别不同的儒家,以为性善之说,立论既陷于空虚,据理亦涉于渺茫,他们并且用嘲讽的态度说:孔门弟子尚且不可得而闻,吾辈又何敢妄加末议。汉学家就是这样地诋諆宋学家。即在宋学正统宗系之中,朱子道问学,陆子尊德性,也有各尊所闻互相异同之处。至于颜李各力行

[①] 本文原刊于《教育通讯》周刊第3卷第16期,1940年4月27日在四川发表。

家,更是注重事物,而反对系承陆子的阳明王氏之空论格致。按孟子道性善,言必称尧舜,则性善之说,必为尧舜以来之心传,即所谓"道心惟微"者。孟子曾说:庶民去之,君子存之,曰去曰存,必为人性之所固有,那是很明白的。仁训为人,即为与人生俱来之天性,其所谓善恶者,必以见诸人类行为之标准而判断之,其有益于人类者为善,其有害于人类者为恶。与伦理学所谓是非是一样的。伦理学中的是非,必依伦理学中之规则而判断之,其前提为正确而推论又合法者为是,反之则为非。论理学中事物的是非,必依着事物而始见,伦理学中行为的善恶,亦必依附行为而始明。但是人类的天性绝没有不愿意做一个有益于人类的人,而愿意做一个有害于人类的人。这个论断,如果我们不承认是由推论得来,就是要归之于信仰;无论如何,是不能否认的。这个愿归于善的趋向,即是性善,即是超越派所谓绝对的善,亦即儒家所谓至善,是无可比较的。

临川王氏所谓良知,亦即性善之表现,他说知行合一的意思,是:知之确切即为行,行之正当即为知。他用如恶恶臭,如好好色为例以解释之。知恶臭之为恶,知好色之为好,那是知,好之恶之,即是行。既恶恶臭,未有不免除之者,既好好色,未有不趋赴之者。如不免除,如不趋赴,岂但没有行,根本上就没有知。但是恶臭好色,性质简单,愚夫愚妇都可以知,既已知之,就都可以行。而在人类社会之中,经纬万端,错综参合,各种品德之善恶,须经过比较考订而后能定。即以同一品德而言,有在某种条件之下为善,而在他种条件之下为恶者,又必赖知识去辨明,此总理所以言"行易知难"也。然而就人类之天性而言,没有不好善而恶恶的。其在具体行为方面,间有恶善而好恶的事件发生者,是必陷于气质之偏,或流于习俗之染,总括说来,就是宋儒之所谓人欲,是必须做工夫去脱离纠正消灭铲除的。

易经系辞上说,一阴一阳之谓道,继之者善也,成之者性也。好些人尝疑惑这种说法,以为应当是继之者性也,成之者善也,因为董仲舒说,道之大原出于天,所以继之者当为天然之性,成之者当为人为之善。但是进一层研究起来,此处所谓道者,本无善恶之分,韩昌黎所以说道与德为虚位,故道有君子小人,而德有凶有吉。一阴一阳,乃就对待之两方面而言。凡以事理或物情相比较,都有相对的两个性质,如刚者对柔而言,动者对静而言。老子说,天下皆知善之为善斯恶矣,是说:必有恶以相比较,斯有善之可言,佛家所谓差别相及比量,也是说:凡事物之性质,必有相对之比较,然后可以分别,可以判断。既经比较差别之后,则可使人类行为之标准分别判断为善恶也。权天地之道者,必为善而非恶。如果继之者为恶,则绝没有宇宙及人类之存在——至少绝没有我们所愿意存在的宇宙及人类之存在,所以说继之者善也。因为我们都有存善去恶的趋向,所以说成之者性也。善是天地之道的合法继承,性是这个继承人的天然保证。这就是易经上性善的说法。

伦理学中的善恶,论理学中的是非(论理学中的是非即为真伪,伦理学中的是非,和善恶真有同样的含义),和美学中的美丑(我国文言原词为美丑),也必定有具体的比较,方可成立观念,方可发表言词。然而善恶是非美丑三个对待的范畴,为人类意志、理智、情绪三种精神活动之判别区域者,和一般事物之相对的标准,并无永久确定不移的联系。例如刚者不必皆善,柔者不必皆恶,此处刚者为善,柔者为恶,彼处刚者为恶,柔者为善。推之他例,莫不皆然。是有待乎以知识为根据而后可以辨别,所以知识即道德的名言,是不可磨灭的。

但是善恶虽是必在实现事体中去判明,然而去恶就善的趋向,乃是人类的天性。此种不能否认的天性。即是性善,此种超物质的无比较的善,即是至善。至善是吾人行为之无上标准,是整个宇宙的总依归。然而关于善恶之各种判别的理论和劝诫的方法,自古以来,已有很多的讨论和记载。而注重美丑之辨别和取舍,却少有人研究,更少有人提倡,有之自蔡先生始。审美的观念及爱美的情感,也是人类的天性,而去丑就美和去恶就善一样,也是与人生俱来的人类行为之自然趋向。进一层说,人类之所以去恶就善者,是即以善为美以恶为丑之观念所发生的行动。然而审美观念,固然是人类所固有,而在复杂环境之中,何者为美,何者为丑,亦必借知识为之辨明。就固有之审美观念,启迪而训练之,培植而扩充之,使吾人能正确的辨别美丑,则好恶之意念,自必油然而兴,勃然而起。是真所谓如恶恶臭,如好好色,既已好之恶之,则无有不竭尽全力去实行的。这也就是知行合一,又就是自博学审问,经过慎思明辨而终达到笃行的道理。

美丑之辨别,其基据于理智之分析者,必有待于知识之推进,其恶借于情绪之推动者,亦必有待于历境之培养。必有耳濡目染的官支练习,斯有心领神会的精神感悟。所以在具体事物之中,美术品之提倡,也是必须注重的。举凡音乐、绘画、雕刻、刺绣,以及一切文学作品,对于吾人审美观念,都可以启发其端绪,陶镕其方式,涵养其理致,培植其机灵。检其质素,秩序谐和,双方兼重;列其方法,赏鉴创造,并行不悖。这也是美育之中所不可缺的具体条件。

有人说,理智之分析为光,伦理的督责,和审美的感动为热,一是静的,一是动的,甚至于说,一是死的,一是活的,难于合并成为同方向的活动。这种说法不尽合理。即就此比喻而言,热与光虽形式不同,然同为能力之表现。就此事实本身而言,理智意志情感,同为一个人格的活动,决不是彼此不相关的。注重审美观念,以美感为人类精神活动中之重要部分,郑重地启发起来,长久地培养起来,在理论上予以抽象的指导,在练习上给以具体的观摩,使吾人爱美恶丑的动机,发生为去恶就善的行为,这是蔡先生在伦理及教育学说中最大的贡献。

中国汽油问题[①]

各位先生,各位同学,今天纪念周讲演的题目,是中国汽油问题,这是人类整个的问题,同时又是我们民族国家的特别问题。

世界上的人类,必须并且应当工作。工作须用能力,除人力之外,古时用牛马力,其次用风水力,最近用燃料发生之力。自外燃机发明,煤(即液体燃料之一种),乃成为重要的必需品,自内燃机发明,煤油(即液体燃料)及煤气(即气体燃料)又成为重要的必需品。外燃机有蒸汽机(steam engine),及冲旋机(turbine engine),内燃机有黑油机(diesel engine)、汽油机(petrol engine)及气体机(gas engine)。近来飞机汽车之小型发动机之使用日益推广,于是汽油机之重要增加,而汽油又成为更加重要之必需品也。

液体燃料除用于各种内燃机之外,尚有下列重大用途四处:

(1)在海军强盛国家,各式大小战舰之外燃机,皆不用煤而用煤油为燃料,比较优点有四:

　　A.用油之炉壁容量可以较小。

　　B.发生气体多而速度大。

[①] 本文为王星拱在四川乐山武汉大学总理纪念周的演讲,沈锡湘抄记,刊于1941年《科学青年》创刊号。

C. 没有显著的煤烟可以减少目标。

D. 油之注入及装卸均较固体煤块为便利而且洁净。

(2)化学工业中之溶媒,用以溶解多数有机物质。

(3)可以燃灯。

(4)可作滑油之用,以减少机体之停滞,考各种机体所需之滑油量之价值几等于其所需燃料量四分之一,其重要可知;在内燃机中,同时亦用为燃料。

煤与煤油,既为文明时代人类之必需品,将来必需之程度,必更增加,天然界所储藏煤及煤油之量,究有几何?够用若干时间?自不能不加以研究。历考专家著述,世界每年产煤总量,约为十三万万吨,近十年来并无增加;煤油每年总产量约为十万万桶。至于地层下煤及煤油之储藏量之估计,甚不正确,尤以煤油之储藏量估计为难,但煤油之耗尽必早于煤,而且早得很多,此乃一般的意见,复次有些国家产煤油,有些国家不产煤油,不产煤油的国家,到了战争时代,如不能得着进口的煤油,则不能继续战争,所以无论在整个人类方面,或在各个国家方面着想,煤油之代替,实为亟须解决之问题,而以无煤油的国家,尤为迫切。

代替的方法,今试分为三类:

(1)用不需液体燃料之机器,液体燃料所以重要本以其应用于小型发动机也。今试用固体或气体为燃料,是否有小型发动之可能?

A. 小型多管蒸汽机——用小型多管发动机,安置于汽车上,用特别焦炭为燃料,亦可有效,此法在二十年前英国有汽车公司曾试用之。然构造复杂,管理修缮,均极困难,且焦炭价甚昂贵,锅炉之火,又不能随时生灭,诸多不便,以后未有用之者。

B. 木炭汽车——用蒸汽加入白热木炭中,则由"水汽化变"($C+H_2O \longrightarrow CO+H_2$)而生水煤气(water gas),将此汽引至汽筒中使之燃炬,爆炸而推动。法国曾用此法,我国亦已引用,然以占地太多,热至浓度又不足,又无催促之力量,不适宜于紧急时期及崎岖山地之行驶,所以终不能代替汽油机。

C. 黑油机——黑油机以较大之压力发生燃炬,可用沸点较高及含炭渣较多大黑油,代替汽油,然速率较缓,规模终较大,不能与汽油机相等。且黑油与汽油同出于一源(煤油),凡有黑油的国家,即有汽油,不能解决汽油短缺之问题也。

D. 高压煤气——凡气体皆可因高压而液化成为液体,煤气在二百气压之下,虽未液化,然密度大,体积小,已与液体有同一功用。法以钢筒贮高压之煤气,置之汽车上,可与汽油同样使用;然钢筒既重且用尽之时,必有车站供给,已压好之煤气(五个容量式立方尺之煤气,驶行三吨重之汽车,约可至五十英里),故亦甚为繁难,且必须煤气工业发达之国家,有剩余之煤气,始可使用之。

(2)用非汽油之液体燃料。小型发动机,既必须用液体燃料,但液体燃料,除汽油外,尚有多种,试看能否合用:

E. 木酒精(methanol CH_3OH)及酒精(ethanol C_2H_5-OH)

木酒精原自木材之摧毁蒸馏得之,但近日皆用煤制造代替矣;从煤制造焦炭,从焦炭造水煤气,水煤气是炭气与轻之混合物,可依下列情况造成木酒精:

$$C+H_2O \longrightarrow CO+H_2; CO+2H_2 \xrightarrow[\text{Zn,Cr 为接触剂}]{500℃,150atms} CH_2OH$$

木酒精亦可经过集缩(condensation)而发生酒精。

酒精(即通常所用之 alcohol)有两种制法:其一为古法,即发酵法是也。以此法取作燃料之酒精而非饮料之酒精须用极廉之小粉或糖为原料,故惟产糖区域,利用糖渣制造之;其一为新法,以煤及煤油为原料。煤于蒸馏之时,发生煤气,此煤气中有百分之五为以色林气(ethylene $CH_2;CH_2$),法以煤气穿过强硫酸则 ethylene 与硫酸结合而分出为液体,复用水化法则成酒精,而硫酸仍还原。若用煤油冲毁(cracking of oil)之法,则可得更多之以色林气(百分之四十),即可得更多之酒精,然以煤油造酒精,仍不能解决汽油缺乏之困难也。

木酒精及酒精有上列诸缺点:(1)先期燃炬,故汽筒易热;(2)易吸收水分,除去甚难;(3)因已含有氧气,致热之浓度较小,然掺杂汽油而合用之,实为甚好之液体燃料。现在德国有规模甚大之木酒精制造厂,每日可出木酒精一百吨,盖所以准备紧急时期之用也。

植物油之冲毁——植物油固亦可燃,然因其沸点高密度大,且有酸性,故不适用于内燃机,但经过冲毁后,可变为分子式较简单之炭轻化合物,即与汽油相类似;不过植物油无论为可食之菜油或豆油,或不可食的桐油、青油、棉油,价值均甚昂贵,且其本身各有其工业上的用途,经济上太不合算;唯在战争时代,置成本于不及考虑之列,亦可用也。

(3)人造汽油。凡非从煤油井中直接吸取之汽油,均属此类,分述于次:

A. 油煤质蒸馏——有一种油煤及油页石,发现于地中,虽为固体,但经过蒸馏之后,则产生汽油(连同其他油类)此类油煤不多,我国东三省抚顺有之,日本人已利用多时矣。

B. 煤质低温蒸馏——煤经摧毁蒸馏之时,发生煤气、柏油(中有汽油),及焦炭。煤气厂以产生煤气为生,铁厂以产生焦炭为生,柏油为其副产物。今若以产生汽油为其主要目的,必用大规模之低温蒸馏,在工业经济状况之中,不能成为有效方法,且汽油量亦颇低也(百分之二)。

C. 重煤之冲毁及氢化——煤油经分级蒸馏,其沸点较高之部分,包含分子或较为复杂之炭氢化合物加以冲毁(法以铁箱贮碎石加热至千度以上,然后将该项复杂炭氢化合物经过箱中)则变成汽油及胶油,其反应如下列:

$$C_{20}H_{42} \xrightarrow{crack} C_{10}H_{22}(饱和的汽油) + C_{10}H_{20}(不饱和的)$$

$$N(C_{10}H_{26}) \xrightarrow{polymerization} (C_{10}H_{20})_n 胶油$$

如同时加以氢化,在一定温度压力及接触剂之情境中,则分子集合之变化可以阻止,因不饱和的炭氢化合物并经氢化而成饱和的炭氢化合物,又须留一部分,不使完全轻化,否则当在汽筒中燃炬推动之时,易发生先期爆炸之现象,即所谓撞动(knocking)是也。又不可沸点过低,因沸点过低者,延烧点(flash)必甚低,亦甚危险也,以飞机上为最忌。美国常采用此法,将价值较低之重煤油变成价值较高之汽油,从重煤油制汽油其产量可至百分之一百,甚为有利。以美之国产富庶,固不妨锦上添花,精益求精;若在我国,天然煤油缺乏,则无从作无米炊矣。

  D. 煤之氢化——法用烟煤研成细末,以重油(heavy oil)和之,与氢气同时穿过变化箱,在五百度,二百气压,Ni、Cd、Cr、Mo 等接触剂之下,以每分钟若干立方尺之速度穿过(因箱之大小不同)进行,则化变成汽油。其变化第一阶段之所得,则与上节所述之重油相似,此液体经过氢化作用后,即成汽油;其未变成汽油者,再与煤相和而重行制造之。所得汽油之分量及性质,依穿过速度之快慢、温度、压力及所用接触剂而定,若制造得法,可得百分之九十五之产量。吾国不乏产煤之区,此种方法,实有采用之必要。

  至于所用轻气之制造,在水电力甚廉之地方,可用电解水制取之;在其他地方,须用焦炭与水蒸气,即先用此二原料制成水煤气,再使其中一氧化炭与水蒸气经一种触媒而化成二氧化炭,再以水洗去二氧化炭

$$H_2 + CO + H_2O \xrightarrow[\text{at 500 °C}]{\text{a mixture of the oxides of iom, chromium, & thorium}} 2H_2 + CO_2$$

后即得价廉之轻气。

  综论——就以上所述各种方法而比较之,小型蒸汽机及木炭汽车,不能代替汽油发动机;高压煤气亦不甚适用,在我国无煤气厂更无法用之;植物油本身太贵,不合工业经济;油煤产地不多,低温蒸馏亦只能得少数产量,均不能完全适用。所余者惟用黑油机,用木酒精酒精及重煤油之冲毁与夫煤之气氢化而已。然在无煤油之国家,又仅有木酒精(酒精)及煤之氢化二法可以利用,且木酒精与酒精仍须与汽油掺用,其能完全代替汽油者,唯煤之氢化一途耳。此法在英国已采行之,德国亦备大规模之制造场。然其成本仍高于入口之汽油,故用关税保护之方法鼓励之,以期于紧急时期,本国可得汽油之自给也。

三年以前，我国用油已达岁值七千万之数，而油之地下储量，究有若干，尚不能确知。美国标准煤油公司(Standard Oil Company)在陕西省曾有一度之调查，但无报告，据最近华西日报所载有十万二千万箱桶，散布于新、甘、川、陕四省之间，如有油田甚富，自为幸事。然煤油之开采，在技术方面及商业竞争方面，亦复尚多问题，所以我们应当自力更生，一方面调查开发自己的油田，同时积极进行煤之氢化，因为这是人造汽油方法中最适合于我们的方法，而且靠得住的方法。

至于抗战时期当中，对于汽油，应当：

(1)积极输入；

(2)妥筹贮藏；

(3)节省使用；

(4)掺用酒精或冲毁植物油，以免在重要处所发生缺乏之困难，甚至于从饮料酒中提炼燃料酒精，亦所不惜。古时在战争时期，因充实军粮而停止造酒，亦是常事。现在移娱乐之饮料而充军事必需之燃料，自亦可行。

总之，凡在近代工业发展的国家，有报章上防御困难的方法，未雨绸缪，自不致发生临时困难。即使发生此类困难，而没法补救，左右得宜，亦较易于为力。我们须从困难之中奋斗出来，以克服环境之限止，非但为抗战建国，复兴民族而努力，并且也要为我们的后人设法减少困难与解决困难之条件也。

科学与抗战[1]

各位同学：

今天承郭厅长邀到此地，担任学术讲演，并且经郭厅长拟定《科学与抗战》的题目。兄弟学问肤浅，而且近来学殖荒落，旅行之中，又无预备的时间，深愧没有宝贵的东西，介绍给各位同学。但是郭厅长的盛意不可辞却，所以勉力担任下来。这个题目，包括的范围很广，今天因为时间很短，不能详谈，只能概括地介绍一点意见，贡献大家。

《科学与抗战》这个题目，实在讲起来，也可以说是《科学与战争》或《工业与战争》，因为工业是应用的科学，而应用之最急切最明显的部分，莫过于战争。抗战是战争中之一种。反侵略的战争，就物质的应用上讲来，与其他战争是一样的，大家知道现代的战争，是科学的战争，科学愈昌明，工业愈发达，则胜利的希望愈大，胜利之把握愈强，而能收到事半功倍之效果。

不过，话又说回来了，中国的科学，非常落后，此次为了自己国家民族的生存，为了维护世界和平与正义，起而与日本帝国主义抗战，如以我们科学程度来讲，实在没有能力，配与拥有庞大的、现代化军备的日帝国

---

[1] 本文为王星拱 1941 年 5 月 16 日在成都中山纪念堂的演讲，原刊于四川省教育厅所编《学术演讲集》第 2 辑。

主义作战。出乎我们意料之外的，竟能抗战至四年之久，反而国民的自信心，愈益坚强，国际地位，逐渐提高，胜利的希望，逐渐实现，敌人却一天比一天狼狈，逐渐走向崩溃之途。我们为什么会获得今日这个结果呢？这里我们就要知道，我们此次制胜敌人的因素是精神，而不是物质，所以抗战以来，我们的领袖，特别提出国民精神总动员纲领，要全国上下把力量集中，意志集中，以坚强旺盛的精神，来弥补物质方面的缺点，因此前线将士，都能英勇作战，不惜牺牲；一般国民，也知道在此民族的生死存亡关头，不计痛苦，以至大的忍耐，拥护政府，与敌人周旋到底。所以这次战争，能够继续到今日，把敌人陷入泥沼，而使胜利日益接近，也就是在精神这一点。

就欧洲战争而论，德法英意，都是科学发达的国家。法意的科学发明家，很多而很伟大，为何法国屈服于德国，意国又被英国而且被希腊打败了呢？是因为在这次欧战之中，法意人民的精神，不免有萎蕙散漫的劣点，抵不过德国的强毅，英国的坚韧，并不是因为物质缺乏的原因。

讲到这里，大家或许要发生这个疑问："既然精神可以战胜物质，那就凭借我们的精神好了，何必再来谈物质呢？"这里我们就要知道，精神与物质两个条件，都是很重要的，有精神才可以使用物质，有物质才可以发扬精神，如果仅有精神而不具备物质条件，就不能够作战，至少也要经受加倍的困难。

以我中国而论，我们凭借精神的优越条件，抗战迄今，胜利在望，但我们要知道，假使我们过去是一科学发达的国家，可以说早已将日本逐出国境，甚至可以说日本早就不敢窥伺我们，存侵略我们的野心。我们不能说科学落后的国家，一样可以抗战，可以用精神克服物质上的困难，就不再要物质不再谈科学，正因为我们的科学落后，物质条件太差，才招致外侮，受人欺凌，如再不图振作起来，即使将来抗战胜利，建国的基础，也是无法可以奠定的。

人类社会，一天天向着文明的方向前进，战争的事体，似乎可以免除，但就历史的方法，以过去推测将来，可以说没有法子消灭战争这种事实。因此，我们要图民族国家的生存，就不能不充实自卫的力量，随时有战争的准备。就现在阶段而言，科学之应用于战争的部分，已经非常的繁多而且奇异：大炮、飞机、潜航艇、坦克车，已经是老生常谈。又有磁性水雷、降落伞、空中堡垒、各种毒气、飞叶燃烧弹，种种新奇的武器。甚至于毒菌死光，都在可能应用之列。足见将来的战争，必定更是花样日新的。我们要准备在将来这样的世界上，有作战的能力，就不能不积极地去研究科学，发展工业，跟着时代前进，才不至于落伍。

以现在的战争方式说，与古代大不相同。古代的战争，是在疆场上争胜负；现在的战争，是要集中全国的人力、物力、财力来决雌雄——所谓全面战争。古代准备战争的方法，是寓兵于农。寓兵于农，就是把农夫征集起来，加以训练，即可充做战士，中国现在还是采用这种方式。可是现代一般强盛的国家，是要讲寓兵于工了，因为战争的科学化，军备的机械化，没有科学与机械训练的农民，已不足胜任。以战具来说，也不再是古代的刀枪那些笨拙的东西，而是飞机、坦克、毒气、潜艇这一类犀利的东西，可以说战争的各方面的环境，已经通通改变了，没有工业基础和科学基础，是不能作现代的战争的。

因此，要讲一个现代的强国，一定要科学发达，各部门的工业，都要很有基础，各种军备的原料都要丰富，才说得上。自19世纪以来，人类生活的各方面都受了工业革命的影响而发生变迁。战争也不是例外，工业产品之发展，与战争有最大关系者，是钢铁与炸药。这两种东西，都是中国人先发明的。但是近代的新式的钢铁——尤其是特种钢——和炸药，乃是近代科学的产品。可以说是经过第二次发明的。在中国禹贡时代，已经有铁了，钢也是同时发明的，因为钢是铁和炭的合金，在用炭炼铁的时候，偶然发明的。也许各民族自己，亦有此种发明，如果禹贡之真伪不成问题，中国大概在商周时代，就知道炼钢，不过那时炼钢方法，是以铁烧锻以后，加以锤炼与缓冷、急冷等工作即成。近代的炼钢可就不是那样简单,特种钢的发明是很多很多,例如锰钢、钨钢、矽钢、铝钢……这种种钢大都是用合金炼成,在军事上的效用,是特别的大,其制炼的方法也很多,性能亦个个不同。有的特别的轻,这种钢适合于航空工业的需要;有的特别硬,适合于重武器的制造;有的特别软,韧性很强,可以抵御枪弹的射击。合金和有机化合物一样,因为金类原质或有机根之品质或分量之不同,可以无穷地产生新物品。产生的种类愈多,应用的机会也愈多,尤其是在军器方面,是如此的。

其次是火药,火药也是中国发明的,中国发明的火药是硝磺混合的东西。因为工业落后,所以直到现在,许多地方,如像打防空洞、炸矿山等,还在使用这种土火药。现代战争中所用的,当然不是这种东西,现在所用的火药,种类也很多,最厉害而通用的是硝化棉花和TNT。TNT是从煤焦油里面提炼出来,经过硝酸、硫酸的化合制造成功的。这种火药的爆炸力最强,炸弹及开花炮中都适用。硝化棉花即是所谓无烟火药,是用棉花纤维,经过酸化而成,这种火药的输送力最大,适宜于装置各种炮弹的腔膛。以上所讲的钢铁与火药,都是现代战争中独一无二的基本东西,而制造这些东西,牵涉的工业部门是非常的多,各种工业必须同时发展,然后制造军械的工业——国防工业才得以顺利地进行,否则必定感受困难了。

复次,战争不是每年都有的,在和平时期,若是制造很多的军械,费钱很多,而且到了战争的时候,往往因为新军械的发明代替而不适用。大部分的军械,是要在战争时临时造的。唯有工业发展的国家,在平时可以制造各种用品,在战时可以制造各种军械。钢铁可以制造枪炮,又可以制造摩托车及各种机器。制造TNT的原料,又可以制造染料,又可以制造各种医病的药品。古人说,良弓之子善为箕,良冶之子善为裘。现在可以说,良工之子善为兵。换言之,工业发展的国家,必定当有战争的能力。

有人说:"中国是一农业国家,工业方面,不容易赶得上别人,我们应该求农业的发展。"当然,这种说法,是很对的,中国人有百分之八十五是农民,而且在工业未曾发展的时期,自然要就原有的农业上尽量增加抗战的力量。可是要知道,现代各国的农业,也经过工业化科学化,不再是我们中国的农业原来的样子,现代许多工业国家的农业,比我们讲的更好。中国是以农立国,但很多通商的海口,都吃的是外国米面,汉口那地方,有种卖小吃的,用纸包着的一个东西,两角钱一份,打开纸包看,里面并不是稀奇东西,里面包的是从美国运来的包谷,试问这种东西,至多不过做得精洁一点,装潢好看一点而已,有什么稀奇的地方,偏偏要从美国运来,这岂不笑话吗?由此我们知道别的工业发达的国家,农业也很发达,实际上要农业发达,也非工业发达不可,所谓"农业要工业化",就是这个意思。譬如农业方面防护水旱,便要利用土木工程,病虫害的预防与驱除,肥料的研究与制造,必需化学工业;农产品的收获、制造与运输,必需机器工业及交通的工具。我们四川的橘子,本来是一种很好的产品,因为运输不便,储藏的方法不良,所以很多地方,只能吃到美国的橘子,吃不着四川的橘子,这就是因为美国的运输便利,储藏的方法良好,它的销场,自然要比工业落后的国家宽得多。总结来说,中国诚然是以农立国,可是要发展农业,仅从农业本身下手,而不注重工业,这是不可能的。

以战争来说,战争,本来是一种残酷的事件,是人类的一种不幸的事件,但是,为了争取国家民族的生存和自由,又是一回光荣的事。从历史上看来,虽不是年年都有战争,究竟战争的时间与太平的时间比较,少不了若干,不过我们可以说,近代战争持续的时候,一定不像从前,可以打一二十年之久,因为工业愈发达,战争就愈猛烈,其破坏力与消耗量,异常之大,不像古代的战争,无所谓空袭,战争的区域很小,用不着全面战争,占据一个地方,可以就地征粮,就地筹饷,在经济与损失方面,来得及补充。现代的战争,规模庞大,破坏力强,争夺一个地方,往往早已化为焦土,经济、文化、工业各方面,均破碎无余,以巨大的代价,换来一片焦土,战争即使胜利,国力业已大伤,这样的战争,无论谁也不能长久支持,所以现在作战,在平时要有充分的准备,在战时要有多方的补充。唯有科学工业发展的国家,在平时才可以有寓兵于工的准备,在战时才可以实行有效的全面动员的补充。

可是科学发达,一日千里,今天发明的崭新的东西,明日或已成陈迹,平时制造一些飞机、大炮、枪械弹药,及到战争发生,未必能够合乎需要而不至于落伍?那么我们平时,又准备些什么呢?我们知道,军需工业,牵涉的范围很广,比如我们要造枪炮,就需要有大的炼钢厂,以及大的煤矿与铁矿;要制造弹药,就需要棉花,以及硝酸、硫酸这一类的东西,还要有若干部分的机器制造,无论哪一方面,都不是一回简单的事。从前有一位工程师曾向我说过这样的话,他说:"空用的机枪,中国自己也可以制造,只是上面装配的瞄准的镜子,中国没有法子制造,要到外国去购买。"所以各种工业部门,都要有很稳固的基础,才可以谈扩充军备,如果别的工业部门不发展,仅仅多办些军火厂,那是事倍功半的办法。

因此,我们平日就要注重科学,发展工业,使各种日用品的生产量提高,供我们享用,在战争时期,就把各种工业部门的生产量集中,改作军需工业的用品,平时出产的钢铁,可以制造摩托、马达及路轨,以及各种小工业机械,战时马上可以用来制造枪炮,平时纺织厂里用的棉花,以及硝酸、硫酸,各种化学工业用品,战时马上可以用来制造炸药。简言之,平日就要集中人力物力发展工业,一到战时,才可借以扩充军备,制造战争需要的东西。以中国抗战的今日说起来,要想得到胜利,要想建国成功,亦必须积极地注重科学,注重工业的发展,然后才可以培养国力,才敢同别人作现代化的战争。根据上面所说的,我有两点意见,贡献大家:

第一,要科学进步,工业发达,并不是简单的事,不是空谈可以做到,亦不是少数人的力量可以成功。中国在此抗战期中,大家已感到科学落后、工业落后的痛苦,渐渐地在注意了,不过到今天,还没有什么效果,今后希望社会人士,尤其是一般青年,无论我们是不是学习自然科学或各种工程,都要拿出维护科学与工业的热忱,努力研究和提倡,使人人都有科学的头脑,拿出大家的力量,把工业建立起来。

  第二,中国人对于保管机械的能力,异常薄弱,过去曾有过一个在中国服务的德国工程师,在工厂里负机械保管的责任,他向我说过几句话,这个话是否正确,姑且不论,但是他的话,确是很有道理。他说他有一次请了六个月的假回家,临走时叫他的助手替他照管各种机械,并且把各种机械的保管方法及应注意的事项,详细地指示他。可是回厂以后,检查各种机器,损坏得很多了,考其原因,就是由于这个助手,不善保管,不善爱护的关系。比如一部机器的转速,每分钟不能超过三千转,可是他要开到四千转,以为超过一点,不见得就会损坏,在无形中,机器受了过度使用的损伤,渐渐地就出毛病了。因此他说:"中国人如果要把机器管得好,至少还要一二百年的训练功夫。因为这件事情,不仅是自己训练,还要有环境的训练,以及祖先遗传下来的良好根性。"德国是工业最发达的国家,所以人家的机械人员,都有良好的训练,无论对一渺小的东西,都有他的管理方法,把公家的事体,当做自己的事体,看护机械,等于看护自己身体一般重要。他们一个开车的人,只要车一停,立刻把各部分收拾得干干净净,并加以详细检查,车上要是有了灰尘,等于是他自己的一种耻辱,所以他要随时检查,随时修理,使它随时都是部好车。我认为一个保管机械的人,一定要具备这种热忱,假使只能开三千转的转速,你要开四千转,这是不行的,这就是不好的根性。我们平日坐公共汽车,看见那些司机,对于保管车子的责任心,可以说一点也没有,车子坏了,只要他自己没有损失,就不肯去料理,像这一类的机械人员,恐怕没有法子可以训练,无怪乎德国工程师要那样说了。不过这种情形,我们当然要改革,我们应当以这位德国工程师的话,警惕自己,对于保管机械,要特别注意,以发展机械的最高效能,不至于像德国工程师所说要一二百年的训练,才能保管机械,一二十年,或一两年也未尝不可,只要我们能够加紧地努力。以上是要希望于大家的两点。

中国在抗战的现阶段，正是十分需要科学，我们现在虽然落后，我们就要在我们所能做到的范围以内，尽最大的努力，发展科学，把工业基础建立起来，以供抗战建国的需要，这样做下去，才能够充实国力，才能够符合国家至上的目标。

战后青年之责任[①]

现在我们所生存的时代,诚然是一个大时代,——尤其是一九三五年,即是中华民国三十四年。欧洲的轴心国家,已经倒塌了,墨希两个混世魔王,也已经死亡了。在亚洲的方面,我们反攻的力量,已经逐渐充实。而且开始表现了。我们最得力的邦盟——美国,也已经开始使用他的雷霆万钧的威力,来清除扰害东亚的祸根。我们的敌人已经是日暮途穷了,力竭声嘶,不久即将葬入他们自己所挖掘的坟墓。虽然他们还在夸张他们的自杀飞机,其功效也不会超出自杀的程度之上。盟邦的胜利已经实现了,我们的胜利也不成问题了。然而我们所要获得的,不但是战争的胜利,而且是和平的胜利,不但是胜利的战争,而且是胜利的和平。

在这里,我们就要谈到第一个问题,我们意志问题。人类历史,是自己制造出来的;人类历史,不是一成不变的径直的,或迂曲的演进,而是人类中具有意志的各个分子之共同动作之综合。我们必须相信这个理论,然后可以有作有为,然后可以负责任,然后可以要求进步,创立军功。我们是一个爱好和平的民族,好生之德,洽于民心,是我们祖宗的遗训,

---

[①] 本文原刊于《中国青年》月刊第13卷第2期,重庆中国青年月刊社青年书店1945年8月号。

仁爱和平,是国民党的党德。和平之神,也是西方人民所共同崇拜的。在现在的世界上:虽然有日耳曼和邪马台两个好战的民族,然而在全部获得胜利之后,我们必定要制裁他们,使其绝对不能再有侵略的力量;并且要教导他们,不致再有侵略的企图,或者还要安置他们,不使再有侵略之需要。我们的盟邦,虽然收获了胜利的果实,但是都受了沉痛的损伤,须得赔补,而且还具有崇高的理想,更须得实现,他们都实地需要和平。至于我们自己——我们的整个人民,经过八年以上的艰苦战争,我们须得休息,须得生养;我们原有的幼稚而且落后的工业,须得恢复,须得发展;还有许多近代新起的事业,我们须得迎头赶上,急起直追。如果没有和平,这些愿望都无从实现,这些需要都无从满足。所以是为全部的世界着想,或者是为我们的国家着想,和平都是不可缺乏的条件。

不幸得很!现在在地球上的每个角落里边,大家的心灵,对于将来的和平,却充满了猜疑和恐惧。这些意绪的发动,不能说没有客观的理由。然而猜疑可以旁演为妒忌,恐惧可以反弹为愤恨,妒忌和恨愤,都是人类低级的本能。倘若没有适宜的防止,前者可以发生阴险的计谋,然后可以发生残忍的动作,其演变之所及,对于将来的和平,如果不是有即著的影响,亦必是一个潜伏的危险。

固然在太平洋的那边,现在已经有许多高瞻远瞩才大心细的人士,切实讨论这个问题了。在政治上,我们将来有一个和平机构,来处置一般国际的问题;有各种会议,来调停或仲裁国与国之间之争论,有国际法庭,来判决国与国之诉讼;有经济的组织,来支配世界的资源和市场;有国际警察式的武力,来执行破坏和平者的制裁。但是这都是制度的问题,不是精神的问题。制度是外面的表现,精神是内部的主持。我们不需要和平而已,我们如果需要和平,除了上述的各种制度之外,我们还应当有专一的趋向,和真挚的爱护,然后才能产生巨大的效能。否则不诚无物,尔诈我虞,依旧是落到玛其亚维利亚的政治圈套里边罢了。

有人说,我们虽然成诚意爱护和平,无奈别人不是诚意爱护。请看看"宋襄之仁,适足以取败,颍考叔之义,适足以亡身",到了外患紧急的时候,我们必定要上当,要吃亏。这也是必须有的合理的考虑。在这里,我们就要谈到第二个问题——技能问题;换一句话说,就是工业化的问题。我们都知道:二十世纪的中叶,是科学发展的时代,也即是科学万能的时代。现代的战争,是不折不扣百分之百的科学战争:科学在应用方面的发挥,就是工业,试就过去的世界大战"一",和现在的世界大战"二"的观察和经验而言,我们可以看得出:凡是工业发达的国家,即是军力强盛的国家。这一层道理,现在大家虽以为是很浅浮的,但是我恐怕大家的认识,还不能够是十分真切的;而且工业发达的国家,在遇着战争来临的时候,都能够于很短的时期发挥极伟大的军事力量。在第一次大战开始的时候,英国除海军外,未曾有军事上的准备,英国根本尚未参加。然而到了第三个年头,英国能够把她所有力的工业技能,变成了强有力的军需制造。至于美国,在她还没有尽量发展军需制造的时候,德国已经打败了。在第二次世界大战的今日,美国得了一个可骄傲的称呼——世界民主国家的兵工厂。在珍珠港事变发生之时,日本人以为美国在三年以内,不能发生任何军事力量。然而事实的表现,却是出乎日本人意料之外;美国在两年未满的时期,已经是每月能造船二百艘,每日造飞机数百架了,日德之所以进锐而退速,盟邦之所以能够转败而为胜,其最大的原因,是源于美国军械制造之优良和供给之充实,而美国军械之优良和充实,又是源于她的工业之高度的发展。这些事实,也渐渐为大家公认的历史了。

中国是一个近代事业落后的国家;我们需要科学,我们需要工业,我们需要国防。这三件东西,实在是具有三位一体的联合性或同一性。有了工业,科学自然有更大的发展,来供应它们的源泉。有了工业,各种国防事业,都可以互相地变换,机器厂可以造枪炮鱼雷,化学厂可以制炸药手榴弹,可以生产飞机,我们现在广播的无线电,可以用作军事通讯。它们的目标和用途,虽是不同,然而所需要的技能,是大致一样的。我们只要在工业上,有牢固的基础,在军事上自然可以有灵便的运用。总之,工业是国家的重要部门,进一层说,工业是近代国家的生命线。在平时我们使用它为利用原生的富源,在战时我们可以转变它成为战胜攻取的利器,任何情境发生,我们都可以应付裕如。这些工业制造,即是科学技术,是我们青年所应当用功学习的。

我们希望和平,我们需要和平,希望不可落空,需要必须实现,既然如此,我们应当有爱护和平的诚意,我们更应当有维持和平的大力。这个问题的解决,就是各位青年肩膀上边必须负荷起来的责任。

启迪与教导①

在未讲本题之先,我要说明一下通才教育与专才教育的差异。

现在有一般人很重视专才教育(technical education),但却也有另外的一般人注重通才教育(liberal education)。这两种教育以那种比较重要呢?所谓专才教育,就是注重个人特殊能力的发展。譬如:有艺术天才的,便专门造就他成为艺术家;有科学天才的,就专门造就他成为科学家。通才教育却是注重着通一般人的教导,而着力于社会成员的培植。因为个人既不能脱离社会而单独生存,故必须获得若干基本的人类生活必需的经验。来参与共同的社会生活。就社会方面而言,尤须具有通才的人物来从事于公共事业之维持与发展,然后社会的生命才能够永远延续与繁荣。

由于这两种教育的着重点不同,就产生了两种极不相同的作风。这里,我可以举一个医学上的浅近的例子,譬如德国的医生说:"有什么病,就应当有什么药来医。""什么药,就只能医什么病。"可是这在英美的医生说法却不尽相同。他们说:"我们正想获取一种药,能够医很多的病。"这种意见在德国的医生们是很鄙视的。他们否认有所谓万应灵药。有

---

① 本文为王星拱 1946 年 5 月 20 日在中山大学师范学院演讲,原刊于广东省教育厅《广东教育》第 1 卷第 2 期,1946 年 6 月 20 日广东教育厅出版发行。

如专才教育家鄙视通才教育家一样,他们看重的只是在一两个天才的发展,所以在教育上他们极力主张专才的造就。

但是,由于他们太看重个性的特殊发展的缘故,却每每忽略了其他的教育。结果在这种片面发展的教育影响之下,便闹了很多的笑话。如从前法国一个数学家当他从外面游行归来的时候,他跟在一个马车的后面,在车厢后壁上写诗,马车跑多快,他自己也跑多快,弄得满街的人都大笑起来。

我们中国从前在国学上也有两个学派,即汉学和宋学。这两大学派的人,即汉学家和理学家,由于他们研究学问的方法不同,其对于儒家经典的解释及其人生观和宇宙观都截然有异。因此出现了两大趋向:汉学是注重个性的发展的,与专才教育同;宋学是注意普遍的教导的,与通才教育相同。汉学家攻击宋学家,说他们因为专讲严酷的规条,毁灭了人的天性,所以变成了"虚伪"。宋学家攻击汉学家则说,汉学家不管别人的地位,一任自己的嗜欲,所以流于乖僻。其实他们都有不对的地方。我们总结上面来说,可以知道,专才与通才至少是应当一并被重视的,无专才的教育,不足以发展特殊的人才,同时无通才的教育,更不足以促进社会事业的发展。但过分注重专才教育时,则每每会造成把个人的嗜欲及个性建筑于社会利益之上的乖僻人物,使社会的公共事业无人过问。过分注重通才的教育,又未免埋没人才,使各个人成为平凡的一群而妨碍专门学术的进展。我们站在师范教育的立场来说,原则上虽然对两方面都应重视,但就人道主义和对于社会事业的共同协进这一个观点来看,则通才教育究竟比较是我们的责任上应当特别顾到的。我们并非抹杀专才的教育,这点,下面还会提到。

教育的方法一种是"启迪"(development),一种是"教导"(instruction)。从知识论来看,这两种教育方法对于获得知识方法,各有不同之根源。启迪派以为一个人的一切知能完全是天赋的,所谓"万物皆备于我",教育的作用,只是把这些一生下来就潜藏着的知能启发起来而已。

所以他们认定心灵为知识之本源，教育是注重个性之发展，而用力于专才教育之设施。但是教导派却以为人类初生时本无所有，心灵如一张白纸，所谓"染之苍则苍，染之黄则黄"。教育的作用，就是在把人类共同生活所必需的宝贵的知识和经验教导他们，使他们在参加社会这个有机体之后，能够很适当地成为一个能动的联点，所以他们认定经验为知识之本源。在教育上注重于生活必需经验之传授，而用力于社会成员之培养，前者我们可以说他是教育的唯心论，后者我们可以说它是教育的经验论；前者是个人主义的，后者是社会主义的。

这两派因为对教育的根本看法既有不同，所以在方法上也各走极端。我国在过去一二十年间启迪派的学说风行一时，他们的教学方法是在课堂上只给个东西给学生，让他们自己去考究，不加教导和干涉。这些注重启迪的教学方法的人，根本鄙视教导的方法，并且对于教育上训练（training）的方法尤表痛恨，他们说这种教育是填鸭子的教育，如北平的人饲鸭子一样，不把他们养在水池里，而巢在阴暗的笼中，每日定时的把面条从它们口中塞进去。这种填鸭子的教育方法，完全是对于下等动物的机械训练的作风，是毫无人情，只能造成病态的现象而已。

在教导派教育家的眼光看来，他们对于启迪式的教学方法当然也不赞同，不过他们对于启迪派教育家们并不怎样的鄙视，故在批评的态度上，亦比较的没有前者那样刻薄。他们说，启迪的教育方法，从低级来说，就是"灯谜式的教育"。从高级点来说，就是"谈禅式的教育"，而这两者都是要不得的。灯谜式的教育就是出个题目，略加一点暗示，便只叫你埋头埋脑去猜去找。四书上说："至如用力之久，而一旦豁然贯通焉"。便是指这种灯谜式教育的作用。谈禅式的教育就是所答非所问，迷离恍惚，不可究诘的教学方法。这种谈禅式的教育是主张只可以意会，不可以言传的。

教导派虽然也攻击启迪派，可是他们到底比较温和一点，同时在实际工作上，他们那种"学不厌，教不倦"和"有教无类"的精神，实在很值得我们钦佩。在我们看来,这两种教育方法似乎相反,其实还是相成的。我们承认,世界上确实有天才这类的人存在,这种有天才的人,就是有特殊的能力,特殊偏向的,但是究竟是最少数罢了,一百人当中是难得一两个是天才的,假如我们只知对这百分之一的天才着力造就,而对那百分之九十九的中才的人就不愿意多事教育,无论如何是一个很大的损失吧!天才的发展,固然是人类智慧之果,但是,大量的中才的普遍教育,更是建设社会事业当中最伟大的力量,所以我们虽然不能漠视专才的发展,但更要着重通才的培养,才能对人类社会的事业有所调协和增进。

在遗传学说来,天才并不是由经验得来,而是由遗传得来的。中国有这样一句话:"士之子恒为士,工之子恒为工"。但这种说法,虽多少看重先天的遗传,其实也是环境使然的。有人说:丘吉尔之于其父,罗斯福之于老罗斯福。这些人都好像是人生就的,"有其父必有其子"的政治领袖,但是这未免太勉强了,其实天才的遗传还是有不同的,达尔文的孙已不是生物学家而是物理学家,尧之子不同尧,舜之子不同舜,这都表明了并不完全根据遗传的因素。

依一般的说法,遗传只是先天的,后天获得性不会遗传;但是先天的遗传又是从什么地方来的呢?加尔登(Francis Galton)曾作过许多遗传事实的统计研究,结果所得的祖先遗传律,认为一个人的特性,一半是从其近亲遗传而来(每亲各占四分之一)。四分之一则由其四亲祖而来,(一祖亲各遗传十六分之一),其八分之一则从其曾祖亲遗传而来,这样一代一代的推上去,多一代就多一代的平方。这样看来,一个人的遗传由来是非常混杂而不易清楚寻溯的。

在社会上,我们还可以看到很多人祖先非常平凡,而其本身却有很大的成就。同时有很多的人,他们的祖宗很有特殊的成就,而到了他自己却一无所成,所以遗传是不能过分重视的。

人类具有很大的可型性,孟子说:"人皆可以为尧舜"。就是说有了很多良好的教导方法,即普通人才亦可有大作为,我们站在师范教育的立场,对这句话是很赞成的。天才由于他无己优秀的禀赋,所以在学习上占了很大的便宜,他们是人十能之己一之,人百能之己十之,人千能之己百之,并且即使在学习前进遭遇了障碍也容易破除而得到成功。孟子说:"待文王而后兴者,凡民也,若夫豪杰之士,虽无文王尤兴。"所以在社会上我们便再用不着给他们更大的特殊便利,不然则不公平了。从人道主义来看,即便是低能和有缺憾的人,我们还是要为他们施行特种的教育,使他们在社会事业上,也能有些建树。社会制度是为一般的中人而设的,不是为少数特殊的天才而设的。当然我们若对于有优秀禀赋的天才给以阻碍,也是要不得,但是教育机会平等这一个原则,永远也是一个促进社会繁荣与全人类幸福的重要条件,我们社会事业的基础是建筑在大多数中材之士的群力上面,亦只有教导的方法才能发展并促进群力。片面的专才教育的作风只有造成一班各行其是,不理会别人的怪癖人物而招致社会力量的分散和紊乱,无论天才的成就如何,也是得不偿失了。

  所以我们的结论,是专才发展个性,通才推进社会事业,智慧发启自内心,而知识来自外感。在教育事业的应用上,启迪派和教导派都应充分的采用,尤以通才教育而论,则教导的方法,更不应忽视,现在我们一方面要天才的适当发展,同时还要注重通才的培育,尤其以师范教育而论,则通才教育和教导的方法,更为重要。诸位同学,将来都要献身教育事业的,对这方面希望能多多留意,这是我所希望的。

中国教育的新展望[1]

王星拱:教育是立国的基础,这是谁也不能否认的事实。在中国目前抗战胜利,建国开始的时期,教育的重要性,自然格外增加。蒋主席曾训示全国:"建国时期,教育第一。"我们怎能不加强对于教育的努力和注意?!

不过这次大战的结果,我们已进入原子能的时代,不容许我们不特别注重科学的研究。中国科学,比较欧美各国,本来就落后百年左右,经过这次八年长久的抗战,原有的科学研究的基础,又损失不费,如何能再不急起直追,迎头赶上?无论民生的改善,工业的建设,和国防的巩固,倘若不先尽力于科学的研究,那都是无根之树,所以我们此时应该提倡科学精神,充实科学设备,从事科学实验,培养科学人才,也即必须着重于科学教育的倡导和施行。

科学教育,可于两方面同时并进,一是普及方面,一是提高方面。我们在中小学校和社会教育的机构里,把科学的基本知识和技术,普遍的灌输与训练,养成一般的良好科学风气和基础。更于专门和大学教育方面,加深并提高科学的探讨,那将不愁不放出光明的火焰,使整个国家和

---

[1] 本文节选自广东省教育厅《广东教育》第2卷第1期,1947年2月16日广东教育月刊社出版。

民族走上康庄大道。

现在我们国家的政治,已渐渐转入民主,教育如再彻底地切实地注重科学,那灿烂光辉的一日,就在目前。我们从事于教育的人们携手努力吧。

第二编

王星拱与《哲学中之科学方法》

《哲学中之科学方法》[1]序文

人人文库创始于民国五十五年七月,创刊之初视字数多寡分为单号及双号两种,五十八年七月起增加特号,迄六十八年二十月底共出版二二五一本,其中单号六五七本,双号九〇九本,特号六八五本。除六十三年三、四两月因纸张缺乏暂停外,每月发行十本至二十本不等。

本丛书为王云老所创,其选材与介绍新知于仿自英国人人丛书(*Everyman's Library*)及家庭大学丛书(*Home University Library*),以廉价普及为主。今云老虽已仙逝,不复主编本丛书,本馆仍本云老遗志,继续出版,按月发行,并力求革新内容,改进印刷,以副读者爱护本丛书之雅意。

台湾商务印书馆编审委员会谨识
民国六十九年元月一日

翻译凡例

(一)翻译者原拟完全直译,以后因为有人说:"这样译法,读者一定

---

[1] 英国罗素原著,王星拱译述,台湾商务印书馆发行,人人文库序。

看不懂",所以稍加些微意译;然而能够如何逼近直译之途径,终是逼近到那个地步。至于在"如此直译颇难达意"的地方,宁可另加小注。又,在特别重要的地方,旁加密圈。

(二)凡长句之中,有长冗繁复的词句(clause)或语句(phrase),均以" "括之,以明" "内所有的字,可以做一个名词、形容词,或状词看待。例如以前采用的方法,大都自命为可以得一些比"逻辑分析所敢自命为可得的"更野心的结果。若是一个词句或语句之内,又藏有其他词句或语句,即用""括之:例如物中的"物",乃是"大家不能解释'一个同一的物,有变迁的状貌'的困难"之天然的产物;又如,一班"株守'他们幼时所学习'的数学所灌输的偏见"的人。

(三)形容词尾用"的"字:例如:这纸是白的;这是不可通融的事情。状词尾用"地"字:例如他明明白白地知道这个事实,这个推论是真正地错误的。之字为介系词。

(四)单数阳类第三者代名词用他,多数阳类第三者代名词用他们;单数阴类第三者代名词用她,多数阴类第三者代名词用她们;单数中立第三者代名词用它,多数中立第三者代名词用它们。

原 序

以下数次讲演,是试用举例来分析方法在哲学中之性质,本领及限制。这个方法——在夫烈施(Frege)著述之中,可以寻出第一个完备的例子——在我的多年实地研究之中,渐渐使我深信它是很确定的一件东西,它可以为一定的规例所陈述,它可以在所有的哲学各部分中,供给可能得着的客观的科学知识。以前采用的方法,大都自命为可以得一些比"逻辑分析所敢自命为可得的"更野心的结果。但是不幸而这些结果(为以前采用的方法所自命为可得的），总是为许多学力充足的哲学家所认为不可能的。过去之大系统各派哲学，若是仅仅看作为帮助悬想的假定，是很有用的，而极有可研究的价值。但是，如果要把哲学变成科学，要使哲学所注向的结果，不倚靠着采用该哲学的哲学家之嗜好与性质，我们须得需要另外一些东西。

在以下讲演之中，无论如何的不完备，我试为表明我所相信的"可以寻出这个缺乏品"的途径。

我所想"用以为例而说明方法"的中心问题，是"生货"的（未经制造的）感触张本，和算学的物理学中之时间空间物质之关系之问题。这个问题之重要，是我的朋友和共作者怀特赫（Whitehead）使我知道的。几乎所有的我在此书中所持的意见和《哲学问题》中所持的意见之间之区别，都是他的功劳。至于点之界说，瞬与"物"之对待法之提议，和"物理的世界宁为建设不为推论"之普通的观念，我都要归功于他。凡此处所谈论的东西，实在是他在《算学原理》第四卷中所供给的更详细的更确切的结果之一个粗浅的概说。我们可以看出：如果他的对待这些问题的方法，可以有成效的全部进行，则最大的唯心唯物之纷争，将可得一个新烛光而解决，而我们得了一个这两派中所可解决的问题之解决方法。

在过去时代中，物理的世界之实在或非实在，所以使人迷惑不解的缘故，起首就是因为没有圆满的"算学的无限"之理论。这个困难，是已经为康特耳（Cantor）所免除了。但是这个问题之积极的详细的"根据于感触的东西为张本"的解决，直至近来算学逻辑发展之后，才成为可能的。若没有算学的逻辑，我们在实际上，就不能够搬弄"有相当的抽象性和复杂性"的理想。这个道理，在以下通俗的概论之中，是较为隐晦的；到了怀特赫的书《算学原理》出版之后，就可以明白了。至于此书中所简单讨论的纯粹逻辑之中，我有许多利益是从我的朋友维特司旦（Wittenstein）还未发表的重要发明中得来的。

因为我的目的，是要说明方法，我把许多还是在试验阶级而尚未完备的东西包括在此书中;因为:建设之方法,不是仅仅研究已成的构造所能学得的。除那些东西如康特耳的无限之理论之外,我都没有要索该理论所暗示的最终结果。但是我相信:在这些理论须当修改之处,这个修改,还是用和"现在使它理论成为或然的方法"骨架相同的方法所能发明的。这就是我要请求读书者容纳"这些理论不完备"的理由。

近代的趋势

自最古的时代以来,各派哲学都比别的学术发出较大的要求,而收获较少的效果。直从达雷说"万有皆水"之后,哲学家都曾"自以为是"的说明物之共总是什么;直从安纳克西蛮德反对达雷以来,哲学家又都会"自以为是"的否决别的哲学家之宇宙观。我相信现在已经到了"这些事情应该完结"的时候。在以下数章之中,我将取特别的举例,以表明哲学家要求过甚,在于何处,而且何以他们不会收获更大的成效。我相信哲学中之问题与方法,都为哲学家所误会。有许多沿袭下来的问题,不是用我们现在的知识所能解决的。但是有一些为他们所更轻忽的而非更不重要的问题,若用更恒久的更合用的方法,可以为我们所解决,而得确切的一定的结果,如最高科学所能得的结果一般。

我们可以分近代哲学家为三派,每一个哲学家,往往多少含着一些别派的分子,然而仍不失其本派之特色。我把第一派叫做历史沿袭派。这一派是从康德,赫格尔传下来的。这一派想用从柏烈图以来的建设派的大哲学家的方法和效果,适合到现代需要上去。第二派我将叫做进化学说派。这一派的势力之重大,起于达尔文,然而我们须把斯宾塞耳算做这派的第一个哲学中之代表。但是在近代之中,到了哲姆士与与波格森之手,比在斯实塞耳之手中,更勇敢而愈出愈新了。第三派,因为没有别的好名目,我将叫它做逻辑原子派(逻干司谛克)。这一派是从算学之批评的考察，而渐渐侵入哲学的。这一派哲学，就是我所提议要采用的。它还没有好多诚恳的信士弟子；但是哈发所介绍的新唯实主义，是大为这派精神所贯注的。

我相信它所介绍于哲学之中之进步，和加里里约所介绍于物理学中之进步一般。它以零碎的详细的可证实的结果，去代替仅由悬想所荐引的阔大的、未曾证明的综合。但是在未懂这派哲学所引起的变迁之前，我们须得简单地考察批驳它将对敌的其余两派。

（一）历史沿袭派

溯自二十年前，历史沿袭派推到了英国沿袭的经验派，于是执掌无人敢问的权势于所有的盎格鲁撒克逊之大学之中。在现在的时候，它虽然是渐渐衰落的，然而还有许多有名的学者，依傍它而不离。在法国大学院界中，虽有波格森（属第二派），然而它的势力，是比所有的反对它的势力合拢起来还大。在德国也有许多人相信它。但是大概说来，它是代表一个渐衰落的势力，它不能把它自己适应于近代的风气。这一派信从者的哲学外的知识，大概都是文学的，而不是曾为科学精神所贯注的。除理性的辩论以外，还有一种智慧力（思想革命之潮流）和它相反抗。这个普通智慧力，已经打倒了过去中之别的最大的综合（如政治宗教之大理论），而使我们的时代成了一个忙碌摸索之时代；凡我们现在须忙碌摸索的地方，我们的祖宗，都曾以为应当如此而安然行之无疑的。

历史沿袭派之发达之原来的鼓助力，是希腊哲学家对于理性万能之自是的信徒。几何学之发明，曾使他们倾醉，而几何学之先天的方法，自他们看来，可以有普遍的应用。例如他们证明所有的实在是一个"一"；没有什么东西是变迁；和器官的世界不过是虚幻的。他们所得的奇怪结果（即与日用世界不符的结果），不足以改正他们，因为他们相信理性之推论，是决不会错的。所以大家以为：关于所有的实在界之最奇异的最重大的真实，都可以全凭思想得来，而且如此得来的结果，是一定的，是不能为"与它相冲突"的观察所能摇动的。到了这些古代哲学家之活泼泼的鼓助力渐渐衰减之时，威权（即不许人思想自由之力）与沿袭即（"使思想不自由之人不觉得思想不自由"之力）起而据其（原来之鼓助力）地位；在中古之时，几乎一直到现在，这些势力，又为有系统的神道学所辅助而增长，而且除在英国之外，大家还信从：先天的理性可以发明"别的方法所不能发明"的宇宙之秘密，可以证明"实在"是与观察所发现的完全不同，我意宁以这个信从，而不以由此信从所产出的特别的道理，为历史沿袭派之特点，和今日以前"要取科学态度于哲学之中"之重大的障碍。

我们可取一个例子，以说明历史沿袭派所包含的哲学性质。为要达此目的起见，我们稍费一点时间去讨论布拉德烈之学说。布拉德烈或者是这一个派最有名的现在尚活着的代表。他的貌似与实在中含两部，第一部叫做貌似，第二部叫做实在。第一部几乎完全把我们日见的世界之所有都考察而否决了；物和性质，关系、空间、时间、变迁、因果、动作、自己（思想的自己）——所有这些，虽是在一定的意义之中，都是为形容实在的事实，但是它们不是实在的，如其貌似为实在的。真正的实在，是一个简单的不可分的无时间的共总，叫做绝对。这个绝对，在一定的意义之中，是精神的，但是它又不是灵魂，或如我们所知道的思想与志愿。所有这些道理，都是由抽象的逻辑推论而来的。这个抽象的逻辑推论，自命为可以寻觅它所判断为貌似的范畴之中之自相冲突，可以截除"他最后主张的实在"的绝对之别的可存在的他说。

一个简单的例，可以表明布拉德烈的方法。这个世界，似乎是许多的东西，有许多彼此的关系：左与右，前与后，父与子，以及其他。但是依布拉德烈的意思，关系是自相冲突的所以是不可能的。他首先辩论：如果世界上有关系，必有为关系所连接的两个性质；我们无须纠缠这一部分，他其次说：

"但是另自一方面看来，一个关系如何搭到性质上去，是不可能的。

如果它关系是和性质是不相干的东西,则它两边的两个性质,不发生关系。如果如此,则它(关系)所连接的性质,已不成为性质,如我们所已看见的(如上节所未说的此处未引);而此二性质之关系,即成为无有。但是,如果这个关系,是和性质相干的东西,则此相干的东西,与性质之间,又有一个新连接者连接起来。因为一个关系,决不能是它两端的一项或两项之形容字。如果它是项之形容字,也是可以批驳的:它自己既另是一个东西,如果它和项之间,没有关系,我们如何能够懂得它是和项相干的东西。我们在此处,又涌到一个无希望的方法之旋涡之中,因为我们必须寻觅无底止的新关系;一个练圈,为一个练圈所联合,而此联合之本身,又是一个有两端的练圈,这个练圈,每端又各需一个以连接于旧练圈之上。这个问题,是要寻出一个关系如何搭到它的性质上去,这是不可解的问题。我不主张去详细地考察这个辩论,或者指出我的意见之中所看出的这个辩论之谬误点。我引这个辩论,不过是做一个方法(全凭思想的方法)之例子。"

我想多数人都承认:这个辩论原是用之混淆众听的,不是用以使人相信的,因为在如此明了的事实,如世界上各物之互相的关系之中(如观察试验所得来的),发生错误之机会,比在很玄渺的很抽象的很困难的辩论(如布拉德烈之辩论)之中,总要少得多(所以我们宁相信观察试验之无错误,而以布拉德烈为有错误)。从只知几何学的古希腊人眼里看来,由理性推论而得来的奇怪的(即与常识不符的)结果,是可以承认的。但是我们既知道观察试验的方法,又知道经验派所否认的(纯理)先天之错误之长历史,我们若遇着一个由演绎得来,而不能与明白的事实相符合的结论,我们自然要怀疑:此演绎之中必有错误。这个怀疑,是很容易追到很远的地方,如果可能,我们最好是:发现出来果然存在的错误之确定的性质。但是在现在科学发达的国家,经验的意见(即"以经验为凭"的意见)已经成了多数有知识的人的心神习惯之一部分,就是这个经验的习惯,并不是什么确定的辩论,解放了沿袭派的学说加在哲学学生与普通有知识的人的心上的桎梏。

  逻辑在哲学中之效能(我在后章中将试为表明),是唯一重要的。但是我不以为:逻辑之效能,乃是历史沿袭派中逻辑所有的效能。在沿袭派哲学之中,逻辑是经由否认而成为建设的。若是有好几个理论,在初见时,都是一样可能的,逻辑的功用,就是取其一而杀其余,而表扬这被取的一个,为在真实的世界之中实现的。所以一个世界,可以纯粹由逻辑建设而成,无须请教具体的经验。依我的意见,逻辑之真正的效能,是恰与此相反。当它应用于经验的事实之时,它是分析的而不是建设的。从纯理的方面说来,他常常表明出来从前未从想到的其他理论之可能,而不常常表明出来"初见似乎可能"的其他理论之不可能。所以它既解放我们的悬想,使我们可以想及世界或者是如此,而又不肯判言世界是如此(只是如此不能如彼)。这个由逻辑之内部革命所发生出来的变迁,赶除了沿袭的玄学中野心的建设(如心唯派),即极端崇信逻辑的人,也没有这个野心了。至于从以逻辑为虚妄的人(指神秘家)眼里看来,那些由逻辑产生(指沿袭派的逻辑)的逆理的系统,(与常识不符的结论)连否认的价值都没有。那么,自各方面看来,这个系统(沿袭派)渐渐地不能吸引信者,即哲学的世界,也渐渐地弃它不理了。

  我们可以征引刚才所讨论的沿袭派之中之一两个得意的原理,以表明此派的要求之性质。它说:宇宙是一个有机的和一,和一个动物或一个完全成就的美术品一般。它的意思大概是:各不相同的部分,配合在一处,而共同协作,而且它们(指各部分)因为它们在共总之中所占的地步而成为它们。这个信徒,有时是武断而传布的(如宗教),有时是用一定的逻辑来辩论保障的。如果这个道理是真的,宇宙每一部分,都是一个小宇宙——共总之缩小的反影。依此道理而言,如果我们完全知道我们自己,我们就可以知道所有的东西。即由常识看来,我们自然反对中国(为一个远国之例)有人之说,因为我们同他们(中国人)之关系如果间接而疏远,我们不能由关于我们自己的事实,而推论关于他们的重要事实。如果火星上也有人类,这个辩论是更强有力的。再进一层,我们所居住的空间时间中之所有的内容,或者只是许多宇宙中之一个宇宙,每一个宇宙,都似乎是完备(完备是说其外无他物)的。所以,宇宙共总之必须的和一之观念,若经解剖,即成悬想之贫乏。一个更自由的逻辑,可以从紧衣(束缚之意)仁慈会中把我们解放出来,这个紧衣仁慈会即是唯心论家所藏匿以为"物之共总"的。

这一派又有一个道理(唯心家之宇宙)——虽不是为此派之全数所主张,但是为此派之多数所主张的——就是:所有的实在,都是心理的或精神的;无论如何存在的实在,是靠着心理的东西而存在的。这个意见,有时变成一个特别的形式而说:知者与所知者(此一者字不必指人)之关系,是最重要的;除非他是知的(是精神),或是被知的(是为精神所知的物),没有东西可以存在。他们在此处,也是以为纯理的辩论,有合法的效能(经验不是如此)。他们以为不知的实在,是冲突的。如果我不是看错了,这个辩论,也是谬误的。一个较好的逻辑,可以表明:我们不能加一个限制到一个"不知的"之范围与性质上去。当我说"不知的"之时我并不是说我们个人所不知的,我是说,无论何人的心神,都不知道的。在此处,亦如在他处,较旧的逻辑,把可能关在门外,而监禁我们的悬想于熟悉的情形之中;较新的逻辑,宁表明何者或可发现,而不肯决定何者必定发现。

历史沿袭派的哲学,是两个不同的"亲"所生的最后生存的儿子。一个亲是希腊人对于理性之信徒,一个亲是中古时代之"宇宙是甚小的"(宗教中如地为宇宙之中心之观念)之信从。在那些"终身居于战争屠杀瘟疫之中"的中古经院派的心中,没有东西比平安与秩序还要可爱。在他们的理想的梦中,他们所寻觅的,就是平安和秩序。唐马司亚基纳司(中古哲学宗教家)与当脱(中古哲学文学家)的宇宙,是和么小而干净的荷兰别墅一般。在我们的眼中,平安已是平淡无味了,天性之野蛮举动,不过是我们每日秩序呆板的饭食之中偶用的酱油醋。所以我们的理想梦中之世界,是和住在格耳夫与机伯林之战争(中古战争)之中的人的理想梦中之世界,完全不同的。所以哲姆士反对他所叫做的"整块宇宙"(沿袭派的宇宙),所以尼采崇拜威力,所以许多文人有"杀人为快"的诗歌。人类天性之野蛮的隐基不能满足于动作之中,所以在悬想界里泄露出来。在哲学中,亦如在别处,这个趋势,也是可以看得出的。就是这个趋势,而不是什么形式的辩论,把沿袭派的哲学推翻,而寻一个自命为更有男性的更有生气的哲学去代替它。

(二)进化论派

进化论虽具有不同的形式,然而为我们现在风行的信条。它占据势力于我们的政治之中,它占据势力于我们的文学之中,他更不少占据势力于我们的哲学之中。尼采实验主义、波格森,都是进化论之发展之各方面。"它之获信,竟直越乎专门哲学家之范围",足以证明它和近代精神之符合。它自信是在科学里有深稳的根据的,是希望之解放者,人类权力中之研究的信仰(人类权力可以研究无论何种问题之信仰即人类权力可以战胜天然之信仰)之输入者,希腊理性威权与中古武断威权之可靠的反抗者。若去反驳这样的一个时髦的适意的信条,似乎是无用的,而且每个新人物,都要和它的精神深表同情;但是我以为:在过速的成效迷醉之中,有许多关于宇宙的极其重要的了解,都忘掉了。必有希腊哲学中之一些东西,和现代精神结合起来,方能从孩童之中热,长成成人之智慧(冷静的)。而且我们须得谨记:生物学不是唯一仅有的科学,而且不是别的科学都要顺从的模范科学。我将试为表明:进化论,无论依其方法而言,或依其所研究的问题而言,都不是真正的科学的哲学;真正的科学的哲学,是一个更艰苦的,更高远的,更少请求于人类希望的,而需要更严厉的训练,总能有成效的,一件东西。

达尔文种之由来告诉大家:动植物各种之差别,不是固定的,不可变的差别,如其所貌似的(这些差别貌似是不可变的)。天然的类之原理,曾使分类为容易的确信的,曾为亚里士多德遗传学说所尊崇的,曾为正轨武断家(中古宗教)所设想为必需而特别保护的,骤然的永远被逐于生物界之外。我们人类和下等动物之区别,依进化论说来,是逐渐的发展;此发展的阶级之中,含有不能容于人类之中又不能逐于人类之外的过渡物。太阳与行星,已为拉布拉司所表明,是从一个未分衍的火云进化而来的。于是旧有的固定的山脉,(即线界),都变为摇动的而不明了的,所有的清切的范围,都变成模混的了。物与类都失掉界线,没有人能说何处为始,何处为终。

但是,如果人类的可欺性,曾有一时为"人类与猿之同点"所摇摆,它立刻又找着一个途径,自行竖立起来(言人类不信此则信彼)。这个途径,就是进化之"哲学"。一个"从幼式(极下等的动物)到人类"的进行,自那些哲学家看来,自然是一个进步——虽幻式是否以为这是进步,不是我们所知道的。所以科学所发明的"这些变迁之等级或过去之历史"之理论,是为哲学家所欢迎的,因为他们以为这个理论可以发现"宇宙渐进于善"之发展——从理想的渐渐展开,而慢慢自行夹卷于实现的之中,之一种进化——之定律。但是这样的意见,虽可以满足斯宾塞耳和赫格尔派的进化论家,不是能为诚心信从变迁者所容允为充足的。依这些人(进化学说家)的眼光看来,一个为世界所永远逼近的理想,若用以感动人,是过于死的,过于静的。不但希望是要随进化的阶级而变迁发展的,而且理想之本身,也是要随进化之阶级而变迁发展的。进化途径之中,不能有固定的目标,但是有由于行动的新需要之联续的修改。这个行动,就是生命,只有这个行动,可以使此进行有和一的性质。

自从十七世纪以来,那些为哲姆士叫做"慈心人"的,都竭尽心力和似乎为物理学所勒迫为必需的宇宙的机械观相反抗。历史沿袭派(唯心派)所以为大家所信从的缘故,大半都是因为它可以一部分逃免物理学所供给的机械论。但是现在既有了生物学之力量(进化论),那些慈心人以为机械论之完全逃免,是可能的了。他们不但扫除物理学中之定律,他们并且扫除所有的似乎不可变的逻辑器具,它的固定的概念,它的普遍的原理和它的似乎可以"强迫不信者以必信"的推论。所以旧式的目的论——有一个固定的目的,为我们已经略为看见的,为我们所逐渐逼近的,为波格森所反对,因为他以为这样的目的论,不能够给予变迁以充足的地盘。

他在解释了他何以不相信机械论之后,又说(见《创造的进化》):但是根本的目的论,也是不能承认的,因为一样的理由(不能不认机械论之理由)。极端的目的论,例如莱柏尼所主张的,隐含着:凡物之进行,都不过是实现它们所预定的计划,一种意思。但是,如果世上没有东西是不能前知的,则宇宙之间没有发明和创造,时间又是无用的了。和机械的假定一样,它也是假定"所有的都是现成的"。如此解释的目的,不过是倒置的机械论。

它们是源于同一的假定(所有的都是现成的),但有下说的一点不同:在我们有限的智慧,随接续的物前动,而这些接续,都收缩成为仅仅貌似的之时,目的论把一支烛光放在我们之前,而宣言为我们的指导,不像机械论是把力放在我们之后的。它把将来的引诱,代替了过去的强迫。但是在目的论中,接续还不过是貌似的,即是动之本身,亦是貌似的。在莱柏尼道理之中,时间是被简缩而成一个混淆的感觉,由各人的观察点相对而生。这个感觉,在一个"心神坐在物之中心"的人看来,和雾一般,不久即消灭的。但是,目的论不像机械论,是没有呆板界线的道理,它可以转折圆旋如心所欲。机械论的哲学,是必须完全收买,或完全抛弃的;如果机械论家所前见的一条途径之方向为一点骤尔发生的最小的灰尘所改变,则非完全抛弃机械论不可。最后的目的之道理,是不能完全否认的。如果我们把"用这个形式陈列出来"的目的论放在一边,我们又可以用"用那个形式陈列出来"的目的论。它的原理是重要部分,是心理的,所以它的原理是可回转的,它是占据如此的广的,所以包含如此的多的。若有一天抛弃了机械论,他即刻就收纳了目的论之若干部分。

所以我们在此书中将要陈献的理论，一定也要搀入目的论之范围，至一定的地步。

波格森的目的论，是倚靠着他的生命之观念的。在他的哲学之中，生命是一联续的川流，在此川流之中，所有的分段，都是人为的，非真实的。物之分个、起首、末尾，都不过是便利的虚诳：只有一个无瑕的不断的迁嬗。今天的信从，如果它在今天可以带着我们随川流而前进，则它在今天可以算是真实的；但是到了明天，它就是假伪的，须得为"可以应付明天的新境遇"的新信从所代替了。我们所有的思想，都是便利的虚诳，都是此川流中之悬想的结冰。虽是有这些人为的虚诳，实在还是前进不已，我们虽能生于其中，然而不能以思想去领会它。他柏格森又没有明白的解释，而忽有一个下列的保证：我们虽不能预见将来，然而将来是比过去和现在较好些。读此书的人，像一个预期有一块糖吃的小孩子一般，因为人家曾告诉他（小孩子）张着口，闭着眼，将有一块糖吃。逻辑、算学、物理学，都消灭于这个哲学之中因为这些学问，是过于"静而不动"的。实在的东西，是向着一个目的的行动与前进。这个目的，是像虹霓一般，我们愈与它相近，而它与我们愈远，而且使我们既到了一个处所之后所看见的，和我们未到这个处所之前所远望的完全不同。

现在我不主张去牵涉到这个哲学之专门的考察。现在我只愿加两个批评：(1)这个哲学之真实，不是跟随着"科学所发现为或然"的关于进化的事实而来；(2)鼓起这个哲学的动机与兴趣，是如此的完全实际的，它所研究的问题，是如此的特别的，我们不能把它看做我曾经沾到所以为的纯粹哲学问题（真正哲学是理论的普遍的）。

（一）生物学所发现为或然的事实是不同的种类，是因为要适应环境，从较简单的而未分衍的祖宗发生出来的。这个事实，是极有趣味的，但是它不是那一种"可以有哲学的结果"的事实。哲学是普遍的，对于所有的存在的东西，都持一个不偏的观察点。地球上面一小部分（生物界）所经受的变迁，对于我们有感情的动物，是很重要的，但是对于我们哲学家,它不能比别的部分(生物界以外)的别的变迁更为重要。如果依现在的伦理观念看来,在过去数百万年中,地球上面的变迁是有进步的性质的,这个事实,并不能够为"我们信从进步为宇宙之普遍的定律"之根据除非为人类的欲望所驱使,决无人承认从如此狭小范围里所选择的事实而得来的粗疏的综合。

其实他所得的结果——这个结果不是全由生物学得来的,是从所有的科学共同研究世界所有存在的东西的得来的——是:除非我们了解变迁和联续,否则我们不能了解这个世界。这个结果,在物理学中得来的,比在生物学中得来的还要明了。但是变迁和联续之分析,不是物理学,也不是生物学,所能照彻出来的;它(这个分析)是另外一种问题,属于另外一个学术之范围。"进化论对于这个问题,究竟是否供给真实的答复"之问题,不是请教生物学或物理学所发现的东西而能够解决的。若预先假定了这个问题之答复(例如进化论家假定这个问题是能为进化论所解决的),进化论就不成为科学的哲学了。但是,就是因为进化论牵引到这个问题,进化论才能达到哲学中的题材(变迁与联续之本身不是变迁的联续的东西)。所以,进化论有两部分,一部分是非哲学的,但是一个从专门科学得来的急剧的综合,以后尚可证明或可否认的;一部分是非科学的,但是无根据的武断,它的题材,是属于哲学的,然而不能由进化论(非哲学的)所依据的事实演绎得来。

(二)进化论之重大的兴趣,就是在人类目的之问题之中,至少也是在生命之目的之问题之中。它的兴趣,是在道德与快乐之中较多,而在"为知识而知识"的知识之中较少。别的哲学,也有犯着这个弊病的,而且人类"想求哲学所真正能够供给的知识"之欲望,是很少的。但是如果哲学要成为科学的——这就是我们现在想发明如何可以做到的一层——我们首先要有一种"可为纯粹科学家之特帜"的不求实用的智慧的惊奇心理。关于将来的知识——这是我们想要知道人类目的之时,所必须寻觅的——在一定的狭小的限制之内,也是可能的。我们没法可说，这个限制，可以为科学所推远到什么地步。我们可以一定说的是：凡"其题材属于一个特别科学"的命辞必须用此特别科学中之方法去断定。哲学不是可以达到"别的科学也可以达到的结果"之捷径。如果哲学是一个真正的学问，它必定有它自己的领土。它是趋向着一个"别的科学不能证明也不能否证"的结果。

如果世上有个哲学，哲学中之命辞，必为别的科学中所不见的命辞。这层讨论，有深入的结果。凡带着人类兴趣（于人类有利害关系）的问题，例如将来的生命之问题，都属于特别科学的——而可以为经验的证据所判断——至少在理论上是如此的。在过去时代中，哲学常常允许它们自己判断于经验的问题之中，但是常常地寻出与最明了的事实极端冲突的结果，所以我们须得丢开"哲学可以满足利害关系的欲望"之希望。它所以能做到的是：当我们把它的实际的沾染，洗刷净尽之时，它可以帮助我们去了解世界之普通观念，与熟悉的而复杂的物体之分析。既有如此的成效之后，它可以暗示有效的假定，而间接地有用于别的科学，而以算学物理学心理学为尤甚。但是一个真正的科学的哲学，不能希望"摆在不愿意去了解它的人之前而不生智慧的迷惑"，它在它自己区域之中，可以贡献一种和别的科学所贡献的一样圆满的结果。但是它不贡献——并不预备贡献——人类目的之问题之解决，或宇宙目的之问题之解决。

如果以上所说的是对的，进化论乃是从特别的事实得来的急剧的综合，又有武断的"阻止分析"的意念，夹在一道，又为实用多而理论少的兴趣所贯注。所以它虽乞灵于不同的科学所得来的详细结果，它的真正科学的性质，还不能认为比沿袭哲学之真正科学的性质加高。如何使哲学为科学的，哲学的题材究竟是什么，我将在以下各章中，先取已收成效的举例，然后再用普通的叙述，试为说明。我们起首，将取进化论家所反对的时间空间物质之观念（如以上节段所说的）之问题。这些观念有重行构造之必要，是我们所承认的，而且是物理学家自己所提倡的；我们也承认在这个重行构造之中,我们应该把变迁及普遍的流动,比在"只有不灭之物质之基础观念"的旧力学之中,更为详加计算。但是我不以为,这个重行构造,是应该在波格森的路线上着手,而且我不以为,他抛弃逻辑这种举动,是无害的。然而我不采用明白的反驳之方法,我但采用独立的研究之方法。这个方法,就是先叙述未入哲学阶级之前为大家所承认的事实(即感触张本),而且把我们自己永远留在"为符合之需要所允许"的与这些初级的事实相亲近的地位(言不离事实而深入玄想)。

在哲学之中,明白的反驳,虽是因为"两个哲学家终不能互相了解"而永无效果,然而在开宗明义之处,我们似乎要稍微地说说科学态度,可以反对神秘态度的充足理由。在希腊哲学之中,意昂尼哲学家,是偏于科学的,西西里哲学家,是偏于神秘的。但西西里哲学家之中,有一个皮达高拉司,是这两个趋向之奇怪的结合品。他的科学态度,使他陈说直角的三角之命辞,他的神秘的眼光,使他表明"吃大豆是有罪过的"。他的生徒后派,自然是分为两派:喜爱直角的三角者,和怕惧大豆者。但是第一派不久即灭,只留下一个常住的神秘臭味,布满于希腊算学思辨之中,而以在柏烈图之对于算学之意见之中为尤甚。柏烈图自然包含着科学态度,和神秘态度,比他的前辈所包含的还更高深,但是神秘态度,他明明白白地是心中两个态度之较强者,而且在他俩剧战之时,神秘永在胜利的一边。柏烈图仿效意里亚派也用逻辑去征服常识,于是给予神秘主义以一块干净的地皮——这个手续即,即在现在之时,仍为归依历史沿袭派的人所采用的。

神秘哲学中所用以自卫的逻辑,依我看来,不能算作逻辑。在以后各章中,我将持此理由以批驳它。但是更透彻的神秘家,不用逻辑,他们看不起逻辑,他们直接地请教他们的慧眼之最近的揭晓。完全发达的神秘主义,虽是不多见于西方,然而有许多人的思想,都带有这个色彩,而以他们深信"一定的物件是不由经验得来的"之时为尤甚。在那些"刻意追求超世的难得的货品"之人之心中,这个深信——除科学所记载的所汇集的零碎事实之外,总还有一个更深更切的东西——是莫之能御的。他们觉得在这些世务的物件之帐幕之后,有个完全不同的东西,在那里若隐若现。只在"心血来潮"之片刻,发现为明白的状况,只有这个骤然的彻照(意"顿悟"),可以贡献有真实之价值的知识。所以在他们看来,寻觅这个片刻,乃是往知识之途径,不像科学家所取的知识之途径,是冷静的观察,无情感的分析,微小的和重要的实在,都有一样的容纳。

对于神秘世界之实在与非实在,我是完全不知道的。我不愿否认它,并不愿说:他们的发现这个世界神秘世界的眼光,不是真正的眼光。我所愿意主持的——而且就是在此处,科学的态度是重要的——是:虽有许多最重要的真实,首先都是由这样眼光指示而来,然而那个眼光,不能证实,不能辅助不足为真实之保障。以本能和理性为相反对的,已是很古的说法。在十八世纪之中,他们以理性本能为相反,而崇拜理性;但是卢骚及浪漫派文学的动作发生之后,大家又尊崇本能。这个尊崇,首先为一班反抗政府及思想之"人造的形式"者所提倡,嗣后当沿袭的神道学之理性的保障,逐渐倒塌,不能支持,之时,所有的那些觉得"科学中有不利于信条的东西"(他们以为科学发达理性而不利于信条)的宗教家,也随之而尊崇本能,这些信条就是他们(宗教家)夹在生命与世界之精神的解释一道的。波格森用直觉这个名词,把本能升高为仅有的玄学的真实之判决者。但是质而言之,理性和本能之区别,其大端都是虚诞的。本能、直觉、眼光,都是信从之最先的引导,理性是续后的证明或反证。但是在可以证明之时,这些证明,若经过最后的分析,都是和别的信从相符合的;这些别的信从,还是本能的。理性宁可说是一个谐和的管理的力量,不可说是创造的力量,即在纯粹的逻辑区域之中,只有眼光为"首先达到新东西"的先锋队。

理性和本能在何处冲突呢?是在本能所主持的单独的信从之例之中。若是本能主持这个信从极其坚决,即此信从和别的信从无论有如何高的不符合的等级,亦不能打消这个信从,那么,本能和理性就冲突了

（本能主持这个信从理性反对这个信从），本能和别的所有的人类才能一样，也可以有错误的。凡理性弱薄的（即主张信从自由的）人，对于他们自己，不愿意承认这个道理，但是无论何人，对于别人，都愿意承认这个道理（凡人都愿意别人都屈服于理性）。本能最少发生错误之处，就是在实用的范围之中，决断何方可以利于自己的生存。例如人对于我的友谊和仇心，我自己往往可以穿过假装的面孔而直接地由本能看得清楚。但是即在此例之中，也许有人为沉默（不表现态度）或谀谄所蒙蔽，而得一个错误的印象。若在不是如此直接的实用的事件之中，例如哲学所研究的，本能的信从，可以完全错误的；因为有时我们嗣后方才知道它和别的强力相等的信从不相符合，这就是"我们需要理性以为调和者"的缘故。理性可以用我们各种信从之互相的酌合，而议订各种信从；若在可疑的举例之中，又可以考察可能的错误究竟在那边。在这样的地方，理性并不是和本能之全体反对的，它不过反对"糊里糊涂地倚靠本能之一些有趣的方面，而拒绝别的较普通的而价值也不较低的方面"这一种的信从。理性所要修正的，就是这样的片面的见解，并不是本能之本身。

　　这些大概寻常的规律，可以应用于波格森的"用直觉以反对理性"的学说，以为说明之例。他说：有两种根本不同的方法，去知道一件东西，第一个方法，是有"我们绕这个东西而观之"的意思；第二个方法，是有"我们进到这个东西之内而观之"的意思。第一个方法，须靠着我们所在的观察点，和我们所用以表现我们自己的记号（如文字是）；第二个方法，也不需靠着观察点，也不需靠着记号。由第一法得来的知识，只能在相对的范围之中；由第二方法所能够得来的知识，直达到绝对。第二个方法，就是直觉。他又说：直觉是那一种的智慧的同情，可以使人自置于一物之中，而与此物之特有性合而为一，所以是不可言传的（凡言传皆用他物以写此物）。他又举自己的知识（即自知）以为例，他说：至少也有一个实在，是我们用直觉从里面抓出来的，不是用简单的分析而得来的；这个实在，就是我们自己的人格在时间中之前流——我们的经历时间的自己。波格森之其余的哲学,都是用言语——不完备的传达物——以报告由直觉得来的知识,又由此而否定从科学和常识得来的所有的自命为真的知识。

因为这样的辨法,在理性本能交战团中,偏袒本能的信从,他须得证明本能方面的信从,实是较好于理性方面的信从,才有偏袒的理由。波格森经行两个途径,来做他的理由:(1)他解释智慧不过是以领取"生物的成效"的实用才能。(2)他历举动物之许多可骇的本能,而又指出一个世界之特性,虽可以为本能所领会,然而可以把智慧送至于"莫名其妙"之乡。

波格森说:智慧是一个纯粹实用的才能,由竞争生存而发达的,不是真实的信从之源泉。我们可以用下列的辩论,批驳他这一层理论:(1)竞争生存之理论,及人类之生物的祖宗(即发生人类的过去的下等动物)是全由智慧而知道的。如果智慧的引入错误的,则由推论而得来的人类之过去历史,都是虚伪的。(2)如果我们以为:波格森所信从的进化论,是和达尔文一样的,则人类所有的才能——不但智慧——都是受实际的功用之需索而发展的,即直觉也是在直接有用的时候,发表得最明白,例如我们直觉地知道别人的性质和"脾胃"。波格森似乎以为:人类的这种知识(直觉得来的)之可能,比学习算学之可能(试举算学为智慧之代表),较难为竞争生存之理论所解释。然而野蛮人用本能而判断,为假伪的友谊所欺骗的,或者要把他的生命来赔偿他的错误,而在文明社会之中,我们决不把不能习算学的人,处以死刑。凡他所举的极可惊的本能之例,都有直接的保卫生存的价值。这个事实之真相,是本能和智慧都是因为有用而发展。概略说来,他们给予真实之时,是有用的,他们给予假伪之时,是有害的。文明人类中之智慧,和美术天能一般,有时发展过于"有用于个人"的程度,至于直觉,似乎是依文明之愈发展而愈减少。大概说来,小孩的直觉,较强于成人之直觉,无教育人之直觉,较大于有教育之直觉,直觉之在狗之精神之中,或者比人的直觉更高。如果有人因为这些事实,而推崇直觉,他们必须回到树林里去乱跑,用蓝靛染身,而以山楂野粟为食料呀。

其次我们再考察:直觉可是不发生错误,如波格森所说的呢?依他说:最好的例子,是我们对于自己之熟识。但自己的知识(自知之明)是极其少而极其难的。例如多数人之天性中有卑贱性,有虚荣性,有妒忌性,他们的最好的朋友都看得出来,然而他们自己看不出来。直觉固然有使人必信的权力,而智慧没有这个权力。在直觉的知识存在之时,几乎完全不能怀疑它的真实,但是若经过考察之后,只需它和智慧一样的可生错误(不需比智慧多生错误),它的较大的主观的必然之意见,竟成了一个使它成为更大的欺骗(预期过甚故失望更大)。除自己知识以外,最好的直觉之例,就是凡人对于"他们所相信为有爱情的人"的知识,不同的人格中之墙壁,竟成了透明的。他们以为,他们可以看见他们所恋爱的人的灵魂,和他们可以看见自己的灵魂一样。但是即在如此例中,欺骗还是常有成效的。纵使没有有心的欺骗,我们的经验,已经渐渐证明:彼此之直觉所设想的互知,仍不过是虚幻的;而智慧所用的较慢的摸索方法,久而久之,还是更靠得住的。

波格森主张,智慧仅能应付"和过去曾经经验过的东西相同"的东西,而直觉有"可以领会每个新时期中之特有和新奇"的权力。每时期中总有一些特有的新奇的东西,固然是不错的;这个特有和新奇,不能为智慧观念表托出来,也是不错的。只有直接的认识可供给特有的新奇的知识。但是直接的认识,是完全在感触之中供给出来的。依我所能见到的而言,并不需要什么直觉的才能去领会它,也不是智慧,也不是直觉,但是感触,可以供给新张本。但是这个张本,如果是非常地新的,智慧对付他的本领,比直觉高得多。一个鸡夹在一群鸭之中,他的直觉,似乎可以把他挤到一群之中心,并不是由分析而知道的。但是倘若这一群鸭下水游泳去了,他所有的直觉,都成了虚妄的,于是徘徊岸上,莫知所为了。其实直觉是本能之一方面一阶级,它和别的本能,一样也是在"已经把一个动物之习惯铸炼成就"(如鸡置身于鸭中)的经常的环境之中,是最可惊赞的,但是到了"需要一种新式的动作"的变迁的环境之中,它就完全不中用了。

哲学所目的的世界之理论的了解,是一件东西,不能有实用于兽类的,不能有实用于野蛮人的,并且不能有实用于最文明人的。所以我们不能以为快速的粗疏的而一招即至的本能方法或直觉方法,在这个范围之内,能够寻出可以应用的合式地盘。直觉是人类动作之较古的一种(由古代沿袭下来尚未灭绝的动作),它表明我们和现代的兽类及半人类的祖宗之类似性;远代的兽类及半人类的祖宗之直觉,是比我们更强的,在保护生存及恋爱之例中,直觉常时地(不是永远如此的)有极快剧极确定的动作,为批驳的智慧所惊讶。但是哲学并不是"表明我们与过去兽类之类似"的研究,它是极精细的极文明的研究;若要有成效,它需要一定的本能生活之解放,并且有时需要一定的世俗的希望与恐怖之远离。所以我们不能希望在哲学之中,看出最好的直觉,而且真相还是恰此相反的,因为哲学之题材,和"要领会它"的时候所需要的思想之习惯,(即方法)是新奇的,与寻常不同的,而且高远的。所以,在哲学之中——比在别的尤甚——智慧是比直觉较高上的;不分析的快速的判信,是最不值当"不经批判而容纳"的。

在我们尚未驶入很难的很抽象的讨论之前,我们最好是先行概括:何种希望是可以保存的,何种希望是必须废除的。如何去"满足我们人类的欲望"——"想要证明世界有这个或那个适意的伦理的性质"这种功业,依我看来,不是哲学所能做到的。好的世界和恶的世界之区别是存在于此世界中之各种特别物之各种特别性质之区别,它不是一个抽象的区别,可入哲学的范围的。例如爱悦和憎恶是伦理的反对,但是依哲学观之,它们对于物件,是相同的。对于物件之各种态度(如爱悦憎恶)之形式与组织,是哲学的问题,爱悦和憎恶之区别(即心理的现象),不是形式的区别,所以它的属于心理学而不是属于哲学的。所以贯注哲学家的伦理兴趣,须得留在后面:我们虽可以有一种伦理兴趣,普通地贯注在全体研究之中,然而不能把它搀入于详细的途径之中,在我们所寻觅的结果之中,去期遇它。

如果这个意见,在初见之时,是使人失望的,我们须得回忆:在所有的别的科学之中,都曾有这样的变迁。物理学家或化学家,现在不需要证明他的电驶或原子之伦理的重要;生物学家不期望寻觅他所解决的植物或动物之功用。在科学以前的阶级之中,可不是这样的。例如古人研究天文学,因为:他们信从星卜学;他们以为星球之行动,对于人类之生命,有重要的关系。到了这个信从衰落,而不求实用的天文家刚才发达之时,我恐怕也曾经有许多极欢喜星卜学的人,以为天文学与人类太无关系,是不值当学习的。古代物理学——例如柏烈图之笛麦司——也含着许多伦理观念;他的目的之重要部分,就是证明地球是有可赞美的性质。近代物理学家恰与此相反,他虽不否认地球是可赞美的,但是他在物理学家资格之内,决不理会地球之伦理的性质;他只搜寻关于地球之事实,而不管它们是好是恶。在心理学中之科学态度,是比在物理学中较难而较迟的;它从前自然是讨论人性之善恶的,而又假设:善恶之区别,在实际方面,既是唯一的重要的在理论方面,也应该是重要的。一直到了上世纪,才有一个伦理中立的心理学发展起来,而且在心理学中也是有了伦理的中立,才有科学的效果。

在哲学之中,从前的人永远未曾寻觅过或获领过伦理的中立。人都记得他们的祝望,而判断哲学为与他们的祝望有关系。"善和恶必为了解宇宙之钥匙"之观念,既被驱逐于各门科学之外,于是以哲学为逋逃薮。但是如果哲学不仅为一个适意的春梦,这个信从(上句之观念)也是要从最后的逋逃薮里驱逐出来。我们很容易知道:快乐往往不是直接寻快乐的人所可多得的,善似乎也是如此的。无论如何:在思想之中,凡忘却善恶而仅求明晓事实的人,往往比用"为欲望所桎梏"的眼光去观察世界的人,较易得良好的结果(即善)。

在近代之中，我们的关于事实之知识之极大的扩充，和在文艺复兴时代一般，生了两个效果于普通的智慧的观点之上。在一方面，它使我们不信从阔大的野心的系统之真实，各种理论，推陈出新，快速之至。每个理论，在一个短时期内可以汇集所知的事实，而又鼓助新事实之搜寻。到了寻觅出来新事实之时，它又因为不能应付这个新事实，而"推拉让国"于一个更新的理论。在科学之中，即发明这些理论的本人，也不过把它们看作临时的迁移者。包含万有的综合之理想物，例如中古学子所设想为己得的，一层一层地往前移远，似乎出乎我们所能达到的界线之外。在如此的世界之中，如在悾特臬的世界之中，除了一层一层地发明"可以推倒旧来培养的理论"的新事实之外，别无有价值的东西。如此，则管理的智慧，逐渐疲倦，而且逐渐由失望而变成疏懒了。

在另一个方面，这些新事实带来许多新权力：人类对于天然力之物理的制伏，增加得快速无比，而且应允我们，将来还可增加，至于我们不易定的界限之外。于是一方面不能由理论而得最后的结果，以至失望；一方面由实用之增加，而又使我们有乐观。人类所能够做到的似乎是无限制之可言。

古代的人类权力之界限，例如死，"种类之倚靠于宇宙力之均势"都忘脱了；大家都不允许，困难的事实，搀入万能之梦想之中。若有一个哲学加"人类满足欲望"之能力以一定的限制，是不为大家所容纳的，于是大家即以理论之失望，（此失望即指能限制知识）去镇压"怀疑实用之可能"（即以实用为有限制的）之非议（这是说理论既无限制，应用何以有限制呢）

近代的精神，在欢迎新事实，与怀疑宇宙系统之武断两点上，我想我们须得承认完全的进步。但是依我看来，在实用的夸张与理论的失望两方面，都似乎是过火的。有些使人类希望动摇的不可变迁的天然障碍物，召出人类所有最大的能力去应付它们，他若自夸万能，则他成了很不中用的而很无意识的（例如入别的星球）。在理论的方面，最后的形而上的真实,虽比过去哲学家所设想的包括较少而领取较难,然而若是有人愿意把科学之希望、恒心和大度(可容纳别的意见),及希腊人对于逻辑的抽象的世界之美感,和对于真实之观察之最后的自身的价值不沾实用之意之中之一些分子联合起来,形而上的真实,是可以发明得出来的。

所以为真正的科学精神所贯注的哲学,必是研究颇干燥的抽象的东西,不能希望可以寻得生命之实用问题之答复。这个哲学对于那些"想要了解过去时代所觉得最难的最隐晦的宇宙组织之中之大部分"的人,是一个很大的报酬,一个有名的战胜品,如牛敦及达尔文之战胜品一般,而且久而久之,又是对于模范人类思想的习惯,是很重要的。而且它又带着———如一个新的有势力的研究方法都带着———一种权力之意味,和一种进步之希望,比根据于急剧错误的综合而推到大宇宙上去的,较为可靠,较有基础。它不能满足"曾经贯注过去哲学家"的希望,但是它可以满足别的更纯粹的智慧的希望(不是欲望的希望)——比前代所曾以为人类心神所能达到的,还要满足得好。

逻辑为哲学之精髓

我们第一章所讨论的题材,与将来将要讨论的题材,凡在纯粹的哲学范围之内之部分,都自行简约而成逻辑的问题。这也不是偶然的,是因为所有的哲学问题,经过分析与洗刷之后,不是成了非真正的哲学问题,就是成了逻辑(依我们所用的此字之意义而言)问题。但是逻辑这个字,没有两个哲学家所定的意义是相同的,所以此章开始,我必须把我所定的逻辑这个字之意义解释一番。

自中古时代至现在的教授之中,逻辑都不过是专门名词和三段推论法之经院式的聚集。亚里士多德会曾如此说,而谦卑的学子,只温习这些旧有的课程。这样遗传下来的无味的东西,仍然发现于现在考卷之中。而且有许多有名学者要保存它,以为它是一种很好的练习,可以养成一个辩驳的习惯,于终身生活,是很有益的。但是我不是因为逻辑之这个意义,而赞美所有哲学问题都是逻辑的。自十七世纪起,所有有"搜寻的思想"而研究"推论"之问题的人,都已经抛弃了中古的遗袭,而且他们都从不同的方向扩充了逻辑之范围。

第一层的扩充,是倍根与加里里约所介绍进来的归纳方法——倍根介绍进来一些理论的而大致错误的归纳方法,加里里约介绍进来实用的归纳方法(即试验法)以设立新天文学物理学之基础。普通受过教育的人所熟悉的逻辑之推广,或者只有这一层归纳。然而归纳方法,虽是有研究方面(开始之时)是很重要的方法,它到做完了它的事业之后,就不再存在了。在完备的科学之最后的阶级,所有的东西,应该都是演绎的。如果归纳仍然存在(这还是很难答的问题),它也不过为"一个演绎可以凭之而进行"的一个方法。所以归纳法之为介绍而入于逻辑,其最后的结果,并不是创造一个非演绎的推论,但是指出各条可以演绎之途径,而扩充演绎之范围。这个演绎当然也不是三段推论,能够嵌入于中古肩架之中的。

归纳法之范围与效力之问题,是一个极难的问题,而在我们的知识之中,又是很重要的。试取一个问题,如"明日太阳将出吗?"我们第一层本能的感觉,是我们有许多理由可以说:它明天还将出来,因为在许多过去的清晨,太阳都曾经出来。我不知道这一层理由是否是充足的,但是我愿意设想它是充足的。以后引起的问题,是:什么是推论之原理,为我们所凭借,从过去的日出而推到将来的日出呢?穆勒的答案是:这个推论,是靠着因果律的。我们姑且设想这(穆勒之说)是真的,我们有什么理由去信从因果律呢?概而言之,有三个答案:(1)它(因果律)的本身,是由先天而知的。(2)它是一个假设。(3)是从过去的依从因果律的举例之中得来的经验的综合以因果律为先天的之理论,是不能否定的。但是,若是把确切的形式表托出来这个定律,它即现出不能合拍的样子,而且可以表现出来:它是比寻常所设想的更加复杂得多。"因果律是一个假设"——那就是说,这个说法也许是不对的,但是我们选定了如此说法——之意见,也是不能否决的,但是决不能够做"我们可以用之以推论"之充足的理由。我们于是只剩了穆勒所主持的"因果律是一个经验的综合"之意见了。但是,如果如此经验的综合是合理的,此综合之合理的证明,不能是经验的,因为我们要从已观察的而推度未观察的;这个推度,只能从已观察的和未观察的之关系而得来。但是未观察的,依其界说而言,是不能为经验所知道的,所以它和已观察的之关系,如果为我们所知道,必定不是靠着经验的证明而知道的。我们试看穆勒对于此点,所说如何。

据穆勒的意思,因果律是为一个可容纳的,也许有错误的,不必全是真实的方法,叫做简单计数的归纳(induction by simple enumeration)所证明的。他说:这个方法,是把普通的真实性加到所有的"在我们所知的举例之中是真实的"命辞上去。至于它此方法的失败,他说:简单计数的方法之失误,恰与此综合之阔大(从少的观察而可以推广多的举例,则为阔大,否则为窄狭)成反比例。这个方法之欺骗与缺乏之程度,恰与所观察的内容之限制与窄狭之程度成正比例。(例如从人之能言的性质,仅能推到别的人,则为窄狭;从人之有生命的性质,可以推到别的生物,则为阔大;从人之物质的性质,可以推到别的物质,则为更阔大)。若是扩大了观察的范围,这个非科学的方法,渐渐减少它的产生错误的可能;而且最普通的真实,如因果律之本身,数之原理和几何之原理,仅仅可以合适地满足地为此方法所证明,而且它们并不能变为"可为别的方法证明"的。

在此叙词之中,明明白白的有两个空隙:(1)简单计数之方法之本身,凭借什么而可以成立;(2)有什么永不失误的逻辑原理——如果有此原理——管得住此方法所达到的地方。我们且先讨论第二问题。

若是当它(一个证明的方法)为我们运用之时,它可以生出真实的结论,或者假伪的结论——如简单计数之方法是如此的——则此方法自然不是有效力的。一个有效力的方法,须得每次皆得真实的结论。那么,如果要使简单计数之方法推论所得的为有效力的,我们不能叙述此方法,如穆勒之所叙述。我们当说:张本(过去的经验)至多也只能使结论为或然的在我们所曾经试验的举例之中,因果律是真的,所以在未曾经试验的举例之中,因果律或然也是真的。在或然之观念之中,原有极大的困难,但是我们现在姑且可以把它放在一边。于是我们有一个逻辑原理,至少也或者是一个逻辑原理,因为它永远未曾有过例外。如果有一个命辞,在我们所知道的举例之中,都是真的,如果我们所知道的举例是极多的,则我们可说:依张本而言,这个命辞在将来的举例之中,或然也是真的。纵我们所定为或然的结果,将来不发现出来,也不能否驳这个原理(或然之原理),因为一桩事端,可以依张本是或有的,而不发现。但是这个原理,自然还可以经受分析,而给予以更确切的叙述。我们应该说大概与下列相类似的叙词:一个命辞在一个举例中之真实,增加"这个命辞在其次举例中亦为真实"之或然数;而且如果证明此命辞之举例极多而无例外,则"这个命辞,在其次举例中亦为真的"之或然数,无限地逼近于必然。如果要使简单计数之方法为有效力的,我们须得有这样的一个原理。

但是这个把我们引到那一个问题了,那一个问题,就是:我们何以知道这个原理是真实的呢?因为我们要用这个原理为归纳之基础,这个原理自然不能用归纳来证明;因为这个原理在经验的张本之外,所以这个原理不能完全为经验所证明。因为这个原理是我们所需要以便从经验的张本,而推论张本以外的东西,所以这个原理并不能为这些张本所辅助而为或然的(或然的尚不可能,更不能为必然的了)。所以如果这个原理是知道的,必不是由经验而知道,但是不是靠经验而知道的。我并不说我们知道这样的一个原理,我只说:我们需要这样的一个原理,去做经验家所允许的"从经验而推论"之基础;而且这样的原理,不能以经验为基础而成立的。至于对于别的逻辑原理,我们都可以用同一的辩论而得同一的结论。所以逻辑知识不是全由经验得来的,而且经验派的哲学,在逻辑范围以外,虽曾有极美的功劳,然而在逻辑上说来,经验派的哲学,是不能全部收纳的。

赫格尔及其门徒在另一个方向,推广了逻辑之范围。据我的意思,这个推广的方向,是错误的。我们若要知道他的逻辑之观念,和我所愿意采用的逻辑之观念之区别,我们须得讨论一下。在赫格尔的著述之中,逻辑和玄学(形而上学)是实际上没有区别的。这个混淆之由来,大概如下。赫格尔信从:用先天的理性去推论,我们可以表明这个世界,必定有一定的重要的有趣的特性（即性质表德），因为一个世界，若是没有这些特性，是不可能的，是自相冲突的。所以他所叫做的逻辑，是研究凡可以由"宇宙必是逻辑的自相符合的"这个原理中推论出来的宇宙之性质。我自己不相信：仅从这个原理，我们可以推论出来"对于现在的宇宙是为重要的"的东西。但是无论如何，纵令赫格尔之推论是合理的，我终不以他的推论为属于逻辑的，宁可说：他的推论，是逻辑之对于实现的宇宙之应用。逻辑之本身，是要研究什么是"自相符合"这个问题。依我所知赫格尔并未曾讨论这个问题。他虽然批驳沿袭的逻辑，而自信曾用他自家的改良的逻辑代替它，然而在他所有的推论之中（他还不批评地不自觉地假定了）①一些沿袭的逻辑，及其所有的错误。依我看来，逻辑之改良，不应当在赫格尔所采取的方向去搜寻，但是要在他的系统和别的哲学家的系统所共有的预定（即基础的假定）之中，做一番更深远的更忍耐的更少有野心的研究。

赫格尔假定普通逻辑（经院派的逻辑），而后来又批驳它，其所经由的途径，可以用"范畴"之普通的观念说明之（依我看来似乎是如此的）。这个观念，是永远含在他的推论之中的。我想这个观念，几乎全是逻辑的混淆之结果。但是这个观念似乎是"共总化的实在之性质"之替身。布拉德雷（Bradley）曾构成一个理论，依此理论，在所有的判决之中（表为命辞），我们都是加一个谓词到这个"共总化的实在"上去。这个理论，是

---

① 原注：赫格尔在他的逻辑之中对于这一部分的辩论，都是靠着两个"是"字混淆而成立的：一个"是"是云谓之是，例如苏格拉底"是"要死的；一个"是"是同一之是，例如苏格拉底是嗑着毒液的哲学家。因为这个混淆，他以为苏格拉底与要死的是同一的。他既看到了它俩（苏格拉底和要死的）是不同的，他不像别人必定推论：总有什么地方有一个错误，但是他推论在它俩在异（差别）中表现出同（同一）来。而且苏格拉底是特别的，要死的是普遍的。他于是说：因为苏格拉底是要死的，所以特别的是普遍的——他把所有的"是"都当做同一之是。但是，若说"特别的是普遍的"，是自相冲突的。他又不疑惑它有什么错误，但是他又接续地把特别和"和普遍在个体"——具体的普遍——的身上构造起来。这个举例，可以表明：若是起首之时，缺乏小心，重大的哲学系统，可以在愚蠢的渺小的混淆之上建造起来；唯其因为我们不能相信他的这个混淆是无意的，我们几乎以为他不过是开玩笑（不是严正地讲哲学）。

从赫格尔来的。依沿袭的逻辑,每个命辞,都是加一个谓词到一个主词上去,从此推之,天下只有一个主辞——绝对。因为:如果有两个主词,则"两个主词存在"谓词这个命辞中之谓词,也不能加到此个上去,也不能加到彼个上去(彼此两个即命辞中之两个)。

所以赫格尔的道理——由哲学的命辞,都必定是绝对主词是如此如此谓词——是靠着沿袭的逻辑中之信从而来。这个信徒,就是"主辞谓词的形式是普遍的"(凡命辞都是一个主词一个谓词)。这个沿袭的,大致不自觉的,不以为重要的。信从,在暗地里主持,而在所有的辩论之中,都为他所假定,例如他假定了这个信从在他的否认关系之辩论之中时(必须多元才有关系只有绝对即无关系),使人初见之时,以为他的否认是真实的。这是赫格尔不留意地假定了沿袭逻辑之重要的方面。至于别的较少重要的方面——虽是也够重要的而为重要的赫格尔的观念(如具体的普遍和异中之同之类)之要源——都在他明白地研究形式之处,可以看出来。

另外还有一个方向,为逻辑之专门的发展所经由的,我是说我们所叫做的逻辑司谛克,或算学的逻辑。这一种的逻辑,因为有两个意义而叫做算学的:(一)它自己也是算学之一支;(二)它是特别可以应用于别的沿袭甚久的算学之各支的。在历史上,它起首是一个算学的一支;把它应用到算学的别支上去,乃是近代的发展。在这两方面,它都是"莱柏尼终身所鼓助,而用他的奇异的智慧的勇猛能力所追求"的希望之满足(这种逻辑就是这个希望之满足者)。莱柏尼关于此项之著作,好多是近代才出版的,因为他的发明,又重行为别人所发明;但是他自己未曾印过一本,因为他所求得的结果,有一定的地方,是和三段推论之沿袭的道理相冲突而牢不可解的。我们现在知道:在这些地方,沿袭的逻辑是错误的,但是莱柏尼因为崇拜亚里士多德,而竟不能明晤这是可能的(明晤沿袭的逻辑是错误的)。

算学的逻辑之最近的发展,是从布尔(Boole)《思想之定律》出版

(1854)之时起的。但是在皮安诺(Peano)及夫烈施之前,他(布尔)和他的后起人所收的真正的成效,除一定的细端而外,只是一种算学符号之发明,用这些符号的新方法可以从前提中演绎结论出来,和亚里士多德的方法相同。这个题材,因为它成了一个算学的特支,是有很大的趣味的。但是它和真正的逻辑,并没有多大的关系。自希腊以来,真正的逻辑之重大的进步,是皮安诺与夫烈施——他俩都得算学家——独自做出来的。他俩从算学之分析,都达到同一的逻辑的结论。沿袭的逻辑,把"苏格拉底是要死的"和"所有的人是要死的"两个命辞,看做有同一的形式。① 皮安诺与夫烈施表明了这两个命辞之形式是完全不同的。逻辑之哲学的重要可以下列之例表明了:这两个命辞之形式,是完全不同的。逻辑之哲学的重要,可以下列之例表明之:这个混淆(以上两形式之混淆)——现在有许多著者还在这个混淆之中——不但蒙蔽了判决与推论之形式之研究,而又蒙蔽了物与性质之关系,具体的存在和抽象的概念之关系,及感触的世界和柏烈图的观念之世界之关系。皮安诺和夫烈施指明出来这个错误,原是为着专门学术之发达但是这个进步,对于哲学的重要,是用不着我们去夸张的。

算学的逻辑,即在最新的形式之中,除它的开始而外,也不是直接地有哲学的重要的。到了它的开始之后,它宁是属于算学的,而不是属于哲学的。它的开始——真正可以叫做哲学的部分——我即刻就要讲解。但是它的后段的部分,虽不是直接的哲学的,也是于哲学的研究,有间接的用处。它(算学逻辑之后段之部分)可以使我们易于研究比"言词的推论所能数出的"(如形式逻辑所能推论的)更抽象的观念,它可以指示"用别的方法想不到"的有效的假定,它可以佐助我们立刻看出一个逻辑的或科学的理论之建筑所露要的至少的材料是什么。不但夫烈施的数之理论,即此后二章所概括的物理概念之理论,都是为算学的逻辑所贯注

---

① 原注:从前常有人以为:它俩之间有一些差别,但是没有人曾经明白:这个差别是根本的,而且极其重要的。

的,而且若没有算学逻辑,即不能为我们所思想的。

在这个举例之中,以及在许多别的举例之中,我们要请求一种方法,叫做抽象(此抽象是形式之世界)之方法。这个方法,又可以叫做替除抽象之方法(此抽象是指下说的形而上的废料)。这个方法,是"洗净不足信的玄学的废料之堆积"的方法,它是为算学逻辑所指示的,而且若没有算学逻辑,它是不能证明或应用的。

我们将在第四章中,说明这个方法;但是它的用法,可以在此处先为简单说明。当我们遇着一群物件,有"使我们以为它们(物件)有共同性质"的类似性之时,这个方法表明出来此群之资格(即物件可入此群之资格)。可以当所有设想的共同性质之代表。所以,除非有些共同性质,是实在为我们所知道的,这些类似的物件之群或类,可以代替共同性质。这个群或类并不需假定为实现的(例如,我们看见许多人各人,都有理性,都是两足的动物……这些性质是人类之共同性质,这些共同性质就是人类之类似性。人类就是由这些类似性质集合而成的。我们可用这人类之本身的观念去代表所有的共同性质,但是这个人类是包过去未来的人而言,并不是像你我他她,各人为实现的)。

在此处以及他处,即算学逻辑之后段的部分,也有最大的间接的用处;但是我们现在,是到了应该回转到它的哲学的基础的时候了(参见第四章末段及第七章数之界说)。

在每个命辞每个推论之中,除其中之做题目的材料以外还有一个形式,即命辞中与推论中之分子,如何集合在一处的法格。如果我说,苏格拉底是要死的,江司是愤怒的,太阳是热的,在此三例之中,有一个共同的东西——为"是"所指出的东西。它参所共同的,是形式不是分子。如果我说苏格拉底之若干事——他是雅典人,他娶着参的布,他嗑着毒液——在我所数的这三个命辞之中,有一个分子是相同的,就是苏格拉底。但是他们的形式是不同的(第一例中雅典人就是他,第二例可换作参的布嫁他,娶嫁在西文中是一样的,第三例不能反变为毒液嗑他。)如果我从这三例中取出一例来,而逐渐将其分子一个一个提去而代换之,到了最后,原来的分子都替换完了,然而原来的形式,并没有变。试取下列的一系之命辞而言,苏格拉底嗑着毒液,高罗里基嗑着毒液,高罗里基嗑着鸦片,高罗里基吃着鸦片,在此级系之中,形式丝毫没有变迁,但是所有的分子都改换了。形式不是另外一个分子,但是这些分子之集合的格式。哲学的逻辑之真正的题材,就是有此意义的形式。关于逻辑的形式之知识,自然是和关于存在的物件之知识,完全不同的。"苏格拉底嗑着毒液"之形式,不是一个存在的物件,如苏格拉底,如毒液,并不能有和那个嗑有密切关系的存在的物件。它是一个更抽象的更高远的东西。我们可以懂得一句中之名字,而不懂此句之意义;如果一句过长,这是一桩很易于发现的事情。在如此的举例之中,我们有分子之知识而无形式之知识,我们也可以有形式之知识而无分子之知识,倘若我说罗拉里约司嗑着毒液,你们不知道罗拉里约司(假定有这么一个人)的人,可以懂得这个形式,而不能懂得此中所有的分子。若要懂得一句的意思,我们必须有此句中分子之知识,和此句之形式之知识。一句话(一个命辞)所以能传达意思的缘故,就是由此而来,因为它告诉我们一定的知道的物件,为一定的知道的形式联合起来。虽是有些人不能明白地知道逻辑形式,其实所有的语言中之领会互解,都隐含着逻辑形式之知识。哲学家的职务,就是从具体的枝干(一个命辞)之中,把这个逻辑形式之知识撮取下来,而使之为明了的纯净的。

在所有的推广之中,只有形式是重要的。其中特别的题材,除了用之以保取前提之真实之外,纯是不紧接的(不对题的)。如果我说,苏格拉底是一个人,凡人都是要死的,所以苏格拉底也是要死的。这前提和结论之关系,丝毫不是靠着我所说的特别物件为苏格拉底,为人为死的,这个推论之普遍的形式,可用下列的文字写出:"如果一个物件有一定的性质,凡有此性质的物件,都有另外一个一定的性质,则此问题中之物件,也必定有那个另外一个一定的性质。"在此处,我们并没有说一个特别的物件,或是一个特别的性质,这个命辞,是绝对的普遍的。所有的推论,当完全叙述出来之时都是有这样普遍性的一类命辞之举例。如果它们(这些推辞)除了前提之真实之外,还似乎有倚靠其中题材的地方,就是因为我们没有把前提明明白白地叙述出来的缘故。在逻辑之中,若要研究每个特别举例之推论,是枉费时光的。在逻辑中,我们总只研究完全普遍的,而纯粹形式的意旨把"一个假定究竟能否证实"之部分,留给别的科学去研究。

但是供给推论的命辞之形式,不是最简单的形式。它们总是假设的,它们说出:如果一个命辞是真的,另外一个命辞也是真的。所以在未研究推论之前,逻辑必须研究推论所预定的更简单的形式。到了这里,沿袭的逻辑,是完全没有用的。它(沿袭逻辑)相信简单的命辞,只有一个形式(这是假设有"叙述两个或多于两个命辞之关系"的命辞)就是"加一个谓词于一个主词之上"的形式。这个形式,在加性质于一物(即叙述物之性质)之时,例如这个物件是圆的,红的,以及其他,是适当的形式。文法喜欢这个形式;但是在哲学的方面,这个形式,简直是不常见的,如何能是普遍的呢?如果我说:"此物是较大于彼物的",我们不但是叙出此物一个性质,并且叙出此物与彼物之关系。我们可以把这个事实另换一句话说出:彼物是较小于此物,而文法中并无变迁,但是把谓词变成主词了。所以,叙出"二物之间有一定的关系"之命辞之形式,和主词谓词之命辞之形式,是完全有区别的。不能觉察这个区别,或是不能让这个区别占有相当的地步,这两个缺点,就是沿袭的玄学中许多错误之根源。

因为大家信从或不自觉地判决:凡命辞之形式,皆为主词谓词之形式——换一句话说,凡事实(事实解见下)皆为一个物有一个性质所构成——许多哲学家(也是如此信从判决的)都不能够解释科学之世界(物理之世界)与日用生活中之世界。倘若他们诚诚恳恳地要解释这个世界,他们或者早已发现出来他们的错误了。但是多数都是要诚诚恳恳地要相信一个更超于感触的真实世界,而判决这个世界为非真实,而不诚诚恳恳地要懂得这个日有物世界。这个"感触世界为不真实的"之信从，是从一定的态度——我以为是根据于简单生理的态度（情感的）——轰轰涌涌而来的，但是有很强壮的鼓惑之效力。从这个态度发生出来的判决，是多数神秘学及玄学之根源。当这个情感的态度渐渐消落之时，凡有审度的习惯之人，都要寻觅"可以辅助他们的信从"的逻辑的理由。但是，因为这个信从是先入为主的，他们对于一班倘来的理由，都是很客气的。他的逻辑所证明的冲突，实在是神秘主义之冲突，而这个冲突即是他们的目的。他们以为，逻辑若与他的眼光（由直觉而得来的）相符，必定要达到这个冲突，所以有许多神秘派的大哲学家，而以柏烈图、斯实挪莎与赫格尔为尤甚，都研究逻辑。但是因为他们早已假定了他们神秘的情感所生出的眼光是真实的，他们的逻辑原理，发现一种干燥性（真实已经是现成的，不过用逻辑作器具去证实它）而他们的后学于是以为他们的逻辑原理（从直觉的慧眼所发生的）不是靠着他们的直觉慧眼的。然而这些逻辑神（秘派的逻辑）之根源，仍沾滞于这些逻辑之中而不可离，于是这些逻辑，对于科学及常识之世界，永远是——我姑假用三达亚纳所用的一个字——有恶感的。只有这个理由，可以解释：一班哲学家为何以欢欢喜喜的毫不惊滞的态度，去承认他们的道理和"似乎最有根据而可以相信"的常识和科学中之事实之不相。

神秘家之逻辑，自然要表明出来凡受恶感的东西之中之缺点（知识科学之世界之虚伪）。当神秘的态度极其强盛之时，他们不觉得有逻辑之需要。到了这个态度沉落之时，需要逻辑之冲动，又自行发现了。但是这个冲动，同时带着一种想保存那个渐渐消灭的顿觉眼光，或者至少也想证明：它原是个顿觉眼光（就是证明这个眼光是不错的），和想证明：凡与此眼光冲突的都是虚幻的之欲望。如此发生的逻辑，不是完全十分干净的，十分不沾情感之色彩的。它的骨髓之间，都是为一种怨恶日用世界之情感所布满的。如此的态度，自然不能引到良好的结果。无论何人都知道：若是为着要否认一个著述者而去读他的书，绝不是去懂他的方法。若是先抱着一个万物皆幻的主见,而去读天然界这一部大书,也不像是可以引到领会她的地步的。如果我们的逻辑,是要想寻出日用世界是可懂的,它不能是有仇心的,它总要为一种"多数玄学家所未曾具有"的一种真正的容纳无偏的精神所贯注。多数玄学家都没有这个精神。

沿袭的逻辑,因为它以为所有的命辞之形式,都是主词谓词的,不能容纳实在是有关系的。依它说来,所有的关系都可以收缩而成外貌有关系的二物之一之性质,我们有许多途径可以否认这个意见:其中最容易的一个,就是从反相称的关系之讨论而得来的。为解释这个起见,我首先解释有两个类分关系之方法。

有一些关系存在 A 与 B 之间,也有在于 B 与 A 之间,例如兄弟或姊妹(须以兄弟姊妹各二字联合成一词,再以此五字联合成一词)。若 A 是 B 的兄弟或姊妹,B 亦是 A 之兄弟或姊妹。无论何种类之差别,也是属于此类的关系。若 A 之颜色与 B 之颜色不同,B 之颜色也与 A 之颜色不同(无论何种类之差别,也是属于此类之关系),这一类的关系叫做相称的关系。凡相称的关系,是存在于 A 与 B 之间,也存在于 B 与 A 之间的。

凡不相称的关系,叫做非相称的关系,例如兄弟,是非相称的关系。因为,为若 A 为 B 之兄弟,B 或者是 A 之姊妹。

还有反相称的关系,是:若有一关系存在于 A 与 B 之中(从 A 计算),此关系永不存在于 B 与 A 之中(从 B 计算),例如夫、父、祖之类(若 A 为 B 之夫 B 决不能亦为 A 之夫),都是反相称的关系。其余如在前、在后、较大、在上、在下、在右边,也是这一类的关系。所有的产生级系之关系,都是属于此类的(我们以此类可以反对沿袭的逻辑)。

分关系为相称、非相称、反相称三类,乃是我们应该讨论的关系之分类法之第一个。第二个分类法,是把关系分为传递的、非传递的与反传递的三类。这三类之界说如下:

传递的关系,是:如果有一个关系存在于 A 与 B 之间,又存在 B 与 C

之间,则它也存在于 A 与 C 之间;例如在前、在后、较大、在上,都是这类的关系。凡产生级系的关系,都是传递的关系。还有许多别的关系也是的(例如难先后简)。

刚才所说传递的关系,又是相称的,但是有许多传递的关系,是反相称的,例如无论何项之等似,颜色之同一,数目这同一(应用于鬷集之上的,见第七章,不是对于物而说的)及其他。

非传递的关系,是不传递的关系,例如兄弟,是非传递的关系。因为,一个人的兄弟(不能做中国普通言词中年幼的同父母者讲)的兄弟,也许就是他自己。无论何项之差别,都是属于此类的(A 之色与 B 之色不同,B 之色与 C 之色不同,但是 C 之色也许是和 A 之色是同的)。

反传递的关系,是:若一个关系存在于 A 与 B 之间,又存在于 B 与 C 之间,则此关系永不存于 A 与 C 之间。例如父,是反传递的(A 为 B 之父,B 为 C 之父,A 不能并为 C 之父),又如较长一寸、较后一年也是属于这类的。

在从这个关系之分类所得来的烛光之中,我们再回到:凡关系皆可收缩成为谓词(都可收缩成为主词之性质)之问题。

在相称的关系之例中,即一个关系存在于 A 与 B 之间,亦存于 B 与 A 之间——这个道理(即凡关系皆可收缩为谓词)是很说得通的。一个传递的相称的关系,例如无论何项之类似,可以看做共同的性质之具有(这个道理也说得通);一个非传递的相称关系,例如无论何项之差别,也可以看做差别的性质之具有(这个道理也说得通)。但是到了反相称的关系,例如在前、在后、较大、较小……之例中,若想把关系收缩而成性质,明明白白的是不可能的。例如我们仅仅知道两个物件是不同的,不知道谁比谁大,我们固然可以说:它俩的差别,是缘于它俩有不同的性质,因为差别是一个相称的关系。但是到了我们说:此物较大于彼物——不独是彼此二物不同——之时,若说我们的意思,不过是它俩有不同的量积,依逻辑形式说来,是不能够解释事实的。因为,如果彼物较大于此物,则应解释的事实,是完全不同的(一是此物较大于彼物,一是彼物较大于此物),然而它俩也是有不同的量积(这一层是"此物较大于彼物"和"彼物较大于此物"是一样的)。所以在此等之例中(较大较小之类),隐含着量积之不同(即性质之差别),因为若是如此(仅为量积之不同)则此物较大于彼物,和彼物较大于此物,是没有分别了。我们须说:此物之量积,较大于彼物之量积,是我们永不能赶除"较大"这个关系。简而言之,共同性质之具有和差别性质之具有,都是相称的关系,都不能解释反相称的关系之存在。

九级系中,都含着反相称的关系——在空间与时间中,较大与较小,共总与部分,以及此实现世界之许多其余的重要的特性。"把关系约束成性质"的逻辑,不能不把这些事实都判定为错误与貌似;这样的全盘的定罪,是无恶意的逻辑所做不到的。依我所能见到的而言,除偏见之外,没有理由去否认关系之实在。我们只要承认了这个存在,凡"设想感触世界为虚幻的"的逻辑根据,通同消灭。如果我们设想感触世界是虚幻的,只能以不借辩论(逻辑的)辅助的神秘眼光为根据。若神秘家不以辩论保护他(只凭眼光),我们实在也不能用辩论去反对他。所以既为逻辑家,我们须得承认神秘家的世界是可能的;然而我们既没有神秘家的眼光,我们同时须得接续研究我们所熟习的日用世界。若是神秘家主张我们的世界是不可能的,我们的逻辑,就可以抵抗他的攻击。创造这个逻辑所应做的第一步,就是关系之实在之承认。

只有两项(即物)之关系,不过是一种关系;关系可以能有三项四项或无论如何的多项,有两项之关系,是最简单的关系,其受多数人之注意,比另外的关系较多,而且哲学家承认关系之实在,与否认关系之实在只曾研究这种关系。

但是别种关系,也各有它们的重要,而在解决一定的问题的之时所不可少的。例如妒忌,是三个人之间之关系。老耶司(Royce)教授说:给予之关系(如A以B给予C),是在三项之间之关系。如有一个人对他的夫人说"我的亲爱人，我祝望你能够劝助安吉林纳（女人名）允嫁爱德文"，他的祝望，是一个四个人之间之关系——他自己，他的夫人，安吉林纳和爱德文。这样的关系，毫不是稀少的而隐晦的。但是若要表明这种关系和二项之间之关系之不同，我们须得从事于"叙述事实"的逻辑形式之分类。这个分类乃是逻辑之第一层职务，沿袭的逻辑，亦以在此处为最不够用的。

这个存在的世界是许多的物带有许多的性质和许多的关系。若要得一个存在的世界之完全的叙录不但要一个各物之清单，而且还要它们的性质和关系之清单。我们不但要知道这个，那个，别个物件，我们还要知道谁是红的，谁是黄的性质，谁比谁早，谁是在谁个的中间（关系），以及其他。当我说一个事实之时，我的意思不是说世界中之一物，我的意思是说：一个物有一个性质，或者一些物有一定的关系。试举一例：我不把拿破仑（是一物）当做一个事实，但是"拿破仑是有野心的"（性质）或者拿破仑娶了约瑟芬（关系）倒是一个事实。那么，一个事实，决不是简单的，其中总有二个或多于二的部分。若一个事实仅叙一物之性质，其中有两个部分，此物和它的性质。若是一个事实叙及二物之间之关系，其中有三个部分：此物，彼物，和他俩之间之关系。若是一个事实，叙及三物之间之关系，其中有四个部分；如此类推。

一个事实——依我们所用的意义而言——之部分，不是别的事实，而是物和性质和关系。若我们有多于二项（即物）的关系，我们的意思是：一个事实，其中有二以上的项，而有一个简单的关系。我的意思并不是说：一个二项之间的关系，可以存在于A与B之间，又可以存在于A与C之间的。例如一个人（A）是他的父亲（B）的儿子，又是他的母亲（C）的儿子。如果我们要选择这个当做一个事实，这一个事实之中，有两个事实，(A是B的儿子，A是C的儿子)为其组织的部分。但是我现在所说的事实，其中组织的部分，不是事实，但是物与性质与关系，例如A因为C而妒忌B，只是一个含着三个人的事实。但是妒忌之形式，总只有一个,不能有两个。凡我说"一个事实之中有三个项的关系"之时,都是像这个举例,"一个简单的事实,(不可再分析为事实的)其中发现的关系,除此关系之本身之外,又含着三个物件"的。这一样的讨论,可以应用到四项五项及其他多项之关系。凡如此类的关系,都应该容纳于事实之逻辑形式之名簿之中。两个事实含着同数的物的,其形式亦相同(如 A 因为 C 而妒忌 B,X 因为 Y 而妒忌 Z)两个事实含着异数的物的,其形式亦不同。

既有一个事实,还有叙述此事实之陈词。事实之本身是客观的,不靠着我们的思想和意见的。但是这个陈词,是牵涉到思想的。它可以是真实的或虚伪的。一个陈词,可以是积极的(或正面的)或消极的(或反面的)。我们可以陈说:"查里士一世被杀"或者陈说:"他没有死在他的床上"。一个消极的陈词,可以叫做否词。今有或为真实或为虚伪的若干字之形式(若干字如何集合的格式),例如查里士一世死在他的床上,我们可以主张或否决这若干字之形式:若是主张,即为积极的陈词,若是否决,即为消极的否词。一个必为真实或必为虚伪的其若干字之形式,就做一个命辞(无论在事实的方面是可主张的或可否决的,而命辞仍是一样的)。一个命辞;若是表写一个事实的,就是陈说"一个物有一个性质,或一物有一定的关系"的,这就叫做一个原子命辞,因为还有别的命辞,为这种原子命辞所组合而成的,就同分子为原子所组合而成的一般(在下节即能看出)。

原子命辞,虽和事实一样,可以有无限的不同的形式(有三物四物五物),然而都只算作命辞之一种。别种命辞(即分子命辞)是更复杂的。若要在言语之间,保存命辞与事实之平行式的相依并行,我们把刚才所讨论过的那一种事实,叫做原子事实。那么,原子事实,是拿来规定一个命辞还是应该主张,或是应该否决的东西。

一个命辞——例如这个是红的,或这个是较先于那个,究竟应该写我们所主张或否决,是完全由经验知道的。或者我们可以从一个原子事实,而推论别的一个原子事实(例如推较)——但是这似乎还是很可疑的——但是无论如何,若前提之中,没有一个原子事实,是为我们所知道的(即由经验知道的),我们决无从推论。由此言之,如果我们可以知道原子事实,至少总有一些不是(由推论得来的)。如此知道的不是由推论得来的原子事实,就是器官感触的事实,无论如何,器官感触的事实,是明明白白的如此得来的(即不是由推论得来的)。

如果我们知道所有的原子事实,又知道除我们所知道的以外,绝无旁的,我们在理论的方面,可以推论无论何种形式之真实[例如我们知道太阳每日必出又知道除太阳每日必出之例之外,绝无"太阳不出"之例,则我们可以推论所有的日之中,太阳必出(普遍的形式),又可推论明日太阳后日太阳必出(个体的形式)。若要包含"如信从或祝望"这种事实,我们或者要修改这个叙述因为这些事实之中有命辞为组织的部分,但是此类的事实虽不是严格的原子命辞,如果这个叙述是不错,也须得包含此内]。所以逻辑可以供给所有的我们需要的器具但是在最初领获原子事实之事,逻辑是无用的。在纯粹的逻辑之中,我们不说原子事实,我们只管形式,而不管装塞这些形式的物件。所以纯粹的逻辑,是不靠着原子事实的。但是反而言之,这些原子事实,在一定的意义之中,也是不靠着逻辑的。纯粹逻辑和原子事实是两个极端。一个是完全地先天的,一个是完全地经验的。在这两极之中,还有广大的中间境界,我们现在再在这个境界之中,简略搜探一番。

分子命辞,是一种命辞,包含着:"倘若、如果、或、与、除非及其他连接词,可以为分子命辞之记号"的。试讨论下列的一个命辞"倘若天下雨,我就将带伞"这个命辞。和原子命辞一样,它也可以是真实的或是虚伪的。但是与此命辞相符的事实之陈说,或者此命辞与那事实相符之性质,自然是和原子命辞不同的(原子命辞是陈说一个实现的事实,这个命辞是陈说一个假设的事实)。因此不同,所以相符之性质亦不同。究竟天下雨与否,究竟我带伞与否,每层都是原子事实,可以经验考察出来的。但是我们叙说"倘若此事发现,彼事亦必发现"这句话中所隐含的关系(为倘若所介绍进来的),是和这两个事实都是根本不同的。它的真实并不靠着天果然下雨,也不靠着我果然带着伞。纵使天朗气清,这个命辞还可以是真实的,因为他说:倘若天气不是朗而且清,我必定带着伞了。所以我们这里有一个二命辞之关系,不靠着"他俩(二命辞)为我们所主张或为我们所否决"而定,但是靠着"第二可以由第一推论出来"而定,所以这样的命辞之形式,和原子命辞形式是不同的。

这样的命辞,对于逻辑是很重要的,因为所有的推论,都靠着它。如果我曾告诉你倘若天下雨我就将带伞,如果你看见了大雨滂沱而下,你就可以推论我必定带着伞了。除非命辞是像这样联结的——从此命辞之真实或虚伪,而可以推论彼命辞之真实或虚伪——我们无从推论。所以我们有时可以毋庸知道原子命辞之真实虚伪,而可以知道分子命辞;如上举的例,可以证明。推论之实际的功用,就是因为这个道理。

第二种的命辞,我们须得讨论的,就是普遍的命辞,例如所有的人都是要死的,所有的等边的三角都是等角的。属于这一类者,又有其中有"有些"的命辞,例如有些人是哲学家,有些哲学家是不聪明的。中有"有些"的命辞,乃是普遍的命辞之否认。即上二例而言,是否决"所有的人都是非哲学家"和"所有的哲学家都是聪明的"的。我们把中有"有些"的命辞,叫做消极的(反面的)普遍的命辞;把中有"所有"的命辞,叫做积极的(正面的)普遍的命辞。诸位都知道:这些命辞,渐渐地露见于论理学教科书中,但是它们的奇特和它们的复杂,不是教科书所知道的;而且为它们所引起的问题,在教科书中,不过仅仅经受过浮浅的讨论罢了。

我们已经讨论过原子事实,我们已经看见:如果我们知道所有的原子事实,又知道"除我们所知道的原子事实之外,别无其他原子事实",我们就可以用逻辑,在理论的方面,推论所有的其他真实。"除我们所知道的原子事实之外,别无其他原子事实"这层知识,是积极的普遍知识;它是"所有的原子事实都为我所知道的"的知识,它至少也是"所有的原子事实，都已经在此麕集（collection）之中，无论这个麕集是如何得来的"（或是经验，或是推论，或是直觉，或是先天）的知识。现在我们很容易看出来：普遍的命辞，例如"所有的人都是要死的"是不能仅仅由此原子事实推论得来的；纵令我们知道每个个人，又知道每个个人是要死的，除非我们再知道世上（包过去未来）只有这些为我们所知道的人，我们还不能够知道：所有的人都是要死的。"世上只有这些为我们所知道的人"这一句命辞，可以换为"所有的世上人都为我们所知道的"一句命辞。这一个命辞，还是一个普遍的命辞（这个普遍的命辞是无由从经验知的）。纵令我们知道宇宙间所有的存在物，又知道这些存在物都不是人，除非我们再知道：我们把宇宙搜探完了——就是把所有属于此类（以上例言之即人类）的物（这也是一个普遍的命辞）都已经为我所考察而知道了。（若要没有把宇宙搜探完了，也许还有十万年之前或后一个拐角上的人类没有为我们所考察而知道），我们还不能够得这个结果（即所有的人都是要死的），所以普遍的真实不是仅仅由分个真实推论得来的。但是，如果普遍的真实，是可以为我们所知道的，它必定是自明理，或者是从一个"其中至少必定已有一个普遍的命辞"的前提（如刚才所说的两层）推论出来的。但是凡经验的证明，都是分个的真实（不能得一个普遍的命辞，如刚才所说的两层），所以，如果我们可以有普遍的真实之知识，我们必定有一些普遍的真实的知识（即逻辑之知识是先天的），不靠着经验的证明的，那就是不靠着感触张本的。

　　以上的结论——我们所讲的归纳原理就是一个例子——是很重要的，因为它可以否定旧式经验派之学说。旧经验派相信：所有的知识都是从器官感触得来，而都靠着器官感触。我们可以看出：如果我们容纳这个旧经验派的意见，我们必定不承认我们知识普遍的命辞。依逻辑说来，这（我们不能知普遍的命题）本是完全可能的，但是从事实上说来，倒不是这样的。而且，除非极端的理论家，绝没有存这个意见的。所以我们须得承认：我们实在有非从器官感触得来的普遍的知识，而且有一些普遍的知识,不是从推论得来的,是先天的,最初的(即非经验得来又非推论得来,所以是先天的)。

逻辑之中,有如此普遍的知识。我不知道,是否有这种知识,不从逻辑得来(逻辑之外是否有这种知识)。但是无论如何,在逻辑之中,实是有这种知识。我们应该还记得:我们把下列一类的命辞"苏格拉底是一个人,所有的人,都是要死的,所以苏格拉底是要死的"赶出于纯粹逻辑范围之外,因为苏格拉底、人、要死的,都是经验的名词,仅能由特别个体经验而知道的。在纯粹的逻辑之中,与此平行的命辞是:"如果一个物有一定的性质,所有的有此性质的物,都有另外一个性质,则此问题中之物,也有那个另外一个性质。"这个命辞,是绝对的普遍的,它可以应用于所有的物与所有的性质,而且它是自明理,无须经验证明的。所以在纯粹逻辑的如此命辞之中(为如果所指明的假设的形式之中),我们遇着我们所寻觅的自明的普遍命辞。

在一个命辞如"如果苏格拉底是一个人,所有的人都是要死的,所以苏格拉底是要死的"之中,只有它的形式是真实的。它的真实,不是靠着苏格拉底实在是一个人,也不是靠着所有的人实在都是要死的。所以纵使我们用别的名词,代替了此命辞中之苏格拉底,人、要死的,这个命辞还是一样的真实的。这个普遍的真实,是纯粹形式的,是属于逻辑的,因为它不指明特别个体的物,且不指明什么个体的性质;它是完全不靠着存在的世界之偶见的事实。在理论方面,它可以不由什么个体的物、个体的性质,与关系之经验而知道的。

我们可以说逻辑有两部分:第一部分考订它们(所考订的命辞)是什么命辞,这个命辞有什么形式。这一部分叙数出来原子命辞、分子命辞、普遍命辞,以及其他之各种的命辞。第二部分,包含最高的普遍命辞,这些普遍命辞,明订所有的一定形式的命辞之真实。第二部分,隐隐地侵入纯粹算学。凡纯粹算学中之命辞,经过分析之后,都成了这样的普遍的形式的真实。第一部分仅仅叙数这些形式,是更难的,而在哲学方面,是更重要的而且就是这个第一部分中之近代的进步,促使许多哲学问题,能够有真正的科学的讨论。这一层功劳,是第一部分之近代的进步所贡献的,比什么别的学术所贡献的都大得多啊。

我们可以取"决断或信从之性质"之间为例,以说明"靠着逻辑形式之充足库藏才能解决"的问题。我们已经看见大家设想的主词谓词之普遍性,使我们对于级系的秩序,不能得一个真切的分析,于是使空间时间为不可领会的东西。但是在此例中——空间时间之例我们只须容纳二项之间之关系(A与B之关系,B与C之关系,C与D之关系都是一样的,所以只需容纳二项之间之关系)。若要解释判断之例,我们须承认较复杂形式较杂的关系。如果所有的判断,都是真实的,我们或者可以设想:一个判断,乃是一个事实之领会;这个领会,就是心神与事实之关系。因为逻辑形式库藏之贫乏,这个意见,竟为大家所承认,但是这个意见,到了判断之错误,就有绝对地不可解释的困难。假使我信从:"查里士一世死在他的床上",并没有一个客观的事实。"查里士死在他的床上"和我的心神,有了领会之关系,而为我所领会。查里士一世他的床、死,原是客观的事实,但是并未会那样的联合起来。如我的错误的信从所联合的,所以若要分析信从,我们须得寻觅一些比二项关系更多的逻辑形式。我以为:有许多人,因为不能明白这一层的需要(需要多项的关系),把他所写的知识之理论都弄坏了,使得他们不能解释错误之问题,不能解释信从和察觉之区别。

我希望大家现在容易看出新逻辑扩充我们的抽象的悬想,供给无限的可能的假定,以应用于复杂的事实之分析。从此点观之,它和有下列的效果的沿袭的逻辑恰恰相反。在沿袭的逻辑之中,起初似乎是可能的假定,都为它特意证明为不可能;它在未证明之前,已经下了一道"实在必有一定的特别性质"的上论。在新逻辑之中起初似乎是可能的假定,常是可容纳的;而为逻辑所贡献的假定,也加在这个库藏之中。而且如果要得这个事实之得当(不错的)的分析,这些逻辑所贡献的假定,往往是不可少的。在逻辑置思想于桎梏之中。新逻辑给予思想以翅膀,在我的意见之中,它在哲学中介绍进来一种进步,和加里里约所介绍于物理学的一般,使我们可以看出哪一类的问题,是可以解决的,哪一类的问题是人力所不能解决,我们所必须抛弃的。凡在"解决是可能的"之处,这个新逻辑,供给一个方法,使我们得一个结果。这个结果,不仅藏容个人的特见,并且要求那些凡能够构造一个意见的人,都点头应诺说:不错呀不错!

我们对于外面的世界之知识

可以引向哲学的路径,有好几条,但是最古而最走得多的,就是对于外界之怀疑。在印度神秘哲学之中,在希腊的和现代的一元哲学之中,从巴麦尼德司(Parmenides)起,以至于今,他们都依据各种不同的理由,去辩驳而否决由器官感触的现象。神秘家否认这些现象的理由,是因为:他们可以骤然的悟觉在帘幕之后,得一个更真更切的世界。巴麦尼德司和柏烈否认这些现象的理由是:因为世界之联续的流动,和逻辑分析所发现的抽象的实体之不变的性质,不相符合。波克烈(Berkley)也用了好几样戕害这些现状的器具,但是他的重要的根据,是:感触的张本之主观性。他以为这些张本,是借观察者之生理的组织和观察点而定的。至于近代物理学,又即以器官感触的张本为凭,而推定物质乃是无数剧猛跳舞的电子;这些电子,与我们视官触官所觉察的物,没有若何同点,至少也是外貌不相同的。

这些各方面攻击的队伍都引起紧要的而有趣的问题。

如果神秘家仅此叙明他们由悟而得的积极的实体,我们是无从批驳的。但是,若是他否认感触的对象之实在,我们就可以问他:他的实在究竟是什么意思;我们又可以问他:这个世界之不实在,何以自他的超物的实在世界而推来的。若要答复这些问题,他们就走到和柏烈图和古唯心派所用的逻辑大相仿佛的逻辑了。

唯心派的逻辑，渐渐长成很繁杂而很难懂的。这个很繁难而很难懂的逻辑，在第一章所引的巴拉德里的例中，已经看得出了。若是我们详细研究这种逻辑，我们就没有时候走到我们本题之他方面，现在我们姑先承认这种逻辑，实有可经甚长的讨论之价值，然后同时姑置勿论，但是偶尔对于它的重要原理，加以批评，以便解明别的问题。我们但注意于以下之一点：这一点是什么呢？就是这个逻辑（唯心派的逻辑）对于"动之联续"和"空间时间之无限"之困难。然而这些困难，近代算学家已有了圆满的了解。这个圆满的了解，乃是哲学中逻辑分析方法之胜利。这些困难与近代的答案，就是第三四章之所叙述的。

波克烈的攻击，为感触器官、神经和脑之生理学所帮助，乃是很强有力的。我想器官感触的"极近"的（眼前的）对象，或是借我们的生理的情境而存在的，例如物之有色的面，到我闭眼的时候，即不存在。但是若由此而推论：物之存在是由于心；物当我们看见之时，也不是真的，或物不是我们对于外界的知识之唯一基础，乃是错误。我们且在此章之中，把这个辩论逐渐发达起来。

感触的世界和物理的世界——第四章所讲的——之冲突，我们将能看出不过是貌似的而不是真的，我们将能表明凡可相信为物理的世界之理由，或者都可以用感触张本去说明。

我们发明的器具，就是新逻辑。这个新逻辑，和教科书上的逻辑与唯心派的逻辑大不相同。第二章中，我们已经稍稍讲过新逻辑和新旧逻辑之不同出发点。

在最末章中，在我们说明因果律和自由意志之后，我们将总括哲学中之逻辑分析之方法，而且估量此种逻辑可使我们对于哲学进步之希望。

在此章中，我愿把逻辑分析的方法，应用于哲学中最大的总是上去——我们对于外界的知识之问题。我所要说的，并非一个确定的武断的答案；不过是分析而叙述其中发生的问题。而告诉一个地方或可得一个证明之指示。但是虽无一定的解决，然而凡我们现在所能够说的，对于这个问题，总能够给予一个新烛光，并且在开始的问题之中，可以告诉我们这个问题中之那一部分可以得一个可得的答案。

　　凡在哲学问题之中，我们的研究，总从张本起。我所说的张本，乃是空疏，繁杂不准确的常识。常识永远是如此——它虽是如此，然而总括起来，我们须得承认它，并且有些地方，它是颇真实的。现在问题之中所牵涉的常识，有数种不同：(1)我们每日生活中所习见的个体的物——桌，椅，城市，他人，(2)我们在个人经验之外，由历史地理新闻传闻得来的个体的物；(3)由物理科学把这些个体组织而成的系统的知识。这个科学有预知的能力，可以增加它的真实的价值；我们极愿意承认：这些知识之中之详细的地方，有错误的，但是我们相信：这些错误，是可以寻得出来的，可以改正的；而且我们若是自命为实用的人，决不以为这些知识之共总，可以建筑在不稳的基础上边。所以，取其大者而言，而且不对于特别部分而加以绝对的武断我们可以承认这些常识，可以供给我们哲学分析之张本。

　　或者有人说——并且是起首不可免的反对的辩论——哲学家责任，就是寻出常认中靠不住的信从，而代以更为固体的更为不可磨灭的东西。依一定的意义而言，这是对的，而且在分析的时候，就可以做到的。但是依他意义并且很重要的意义而言，这是不可能的。我们虽是无论对于常识之何部，皆可怀疑；而如果要使哲学为可能，我们必定容纳常识之大网，何以故？哲学家并不能得超上的精妙的一类的知识，而从此超于物外的观察点，去批驳所有的每日生活中之常识。我们所最能做到的，不过是从常识之中去考察而洗刷常识——用获取此常识的律令，去考察而洗刷它；但是用这些定律的时候，逐渐加倍小心，逐渐加倍确定。哲学家现在还不能自夸已经达到必然真实的最高度，而可以判决普通经验科学定律为不真。所以哲学的详察，虽无论对于何部，皆可怀疑，然而对于大总是不能怀疑的。这就是说：他对于一部的批驳，仅以此部与彼部之关系为根据,并没有一个外来的标准可用之以批驳所有的各部我们所以脱离"笼统怀疑"的理由,并不是武断的自信,但是与武断的自信恰相反;并不是常识必是真的,但是我们除常识之外,并没有从别的方面可得根本不同的知识。笼统的怀疑,虽没有逻辑可以阻止,然而实是不能产生的,它只能使我们对于信从,发生犹疑不决的态度,然而不能代替我们的信从。

我们虽只能用此张本而批驳彼张本,不能用外边特有的标准,去批驳所有的张本,但是常识之中,这些张本之真实(必然度),有高下之不同。凡是不出个人器官可以感触的范围以外的,必定是最真实的。器官的证据,一定是最少辩驳的。凡是要靠传证(经传说而来的证据)而来的,例如历史地理之所记载,视其传证之性质和广狭而有不同的真实之等级。若有人怀疑:历史上可是有一个拿破仑? 不过是一句滑稽话而已。若有人怀疑亚干门郎(Agamemnon)(希腊英雄)之历史倒是一个很有理由的辩驳。在科学之中,也是如此,除最高的真实以外,其余各级的真实都是有的。吸力之定律,至少也可以算一个逼近的真实——到了现在,已经和拿破仑之存在之真实,不太差了。至于科学家对于物质之基础的组织之思辨,也不过才有或然的价值。这些张本之不同的必然度,也算是常识中之张本。它们和别的张本都含在空疏繁杂不准确的常识之身体之中。哲学家的事务,就是要把这个身体解剖开来。

我们当分析常识之时,第一个发现的事实,就是:有些知识是演产的,有些知识是原本的。这就是说:有些我们信从的知识,是从别的知识推论下来的——不一定是逻辑的推论——有些我们的知识,是即因此知识而信从,并不是因为外来的帮助。器官的感触,当然给予我们第二种知识的。凡视官或触官或听官所觉察的事实,毋庸别的辩论来证明它们;它们是自明的。但是有一层:心理学家使我们知道,器官所直接得来的往往比常人所以为直接得来的少得多。有好些知识,初看是直接得来的,其实是由推论而来的。例如,我们从一物之外貌的大小和形状,依我们之观察点,和我和物之距离,而直觉地推论一物之实在的大小和形状;又如:我们听一个人说话,往往遗失他所说的大部分,但是我们用无意识的(不自觉地)推论,把这些遗失的部分补足起来,而领会他的意思。若是听外国人的说话,因为不能用无意识的推论,去补足遗失的部分,我们往往变成聋子;例如在外国戏馆里听戏,比在本国戏馆里听戏,必须坐在离戏台较近的地方。所以常识之分析之第一步——去发明究竟什么是由器官直接供给的——有许多困难。但是我们对于此点,不必过于纠缠;只要我们知道此点之存在,他的结果对于我们的大要的问题,并不能发生重大的差别。

常识分析之第二步,就是"演产的常识自何而来"之讨论。我们到此处,将要陷于论理学和心理学的迷网之间。依心理学一方面看起来,何为演产的信从,乃是由一个或多于一个别的信从所发生的,或者由于一个由器官感触的非独此信从所主张的事实所发生的。在此意义之中,演产的信从常时发现并没有逻辑的推论,不过是由观念之联合,或其他非逻辑的方法而来的。我们有时说:我看见一个人发怒,其实我们不过看见他脸变长罢了,我们并不用逻辑的方法去判断他心上的状况,这个判断,乃是逐渐长成的,我们并不能说我们究竟看见那一个特别处所的感情之表现。这种知识,依心理学说来,乃是演产的;依逻辑学说来,在一定的意义之中,乃是原本的,因为它不是由逻辑的演绎而来的,或者也有一个演绎法可以引到同一的结果,但是无论有与不有,我们决不用它(指逻辑演绎)。如果我们把非由逻辑推论而得的知识,都叫做逻辑的原本的,有许多信从,都是逻辑的原本的,但是心理的演产的。这两种原本性(逻辑的原本性,心理的原本性)之不同,对于我们现在的讨论,乃是极重要的。

当我们审察逻辑的原本的而非心理的原本的信从之时,我们可以看得出除非这些信从可以从别的心理的原本的信从用逻辑方法演绎下来,我们愈对它们思想而愈怀疑。例如我们看见桌子、椅子、树木、山川,我们天然地信从即当我们不拿眼睛看它们的时候,它们仍然在那里存在。我并非愿意说,当我们不拿眼睛看它们的时候,它们一定是不存在的;但是我愿意说:它们究竟存在不存在,实不能用大家以为很明白的根据,而贸然判定它们当然存在在那里。所有的人——除极少数的哲学家以外——的这种信从"物在不看时亦存在",乃是逻辑的原本的,不是心理的原本的,不过是因为我们曾经看见这些桌、椅、树、山而起的。一到我们提起"因为我们曾经看见它们,我们可是有理由去设想当我们不拿眼睛看它们的时候,它们仍然在那里存在"之问题的时候,我们即刻觉得要有一种说明书。如不能说明它的理由,这些信从,不过成个甘心屈服的意见了。然而我们对于"看物的时候极近的(眼前的)对象之存在"没有这个感觉。这些对象是在那儿。对于这些对象之短期的(指我们看它的时候)存在,是毋庸说明的,所以我们对于心理的演产的信从,比对于心理的原本的信从,更须出"允许我们可以有此信从"的理由。

于是我们就要引到不大清晰的一种区别——刚的张本和柔的张本之区别——了。这个区别,也不过是等级的问题,不能一刀切断何者为刚,何者为柔。但是,如果我们不要过于拘滞,这个区别可以帮助我们说明一切。我所谓刚的张本,是"能抵抗无论何种批驳的审察之溶解的力量"的张本(无论如何批驳我们不能疑他)。我所谓柔的张本,是在这种待遇(批驳的审查)之下,而渐变成可疑的张本。刚张本中之最刚的,有两种我们不能疑的:(1)器官感触的个体事实;(2)逻辑之普遍的真理。我们愈审察它们,我们愈觉得:它们确是它们,愈觉得:对于它们的怀疑,究竟是什么意思,而它们愈变成明白的真实的。对于这些种张本,也可以有言词的怀疑,但是言词的怀疑,不过为言词所驱使而怀疑,其实在思想里,并没有怀疑。若是对于这两种张本,有真正的怀疑,我想是心之病的变态。无论如何,我觉得它们是一定的真实的。

我姑且假定诸君对于此点,也是赞同的。若是没有这个假定,我们将要陷入于笼统的怀疑之危险,这笼统的怀疑,我们已经说过,乃是不产生的，一如其不可否认的。如果我们要接续我们的哲辨，我们须得乞灵于怀疑的假定，但是，我们虽承认怀疑哲学之美丽的干净，我们又须得同时把别的假定加入计算之中。这些别的假定（即此书所主张的），虽或是比较的不确定，然而也有理由可以使我们钦佩，一如我们之钦佩怀疑派。

把刚的张本和柔的张本之区别，应用到"心理的演产的但是逻辑的原本的"信从上去，我们将可寻出：几乎所有的此种信从，都宜归于柔的张本之类。这些信从，经过一番审察之后，都可以从别的张本，用逻辑推论而来，而这些别的张本，也是信从，并非最后的张本。把这些信从当做张本，虽有可尊贵之处，然而不能与感触的事实和逻辑的定律，同在一个水平线上。它们（指这些信从）何以可尊贵呢？依我看来，是因为它们可使我们希望——虽不能十分靠得住——我们可用刚的张本，去证明它们或者是真实的。而且如果刚的张本不能证明它们是真的或是假的，我想我们"假定它们是真的"比"假定它们是假的"较为合理。现在我们姑且只在刚的张本之范围之中讨论，而希望发明仅用这些张本可以构造起来何种的世界。

我们的第一级的张本，就是感触的事实（我们个人所感触的）和逻辑的定律。然而，无论如何精严的审察，对于这个薄弱的储藏（指感触的事实和逻辑的定律），也许稍为增加一点别的张本（无论如何精严，在这些张本之外，往往还有些别的不能如此靠得住的张本）。例如记忆中的事实——而以最近的记忆的事实为尤甚——它本是有很高的必然度。有些内省的事实，其真实之等级，可比感触的事实，而且为我们现在讨论起见，感触的事实也须有一定的广义。有时要将空间的和时间的关系，包括在内，例如快速的动，完全落在空间的现在之中即"联续之理论"和"天限之问题"之历史方面的研究。又有些比较的事实，例如两等颜色之同与不同，由视官所察觉的，也须得包在刚的张本之中。再者，我们须记：刚的张本和柔的张本之区别，乃是心理的主观的。所以，如果有一个人，他的心思，和我们的心思不同——依我们现在的知识而言，实在不见得有这种人——他们的刚的张本之目录，比我们的必定不同。

有一些普遍的信从，必在刚的张本之外，是无疑的。此种信从之一，就是引我们到这个区别的。我们信从：曾经看见的物，在我们不看它的时候，还接续存在。又如我们信从"他人也有心神，如我的心神一样"，明明是因为我们看见他们躯躬之活动而推论的。只要我们觉得这个信从是演产的，我们即刻就要求逻辑的根据。至于由别人的言证——包含我们从书上所学来的而言——而得来的信从，自然也牵涉到"别人可有和我相同的心神"的疑惑问题之中，所以我们建设之初所凭借的世界，乃是极乏而且散的。我们对于这个世界，所能说得最好的，不过是比笛卡儿用同一的方法（怀疑）所得来的世界，稍为大一点儿，因为笛卡儿的世界之中，除他和他的思想以外，别无所有。

到这个地步，我们可以了解而叙述"我们对于外界的知识"之问题，而扫除许多"隐晦此问题之意义"的误解，这个问题，实在是除刚的张本之外，可有"由刚的张本之存在，可以推论得来"的东西也存在呢？但是在未讲这个问题以前，我们且简单地说明什么不是这个问题所限定的所包括的。

我们所说外界的"外"，并不是空间的外——除非把空间的意义，改作很奇怪而疏远的一种解释。视官所看见的物，可见的世界中各物之有色的面，都是空间的外的（照此词之常义而言）。我们觉得这些东西是在"那里"，不在"这里"，我们无需假定刚的张本以外的他物之存在，多少可以估量一个有色的物面之距离。物之距离——只要不是极大的距离——多少是为视官的觉察所供给的。但是无论这个意见是对与不对，普通的距离，总是可以由器官的张本大概估量的。由器官触即刻得来的世界，是空间的，而且不是全储在我们身体里边的。在此意义之中，我们对于外界的知识是无可疑的（我们现在所辩论的并不是这个问题）。

有人把我们现在研究的问题，另用一个形式托出。我们可能知道："可以离我们自己而独立"的实在的世界之存在？这样的问题之中，有二字意义混忽不明——"独立"和"自己"。我们先说"自己",何者为自己之部分何者非自己之部分,乃是极困难的一个问题。在可以算作"自己"的各种之间,我们可以选择两个最重要的出来;(1)思想和认识的主体,(2)与死俱去的许多东西之共总。主体如果存在,也是由推论得来,不是张本之一部,所以"自己"之这个意义,在我们现在研究之中,可以放在一边。至于"自己"之第二意义,很难使之确定,因为我们很难知道,何者倚靠生命百存在;而且这样说来,我们用了"倚靠"这个字。"倚靠"(dependent)和"独立"(independent)二字,是一字的两方面,引起同一的问题,所以我们先说明"独立",然后回到"自己"。

当我们说"此物对于彼物是独立的"之时,我们的意思,或是依逻辑的方面说来,此物可以在无彼物时尚存在,或者是此物与彼物之间,没有因果的——此物仅可为彼物之结果的关系。依我所知,在逻辑的方面,此物若是必倚靠彼物而存在,必定是彼物为此物之一部,否则不能。一书之存在,系逻辑的方面,是倚靠书中之页之存在的,无页即无书。依此意义而言,"我们可能知道对于我们自己而独立的实体?"的问题,可以简约而为"我们可能知道一个实体之存在,其中间没有我们'自己'为组织的分子?"依此而言,我们又回到"自己"之界说。但是,我想:无论"自己"有如何的意义——就令当作一个思想的主体解释——自己总不能算作器官所感触的对象之部分(说见后),所以依第一形式而言,我们必定承认:实在之存在,是对于我们自己而独立的。

至于因果的倚靠之问题,是更难的。我们若要知道:此物和彼物,没有因果的关系,我们必先知道:此物在无彼物的时候,实在发现过的。无论"自己"有何种合理的意义,我们的思想和感情,是和我们"自己"有因果的关系的,因为若无"自己"存在,绝无思想和感情在那里发现。这是很明了的。但是说及器官所感触的物,不是如此明了,并且常人的意见都以为我们曾经感触的物,到了不感触的时候,还在那里存在(足见无自己既无思想感情是很明了的,无自己即无物是不明了的)。如果如此(不感触它,它也存在),则是物之存在,对于我们自己是独立的;如果不如此,则非独立的。依此而言,这个问题,可以简约成为"我们可能知道器官感触的物——或是思想感情以外的东西——可以在我们不觉察它们的时候,仍然存在"?如此说法,我们可以减除了"独立"这个混沌字。把这个问题照刚才所说的样式陈列出来,又引起两个问题。

这两个问题,倒是不能混在一处的:(1)我们可能知道"器官感触的物或与此很相同的物,在我们不觉察他们的时候,也能存在"。(2)如果这个是不能知道的,我们可能知道从器官感触的对象,而推论别的物论在我们觉察不觉察的时候,都是存在的,但是这个别的物不期定和器官感触的对象是相同的。第二问题,在哲学中,就是物中的物之问题在科学中就是物理所假定的物质之问题。我们先说第二问题。

因为觉得感触的被动的,我们自然以为我们的感触,是有外来的原因。我们现在须得首先分别:(1)我们的感触,乃是"使我们觉得那些感触的对象"的一个心理的动作。(2)感触的对象,乃是我们的感触之中所觉得的(感触与被感触所觉得的对象须得分开)。我所说的感触的对象,并不是一定的东西——例如桌子——可以看见的,可以摸着的,可以为众人所共看的,而且多少是有常性的。我所说的感触的对象,乃是我们看桌子的时候,桌子所有的那些颜色;我们摸它的时候,它所有的那个坚硬性;我们敲它的时候,它所有的那个叮当的声音。这些东西,每个都是一个感触的对象,我们觉察它的状态,就叫做感触。我们被动的感触,就令它可以供给辩论的凭借,也只能表明感触是有外因的。这个外因,自然要在感触的对象之中去寻觅。那么,所以我们并没有充足的理由去设想:感触的对象是有外因的(感触有外因,被感触所觉得的对象并没有外因);但是哲学中之物中的物,和科学中的物质,是感触的对象之因,一如其是感触之因。这个普通的意见究竟有什么根据呢?

我想这个意见,是由于两个信从联合而来的:(1)我们信从:外边总有一个"可以离我们的意识而独立永久存在"的东西发现于我们的感触之中；(2)我们的感触常时变迁，而其变迁似乎倚靠我们的较多，而倚靠"可离我们而独立的物"的较少。从第一步起，我们不待思索而信从：无论何物，皆是如其所表现的，而且如果我们闭了眼睛，我们曾经看见过的物，仍然接续存在。但是对于这个意见，有人（唯心派）辩驳甚力，而且有许多人都以为这个辩驳的结论，已是不可动移的。我们实在极难看出这种辩论究竟证明哪一样。但是，如果我们要在研究外界之知识之问题上而求进步，我们须得决志准备它们（唯心派的辩论）。

　　一个桌子，从各方面看起来，有各种不同的状貌，这是普通话的说法。但是在这个普通话之中，已经擅定有一个实在的桌子，在那里发出不同的状貌。我们再试为除去假定的分子（不假定实在的桌子），仅用感触的对象之名义，去叙述这个事实，如此则我们说：当绕桌子而行之时，我们觉察了一联系的逐渐改变的可见的对象，但是在我们说绕桌子而行之时，我们仍然假定有一个实在的桌子，和那些改变的状貌相联接的。我们应该说：当我们有那些筋肉的感触和别的感触——就是使我们叫做行走的——之时，我们视官的感触，有联续不断地改变。例如一束刺激眼帘的颜色，不是骤尔的为别的完全不同的一束颜色所代替，但是逐渐的为稍微不同的颜色，和稍微不同的样式所代替。这是在"不假定有一个实在的桌子改变状态"的时候，我们的经验所能知道的。我们所真正知道的，乃是筋肉的感触（指行和动），别的身体的感触，和视官的感触之变迁的互组。

　　但是，我们不但可以用"绕桌子而行"的方法，去改变桌子的状貌；我们可以闭一个眼睛，或者戴蓝眼镜，或者用显微镜去看它，都可以改变桌子的可见的状貌。远东西的状貌，可以因空气变迁——如雾雨或日光——而改变迁；生理的变迁——如病——也可以改变物之状貌。如果我们擅定常识的世界是真的，所有这些状貌变迁——包含由生理的变迁而得来的——都算是中容物（物与我之间之物）之变迁，与本物并不相干。若要把这些事实简约而成一个"除感触的对象不另假定他物"的样式,不能如上次那样的容易。凡夹在我与我所看的物之间的中容物,必定都是不能看见的;我们对于各方面的眼光,都是为最近的东西所阻止。也许有人不以这话为然;他说例如灰尘沾染的玻璃,是可以看见的,然而又可以让我们穿过玻璃而看见他物。但是,即如所举的例而言,我们实在是看见玻璃上许多点点的灰尘,而又从没有灰尘的地方穿过,而看见他物(不是穿过灰尘而看见它物)。所以,"中容物可使物之状貌改变"之事实,不是视官单独可以寻得出的。

我们且拿蓝眼镜的举例来讲。这个举例,乃是极简单的,又可以代表其他的。蓝眼镜的框架当然是可以看见的,但是蓝玻璃,若是干净的,是不能看见的。那个"蓝"虽是属于玻璃的,然而好像是"属于穿过蓝玻璃而看见的物"的。玻璃本身之存在,乃是由触官之感触而知道的。如果我们要知道:这个蓝玻璃,是在我和我所看见的物之间,我们必要知道如何去互组触官的空间和视官的空间。若把这个互组,仅用器官的张本叙述出来,不是一件简单的事,但是并没有方法的困难。所以,我们姑且假定这一层是已经做到的(即用感触的张本之名义而叙述各项空间之互组略,如以后所叙述的)。在这一层已经做到之后,我们就可以对于"可触的蓝玻璃是在我们和我们所看见的物之间"这一句话——例如我们说穿过蓝玻璃而看见他物——而加上一定的意义了。

但是我们还没有简约到"仅用器官所供给的张本,而叙述这一番事实"的地步。我们又擅定了:我们曾用触官感触过的蓝玻璃,在我们不用触官感触它的时候,仍然接续存在。当我们用手摸触这蓝玻璃的时候,只有手指所触的处所,是我们看见的只有这个处所,是直接用器官知道的。如果我们要解释穿过蓝玻璃而看见的物之蓝色,我们似乎可以擅定,我们曾经触过的蓝玻璃现在虽没有为我们所触,还存在在那里(这个擅定的蓝玻璃之存在是物之蓝色之因)。如果这个擅定是真正必需的,我们的重要的问题,就有答案了。我们有方法可以把我们器官现在没有供给的物(如不触时之蓝玻璃),从我们器官曾经供给的同类的物(如用手指所触的蓝玻璃的处所)而知道。

有人又可以疑问:这个擅定虽是很自然的,然而可是绝对不能免除的呢?我们可以说(疑问的口吻):用手指触蓝眼镜时所觉察的物(即玻璃),在我们不触它的时候,即不存在,但是仍然接续发生效果(或译影响或效力)。这样看来,我们所设想的"曾经感触的物"在不感触之时之接续的存在,不过是从这些物的"身后"的效果推论而来的。这个推论,是错误的。普通人虽以为不接续而存在的物,不能接续发生结果,但是这是一种由因果律之误解而来的偏见(如电光过后即视官上仍接续发生效果若干时),所以我们不能根据纯理的不可能(指物不接触存在即不能接续发生效果)而抛弃我们所陈出的假定(即由曾经感触的物而知道现在未感触的物)。但是,我们须得研究:这个假定如何可以解释事实。

有人又可以质问若是我们永远未曾触过蓝玻璃,则我们的假定是无用的(以上是说我们曾经触过蓝玻璃,可以知道不再触的玻璃之存在)。当此之时,我们如何解物之蓝色呢?再使这个问题扩张到普遍经验上去(蓝眼镜不过是一个特别的例):对于看见而未曾触过的物,我们虽没有用触官去触它,但是我们预先假定若是触它的时候,必有一定的触官的感触,为我们所觉察,可以证明我们的假定的。换一句话说,我们预先把这些假定的感触附在未曾触过的物的身上。这些假定的感触——这些触官定可发现的性质,不能说是此物之常有的性质吗(这不是充分的证明吗?)?

我们且先研究这个普通问题。经验告诉我们:凡我们看见一物的时候,若用手去触它,可得一定的触官的感触,例如坚硬性、柔软性、体式(长圆之类)以及其他。这个经验佐助我们相信:凡可看见的,往往是可触的,而且我们相信:无论我们用触官去触它与否,我们预期的坚硬性或柔软性,必能在我们触它的时候,为我们所觉察。然而即此事——我们可以推论一物应该发生何种触官的感触(或刚或柔或方或圆)——可以表明:我们在未用触官触它的时候,并没有逻辑的需要去假定它之可触的性质之存在。我们所真正知道的是，一定的可见的状貌，与触官的触，合在一道，可引我们到一定的感触（或刚或柔或方或圆）。这些一定的感触，必是可以用可见的状貌去断定的，因为若非如此，则这些一定的感触，不能从可见的状貌推论出来。

我们现在可以叙述对于蓝眼镜之经验的事实了。用这个例，可以不用假定可感触的物之在不感触的时候之存在，而解释普通经验中的信从。由于触的感触和看的感触之互组之经验，我们可以把触觉中的一定地位，和视觉中的一定地位联合起来。若举透明的物为例，则在触的空间之中，有可触的物，而在视的空间之中，无可见的物。但是在此例中——例如蓝眼镜——穿过透明物而看见别物之色，必与"无此可触的透明物在中间间隔之时"的色不同；并且若把这个可触的中容物，在触的空间之中移动，物之一束蓝色，亦必在视的空间之中移动而随之。如果我们再看见此物之一束蓝色，在视的空间之中如此移动，而不能直接的感触中容物之移动，我们仍然推论：如果把手指放在我和我所看见的物之间，我们必定得着一定的触觉（就是摸着蓝眼镜）。如果我们要免除"所有未感触的物之存在"之假定，以上所说的，就是当"我们未触蓝眼镜但见他物因蓝眼镜而变蓝色"之时所说的"蓝眼镜在一定的地方"之完全意义。

我想，我们可以大概地说：凡物理学及常识中之可以证实的，都只能仅仅用实现的感触的张本去证实。这个理由是很简单的。证实是什么呢？就是预期的感触的张本之发现。天文家告诉我们何时将有月食，到了那一夜，我们对月望着，果然看见地球的黑影钻入月中。如果预期的感触的张本，为证实之元素，则凡证实中所凭恃的，必是感触的张本，如果证实中所凭借的，不全是感触的张本，则唯凭借感触的张本之那一部分，是已证实的。各感触的张本之发现，本是齐一的性质，但是一个感触的张本之发现往往和距时颇远的另一个感触的张本之发现，有因果的关系（同出一因也是有因果的关系），而与距时极近的另一个感触的张本之发现，反无因果的关系。譬如我在这里望月，忽然听见火车轰轰地来了，这两个感触的张本，没有任何的因果关系。若是我在一星期前曾经望月，我今天夜里又望月，这两个感触的张本，到有因果的关系。最简单而最容易的解释，就是设想有一个实在的月。无论我们看她不看她，总是永远地在那里进行。她可以供给无数的可能的感触的张本（回回看回回有）。但是，"我们仅选择数次去看她"的时候的感触的张本，是实现的。

但是由此而得来的证实之等级，仍是很低（因为我们看她的次数甚少）。我们须得谨记：在现在怀疑的水平面上，我们不能自由地相信传证为真实。当我们听见一个人发了一种声音，而这个声音，是我在"有一定的思想"之时所必发的，我们自然地假定：这个人心上必定也有这个或与这个相等的思想，而由这个思想发出我们所听见的声音。如果同时我们看见一个与我们相同的身体，把他的嘴唇在那里动，和我们说话时一样的动法，我们不能不相信：他也是活的，并且他体内的感情，就是在我不看他的时候，也是接续存在的。倘若我们看见一个朋友，坠落一个秤砣到他的脚上，而听见他说"我们若遇这个情境"的时候所必说的，我们固然可以不假定他是能有思想感情的人，而把这个现象，当作一联级的状态和声音解释（如无机物一样），然而决没有人中着哲学的毒如此之深，以至于不能十分信从他的朋友所感受的痛苦，也和他在如此情境之中所感受的痛苦一样。我们等一等，再研究这个信从之合理的根据；现在我们只要指出："我们信从我们这位朋友，也是一个有感情的人和我们信从月在我们不望她的时候，也是存在"是一样的合理的意见；而且，若是没有这个信从，所有的传证——无论是听见的，是读的——都成了无意识的一联级的状态和声音，不能达出其所表现的事实。所以，科学中之证实，在现在水平线上，若仅以个人裸体的器官所能观察的为可能，则不能使我们构造科学的大建筑了。

我们且停一刻，把我们已经说过的总括起来。我们的问题，就是：我们可能够从刚的张本之存在，而推论他物之存在？若把这个问题，列成以下的形式,"除我们自己和我们的状态(指心理的现象而言)之外,我们可还能知道别物之存在?"或"我们可能知道可以离我们自己而独立的物之存在?"是不对的,因为"自己"与"独立"二字之界说,是极其难定的。至于感触之被动性,是与此不相紧接(是不对题的)的。如果这个被动性可以有证明的作用,它也不过能证明:感触是原因于可感触的物而发生的。普通的"智者"(言不假思索而自命为知道的人)之信从是:物在不看见的时候接续存在,并且和看见的时候的物不太差。但是这个信从,近来已被破除,因为常识所视的物,依常识所视的观察点,和中容物之变迁(包生理的变迁,如脑筋神经)而亦变迁。但是如此说法,一方面要研究常识的世界上的物,究竟是固定与否;一方面已经假定了常识的世界上之固定物。所以,我们在发明"这个解释与我们的问题究竟有何贡献之前",须得寻出一个叙词,其中没有"要假定我们所要怀疑的"的纠缠。依纯粹的经验,我们所寻出的,就是一定的感触张本之逐渐的变迁,例如视觉是和别的东西(如中容物观察点)之逐渐的变迁相联组的;若在身体之动之例中,一定的感触的张本之逐渐的变迁,是和别的感触张本之变迁相联组的。

"物在不感触之时仍然存在"的假定——例如一个可见的物之坚硬性,曾经触官之感触而知道的,在我们不再触它之时,仍然存在——可以以下叙词代之:此物之坚硬性之效果,仍然接续存在。这是说:有许多地方,凡现在所发现的,仅能把从前所曾发现的来解释。凡是在物理学和常识所供给的世界之"可以用个人经验去证实的"之中的事实,都可以用"过去的物在现在仍然发生效果"的理论来解释。因为,证实不过是预期的感触的张本之发现(只要有感触的张本之发现就可以证实)。至于所有倚靠传证的事实,或是听的,或是读的,却不能如此解释,因为传证须倚靠我的心神以外之心神(别人的心神),而需要一种感触不能贡献的东西(别人的心神)之知识。但是在我们研究别人的心神之问题之前,我们且回到物中的物之问题。这个物中的物,就是我们不看见的时候的物,它和看见的时候的物大不相同。这个物（物中的物）和我们，和我们的神经，合在一处，发生我们的感触，但是此物又不是感触所能贡献出来的。

我们试从常识所假定的世界看起来。物中的物，乃是"大家不能解释'一个同一的物有变迁的状貌'的困难"之天然的产物。从前的人大都以为：一个桌子（即以桌子为例），是我们的视官的感触和触官的感触之原因。但是，因为桌子之状貌，因观察点和中容物之不同而变迁，则桌子之本体，必与它发生的状貌大不同。在此理论之中，有一紊乱之处所；此理论之风行，即由此紊乱而来。它把心理的表现（即感触）和物混在一处。物之一束的颜色，纵令是不过是看它的时候存在，还是一种与看见此颜色之"看见"大不相同。"看见"是心理的，那一束的颜色不是心理的。但是我们还可以免除这个紊乱，而仍保守这个理论——我们现在考审的理论。这个理论之缺陷，我想是因为：它不能证明此理论所指出的困难（物之状貌随地而变迁）所需要的"重行建设"之基础的性质。如果除短促零碎的感触以外，没有已经构造成就是更固定的世界，我们实没有理由去说观察点或中容物之变迁（观察点及中容物之变迁亦必在此世界之中）。我希望我们以前所说的蓝眼镜及绕桌子而行之例，已经把这个道理表现明白了。我们现在所还没有明白的，就是所需要的"重行建设"之性质。

对于为以上所用的言词所陈述的理论，我们虽不能满足，然而我们须得有些尊敬它，因为这是一个大概的理论为物理学及生理学之构造所凭借为基础的。所以这个理论，似乎总可以有真实的解释。我们再看我们如何可以做到这一层。

第一桩事我们要认明的，就是没有什么东西叫做器官之迷惑，感触的物（即是对象），即在梦中也是我们所知道的最无可辩驳的真实的物。然则何者使我们把梦叫做非真实呢？不过是因为这些感触的物和别的感触的物之间之奇怪的联接。我梦见我在美国，但是一醒过来，忽觉我在英国。这个梦与觉之间，没有过大西洋的数日海程为之联接；这数日海程,乃是一定附属于实在的往美之游历而不可分开的。感触的物,若是和别的普通经验所视为常格的感触的物可相联接,即为实在的,否则为迷惑。但是所谓紊迷惑,不过是对于从此感触的物推论所得的而言(如梦有火而推论有火实现要拿水去救它)。至于这个梦中每个感触的物,和醒时每个感触的物,是一样真实的。

反言之,醒时所有的感触的物,不能比梦中感触的物,更有切骨的实在。在我们建筑之初,梦与醒的生命,须受同等的待遇。梦何以能受判决为不真呢?一定有一个不全由感触而得来的真实去作审判官(就是关系或形式)。

既承认感触的物之短促零碎的存在(指我们感触它的时候),为不可磨灭的,第二桩我们须注意的,就是由感触的物的可变性所生出的紊乱。当我们绕桌子而行的时候,它的面相逐渐改变,但是大家都以为:(1)"桌子变迁";(2)"在同一的空间中,桌子之许多面相都是实在的",都是不可能的。如若我们闭一眼睛,我们将看见两个桌子;但是若说那里实在是有两个桌子,总是愚蠢的话。如此的辩论,似乎隐示有一个实在的东西,比感触的物更加真实。其实,如果我们看见两个桌子,那里就是有两个看见的桌子;至于我们同时又可以用触官之感触而知道那里只有一个桌子,当然也是我们所承认的。这第二层事实,使我们判定我们看见的两个桌子是迷惑,因为一个看见的物,只与一个触着物相符。然而我们还不能说:我们看见的两个桌子是迷惑,我们只能说在此例之中,视官的感触和触官的感触之互组,是越乎常规的。再讲第二例。当我们绕桌子而行之时,我们看见桌子之不同的面相。若有人问我们在同一的地方,不能有如此许多的真实的面相,我们的答复是极简单的:您批驳桌子之时所用的"同一的地方"这几个字,究竟有何意义? 这样的言词,已经擅定:我们所有的困难都已经解决了。其实除非用择定的短期的感触的张本为标准,我们没有法权可以说一个"地方"(只有在那极短的时期之中,我们可以说那个一定的地方)。若是我们全身移动,则每瞬中之地方,都与前瞬中之地方不同。所以，如果是有这个困难，这个困难也未曾用恰当的言词陈列出来。

我们采用一个新方法，重新起首来研究这个问题。我们不要减少假定到最低度，去解释器官感触的世界，我们且建设一个可能的（不是必需的）事实之解释，以作一个帮助意想的模范的假定。以后我们或者可以删除我们假定之中之虚浮的部分，而留下一些剩余，可为我们的问题之抽象的答案。

我们试设想如莱拉尼的独元论所设想的，每一个人的心神，都从一个不与人同的观察点去看世界；而且为简便起见，我们且以视官的感触为范围，把无此器官的心神（如触官的心神，听官的心神）姑且放在一边。每个心神在每瞬以内，看见一个极繁杂的而三积次（three dimensional）的世界。但是没有一件东西，同时为两个心神所看见。当我们寻常以为二人同见一物之时，我们总看得出：因为各人的观察点不同，他俩所感触的东西，总有差别——无论差别如何的小，但是总有差别（此处我假定了传证之可靠，但是因为我们仅是建设一个可能的理论，这个假定是合法的）。这个三积次的世界，为我一个心神所看见的，没有储藏一个地方和别的心神所看见的相同，因为地方只能为其中与其四围的东西所组合而成。于是我们可以设定：每个世界，是完全如其为每人所觉察的，并且在每人不觉察它的时候，也是完全如其为每人所曾经觉察的；我们还可以设定：有无限如此的世界，未曾为人所觉察。假如两个人坐在一间房里，有两个大概相同的世界，为他俩所看见，若有一个第三人进了这个房子，就有一个"介乎先在的两个世界之间"的一个第三世界，为第三人所觉察。我们固然不能有理由去设定这第三个世界，在第三人未入屋以前，即已存在；因为这第三个世界，要靠着这第三人的神经触官脑筋的情形而定。然而我们有理由可以设想这第三个世界，有些从那个观察点（从第三人的观察点）看出的面相，实在已经存在，虽无人觉察它，它也是存在的。我将把凡如此曾经人觉察的，和没有经人察觉的世界之面相知共组,叫做"观"(perspectives),(就是面相)之系组。我将把私有的世界,去代表实在为人所察觉的宇宙之观,如此则每个"私有的世界"乃是一个为人所觉察的"观",但是没有为人所觉察的观,也不知道有多少啊!

两个人有时可以觉察很相近的观——相近到如此的地步,他们可以用同一的字去表写它。他俩所看见的两个桌子(当他俩同着一个桌子之时)之间之区别,如果极小而不重要,则他们说:他俩看见的同一的桌子。所以有时我们可以此观内之许多东西,和彼观内之许多东西之相像的,相近的,联合而互组起来。如果两边的东西,极其相像而相近,我们就说:这两个观的观察点,在空间中,是相邻近的。但是这个"中有相邻近的观察点"之空间和各观内的空间,是完全不相同的。这个空间是许多"观中的空间"之关系,是不能为人所觉察的。如果我们要知道它,只能由推论而知道它。在为人所觉察的很相近的两个观之间,我们可以设想有一级系的许多别的观——其中至少也有一些未曾为人所觉察——存在;而且无论在如何相类似的两个观之间,仍有其他观更为类似。如此,则"为诸观之间之关系所组成"的空间,可以使为联续的,而且(如果我们愿意如此选择)可以使为三积次的。

现在我们可以解说常识里短期的"物"和常识里短期的物之状貌了。从两个邻近的观之中,我们可以把许多相类似的东西,两两互组起来;以一观中之一件东西为标准,我们可以把所有的观之中之与这一件东西相类似的(就是这一件东西之各面观)互组起来而成一个系组(如军中之组);这个系组,就是常识里短期的"物"。所以一物之一个面相,乃是一系组(与一群略同)面相中之一分子。这个系组(即面相之共总),就是那个感触的短期以内的"物"[各观之时间之互组,又引起别的繁点是相对论(时间空间相对)中所研究的,现在我们可以置之勿论]。所有的物之面相(即可由感触得来的),都是实在的,至于所谓的物乃是一个逻辑的建设。但是这个物,有中立的价值,对于各观察点都是中立的,而且无论何人皆可看见它——这个看见,是说:我们可以看见它的面相,而且只能看见它的面相。

我们将能看出：每个观虽各有各的空间，即私有的世界，然而"以这些观为组织分子"的空间，只有一个。私有的空间之多，如觉察者之多，所以私有的空间之数，至少也同觉察者之数一样多，而且还有别的私有的空间仅有本身的存在，而没有为各人所觉察的。但是只有一个观之空间（共同的），其中分子即是各观，每观之中，各有私有的空间。现在我们应当解释我们如何把一个观中的私有的空间，和那个包涵万象的空间之部分互组起来。

"观之空间"（共同的），乃是私有的空间之观察点之系组；或者因为我们未曾给予观察点以一定的界说，我们也可以说"观之空间"乃是私有的这人间之本身之系组。这些私有的空间，每个皆算做一点，无论如何，它是算作"观之空间"之一个原质。它们的秩序，是依它们的类似性而定的（极相类似的是极相近的，稍有相类似的是稍相近的，不大相类似的是不大相近的）。譬如我们从一个私有的空间起首。这个私有的空间，储有一个圆盘的状貌为我们所叫做铜子的；而这个状貌，在此私有的空间之中，恰是圆的，不是椭圆的。然后我们可以组成一级系的私有的空间，其中储有逐渐加大（或减小）的圆盘的状貌。要得这个结果，我们只需向铜子而逼近，或背铜子而离远，就可以了。所有私有的空间，其中铜子皆具为圆盘的状貌者，皆是在"观之空间"中之一条直线上面。它们在这直线上面的秩序，就是圆盘的状貌之大小的秩序。而且私有的空间，铜子在其中具较大的形者，则为与铜子较近的空间，否则为较远的（这个判案须得更加考察）。我们又当知道除铜子之外，无论选取何物，皆可说明"观之空间"之中之各私有的空间之关系，而且经验可以表明：即用他物，亦可取得同一的空间的秩序。

若要解释如何将私有的空间和"观之空间"互组起来，我们首先必须解释在"观之空间"之中之一物所在"地方"。我们再拿铜子的例子来说：这个铜子，在许多观中呈具不同的状貌。我们在上章已经把一级系的观,其中铜子呈具圆相者,组成一条直线;我们已经承认:"其中铜子大"的观,比"其中铜子小"的观,较近于此铜子。我们又可以把另一组系的观组成一条直线;在这些观中,此铜子乃是侧面的,而且呈具若干厚的一条直线之状貌。这两条直线(从铜圆中心射出而与铜圆面成垂直线的直线,和从铜圆侧面射出与铜圆面平行的直线)在"观之空间"之中相交割,那就是说,它俩交割于一定的观中;这个观,是铜圆在"观的空间"中所在的"地方"。然而有一层:若将这两个直线延伸出来,直至他俩相交之处,我们须得于铜圆之外,另有他物以资记志,因为经验告诉我们:在我们和铜圆过于相近之时——例如用此铜圆与眼帘相接触——铜圆不能呈具状貌(就是我们不能看见它)。但是这个事实,并不引起实在的困难,因为依经验所表示的而言,"观之空间"的秩序,与我们所选择以说明此秩序的"物"无关(无论用何物去说明这个秩序都是一样的)。例如我们可以移去原来的铜圆,在这两条直线的延伸线上,接续地把两个别的铜圆一层一层地往前摆,使其一在原来的铜圆现为圆的处所,亦现为圆的;使其二在原来的铜圆现为直的处所,亦现为直的。我们寻将看出:只有一个观,其中之新铜圆之一,可以圆如原来的铜圆之圆;新铜圆之二,可以直如原来的铜圆之直。这个观,就是原来的铜圆在"观之空间"所在的地方(这就是地方之界说)。

以上所说的,自然还是第一级的粗浅的大概,不过表明如何可以达到我们的界说之方法而已。我们忽略了铜圆之大小,又曾经假定:我们可以把铜圆移动,不能为别的东西之位置,同时所发生的变迁所扰乱(这个假定是以空间为绝对的,而非相对的)。但是这样的准确论调,不能摇动这个原理,不过在应用方面,介绍进来的别的繁复而已。

观之界说,既已定为一物所在的地方,我们可以懂得:何以其中一定的物现为较大的观,是与此物较近;其中一定的物现为较小的观,是与此物较远。因为前观是与为此物所在的地方的观相近,后观是与为此物所在地方的观相远。

我们又可以解释私有的空间和"观之空间"之各部分之互组,若是在一定的私有的空间之中,我们看见一定的物之面相,我们就把私有的空间中(我们自己的)之此面相所在的地方,和"观之空间"之中此物所在的地方合组起来。

我们可以定"这里"的界说了:"这里"是观之空间之中我们的私有的世界所在的地方。所以我们现在可以懂得我们有时说:"有一物与这里相近"是什么意思。一物与"这里"相近就是此物所在的地方,和我们的私有的世界相近。我们又可以懂得:我们常说的"私有的世界,是在我们的头脑里"这一句话是什么意思,因为我们的私有的世界,是"观之空间"之中之一个地方,这个地方,或者是我们头脑所在的地方之一部分(这头脑当然不是物质的头脑,"观之空间"是由我们的头脑用逻辑建设起来的。私有的空间既是观之空间之一部分,所以是头脑所用的地方之一部分)。在"观之空间"之中,和一物之每个面相相联接而不离的,有个地方:一是此物所在的地方;二是"此物之此面相亦为一组织分子"的观(此观中除此物之面相以外还有别的心理的分子)。物之每个面相,乃是两个不同的面相之类之中之一分子。(1)第一类是此物之各样不同的面相,其中至多只有一个面相在这个观中现出;第二类是一个观,是什么观呢?是在"此物在其中现出此面相"的观。物理学家自然用第一法将面相分类,心理学家自然用第二法将面相分类。与一个单独面相相联接的两个地方,恰和这两个不同的分类法相符。我们可以把这两个地方区别为:面相在此发现的地方和面相从此发现的地方。"在"的地方,是面相所属的物之地方;"从"的地方,是此面相所属的观之地方(这就是罗素的一元论,心和物都是从感触构造起来,不过方向不同而已)。

我们现在再为设法叙明:一物在一定的地方所呈具的面相,可为中容物所改变。各不同的观中一物之许多面相,可以设想为:从此物所"在"的地方,逐渐四散,而且离此地方愈远则愈变迁。若要陈列出来管理这些变迁的定律,我们不是仅仅计算与物相近时物所呈具的面相所能了事的，我们必定还要计算从那个地方现出这些面相的物。所以这个经验的事实（指物之面相随中容物之变迁而亦变迁），可以用我们建设的世界之意义去解释。

现在我们已经建设起来一个世界之假定的写真了，其中含储着安置着经验的事实——包含从传证得来的事实而言。我们稍为费些气力，可以用我们建设起来的世界去解释生货式的感触的事实，物理学中之事实和生理学之事实。所以这个世界或者是真实的，它可以与事实相符，又无经验的证明与它相反，它又不是逻辑的不可能。但是我们可是有充足的理由去设想它是实在的呢？这又要引到我们的原来的问题。我们可有理由去信从：除私有的世界而外，还有他物存在呢？依假定的建设的世界而言，我们只能说：没有"否证这个信从之真实"之理由，但是还没有积极地实证这个信从之真实，所以我们重行研究传证之问题，而搜寻"别的心神之存在"之证据。

我们首先承认：无论用何种辩论方法去保护别的心神之存在，都不能得出不可动摇的结论。我们梦中所遇到的奇诡人物，好像也有一个心神——并且是一个令人厌烦的心神。他常给我们非预期的回话，他不肯应允满足我们的欲望，他又表现出来我们醒时所习见的其他精神动作。然而我们醒的时候，决不信从这些奇诡的人物，如我们醒时所遇的人一般，也可以为我们不能直接看见的私有的世界之代表。如果我们信从醒时所遇的人之有心神，这也必定是无从证明的信从，因为我们日日所遇见的人，也许是常存的而屡见的梦魇鬼。又别人之有心神，不过是我们的悬想所构成的。我们悬想：别人对我说话，有一定的心神；著书的人在书上所告诉我的，有一定的心神；各日报周报季报所登载的肥皂的广告，及政客的演说，都有一定的心神——而其实别人并没有心神。这样的怀疑的论调，也许是真的，然而没有一个人信从这个论调。我们可有逻辑的根据去判断这个论调是必然的呢？或者我们仅能用习惯和偏见，去反对这个论调，习惯偏见之外，别无他种理由呢？

别人的心神,是在我们的张本之中,但是这个张本,须以广义而言罢了。这就是说,我们起首审察之时,已经信从别人有心神了,并非由辩论理由出来而信从乃是自然而然的信从。但是这个信从,是一个心理演产的信从,因为它是由观察别人身体之移动而来的。这个信从不是刚的张本中之最刚者,它在哲学的审察之下,变成可疑的问题,其可能的程度,恰恰使我们希望"要有感触的事实和它联接起来"。

　　最简明的辩论去保护它,就是从推较而来。别人的身体的动,和我们自己有一定的思想或感情的时候的动,是一样的;我们身体如此动时,内里既有如此的思想或感情,今别人的身体也是如此的动,我们自然地设想:别人也有思想和感情。我们骤而听见有人叫道"小心",而我们骤而看出:有一辆飞跑的摩托车已到我们的身边。当这个时候,我们必定断定:这个"小心"是那个先看见摩托车的人说出的(是因为若是我先看见,我必定要说"小心"),是世界上有存在的事实,不是我们所直接觉得的(我们并没有直接看见"他看见摩托了车")。但是这一幅图景,和其中所用的推论,也可以在梦中发现。若是这个推论在梦中发现,我们就以为是错误的,在梦中用这个推较而推论,既是错误,醒时用这个推较而推论,可能有稳当的辩论去判断它是不错误的呢?

　　醒时之推较,比梦中之推较真,不过是因为前者比后者的范围较广大而符合较深切罢了。如有一人,每夜必梦见一班人物,与其醒时所遇见的人物不同,而且他所梦见的人物,也都有一定的不矛盾的性质,并且依时日之加多而渐老,如加尔德郎(Calderon)的戏剧中所演的他或者不能判断何者为梦境,何者为我们所叫做的真世界。我们判决梦境为非真,不过是因为梦中之各部不能组成不矛盾的系统,而且不能和醒时所经历相符合。

　　在醒的生命之中,似乎有一定的齐一,而在梦中,则完全为淆乱的。最自然的假定是:神鬼在梦中来看我们,而使梦中之行为不能齐一。但是现在的人,虽不能说出一定反对的理由,然而都否认这个假定。至于神秘家，则又超于彼端；他们所说的顿尔的觉悟，好像是从浮生大梦醒过来的。只有在顿然觉悟之时，可以看见一个世界和寻常世界上之悲欢苦乐，完全不同；就同"我们清早梦醒之后，看见日用的世界和梦里世界不同"一样。谁能否判他？谁能赞助他？谁能断定我们在这里生活之中各种东西之貌似的固定性？

"别人也有心神"之假定，我想是不能从推较而得强有力的帮助的。但是它实在是一个假定，可以把许多事实组织起来而成系统，而又永远未曾引到一个结果，使我们发现"它可以怀疑为不真的"的理由，所以我们不能攻击它的真实，而又有很好的理由，把它当作一个便于进行的假定。

只要承认了这一层，我们就可以用传证而推广我们的对于感触的世界之知识，而引到我们建设中所假定的私有的世界之系组。在事实一方面，无论我们如何使行哲学家的审察，我们不能不信从：别人也有心神。所以"这个信从究有理由与否"之问题，不过有思辨的趣味罢了。如果这个信从是有理由，那么，我们对科学中及常识中所有的在私有的世界以外之极大的推广，就没有方法的困难了。

我们切莫把这个殊为瘦弱的结论，当作我们的冗长的讨论之唯一的出产。普通人对于感触和客观的实在之联接之问题之怀疑之起点，没有像我们推到这样的远。多数著者都有意或者无意地擅定（至少也是隐示地）：传证是应该承认的，所以又擅定：别人也有心神。他们承认这个之后，就有多少困难发生了。物是同一的，而各人所见的此物之状貌不同，一物在两个时候之间，是不能设想会有变迁的，而一人在两个时候，所见此物之状貌不同。

这些困难，使他们怀疑客观的实在，究竟可以为感触所知道的，深至几何？远至几何？又使他们设想：他们实有辩论可以只抵抗"客观的实在可为感触所知"之意见。我们的假定的建设，可以答复这些辩论；而且可以表明：物理学及常识所供给的世界，是可以解释的，而不陷入于逻辑的冲突;同时又可以把所有刚的张本、柔的刚本,在此建设的世界之中,摆在相当的地位。它是一个假定的建设,与心理学相符,与物理学相符,又与生理学相符。这是我们讨论所得的出产之大纲。这个建设之中,或者只有一部分必须用作起首的假定的,还可以从更少的材料,用下数章界叙点、瞬、尘的逻辑方法去构造起来的,但是我现在还不知道:这个起首的假定,可以减少到什么地步。

物理之世界和感触之世界

反对感触的世界之实在之理由之一端,就是从"物理学所发现的物质"和"感触所发现的物之外貌"的区别而来。大多数科学家愿意判决最近的张本(感触的张本),为"仅为主观的",然而同时又持守从这些张本谁论得来的物理学之真实。但是如此的意见,或者也是合理的,然而理由何在,实有陈述之必要。可以保证这个意见的理由,除非我们可以用先天的——不待思索的——方法,从已知的感触而推论未知的实体,只有以物质为从感触的张本之逻辑的建设,所以我们须得寻出一个桥梁,渡过物理的世界和感触的世界之间之海港。这个问题,就是本章所讨论的。物理学家似乎不曾觉得这个海港之存在;心理学家,虽知道有这个海港,然而他们又没有算学知识去渡过它。这个问题是很困难的,我并不知道他的详细的解决。我所希望能够做到的,不过是使此问题为大家所觉得,而指示一种可以解决这个问题的方法。

我们首先且陈述这两个世界之不同点。我们先说物理之世界,因为虽是感触之世界,为直接供给的,而物理之世界,为间接推论的,然而我们现在已经觉得:物理之世界,是熟谙的,而感触之世界,反为奇怪的,难于回头寻出的。物理学即以常识的信从——凡物皆不变而固定——为起点,如桌、椅、石头、山、地球、月、日,都是可举的例。我们须得留意:这个常识的信从,是一个勇敢的玄学的理论,物并不永久呈献于感触界,我们实在可怀疑当不看不触它之时,可是存在？自波克烈起,这个问题,竟成了一个尖锐而难抵御的问题。但是常识把它忽略过去,所以物理学家也把它忽略过去。这是我们的第一层离开最近的感触张本之远游——虽然这个远游,不过是由推广而来,而且或者是为我们的野蛮祖宗所早已实行的。

但是桌、椅、石头、山,不是完全常存的,不是完全固定的。桌椅坏掉脚了,石头为冰霜所破裂了,山为地震或火山所炸开了。还有别的东西,也好像是有质的,然而它们差不离没有常存和固定的性质,例如烟、云、口吐的气,都是这样的。即使水与冰虽不如烟云等之甚,然而也是不常存的,不固定的。又如河、海,虽是常存的,而决不是固定的。烟、云、口吐的气,以及能见而不能触的东西,都被认为虽算实在的,即到今日,我们仍以"能看而不能触"为鬼怪之特别目标。这类的物,似乎可以完全消灭,并不是变为别的东西。冰或雪当消灭之时,乃是为水所代替,我们并用不着费多大的理论能力去发明"此水即是水雪,不过形式不同"之假定。固体的东西,虽破裂为部分,然而与原来的性质,仍然相同：一块石头,可以打碎成粉,但是这粉仍是无数保守原石头之性质之碎粒。所以古代物理学家在常变的现象界中,欲实现完全常存的完全固定的物之理想,只能设定：物为许多常存的固定的原子所构成。这样台球式的物质观,占据物理学界甚久,一直到了最近的时代,始为电子论所取而代之。然而电子论之自身,也渐渐变为新原子论了。除为化学之需要而设定的一种特别原子论(指达尔敦原子论)而外,古力学中亦为原子哲理所领占,而所有力学的定律与自明理,都隐含着原子的哲理。

物理学对于物质的世界所绘写的图说(即上节所说的),因为为理论之修改所影响,也曾经受过剧烈的变迁(例如,以前以为物是原子,现在以为物是电子所构成)。这些理论之修改,不过叙述不同,其实内容大致仍是相仿。有一定的特色,仍然传至今而犹在,这个特色就是他们都曾假定有一些东西是不灭的。这些东西可以在空间中行动。凡不灭的东西总是极小的,但是并不是占据空间之一点,他们设定:有一个总括的空间,凡动皆在此空间之中;并且在近代以前,他们也设定:有一个总括的时间。但是现在的相对论,把分域的时间之观念抬高了,而动摇了大家对于独一的平行的前流的时间之信仰。我们且不武断相对之原理之出产为何,我想我们可以放心说:它并不铲除各个分域时间之互组之可能,所以它并没有极深远的哲学效果,如一班人所设想的。质言之:时间之权量,虽是极难,我想在物理学中讲动,仍以独一的总括的时间为暗示中之基础。所以在物理学中,我们如在牛顿之时,仍有一群不灭的实体实物可以叫做"尘"的,在一个统一的时间与空间之中相对行动。

感触之世界,与此完全不同。在感触世界中,没有东西是常存的,即使我们以为大概常存的东西——例如山——也不过在我们看它的时候可为张本。至于它在我们不看它的时候之永存,并不是感触所直接表明的。在感触的世界中,空间也不是总括的。每一个人所有的空间之多,如其器官之多;不过这些器官,可以供给一种关系,这个关系,可以叫做"空间"的罢了。经验告诉我们,如何去把这些空间互组起来,经验和本能的推理之作用,让我们如何去把这些空间组起来,经验和本能的推理之作用,告诉我们如何去把我们的空间,和别人感触的世界中之空间互相起来。统一的时间之建设,若我们以私有的为范围,是困难较少的,但是把我们的时间和别人的私有的时间互组起来,是极困难的事情。所以无论物理学中之假定如何流动,总要引起三个问题,去把物理的世界和感触的世界联接起来。这三个问题是:(1)常存的"物"之建设;(2)统一的空间之建设;(3)统一的时间之建设。我们再一条一条的讨论下去。

(1)最早的常存物之信从,既成原子论,我想原子论之命脉,并不是它的解释现象之成效,但是我们的"感触之世界之变迁之下,总有一个常存不变的东西"之本能的信从。这个信从,自然因为它的应用的成效而增长;增长至最高级,逐成体量不灭之原理。但是它原子论并不是它的成效所生的;反过来说,它的成效,实在是它所生的。哲学家评论物理,有时以为：必有物质不灭之原理，而后科学方可构成。我想这是个错误的意见。如果没有物质不灭之先天的信仰，我们仍然可以把现在"用物质不灭的名义排列出来"的定律，不用物质不灭的名义而排列出来。当冰变水之时，我们何以必须设想：代冰之水，和原来的冰，本是一个东西，不过是变着新样子呢？不过是因为：这个设想，可以使我们叙述这个现象，恰和我们的偏见（就是物质不灭之信仰）相符合。其实，我们所知道的，是在一定的温度之下有一个现象我们叫做"冰"的，变成一个现象，我们叫做"水"的。我们可以依此现象如何为彼现象所跟随，而发给一个定律，但是除偏见之外，并没有理由去说：这两个现象是属于一物的。

如果刚才所说的是对的，感触之世界和物理之世界之联接所必需的事务，就是不用先天的信从，而建设物质之概念；这个信从，就是历史上物质之概念之父母。近代物理学，对于物质之概念，曾有革命的结果，然而在物理学中，物质概念（指新的物质概念）之应用的成效，明白地表现出来：总有一个合理的物质概念（就是现在我们现在所要建设的），可以和历史上的物质概念（就是由先天的信从所生的）有同一的功用。现在尚未到"可以确切地叙述这个物质概念究竟如何"的时候，然而我们可以看得出它大概是什么样子。为此起见，我们只需把常识的叙述（对于物质概念之叙述）拿来，删去其中"常存的物质"之假定，重新用别的言词说出来。譬如我们说：物逐渐地变迁——有时候变迁得很快，但是它的变迁从彼至此，总要经过许多联续的中间状况。这个意思是说：给我们一个由感触得来的现状，如果接续观察，常有一级系的联续现状，与原给的（彼）现状联接而到一个新看的（此）现状。这个新现状，就是常识所以为与原始的现状同属于一物的。如此，一物可以谓为一级系的现状（没有物质），为联续律又为因果律所联接。我们试拿墙上裱糊的纸而言，这个墙纸，在数千年内逐渐黯淡，因为墙纸之颜色，在此时与在彼时无大区别，我们实在不易得设想：这个墙纸不是同一的物。但是我们真正知道的是什么呢？我们知道在一定的情景之中——我们在这间屋子里——

我们觉察的颜色、一定的花样。这个颜色，不是永久恰相同的，但是很相同的——相同到如此的地步，可以使我们学得它是熟悉的（如隔日见问朋友，朋友虽有若干变迁，然而仍是熟悉的）。如果可以知道"颜色如何变迁"之定律，我们可以完全把凡可以经验证明的，一一详说出来。至于假定那里有一个永存的实体——墙纸——在不同的时候，有不同的颜色，乃是用不着的玄学奢侈品。如果愿意，我们实在可以说：墙纸乃是一级系的面相（指从浓到淡的之各级颜色）。把这些面相集笼起来，这集笼之动机，和"我们信从墙纸是一物"之动机，是一样的。这一物是什么呢？就是感触的联续和因果的关系之结合。更普通一点说法，一物可以界叙即定义为一定的级系之面相——当常识所以为属于此物之面相。若说一定的面相是一定的"物"之一个面相，就是说：许多面相若集成级系，就是此物；一定的面相，就是其中之一个面相。其余进行，俱如上述（都和信从有物时是一样的）。凡曾有此信从时可以证明的，仍然是不变的，但是我们所用的言语，是为免除无用的常住物之假定。

以上所说的常住的物之假定之废除，乃是一个很好的例子，可以表现一个科学哲辩之基础原理——奥康刀（Occam's razor）"理论的存体，非急需切莫增加"。换一句话说，当研究无论何种题目之时，我们寻出此题目中所不能不含有的一个存体，而用此存体之名，以叙述无论何种事情，但是这种谨守的方法，其结果的叙述，往往比"先擅定一个假设的存体而得来"的叙述，反更繁难。常识及多数哲学，都先假定一个假设的存体，然而他们实在没有好理由去信从这个存体之存在。我们觉得：设想一个墙纸（乃是假设的存体）的颜色在那儿变迁，比思想一级系的颜色，较为便易。但是若以在思想中为便易得与自然的，亦为最能"脱除无需的假定"的，乃是错误的意见。以上所言物之存在之例，已可表明此理。

以上所说的"物"之生产之概论，虽是大致不差，然而曾经屏除几个重要的难点。我们现在再简单地讨论这些难点。从零星杂沓的感触张本起首，我们要从其中分途征集它们而成级系，每个级系，可以算做由一物之接续的现状合拢而成的。我们于讨论之初，就要发现常识所视为一物的整个，和物理学所视为不变的"尘之麕集"之间之冲突。一个人的身体，是常识所视为一物的，但是物理学以为其中之化合物，是在那里不住的变迁。但是这个冲突，不是极重大的，现在可以大概置之不理。问题是：我们用何种方法，去选择这些杂乱的张本中之何张本，而把这些被选择的张本叫做同一的物之现状。

对于这个问题之粗浅的答复，是不难的。有些现状之麕集（常识中所谓的物），是不大变迁的，例如山川之形势、动用器具、房屋、朋友的面孔。在这些举例之中，我们毫不窒钝地把在间断的时候所看见的，当作同一的物或"多物之麕集"之现状。然而我们若徒以现状相似而判为同一的物，有时要被引而入迷途，例如错误之滑稽（戏剧）中之故事这个事实可以表明出来还有别的道理，须加入计算之中，因为两个实在不同的东西，可以有各级稍同、颇同、极同、相同的现状（现状相同不足为物之同一之证）。

至于联续，它也不足为满足的判官。我们已经说过，如果我们接续的观察，常可以看出：从彼现象至此现状例（如墙纸）之变迁，依我们所能觉察的而言，是联续的。所有擅定——若是在间断的时间看此两个一定的不同的现状，我们有理由可以信从：这两个不同的现状，是同属于一物的；则我们擅定自彼现状至此现状之间，在没有观察它的时候，有联续的级系之中间现状。于是我们以为变迁之联续，乃是一物之必需的和满足的条件。实在说来，变迁之联续，既不是一物之必需的条件，又不是一物之满足的条件。它何以不是必需的条件呢？因为当我们的心神未曾专注于此物之时所未曾观察的现状，不过是纯粹假定的，不足为一可靠的根据使设想从前的现状和以后的现状同属于一物。反而言之，实在是因为设想从前的现状和以后的现状，是同属于一物，所以我们假定其间有联续的中间的未曾观察的现状。它何以不是充足的条件呢？试取一譬我们可以由感触的联续的状况，从此一滴海水而移至彼一滴海水（现状是联续的，但是不是同属于同一的一滴海水）；而且我们所最能说的不过是：在常态观察之时，非联续即间断乃是不同的物之间之差别记号；然而即以此说（非联续为不同物之记号）而言，尚且不能应用于炸药之爆炸之例（炸药之爆炸前后的现状是不同的，似乎不联续的，但是同属于同一的物——炸药）。

然而"变迁之联续"之假定，在物理学中乃是极有成效的。这个可以证明若干事。不过这个所证明的，对于我们现在讨论的问题，没有什么大用处。它证明了在我们所知道的世界之中，没有和这个假定——变迁是联续的——相冲突的东西。不过在剧烈的变迁之时（如炸药）及我们未曾观察之时我们看不出变迁是联续的罢了（但是这是消极的证明，不是积极的证明）。联续，若依如此假定的意义言之，可以算作物之必需的条件（就是联续之"假定"为物之必需的条件，不是联续之"存在"为物之必需的条件）。但是联续决不是物之充足的条件，如海水之例已可表明。所以，如果我们要给予物以一个界说——无论如何粗浅的界说——我们须得另外寻出别的东西。

还有我们所需要的，是什么呢？似乎是一种"可以适应因果律的性质"的东西。这个叙词是很空疏的，但是我们且给它（这个叙词）一个确定的意义。我所说的因果律之意义，是说：定律可以把在不同的时间中的事实联合起来的，或者即把在同一时间中的事实联合起来的，但是这个联合，不是可以逻辑证明的。依此普通的意义而言所有力学中之定律，都是因果律（把不同的时间中之事实联合起来），而且那些定律，可以把一物同时对于不同的器官所发生的现状互组起来，也是因果律。（把同时的事实联合起来）。现在的问题是：这些定律，如何可以帮助我们发给物之界说？

去答复这个问题，我们须得讨论为物理学之（经验的效果）所证明的东西。它经验的效果所证明的是：物理学中之假定（譬如假定物之存在），虽不能证实于感触张本以外（没有观察的时候不能证实），但是在可以感触张本证实之时，永不与感触张本冲突；而且它的假定，可以使所有的感触张本（即果），从在一定的时间以内充足的张本之麤集（即因）测算出来（例如见电而可推算闻雷）。物理学在经验的方面，可以征集张本而成级系，每个级系，即视为同一的物；而且它（一级系的张本）的行为，依从一定的物理的定律，和别的"不属此物的一级系的张本"的行为，往往不同——就是依从别的不同的物理的定律。倘若我们要特别明了两个不同的现状，是否属于同一的物，只有一条路径可以麤集现状，使从此麤集所得的物，遵守物理的定律而行为。去证明这个如此（指只有一条路径可以麤集……），是极困难的。但是为便于现在讨论起见，我们可以超过此点而假定：只有一条绝无仅有的路径。是什么路径呢？我们必定把未曾观察时之物之现状，含在物之界说之中。于是我们可以摆下一个界说：物乃是遵守物理定律的。那些各级系的面相（即属于此物的现状）这些级系之存在，是一个经验的事实，物理学如何有"可证实"（verifiablity）之性质，即以这个事实为骨架。

有人仍可以质问：物理学中之"物质"、不全是一级系的感触的张本。感触张本可谓为属于心理的，而且依一部分的意义而言，是主观的。至于物理学，乃是与心理学的研究不相关的；物理学并不假定物质仅在我们察觉它的时候存在。

这个质问有两个答复，这两个答复，都是重要的。（1）我们已经讲过物理学之"可证实"的问题："可证实"（verifiablity）与真实（verity）不是一样的东西。可证实比真实更为主观的，更为心理的。如欲使一个命辞为可证实的，不但须得此命辞是真实的，而且须得此命辞之真实，可以为我们所发明的。所以，可证实乃是依借我们的知识之本领，不是依借客观之真实。在物理学中有许多不能证明的东西。一是物理学有时假定一物对于一定的处所的观察者，应发现为何种现状，其实该处所并无观察者（例如，天文学中说在别的星球上观察地球是有微光的）。二是有时假定物在一定的时候,应具何种现状,其实在那个时候,并无现状为人所观察(例如,天文学中说白天里各巨星应在何处)。三是有时假定永不发现的东西(例如原子电子)。这些假定,都是为说明因果律而介绍进来的,而是它们并不是物理学中我们所能知道的(直接感触)真实之分子。这个就引我们到第二问题。

(2)如果物理学,是皆为我们所知道的真实的命辞所成,或者至少也是皆为我们可以证明或否证的命辞所成(物理学实是如此),以上所说的三种假定的存体,必定可以表现为感触的张本之逻辑的函数(如物动之时,物所据之地位随时间之变迁而亦变迁,则物之地位为时间之函数)。如何把这个函数表现出来呢?我们且拿回上章所说莱柏尼之宇宙。在那个宇宙之中,我们有许多观,每两观之中,没有同一的存体,但是其中有存体是如此的相类似,而可以互组起来,为属于一物的。我们把有为观察人所感触的,叫做实现的私有的世界;把仅从联续原理建设起来的,叫做理想的。在每瞬之时一个物理的物,乃是在那瞬之时,它的在各世界中所有的面相集合起来的,所以一个顷刻间的(还是有限的空间)物之竟况,乃是一群的面相之共总。一个理想的现状,乃是一个由测算得来的现状,不是实在地为观察者所觉察的。一物之理想的境况(state),乃是"它的现状皆为理想的"的那一瞬之时之境况;一个理想的物,乃是一物无论何时,其境况皆为理想的。理想的现状、境况和物,因为它们都是由测算得来的,必定是实现的现状境况和物之函数。质直说来,若探本穷源,它们都是实现的现状之函数。所以,在物理学中规列定律,并用不着假定理想的元素为实在的,我们只要承认这些元素为逻辑的建设,但是在它成为实现的之时,须得有方法去规定这个建设罢了;我们有途径可以信从这个理想的元素之存在,而且没有理由去不信从它。但是,除非有什么先天的方法(例如柏格森之直觉方法),我们没有方法可以知道它,因为经验的知识,都是限于我们实在观察之范围以内的。

物理学中之三个基础的概念,是空间、时间、物质。有些为物质概念所引起的问题,在上节讨论物质的时候,已经指示过了。空间、时间,也引起同类的困难问题——就是:把繁杂不整齐的极近的感触世界简约而成平稳有秩序的几何学的动力学的世界。我们且先讨论空间之问题。

凡未读过心理学的人,罕有能够认明:我们花费了多少脑力去建设一个统一的空间,使所有的感触的物件皆能适当地安列其中。康德原是一个极不明白心理学的人,它把空间解作一个无限的现成的共总。短时的心理的审查,即能看出无限的空间,不是现成的,其可以叫做现成的(得于器官感触的),不是无限的。"现成的"空间之性质究竟如何,心理学家尚无共同的意见。但是我们可以不偏向"现在还在争辩未决"的心理学家之何派,而提出此性质之若干特点,以便明释这个问题。

第一层我们要注意的,就是:不同的器官感触,有不同的空间。视官的空间和触官的空间,毫不相同。我们不过是,从婴孩时期起,即以经验去互组这些空间;稍长以后,当看见一物之时,就可以知道如何可以触着它,并且可以预先知道此物大概是什么样式。但是这些知识,都是从从前的经验——一定的视官之感触和一定的触官之感触之互组而得来的。至于一个空间,所有的感触,都能在其中"各得其所",乃是一个智慧的建设,不是感触的张本。除触官的视官的空间之外,还有别的器官所供给的(比较不重要的空间)。这些空间(比较不重要的空间)也要由经验安排到统一的空间里边去。如上章所谈的物之例一般,这一个统一的空间,虽是便于讲解,也不是"必须设想为实在存在"的。经验所能判为一定的,仅是诸器官的空间,为由经验而发明的定律所互相组合。若要使这个统一的空间成为有根据的只能把它当作逻辑的建设,为诸器官的空间所丛合而成;但是我们并没有好理由去擅定它有独立的(与器官的空间不相干)形而上的实体。

极近的经验之空间,又有一层与几何学物理学中之空间不同的,就是对于点之一层。几何学和物理学的空间是无限的点所集合而成的,但是没有一个人曾经看见过或摸着过一个点。如果感触的空间之中有点存在,这点也是由推论得来的。若是以点为独立的存体,我们实在难看出用什么方法,把它们从感触的张本合理的推论出来。所以到了此处,我们又要(如果是可能的)从极近的器官所供给的物件之繁杂的零星的队伍,寻出一个"有几何学中之点所需要的性质"的逻辑的建筑品。依寻常的习惯,我们总以为点是简单而无限小的,但是几何学并不要求点必须有此性质。几何学所需要的,不过是:这些点必定有互相的关系,有一定的抽象的性质。感触之张本之零星队伍,或可供给这些材料。如何从这些材料,详细地把点建设起来,我还不能知道,但是"这是可能做到的"似乎是已无疑义的。

怀特赫曾经发明"如何从感触张本可以制造点出来"的一个方法,现在我把它简约起来,以便运用,引之于此,做一个榜样。第一层我们要知道:没有什么无限小的感触张本。试举一例而言,凡我们所看出的面积,总有有限的广袤,但是凡是我们初见以为是共总的,到了我们注意的时候,总是破裂成为共总中所含储的部分。例如一个空间的物件(即占据空间的物件),可以含储在另一个空间物件之中,而完全为其所包围。这个包围的关系,再用很自然的假定为帮助,可以使我们界叙(即定义)一点为一定的空间物件之类——所有含储此点之空间物件。如何可以得这个界说呢?我们的进行步法如下。

试取一群体或面积,它们大概不能共近(converge)而到一点。但是若在此一群中,任意取两量而此量必为彼量所包围,同时此一群之量,又都逐渐缩小,我们就开始觉得有那一种情景,可以使我们把它们当作"有一个点位共同的限制"而计算。包围之关系所需要的假定,是:(1)此关系是传递的(若甲大于乙,乙大于丙,甲必亦大于丙);(2)两个不同的空间的物件,决不能彼此互相包围,但是一个空间的物体,永远是包围自己的;(3)在无论何群空间物件之中,总有一个物件为此群内所有的物件所包围;而又包围所有的"此群中所有的物件所包围的物件";(4)去阻除微小的例外,我们必定增加实在有"彼包围此"的物件。若是包围的关系有这些性质,我们就叫它作生点者。若在一个包围关系之中,无论取何二物件,彼皆必包围此,我们就叫这群物件为包围级系。我们还要一个情景,使一个包围级系共近而至一点,此情景可由下法得之。

有一包围级系甲在此,若有另一个包围级系乙,乙中有些分子,为甲中有意选取的一个分子所包围,则甲中有些分子,为乙中有意选取的一个分子所包围。在此例中,包围级系甲,就叫做属点(punctual)的包围级系。于是,一点(不是常识所谓的点)乃是所有包围"属点的包围级系"中各分子之物件(此乃是类)。再要使之可分至无限,我们在生点之界说之外,增加一个性质:凡包围自己的物件,又包围自己以外的一个物件。又生点者如此生出的有这些性质的点,刚好是几何学所需索于点的。

(3)时间之问题,如果我们仅以私有的世界为范围,是比空间之问题较为简单的。我们可以容易看得清楚:如何用我们已说的方法去驾驭它。凡入我们意识的事端(即现象),不是沿据一个算学的瞬的,它总是沿据若干的有限的时间——无论此时间如何的短。即令有一个物理的世界,如算学中动之理论所设定的,我们器官所受的印象(即感触),绝不是真正不需时间的。所以我们意识所接触的东西,绝不是真正不需时间——"刹那"的。即瞬并不是在经验张本之中。如果它(指瞬)是合理的,它必是由推论而来,或是由建设而成。若说它是由合理的推理而来,实在有些费解,所以我们只能说,它是由建设而成的。但是这个建设,是如何着手呢?

极近的经验,除供给事端之外,还供给我们两种时间的关系:这些事端或者是同时的,或者是有先后的。这两种关系,都是生货的张本之部分,并不是经验仅供给事端,而时间的秩序,是由主观的动作所增加的。时间的秩序,在一定的范围以内,如事端之本身一样,也是为器官所供给的。试读无论何种探险小说,我们总可寻出如下的章句:"他面上带着鄙恨的笑容,把手枪指着那个勇忍的少年胸口,说到:我数到'三'上就要放枪了。'一'字'二'字已经用冷静的沉重的清楚口音数出了,'三'字又刚在他的嘴唇上制造成功了。正当这个片刻之时间,一个耀眼的电光把空气炸裂了。"在这个地方有个同时的关系(电光与"三"字同时发现),不是如康德所言由于此勇忍的少年主观的心理的器具所构造起来的,但是也是和手枪电光同为器官所供给,同有客观的性质的。那一字二字发现在电光之先(先后的关系),也是一样的为极近的经验所供给的。这些时间的关系,联接在各项非"刹那"的事端之间,例如此一个事端,可以起于彼一个事端之先,但是可以在彼事端已起之后,仍然延长下来。所以此一事端,既在彼事端之先,而又与彼事端同时;若是彼事端已完,此事端仍然接续存在,则此一事端又在彼一事端之后。又先,又后,又同时在诸事端沿据有限的时间——无论如何的短——之例中,并无冲突之处。这些关系,不过在我们讨论"刹那"的(不需时间的)事端之时,是冲突的罢了。

我们不能设立一个绝对的时历。所有的日甲,都是为事端所规定的,我们不能指出时间之本身,只能指出在时间中发现的一些事端。在经验中,我们并没有理由去假设有一个离事端而独立的时间,经验所供给的,是为接续或(先后)同时的关系所排列的各项事端。所以当界叙算学的物理所视为"瞬"之时,除非要引入浮外的形而上的存体(时间),我们须得不假定事端和"时间的关系"以外的东西,而用建设的方法进行。

如果要用事端去定下一个确切的日甲,我们如何进行呢?如果取一个事端我们不能定下一个确切的日甲,因为此事端乃不是刹那的。这就是说:它必与两个别的事端同时,而这两个别的事端,并不是自相同时的。如果我们要定下一个确切的日甲,我们必须能够在理论的方面判定一定的事端,是在此日甲之前、之中或之后;我们又必须知道:一个别的日甲,是在此日甲之前或后,但是不与此日甲同时。譬如我们不取一个事端A,而取两个事端A、B。我们再假设:A和B有一部分互相遮掩,但是B完结于A完结之前。若有一个事端与A、B俱同时,则此事端必存在于A、B互相遮掩之时,于是可以得一个日甲,比"仅取A、B两个事端之时所得的日甲更确切的了"。使C为一个与A、B同时而又比A、B先完结的事实,若有一事端D与A、B、C俱同时,则此事端D,必发现于A、B、C俱互相遮掩之时,那就是一个更短的时间了。如此进行,所取的事端愈多,则新取的"与已取的事端俱同时"的事端之存在的日甲,愈加确切。这个例子,可以指示我们一个规定完全确切的日甲之方法。

试取一群事端,其中无论为何二者,皆是互相遮掩的,于是必定有一个时间——无论如何的短——把所有的一群内的事端,都同时存在于其中。如果另外有一个事端,与此事端俱同时存在,我们就把它加入此群;如此增加,直到我们建设起来如下所说的群。此群之外,没有事端,与此群以内所有的事端均同时存在,但是此群以内所有的事端,都是同时存在的,即互相遮掩的,我们即界叙这个群为时间中的一瞬。其次我们所要说明的,就是这样界说的瞬,可是有我们所期望的"瞬所必须有的性质"?我们所期望的"瞬所必须有的性质"是什么呢?第一,它们须成级系,在此群中,无论取何二者,彼必在此之先而此不在彼之先;如A在B之先,B又在C之先,则A必在C之先。第二,无论那一个事端,必沿据一定的若干瞬。如果两个事端在同一的瞬存在,则为同时;如果其一在一瞬存在,其一在比此瞬较早的瞬存在,则为彼早于此。第三,如果我们假定总有一些变迁,当一个事端存在之时,在一定的地点进行,则此级系的瞬必是紧密的——就是说,无论取何二瞬,其间必还有他瞬。我们所界叙的瞬,可是有这些性质呢(以上言瞬之性质)?

如有一个事端,是组织成瞬的群之中之一分子,则我们说:此事端"在"此瞬中存在;如有组织甲瞬中之事端,比组织成乙瞬中之一个事端,较先而不同时,则我们说:甲瞬先于乙瞬。如有一个事端甲比另一个事端乙较先而不同时,则我们说甲事端完全领引乙事端。我们知道:如两事端是不同时的,则甲事端必完全地领引乙事端,乙事端不能完全地领引甲事端;我们又知道:如果甲事端完全地领引乙事端,乙事端完全地领引丙事端,则甲事端必完全地领引并事端。从这些事实,我们就易得推演:我们所界叙的瞬,是成级系的。

其次我们所须得说明的，就是：无论何事端，至少也在一瞬中存在。这是说：试取一个事端，至少必有一群——我们所用以作瞬的界说的——而此一事端，即为此群中之一分子。去说明这个道理，我们且看"和一个一定的事端同时的而非起首较后的"所有的事端，这是说，不是完全在"与此事端同时"的事端之后。我们把这些所有的事端，叫做此一定的事端之起首的同时者(initial contemporary)。我们将可看出：这一类的事端，即是此一定的事端存在之第一瞬。但是必须，每个事端完全后于此一定事端之同时者之一班，也是完全后于此事端之起首的同时者之一班。

我们最终所应说明的，就是紧密性。无论取何两个事端，此两事端之中，彼是完全领引此的（在此之先）。必另有些事端完全在彼之后，而又与一些"完全在此之先的事端"同时的事端。究竟如此与否，乃是一个凭经验解决的问题。如果不是如此，我们就没有理由去期望时间的级系有紧密性。

于是我们的瞬之界说，不需假定可辩论的形而上的存体时间之存在，可以供给算学之需要。

对于上面的所说的时间的关系，我们的假定如下：

(1)为使瞬成级系，假定：

A. 没有完全领引自身的事端[完全在自身之先（一个事端作凡与若干事端同时的东西的解）]。

B. 如有甲事端完全领引乙事端，乙事端完全领引丙事端，甲事端必完全领引丙事端。

C. 如有彼事端完全领引此事端，彼事端不能与此事端又为同时的。

D. 在两个不同时的事端之中，彼必完全领引此。

(2)为使一定的事端之一些起首的同时者成一瞬，我们假定：

一个事端，完全在一定的事端之同时者之后，也是完全在此一定的事端之起首的同时者之后。

(3)为使瞬之级系有紧密性,我们假定:

如果彼事端完全领引此事端,总还有一个事端,完全在彼之后,而又完全与一些"完全在此之前"的事端同时。

这些假定,有一个自然产生的结果观念:如果有一个事端,沿据若干时间,而又在另一个事端之先,则此二事端之间,至少也有一瞬为此二事端所共同沿据的。这是说:一事端完全完结之后,另一事端才开始发生是不能的。我不知道这个观念,可是不能收纳的(其意是可以收纳的)。

瞬亦可以用包围关系而界叙之,如点之界叙一般。一个事端,若与另一个事端同时,但是非在其先,亦非在其后,则彼事端受此事端之时间的包围。凡是在时间上包围别的或为别的所包围的,就叫做一个事端。为要使时间的包围之关系可以成一个生点者即(生瞬者),我们需要的条件是:(1)它们必定是传递的——甲事端包围乙事端,乙事端又包围丙事端,则甲事端亦必包围丙事端。(2)无论何事端,皆包围其自身;但是如果甲事端包围乙事端,乙事端必不能包围甲事端。(3)试取一群事端使其中必有一个事端,为此群中所有的事端所包围,则其中有一个事端,包围"它们所全能包围的"而其自身又为它们所全能包围。(4)至少要有一个事端。再要使之可分至无限,我们又需要:一个事端又包围自身以外的一个事端。既假定了这些性质,时间的包围乃是无限可分的生点者(即生瞬者)。于是,我们可以选取一群事端,其中无论何二事端,彼必包围此。由此而构造诸事端之包围级系,使此级系为甲;若再取一个事端之包围级系,使此级系为乙;若甲中之无论何事端,必包围乙中若干事端,则乙中之无论何事端,必包围甲中之若干事端,则把甲级系叫做属点的包围级系。于是一瞬,就是所有的事端之类,这类中之事端,都包围一定的属点的包围级系中之分子。

至于互组各私有的世界之时间,而成物理学中之统一的时间,乃是一个更难的事情。在第三章中,我们已经看见:顷刻的不同的私有世界常含储着互组的现状,例如常识所看做同一的物之现状。当"不同的世界中之现状,经过互组而属于一物之顷刻的境况"之时,我们自然而然地把那些现状看作同时的。如此,我们可以有一个简单的方法,去互组不同的私有的世界之时间,但是这还不过是一个第一步的逼近。今有一物发声,与此发声物相近者听着此音,必早于与此发声物相远者。视光亦如此,不过区别较小罢了(光之速率大于声之速率)。所以从不同的世界中互组得来的两个现状,虽是一物之顷刻的境况之分子,然而在物理的时间内(统一的时间),不必是同时的。私有的时间之互组,是为"我们要得可能的极简单的物理定律之叙述"的欲望所运使的,所以这一层到要引起烦复的专门的问题(心理学的问题),但是从哲学理论方面看来,并没有发生极重要的原理之困难。

以上所说的概略,不过可以看作试辩的引示的方法。这不过是表明一种方法,从一个世界(即器官之世界,其性质为心理学家在器官世界中所寻出的)我们可以用纯粹的逻辑建设,把算学中所叫做的尘、点、瞬,界叙(即定义)。为感触张本之级系或类,使它即感触世界可以为算学手术所驭使。如果这是可能的,则算学的物理学,可以应用于实在的世界上去,虽其中之尘、瞬、点,不能实现为实在存在的存体(不见于感触世界),倒也无妨。

以上章节之中我们所想解明白的问题,乃是一个未经重要研究的问题,因为在现在文明发达的地方,不幸各项专门研究都是隔绝的,不但无人看见出它的重要,并少有人知道它的存在。"不知哲学而又鄙视哲学"的物理学家以他们的尘、瞬、点之假定为满足,但是用假冒的谦虚态度而承认:他们的概念,不能要求形而上的存在。为"唯心为真"的唯心派之意见,和巴麦尼德司的"实在是不变的"之信从所濡染的玄学家都接续声明(大家设想以为)物质时间空间之观念之中之冲突,所以他们自然不用力去发明尘、瞬、点之可解的理论。心理学家曾做过许多有用的功夫,把未经制造的感触张本之淆乱的性质发现出来,但是他们不知算学和新逻辑,所以他们以"物质时间空间为智慧的建设"之判断为满足,而不设法表明:智慧如何建设它们,何者可使它们有那些实用的成效,如"物理学所表明出来"的。我们希望哲学家逐渐明了:他们若非稍有算学逻辑和物理学的知识,对于这些问题,不能收稳当的效果。但是在过去和现在,因为没有有这些知识的学生,这个重要的问题,都未曾为人所尝试而未曾为人所知道。

但是有两个著者(他二人都是物理学家),曾经做过一番事业——虽是不多——把这个问题之研究之必要,明白地提挈出来。他二人就是朋加烈(Poinaare)和马赫(Mach)。朋加烈以在他的《科学和假定》之中,马赫以在他的《感觉之分析》之中,为研究得最多。他们的著作,虽是可羡慕的,但是我以为他俩都受了哲学的偏见。朋加烈是康德派,马赫是极端经验派。依朋加烈说,几乎物理学中之所有的算学部分,都不过是公认的(不过是大家承认如此的);依马赫说:感觉虽是心理学的事情,然而为"所感触的物"所证明为物理的世界之部分。然而我们不能不说,他俩——以马赫为最——对于这个问题之研究,都有重要的贡献。

若以点或瞬作"感触的性质之一类"解,第一个印象,或者是一个野乱的有意的反理(或译异端),有一定的讨论,可以应用于此。这个讨论,将来到研究数之界说之时,也是紧接的。有一派的问题,都可以为如此的界说所解决;而且在刚解决之时,都似乎是反理的结果。试取一群物件,其中无论何二者都有一种关系,叫做"相称的而又传递的"我们差不离一定把它们看作"均有同一的性质"的,或者看做"对于此群以外的一个物件,都有同一的关系"的。这一类例子,是很重要的,我将把它们解释明白,虽犯重复之嫌,我也是不避讳的。

何谓相称的关系呢?此物件对于彼物件,有如此的关系彼物件对于此物件,也有如此的关系。例如"兄弟或姊妹"是相称的关系;面积之相等,也是相称的关系。何谓传递的关系呢?甲项对于乙项,有如此的关系,乙项对于丙项,也有如此的关系,则甲项对于丙项,也有如此的关系。刚才所说的相称的关系,也是传递的关系,但是在"兄弟或姊妹"之例中,另外须有一个第三人为他的或她的"兄弟或姊妹";在同时之例中,是说完全的同时,就是同时起首,同时完结。

但是有许多关系,是传递的而非相称的。例如"较大"、"较早"、"在其右"、"某之祖宗",质说起来,凡发生级系的关系,都是的。还有别的关系是相称的而不是传递的。例如无论何观相知差别,如 A 与 B 年岁不同,B 与 C 年岁不同,我们并不能推演 A 与 C 之年岁也不同。如在"事端必沿据有限的时间"之例中,如果传递二字,仅作"二事端之时间可以互相遮掩"解,所谓同时的关系,也不必定是传递的。例如 A 完结于 B 刚起首之后,B 完结于 C 刚起首之后,A 与 B 是有同时的关系,B 与 C 也有同时的关系,但是 A 与 C 毫无同时的关系(不能互相遮掩)。

所有的关系,可以表明为"观相之相等"的或者为"同有一性质"的,都是相称的而又传递的,例如一样高、一样重、一样的颜色。因为共同的性质为诸物所共有,而可使诸物有相称的而又传递的关系,我们自然设想:无论何处,凡有此关系的,皆源于一个共同的性质。"一样多",乃是二类之间之一个相称的而又传递的关系,所以我们设想:这两类有一个共同的性质——它们的数目。"同在一瞬存在"(依我们瞬之界说而言)也是一个相称的而传递的关系,所以我们设想实在有一个瞬,把一个共同的性质,分布到"在此瞬存在"的物上去。"是一定的物之境况"也是相称的而又传递的关系,所以我们设想:除以级系的境况之外,实在是有一个物,为此相称的而传递的关系之源泉。在所有这些例中,各项共总之类,所有的对于一定的项的相称的传递的关系,可以满足此项中各分子所有的共同的性质之形式的条件(一类对于一项之关系代表分子之共同的性质)。因为类是必有得,而共同的性质或者不过是虚妄的,我们宁可以类去代替我们普遍所假定存在的共同的性质,乃是更小心的动作。这就是我们采用我们的界说的理由,这就是貌似的反理之原理。如文字中所假定的共同的性质,即令存在,亦复无伤,但是我们不凭恃它罢了。但是,如果在一定的例中,没有如此的共同性质,则我们的方法可以为抵抗错误之保障（我们若假定共同性质之存在就是错误）。我们既没有特别的知识（如直觉的知识），我们所采用的方法，为绝无仅有的平稳方法，为免除"介绍虚妄的形而上的存体"之危险之方法。

联续之理论

此章所讲的联续之理论,其最精细最发达的地方,乃是一个纯粹的算学的题目——最美最重要而又最有趣的,但是严格说来,并不是哲学之部分。只有它的逻辑的根据,属于哲学。我们今天夜里只讲这一部分。联续问题侵入哲学之途径,大概如下:算学家以空间时间为由点瞬集合而成,但是空间时间又有一个易觉而难说的性质,叫做"联续"的。许多人以为:若是把空间分成点,时间分成瞬,则联续之性质完全摧毁了。颜诺证明(见下章),如果我们以为有限的空间中之点与时间中之瞬之数是有限的,则空间时间不可分析为点或瞬。以后哲学家信从:无限的数乃是自相冲突的,所以空间时间如果是真实的,也不能算作为点为瞬所集合而成的。

但是:就令我们不把点和瞬作为独立的存体,如上章所说的,联续之问题仍然没有变更它的形式,所以我们起首承认点和瞬(常识中的点和瞬),而依傍这个最简单的——至少也是较熟悉的——假定,以研究这个问题。

以"无限数为难解的"为根据,而反对联续之辩论,已为第七章所将说的积极的无限理论所破除了。但是还有一种情感——使颜诺以飞矢为不动的情感——隐示我们即令点瞬是无限的多,它也能生出跳跃的动;跳跃的动,乃是许多不动之接续,不是我们器官所感触的平稳的缓变。这种情感,我想是由于不能悬想而又抽象地认明联续的级系,如算学中所发现的。当我们逻辑地领会一个理论之时,还需要用长久的苦工,方能觉得它这个理论;我们须得永不离此理论,从心上把假的但是习见的误引抛去,而取获一种对于此理论之密谊。这种密谊,若在学习外国文字之时,可使我们思想而梦行于此外国文字之中,不但是用文法与字典的帮助,拼命去构造句子。我想许多哲学家,都是因为对于联续之算学原理,未曾有这种密谊。所以他们以为:联续之算学的原理,是一个"为我们在器官世界中所经验"的联续之不圆满的解释。

在此章中我试为大概解释在算学的联续之理论之中,何者为哲学的重要精彩。此理论对于实在的空间时间之应用,不是起首的问题。我没有理由去说,算学家所引入的点和瞬,以治理时间空间的,是物理存在的实体,但是我有理由去假设:实在的时间空间之联续,和算学的联续,多少有些相同。算学的联续之理论,是一个抽象的逻辑理论,不是倚靠"它能应用于实现的时间空间"之性质而存在的。它所可正当自命的是:如果它是为我们所懂得,则从前极难分析的时间空间之一定的特性,不至于呈现逻辑的困难于我们之前。我们对于时间空间,由经验所知的,不足以使我们判决于好些算学的可能的理论之中,但是这些理论,都是完全可解的,都是可以与观察的事实相符的。为目前计,我们大可以忘却时间,空间,和感触的变迁之联续,以便将来得了抽象的联续理论所供给的武器之时,再来反攻这些问题。

算学中之联续,是一个性质,仅可属于项之级系,就是:许多的项,依次序摆列起来,在其中无论取何二者,其一必在其他之前,依大小而排列的数目,一线上自右至左之点,从先至后之时刻,都是级系之例子。秩序之观念,此处介绍进来的——不是"个数的"(cardinal)数目之理论所需要的。我们可以知道两类的项,其数相同,而不知道:其中之项之秩序,应该如何安置。例如我们说英国的丈夫和英国的妇人,我们可以知道夫妇之数必相同,而毋庸把他们或她们排成级系。但是我们要来研究的联续，絜要说来，乃是秩序之性质。它不属于一群之项之本身，但是一群的项排列在一定的秩序。一群的项，可以排列在一定的秩序之中的，也可以排列在不联续的秩序之中。所以联续之精髓，不宜在一群之相之性质中去搜寻，但是要在"它们的级系中之排列法"之性质中去搜寻。

算学家曾经区别不同的联续之等级，而且限制联续二字仅用于最高级的联续的级系。但是为哲学的应用，所有联续中之要点，乃是为最低的联续，就是为紧密性所介绍的。何为紧密的级系呢？此级系中，没有临次（consecutive）的项，在无论如何临次的二项之间，总还有他项。最简单的例子，就是：依大小之秩序，而排列的分数之级系。试取两个分数，无论如何相近，其中总还有别的分数，大于其一而小于其他，所以没有两个项是临次的，例如：没有一个分数在 $\frac{1}{2}$ 之次，如果我们选择一个分数比 $\frac{1}{2}$ 稍大，譬如 $\frac{51}{100}$，则 $\frac{51}{100}$ 与 $\frac{1}{2}$ 之间，仍有 $\frac{101}{200}$ 与 $\frac{1}{2}$ 更相近；如此类推，以至无限，所以在无论如何接近的两个分数之间，总有无限的其他分数。算学的时间和空间，也有这个紧密性。至于实在的空间和时间有此性与否，另是一个问题，须由经验解决，或者不能得确定的答案。

在抽象的物件如分数之例中，或者我们不难认明：它们组成紧密的级系，乃是逻辑的可能的。我们觉得的困难乃是：如何可以能有无限？因为在紧密的级系之中，每两项之间，必有无限的其他项。但是一到这个困难解决之后，仅此紧密性之本身，并无若何的阻止悬想之处（不难悬想），然而在较具体的例中——如动——紧密性对于我们思想之习惯，是抗力很大的（我们不易思想它）。所以最好是明白晓畅地研究动之算学的解释，以便使我们觉得它（紧要性）的逻辑的可能。这个动之算学的解释，若把它看作叙述"实现于物理世界"的动的东西，或者是为人力所简约的（从抽象的简约到具体的）。但是，实现于物理世界的动，必定可以经由逻辑的炮制，收入算学的动之范围（把具体纳入抽象的），而且当受分析之时，必定引起一些问题，恰如这个动之算学的解释所引起的最简约的问题,所以我们目前姑且忘却这个解释在物理世界方面的应用如何,只专心致志的研究:这个解释如何可以成一个动之性质之形式的叙述。

为简约我们的问题至最高度起见,我们且悬想:一个光星在一根尺上动。我们所说的"此动是联续的"这一句话,是什么意思呢?我们无须把算学家这一句话所有的意思完全说出,只有一部分的意思,是哲学的重要的。它们的意思之一部分是:倘若我们取出"此光星在不同的二瞬所占据"的两点,其间必定还有中间点,为此光星在两瞬之间之中间瞬所占据的。我们所取的两点,无论是如何的相近,此光星永远不从此跳跃至彼,但是从此至彼之时,须得经过无限的别的地位。一个距离,无论如何的短,其两端之间,总是为无限的地位之级系所布满。

但是到了此处,我们的悬想可以暗示以一个动之联续之说法。此星光在此瞬,从此地位行走,至次瞬到次地位。一说这句话,或一悬想到这个意思,我们即刻陷入于错误;因为并无次瞬次点之可言。如果有次瞬有次点,则有不可免的颜诺之反理(即冲突),或者发现为不同的形式罢了(即颜诺反理以不同的形式出之)。有一个简单的反理,可以供给一个举例。如果我们的星光,在一定的时间之中,沿尺而动,它不能在两个临次的瞬,占据同一的点。但是从一瞬至次瞬,它不能从一点越过次点,因为如果它能如此(从一瞬至次瞬,它从一点越过次点),则一瞬与次瞬之间,不能另有一瞬,而它当此瞬(一瞬与次瞬之间之另一瞬)时,占据一点及次点之间的地位(这就是跳跃的动——跳过次点),我们已经承认:联续的动,没有这样的跳跃。推而言之,这个光星,当它动的时候,必定是此瞬在此点,至次瞬走至次点。于是凡物之动,都只有一个平匀一定的速率,没有动比此更快,也没有动比此更慢。因为这个结论是不对的,我们必定抛弃其所根据的假定——有临次的瞬与点之假定。所以动之联续,不能设想为:一物在临次的时间,占据临次的地步。

我想,悬想之困难,是在如何除去极小的距离和极小的时间之隐象。

譬如我判分一个一定的距离,然后判分其二分之一,如此进行,可以百世不绝,而且判分愈久,则所得的距离愈短。这个无限的可分性,初看好似有"内含极小的距离"的意义,那就是说:如此小的距离,无论几分寸之几(有限的分数)都比它(指如此小的距离)大。但是这是个错误。一个距离之接续的判分,虽然给我们逐渐减小的距离,但是距离永远是有限的。如果原来的距离是一寸,我们得着二分寸之一,四分寸之一,八分寸之一,十六分寸之一,如此以至无限,但是在这无限的级系之中,每个距离都是有限的。有人又可质问:到了终局,它就成个极小的了。不然!不然!因为并无终局之可言。依理论一方面而言,判分之事,可以进行不已,而不能只到最后的项。所以距离之无限的可分性,并不隐示有"无论何种有限的距离都比它大"的极小的距离。

在这类问题之中,我们极易陷入根本的逻辑错误。试取一个有限的距离,我们总可以寻出一个更小的距离。这个事实,本可以用模糊的形式说出"总有一个距离,比无论什么有限的距离都小"。但是如果我们解释它(这一统话)为"那里有一个距离(就是极小的距离),无论选择一个什么有限的距离,我们的这个距离总是比它小",则这句叙词是错误的。普通言词用之以表明这类的事实,本不是合宜的;倚靠普通言词的哲学家,常常为它所误引。

在联续的动之中,我们须得说:在一定的瞬,此物占据一定的地位,在别的瞬,它占据别的地位;两个地位中之距离,两个瞬中之距离,都是有限的,但是动之联续,是为以下事实所表明的:试取两个无论如何相近的瞬,,其间还有无限的他瞬;试取无论如何相近的地位,其间还有无限的他地位。动的物永不从此跳跃至彼,但是平匀地走过无限的中间地。在一定的时间,它是在它所在的地方,如颜诺所言的,但是我们不能说:它歇息在那个地方,因为那一瞬并不沿据有限的时间而且一瞬并没有头和尾与头尾之间的中间地。歇息是:在一个有限的时间——无论如何短——之中的所有的瞬之时,它都占据同一的地位;歇息不是:当一定的瞬之时一物在它所在的地位。这个理论,自然要倚靠紧密的级系之性质,并且要求我们:如何要把它这个理论领会得透,我们须得在悬想及在着力的思想之中,和紧密性成个极习见的极便易对待的"朋友"。

我们所需要的,可以算学言词说出如下:动的物所占据的地位,乃是时间之联续的函数。如何确切地界叙(即定义)这个话的意思呢?我们进行如下:试取一尘,此尘在 AB 线上动,当 t 瞬之时在 P 点。再在这条线上,选择一个包 P 在内的一段——无论此段如何短,如果此尘之动,当 t 之时,是联续的,我们必能寻出两个瞬 t_1、t_2:一在 t 之先,一在 t 之后。从 t_1 到 t_2 之时,此尘占据 P_1 与 P_2 之间。这个理论纵在 P_1、P_2 无论如何小的时候,仍然是真实的。如果如此,则我们说:此动是共总底联续的。我们可以明白地看出:如果此尘从 P 骤耳跳跃而至另一点例如 Q,则我们的界说,在 P_1P_2 一段不能包含 Q 的时候,就无用了。所以我们的界说(即此章所界叙的),可用以分析动之联续,一方面承认点和瞬,一方面又否认时间中之极短的沿期,和空间中之极小的距离。

A———P_1——P——P_2——Q———B

哲学家多半不知道算学家的分析,他们采用了别的更勇敢的方法,去研究联续的动之第一层的困难。一个近代的而可以代表其他的动之哲学理论,就是柏格森所给予的,我已经在别处批评过他的见解了。

除确定的辩论之外,除有一种情感多而理性少的东西,不让我们承认动之算学的解释。姑且从头说起(照人家的口气)。如果一物动得很快,我们看见它动,和看见它的颜色一样。一个缓的动,例如表上的小时针,只能从观察"它过了一定的时间以后,换了它所占据的地方"而知之,如算学家所说的。但是,若是观察秒针之动,我们不但先看见它在一个地方,以后又看见它在别的地方,并且看见一些东西(就是动之本身),和颜色是一样可以为我们所感触。我们所看见的一些东西是什么呢?什么是我们所叫做可见的动呢?无论它是什么,它总不是临次的地位之临次的占据。这个东西,是在"算学家所需要以解释动"的东西之外。反对算学理论的人，极其注重此点。他们说：你（指算学家）的理论，是很合逻辑的，或者可以应用于有些别的世界，但是在这个实现世界上，实现的动，和你的理论所宣布的完全不同，所以我们需要一个与你的理论不同的哲学去得一个合理的解释。

如此提出的反对，我决不敢藐视它。但是我相信：它是完全可以答复的，无需离开"引到动之算学的解释"的方法和态度。我们且把这些反对的论说详细托出。

如果算学论说是对的，当物动时，除"当不同的时间，占据不同的空间"以外，别无他事发现。但是，依此意义而言，小时针和秒针是一样动的；然而在秒针之例中，我们可以觉察一件"在小时针之例中不能觉察"的东西。我们当每瞬之时，可以看见秒针在那里动，这个看见（似乎是看见动之本身），和看见"它当不同的时间占据不同的地位"不是一样的。这个事实，似乎是我们同时看见它在许多地方，但是又是我们看见"它在这许多地方中之有些地方"之时，"比它在这许多地方中之别的地方"之时较早（又看见它占据地位之先后的秩序）。再举一例：如果我们把手自左至右快快地一动，你们曾知道，我的手是从左起而至右止；然而你好像即刻看见此动之全体。我想就是这一种的动，使柏格森和许多别人把动看作一个不可分析的整个，而不是算学家所悬想的不同的境况之级系。

对于这个反对，有三个互相支配的答案：生理的、心理的和逻辑的。我们且一层层的讨论下去。

（一）生理的答案，不过表明：如果物理的世界，是如算学家所设想的，它的可感触的现状，是可以如我们所感触的。这个答案之目的，倒是很谦虚的。它不过表明：算学的解释，不是不能应用于物理的世界，它并没有野心去表明这个解释是必需的；或者去表明在心理学中，有个同类的解释也可应用。

当神经受刺激而生感触之时，这个感触，并不与刺激同时完结，但是在刺激完结之后之有限的时间以内，逐渐消灭。电光一闪，虽是极短的视觉,然而它的物理的现象,还要更短(感触虽短,而发生此感触的现象更短)。电光消灭之后,即电光之光浪不触眼睛网膜之后,我们还有片刻看见这个电光。在物动之例中,如果此动是极快的,我们实在当一瞬之时,可以看见此物穿过这个若干有限的路径,不是仅仅看见它恰在那一瞬之时所在的地位。感触消灭之时,逐渐减小其浓度,所以为刚过去的刺激所余的感触,和为恰在现在的刺激所生的感触,不是完全相同的。从此推之,当我们看见一物快动之时,我们不但同时看见物所在的许多地位,我们并且看见这些地位之不同的浓度。现在的地位,是活现最浓的;过去的地位,活现较淡,其次逐渐消灭而入最近的记忆。这些事实,可以完全解释动之觉察(解释上章"可以看见动之本身")。当"一物动得极快,使其所接续占据的地位,可以同时为我们所感触"之时,动是为我们所觉察的,不是为我们所推论的。一个动之较先的和较后的部分,即以感触之浓度之高低为区别。

这个答案,表明生理学可以解释动之觉察,但是生理学说及刺激、器官及"与器官所感触的接近的物件不同"的物理的动,都是已经假定了物理学是真实的。所以它只能表明物理的解释(即上章所谓算学的解释)是可能的,不能表明它(物理的解释)是必需的。这个讨论,就引我们到心理学的答案。

(二)对于这个困难之心理的答案,是一个广大的理论中之一部分。这个理论,是还没有完全研究完备的,所以现在我们只能约略言其大概。我们在第三、第四章中,已经讨论过这个理论。在此章中,我们仅须写述它对于现在问题之应用。物理之世界,为生理的答案中,所已假定为真实的,在心理的答案中,不过是从感触所供给的推论而来。但是我们只要详细考察感触之世界所供给的究是如何,即可以看出它和物理的世界是大不同的。于是我们有一个不能免的问题:从感触的世界而推论物理的世界,可是合理的呢?我信从它是合理的,我所以信从的理由,已在第三章第四章中说过了。但是这个答案(是合理的),不能是短的便易的。

这个答案，概而言之，是表明：物理学中所用的尘瞬点，虽不是经验所供给的，并且很不像是实在存在的东西，但是可以从感触所供给的材料，用逻辑建设起来一些东西，而这些东西，有算学的性质，如物理学所定的尘瞬点之性质。如果这个建设是可能的，则所有的物理学中之命辞，可以用一个字典翻译成感触所供给的物件之命辞。把这些普通的原理，应用到动的例子上去，我们看得出：纵令在极近的感触张本之范围以内，我们必须——即非必须，也是比别的与此同样简单的意见较于事实相符——辨别出来物件之顷刻的境况，并且把这些境况看作紧密的级系（一顷刻一个境况，万顷刻万个境况，这些境况是成紧密的级系的）。

试考察一个动的物件动得很快，使我们可以看见它动，而且动的时候很长，不是在一个感触以内包括无余的（使我们生联系的感触）。于是，虽是我们当一瞬之时，看见它走过有限的路径（当一瞬之时，它只能在一点，我们所以看见它走过若干路径的缘故，是因为过去的感触所余下的，见上章），然而此一瞬所看见的路途之一段，和下一瞬所看见的路途之一段，不是完全相同的，于是我们又回到动的物之顷刻的境况所组成级系。这个级系是紧密的，和前面"点"之物理的级系一般。质说起来，虽是级系中之项（点之级系中之项和境况之级系中之项），似乎是不同的，级系之算学的性质，并没有变迁；动之算学的理论，完全可以相当相对地应用到它身上（境况的级系）去。

我们若研究与此有关系的实在的感触张本，我们须得认明：若遇见两个张本，我们不能觉察它俩的分别，这两个张本，可以是不同的，并且有时必定是不同的。信从这个结论之一个老的而且无可辩驳的理由，就是朋加烈所注重的。理由如下：凡在感触张本可以逐渐变迁之时，我们有时不能觉察甲张本与乙张本之不同，及乙张本与丙张本之不同，但是我们可以辨别甲张本与丙张本之不同。例如一个人闭着眼睛，手握一个砝码，若另一个人轻轻加一个小砝码在他的手上，如果所加的砝码是很小的，他即不能感触什么分别，稍迟一会，再轻轻加一个小砝码在他手上，他仍不能感触什么分别。但是若是把这两个续加的砝码，同时轻轻的加在他的手上，他即刻就感触了：他手上的重量有变迁了。再取颜色为例：我们很容易寻出三个物件，其颜色深浅之等级，逐渐稍有不同。我们不能辨别第一个物件之颜色和第二个物件之颜色，也不能辨别第二个物件之颜色和第三个物件之颜色，但是若把第一个物件的颜色和第三个物件之颜色相比，我们即刻看出它俩的不同。在此例中，第二个物件之颜色，不能和第一个物件之颜色是相同的，因为如果如此，它与第三个物件之颜色必定可辨别出来；第二个物件之颜色，也不能和第三个物件是相同的，因为如果如此，它与第一个物件之颜色，必定可以辨别出来。所以它和前后两个颜色，虽都不能辨别，然后它必定实在是介乎两者之间的。

以上的讨论，虽可表明：除非感触张本——如重量颜色——超过一定的界限，我们不能辨别逐渐变迁的感触张本，但是我们有理由可以设定：这种感触张本是成紧密级系的。所以，从心理的方面提出的"对于动之算学的解释"之反对，并不是反对解释得当的这个理论，不过是反对一种用不着的想超简约的假定，这个假定，就是以所感触的物件，为不相接续的碎个。在"可以看见的动"之例中，对于所感触的物件，我们尽可说：当一瞬之时，它在"一瞬内所可感触的"许多地位上，但是这一群地位，从此瞬至彼瞬，联续不断地变迁（和警士换岗一样，从头一个换起，渐换到末尾一个，虽仍是一群，但到分子不同了），而这一群地位，和点是一样的，仍可归束于算学的驾驭之下。当我们申明"一个现象之算学的解释是正确的"之时，我们实在是申明：有些可用"未经制造的现象"的名义界叙出来的东西，能满足我们的公式之条件。依此意义而言，动之算学的理论，可以应用到感触张本上去，和它可以应用到抽象的物理学中所假定的尘点瞬上去一般。

凡人批评"算学的联续"为"不足解释感触界的事实"之时，有好几个问题，很便宜混在一处。我们照这些问题的普遍性的等级，先后列之如下：

（1）具有算学的联续性的级系，可是逻辑的可能的？

（2）假定它们（是有算学联续性的级系）是逻辑的可能的，它们可能应用到实现的感触张本上去，因为在实现的感触张本之中，我们找不出固定的互外的项（即分子），如分数之级系？

（3）点和瞬之假定，可是不止于使算学的解释全成虚妄的？

（4）假定这些问题都已经解决了，从经验的事实看来，可是有理由去信从：器官的世界是联续的？

让我们把这些问题一层一层的讨论下去。

（1）"算学的联续之逻辑的可能"之问题，有一部分转到此章起首所说的误解上去，有一部分转到第六、七章我们将说的算学的无限之可能，又有一部分转到对于柏格森的质难之逻辑的答复。我现在对于此点，姑不多说，因为最好是把心理的答案，先行完结。

（2）感触张本究竟是否为互外的单位所组成，不是经验的证例所能判决的问题。大家常说：在极近的经验之中，可感触的常流（即柏格森之生命时间）是不可分的，经智慧把它分成片段，是伪妄的。我并不愿意辩论这个意见，是和极近的经验相冲突，但是我愿意辩论：这个意见不能为极近的经验所证明。

我们已经说过：在感触张本之中，有极小的区别，不是我们所能觉察的（如上节之颜色、重量）；感触张本，为经验所供给，并不是感触张本之区别，也必定为经验所供给（有时也可以为经验所供给，例如甚不相同的颜色和重量）。譬如一个有颜色的面积，其上的颜色，从此端到彼端，逐渐变其深浅，我们不能够辨别其最相近的两处之颜色，然而能够辨别距离颇远的两处之颜色。它所生的结果（即感触），恰和"互入"（interpenetration）——无间断的元素的递易——所生的结果一样。因为有人设想，凡感触张本中，如果有不同，亦必发现为不同（可为我们所觉察），所以他们推演：只有"互入"可以算正当的解释。但是这是不能如此推演的。我们往往不自觉地假定了——这个假定,即是攻击分析方法者之非逻辑的前提(言以此为前提,而推论所得的结论是错误的)——如 A 与 B 皆是极近的感触张本,而 A 与 B 有差别,则 A 与 B 之差别,亦应是极近的感触张本。这个不自觉的假定从何而起,甚有难言之处,但是我想:它是从认识和知识之混乱而来。认识是从感触来的,它和知识毫不相干,至少依理论说是如此的。换一话说,认识并不含着"我们知道我们所认识的物件之命辞"的意义。若说"认识是有等级的"是不对的,只有认识与不认识。我们对于一个新朋友,有时说我们渐渐地更能认识他了,我们的意思,应该是把一个共总(如这个新朋友)之部分(如此朋友之容貌、性情、声音、步势)一点一滴地认识得多了;至于每一部分之认识,是完全的或是没有的。知识他,乃是我们知道命辞,不必认识此命辞中之分子(知道命辞之形色,不必知道其中之分子,例见第二章)。知道两个颜色深浅不同,乃是一个命辞"这两个颜色是不同的"之知识,所以两个颜色之认识,不必是知道它俩是不同的。

依此看来,从"感触张本之不能辨别"的性质,我们不能合理地证明,感触张本不是由互外的原子所集成。然而我们可以承认,它们(感触张本)的经验方面之性质并没有东西使我们必具"它们为互外原子所组成"的意见。如果我们要有这个意见,不能根据经验方面的理由,只能根据逻辑方面的理由(经验方面所得的感触张本往往是联续的,如上例,由逻辑说它们必是为分个所组成的)。我想这个意见之逻辑的根据,是稳固的。这个根据之最终的根据,就是:若不假定许多分子,无论如何,总不能解释世界之复杂这一桩事实,例如"视官的世界是复杂的"是无可辩驳的。依我所能见到的而言,那些承认复杂而又否认"这个复杂是由互外的单位集合而成"的理论,其中总有冲突,但是去追求这个问题,将要把我们引到我们的题目之外,所以我现在姑且不再讨论它。

(3)有时有人说动之算学的解释,因为假定点和瞬而反成伪妄的。此处有两个问题,我们应当辨别清楚:一是"时间空间究竟是绝对的或相对的？"之问题；二是"沿据时间和占据空间的东西（即物），是否是为无久的（不占据时间的）、无积的（不占据空间）的元素所集成的？"之问题。每个问题，都可以用两个形式表出：a. 此假定（点与瞬之假定）还是与事实相符呢，还是与逻辑相符呢？b. 此假定还是依事实而言，是必需的呢还是依逻辑而言，是必需的呢？我愿意对于这两个问题，均以"是"为第一形式的问题之答案，以"不是"为第二形式的问题之答案。但是，无论如何，只要点和瞬都有正当的界说（当作类解释），动之算学的解释，不是伪妄的。我再对于每个问题，稍加讨论，使之明了。

从前，算学采用"空间时间是绝对的"之理论，那就是说：它假定，除"在空间时间之中"的物之外，还有实在的存体叫做点或瞬的，为物所占据。

这个意见，虽曾为牛顿所采用，久已为算学家所视为一种便当的虚诳。依我所能见到的而言，没有可设想的例证，可以证明它或否证它。它是逻辑的可能的，而且与事实相符的。但是与它相符的事实，和"反对在'有时间的与空间的关系'的物之外与上，还有'时间与空间之实体'的意见"也是相符的。所以照奥康刀说来，我们只宜不假定点和瞬，又不否认点和瞬。这是什么意义呢？以实用的结果而言，我们已经采用了相对之理论，因为在实用的方面看来，不肯假定点和瞬或否认点和瞬，是一样的。在纯粹理论之中，这两种方法（不肯假定和否认）是很不同的，因为"否认，"要引入一个不能证明的武断的原理（就是以未见为非有之原理），仅此不肯假定，不肯承认，是没有这一层的武断，所以我们的点和瞬，虽是由物演产而来，我们仍容纳：点和瞬之简单的实体，或者也是可以独立存在的。

我们现在到了一个问题：在空间中与时间之物，是否可以设想为从无积的无久的元素所构成？所谓无积无久就是不占据空间，不沿据时间的。

从前物理学在微分公式中，假定物为元素所集成，此元素当一瞬之时,仅占据一点,而在时间中是永存的。依第四章所说的理由,物在时间中之永存,不过是逻辑建设之形式的结果,并不必定有实现的常存之意(不是在感触界中常存)。

依次同一的理由已经引导我们来把物分成"点尘"(即仅占据点之尘),也应该"毋庸请问"地引导我们把物分成"瞬尘"(即仅占据一瞬之尘),所以物理学中之物之最后的形式的分子,将为(点瞬尘)。但是这件东西(即"点瞬尘")和物理学中之尘,不是感触的张本。假定之节用(即奥康刀,)已经监使我们在实用之方面,采用空间时间相对论,而不用时间空间绝对论,它也监使我们在实用的方面采取"沿据有限的时间,占据有限的时间"的物质的元素(即感触所给的)。

因为,在第四章中,我们已经说过:点和瞬,是这些元素的逻辑函数;则由这些元素建筑起来的"动之算学的解释"本是说:"一尘联续地走过多点"之联续的级系,可以用一个形式写出,而在这个形式之中,仅仅假定了"和'沿据有限时间占据有限空间'的实在张本相符"的元素(这个元素即指点和瞬是由实在张本建设起来的,所以说它和实在的张本相符)。于是,若仅说及点与瞬之使用,动之算学的解释,并没有含着虚假的东西。

(4)但是我们现在要和下列的问题相对质了:在实现的经验的事实之中,我们可有充足的理由去信从器官的世界是联续的呢?我想:答案必定是"不是"。我们可以说:联系之假定,完全与事实及逻辑相符,并且若是把它和别的言之成理的理论相比,其专门性质是较简单的。但是,因为我们对于"很相似的可感触的物件"的辨别的能力,不是无限确切的(即用仪器也是有限的),我们不能够判决"仅在辨别线以下有区别"的各种理论。

例如:如果我们所看见的有颜色的面积,为许多许多有限的极小的面积集合而成,如果所看见的动,和电影戏一样为许多有限的接续的地位集合而成,没有可为经验所看见的东西,去表明"可感触的物件并非联续的"（在此例中它本是非联续的，但是无经验可以表明）。在我们所叫做经验的联续之中，例如器官所提供给的联续，有一个很大的负号的元素不能觉察什么区别出来，而我们以为实无区别可以觉察（就是以未见为非有）。例如有三个按级相似的颜色，我们不能辨别 A 和 B，又不能辨别 B 和 C，但是可以辨别 A 和 C，它三之"不能辨别"，乃是一个负号的元素，我们没有觉察它三个之区别（其实还是有区别）。所以，如果我们看见一个有颜色的面积，这个颜色逐渐变迁，即令它的变迁是真正联续的不断的，它的可感触的现状，和极小的跳跃的变迁所生的现状，仍是无从辨别出来。如果刚才所说的是对的——实在是似无可疑的——则我们没有经验的证明可以表出：可感触的世界是联续的，而不是许多有限的"有下列的性质"的元素之尘集。这性质就是：每个元素，与其邻都有甚小的，但是有限的等级的差别。空间和时间之联续，光份中之无限的不同的颜色等级，以及其他，都是这样的无从证实的假定。这样的假定，是完全逻辑的可能的，完全与事实相符的，而且比别的言之成理的假定，其专门的性质较为简单。但是，它不是一个绝无仅有的合逻辑而又合事实的假定。

如果我们构造一个瞬之"关系的理论"，在此理论中以瞬界叙（即定义）为有下列性质的一群事端。在此群中，所有的事端皆同时，但是此群以外的事端，绝无与此群以内的事端个个皆同时的。如果如此得来的瞬之级系，又是紧密的，我们必定可以寻出一种关系如下：如果 x 完全在 y 之先，我们必能寻出一个事端 z，与 x 之一部分同时，而又完全在一些"完全在 y 之先"的事端之先。如此的关系，如何始能有呢？必须在有限的一段时间以内，事端之数目是无限的。如果在一个人的感触张本之世界中也是如此。如果每个感触张本，必有一定的有限的时间沿据（必沿据有的时间），我们必须假定：以一定的感触张本为标准，必有无限数的别的感触张本与它同时。把同样的讨论，应用到空间上去，试擅定每个感触张本，必有一定的有限的空间占据（必占据有限的空间），我们必须假定：以一个一定的感触张本为标准，必有无限数的别的感触张本，在空间上与此张本互相遮掩。这个假定是可能的。如果假设一个单独的感触张本——例如视官所感触的——是有限的面积，而又包围别的"也是单独的感触张本"的面积。但是在此假定之中，实有难点，我不知道这些难点是否可以打消。如果不能打消，我们必得择取下列二途之一：或宣布一个人的感触张本之世界，不是联续的；或否认单独的感触张本之空间占据和时间沿据，有什么更低的限度。在此二途之间，我还不知道哪一途是对的。我们所说的逻辑的分析，供给我们一种器具，可以应付各种假定，但是他们的经验的判决，乃是心理学家应解释的问题。

我们现在要讨论逻辑的答案，去移除反对动之算学的理论者所举出的困难，或是移除反对派之积极的理论。柏格森所明白的主张，及许多哲学家所隐含的意见是，动是个不可分的东西，不是可以分析为一级系之境况的。这个意见，本是一个更广大的原理之一部。这个原理以为，分析永远是把真实变成虚妄的。他们的理由是，复杂的全体中之一部，在此全体之中，和单独存在的时候不是一样的。我们很难用一个章法，把他的确切意义说得明白。有许多人常用一些与此问题不相干涉的辩论，来研究这个原理。例如有人说：当一个人成父亲之时，他的性质，为他的新关系（对于他儿子的关系）所变了，所以他这个人，并不是他未成父亲以前的那个人。这个原理或是真的，但是这是因果的心理的事实，不是逻辑的事实。这个原理所需要的，实在是：一个做父亲的人，不能和一个做儿子的人，是完全一样的。因为在做父亲的时候，为父德（即性质）的关系所修改，在做儿子的时候，为子德的关系所修改。质直说来，我们可以把与我们对敌的道理，用一个确切叙述法说出：没有两个事实可以系于同一的物，系于一物的事实，总是或者隐含着对于一个或多于一个的存体之关系（例如，苏格拉底是要死的是一个事实，这个事实是对于一个存体之关系，凡人皆要死的也是一个事实，这个事实是对于多于一个存体之关系）。所以两个事实系于一物，不过是隐含着一物之两个关系罢了(一物本可以有许多关系)。但是这个原理主张:一个物为其关系所修改到如此的地步,使它在此关系中,与在彼关系中竟不是一样的物。如果这个原理是真的,就不能有一以上的事实是可系于一物的。我想那些哲学家不曾看出:以上所说的,乃是他们所采取的意见之确切的叙述,因为如此说法,是和平白易晓得真实相冲突,一经说出,就知道是不真的了。但是这个问题之讨论,牵涉到许多逻辑的微妙,并且有许多困难,我现在在这里姑且不再追求罢。

只要以上的原理为我们所抛弃,我们就明白地觉得:凡有变迁之处,皆有境况之接续,除非此时所有的境况,和别时所有的境况不同,不能有变迁。至于动,不过是变迁中之一个特例,所以变迁必定夹有关系和复杂,所以需要分析。若是我们的分析,只能到别的比较更小的变迁那个地步,这分析还没有完备(十分之一比一小,还有百分之一更小,百分之一比十分之一小,还有千分之一比百分之一更小)。要使分析为完备,这分析之终局,必须到了"不变迁的但是为先后之关系所联续的"项(这就是形式不是物质)。在貌现为联续的变迁——如动——之例中,我们若是限于有限的"无论如何的短"的时间之内(经验张本总是如此),似乎不能在变迁之外,还寻得出别的东西。于是我们为逻辑的需要所逼迫,而到无久的瞬之观念——就是有久,也不是最精的仪器所能发现的。这个观念,虽可使之貌现为最难的,其实比什么别的"能为事实所允许"的观念,较为容易。这个观念,是一个逻辑的骨架,所有的言之成理的理论,皆须适配于其中;它的本身,并不是生货的事实(指感触张本)之叙述,但是一个形式。在此形式之中,把真实的生货的事实之叙述,我们可以用合宜的解释(指逻辑建设)陈列出来。物理的世界之生货的事实之直接的讨论,已经在前几章讲过了;在此章中,我们仅此表明:生货的事实之中,并没有东西和算学的联续理论不符,或者需索一种与"算学的动之理论"根本不同的联续理论来解释它(如柏格森所主张的)。

无限之问题之历史方面的研究

我们总还记得：我们所数出的怀疑器官之世界者之根据，其中有一个根据，就是大家所臆设的无限和联续之不可能。从我们物理之讨论而言，似乎没有经验的例证，可以十分判决可感触的物件（器官世界的）和物质（物理世界的）是无限而联续的。然而从科学方面说来，中含无限和联续的假定的解释，比什么别的解释，还更便易些，还更自然些；而且自康特耳已经表明：大家所臆设的冲突是虚妄的，没有理由再和世界有限论去开无谓的争端。

大家所臆设的联续之困难，皆发源于下列的事实：联续的级系必含无限的项。其实这个困难，是无限之困难（不是联续之困难），所以只需把无限之冲突解除掉了，我们同时即表明出来科学中所假定的联续之可能。

"用无限而批驳感触世界"之路径，可以康德的反论做个例子说明。他的反论的第一条的正辞，说：世界有时间的始端，有空间的范围；其反辞说：世界没有世界的始端，和空间的范围，但是它的时间空间都是无限的。康德自命为这两个命辞，都为他所证明，其实如果新逻辑是真实的，这两个命辞，他都未曾证明。为保护器官的世界之真实起见，我们只需破除二中之一就得了。姑且以现在本章题目为主，只有他的"世界是有限的"之证明；与我们有关。康德在此处，对于空间的辩论，和他对于时间的辩论,是一样的,所以我们只需考察他对于时间的辩论。他的辩论如下:时间是有限的,因为我们试设想世界没有时间的始端,无论从何时着眼,都有一个永久已经过去,即是都有一个无限的级系已经过去。但是级系之无限,是什么意义呢?恰是它永不能为接续的组合所完备的,所以无限的过去的级系,是不可能的,世界之时间的始端,乃是它存在之一个必要的条件(无始端即无存在)。这是第一件要证明的。

对于这个辩论,可以有许多批驳但是我们现在且以最低度的批驳为满足。第一层,把级系之无限解释为"接续的综合所不能完备的,是错误的"。无限之观念——下章将可看出——原是一个类之性质,仅能演产的应用于级系。无限的类,是为其中分子之界叙的性质所同时供给出来的,所以没有"完备"或"接续综合"的问题。况且综合两个字暗示心神的综合之动作,所以他不自觉地多少总要介绍进来与心神有关的意思,康德哲学本事无处不带心神的色彩。第二层,康德曾说:无限的级系,永不能为接续的综合所完备,其实康德至少只能有可设想的理由去说无限的级系,不能在有限的时间之内完备罢了(就是在有限的时间以内数完)。所以他所实在证明的,至少是:如果世界是有时间的始端,也必定已经存在无限的久了。但是这是一个很可怜的结论,对他的哲学没甚用处。到了这个结果,我们如果愿意,就可以把他的第一反论置之不理了(若是我们再往前批驳,还有可批驳的地方)。

康德何以陷入这样的根本的错误,倒是值当讨论的问题。他的悬想之中所发现的,必定是大概如此:从现在起,往过去计时间,如果世界是无时间的始端,我们必得一个无限的事端之级系。从他所用的综合二字,我们可以看得出:他设想有一个心神,把这些事端一件一件地握拢起来,但是这个握拢的秩序,是和事端发现的秩序恰相反的,那就是从现在回返到过去。这个"自今及古"的秩序,自然是没有末尾的。但是事端发现的秩序,是有一个末尾的,这个末尾,就是现在。因为心理的习惯之深根的主观性,他不能够看出,他用了返行的综合,颠倒了事端之秩序而设想:无末尾的心理的级系(返行计算的事端),须得从无始端的物理的级系(实在的事端)里对检出来。我想就是这个错误,使他不自觉地把一片不稳固的推论,当作靠得住的推论。

他的第二反论,可以表述出来:联续之问题,实在是倚靠无限之问题的。他的证词是:世界上每个复杂的物是为简单的部分所构成,其中除简单的部分,和为简单的部分所构成的之外,别无他项东西;他的反词,是:世界中没有复杂的物,是为简单的部分所构成的,在复杂的物之中之无论何部分都没有什么简单的东西。他的对于这两个命辞的明证,也是可被批驳的,但是我们为保护感触世界和物理之事实其见,也只要批驳二中之一就得了。我们且选择他的反词来批驳。他的反词如下:假定一个复杂的物——例如物质——为简单的部分所构成,因为凡外界的关系皆须发生于空间之中,此简单的部分构成复杂的共总也必须发生于空间之中,则为复杂的物所占据的空间,必为简单部分所构成,如此物为简单部分所构成一般(而且简单部分所占据的空间之个数和简单部分之个数一样)。但是空间不是简单部分所构成的,乃是为空间所构成的。

他的其余的辩论,与我们无甚相干。因为这个证明之骨髓,乃是在"空间不是为简单部分所构成,但是为空间所构成"一个叙述之中。这个叙述,和柏格森反对"动为不动所集而成"之不通的命辞一般。康德不曾告诉我们,空间何以不是为简单部分所构成的。几何学把空间视为点所构成的,点是简单的,这个意见(点是简单的)虽不是科学的或逻辑的必需品,但如我们所已表明的(见第四章),它乃是一见而即觉得为可能的。即此可能性,已经可以打倒康德的辩论。因为如果他的正词(即空间是由点所构成)之证明(此章未引),是靠得住的,如果他的反词,又只要免除点之假定,即可证明,则他的反词之本身,就是赞成"点之存在"之充分的理由(这是说,若假定点之存在,则反词不能证明,足见点是有的,足见正词是真的)。那么,何以康德以为"空间为点所构成"是不可能的呢?我想,康德是受了两个思虑的影响:第一层,空间之重要的东西,是空间的秩序仅此点之本身,不能解释空间的秩序。他的辩论,是明白地假定了空间是绝对的;但是只有空间的关系是重要的,这些关系,是不能简约到点的(所以他说空间不是由简单部分所构成)。他的意见之这个根据,是从"他不知秩序之逻辑的理论"和"他犹疑于空间绝对论与空间相对论之间"而来的。但是还有第二个根据,和我们现在的问题(无限)更加密切。这一层根据,是由无限的可分性来的。一片空间可判分而为二,再判分为四为八,以至无限。而在每次判分之时,所得的部分仍是空间而不是点。若要用此方法而抵到点,我们必须到了永无终局的手续之终局,才能够得着点。这是不可能的(所以他以为空间不是由简单部分所构成)。但是我们已经说过无限的类,可以为"界叙其中分子"之概念同时供给出来。我们虽是不能用接续的判分而抵到点,然而无限的点之群,是可以同时供给出来构成一线一面积或一体积。康德并没有说过他的否认之根据,所以我们只能猜度他的根据大概是什么。但是以上所说的,而已经被表明为虚伪的两个根据,似乎可以解释他何以存在意见。所以我们可以结论第二反论之反词,是没有证明的。

以上所有介绍进来的康德的反论之例,不过是表明:无限之问题,是和"感触世界之实在"之问题紧接的。在此章之其余部分,我将表述此问题如何发生,以及哲学家所拟的解决,与此问题实不紧接(解决法与此问题是"文不对题的")在次章中,我将说明此问题之真解决,这个解决,是确定的——这就是:凡精心研究此问题者,皆满足而信服。两千年来的人类智慧,皆为此问题所纠缠而无从解释。从前许多解决之失败,和现在算学解决之胜利,使此问题成为表明方法之一个最好的举例。

这个问题如何发生,大概如下:皮达高拉司及其生徒,和笛卡儿一样,很欢喜把数目应用到几何上去。他们在几何学中,采用了数学的方法,比我们在由克里德书中所熟悉的较多。他们和同时代的原子论家都信从:空间为不可分的点所构成,时间为不可分的瞬所构成。这个信从,若是单独的,并不能引起他们所对敌的困难。但是这个信从,又和另外的一个信从夹在一处,这个另外的信从就是:在有限的空间之一片,或有限的时间之一段之中,点和瞬之数也必定是有限的。我并不以为第二个信从是有意的,因为或者依他们看起来,没有别的(指有限的空间中之点,时间中之瞬是无限的)是可能的;然而这个信从,在他们心里驱策,而且不久就把他们送到"和事实相冲突"的困难里边去了。这个冲突的事实,也是他们自己发明的。在解释这个冲突如何发生之前,我们必须稍微地解释"有限数"一番。它的确切的解释是次章所将说的,现在我们只要说:有限数是0,1,2,3,以及其余。换一句话说,无论何数,可由一个一个增加而得来。如此说来,所谓有限数,是把"所有的我们所能用的数目表写出来的数"包含在内的,因为这样的数目,可以加大,加大而永远不能到一个不可再加的数,所以我们设想:此外即无别的数了。这个设想,虽是很自然的,但是错误的。

究竟皮达高拉司派他们自己曾信从空间时间是为不可分的点瞬所构成,是一个可辩驳的问题。① 他们在那个时候,好像还没有物质和空间之清楚的区别,所以从原子论家所发表的文字里边,我们很难判决他们的意思,究竟是说物质之尘,还是说空间之点。在亚里士多德物理学中,有很有趣的一段,说道:"皮达高拉司派皆主张真空之存在,他们又说真空从无际的气里到天上来,和天在真空中呼吸一样[无际的气包真空真空包天(即天体)]。真空分衍为天然界,好像是从真空之接续的部分分散出来的,又好像是这些部分的演化。数目之起首,也是如此,因为真空分衍而成数(道生一,一生二,二生三)。"

---

① 原注:我们有理由可以相信:皮氏派曾经把个数的分量和联续的分量区别开来。亚耳蛮(Auman)在他的从达雷到由克里得的《希腊几何学》一书中说道:皮氏派把算学分为二部,一部是研究"几多"的 How many(即个数的分量如几多数之类),一部是研究"几何"的 How much(即联续的分量如几何水之类)。这两部又各分为两部,共总成为四部。因为他们说:个数的分量,或是单独存在的,或是彼此有关系的;联续的分量或是静的,或是动的。所以,他们主张:数学研究单独存在的个数的分量,音乐学研究彼此有关系的个数的分量;几何学研究静的联续的分量,天文学研究自动的(指各星球)联续的分量。

这个文字,好像隐含着一种下列的意义:他们以为物质是许多原子构成,原子之间,即为真空——无物的空间。但是,如果如此,他们必定以为:只要注意于原子,就能研究空间,否则我们不能解释"他们何以在几何学里用数学的方法",和他们何以有"物即数"(things are numbers)之叙词。

皮达哥拉司用数释物时所遇的困难,起于他所发明的无比量(incommensurable)。这个无比量,是从下列的事实发明的:皮氏发明了一个命辞——勾方加股方等于弦方,如我们年幼时所学习的。据说他发明了这个定理之后,曾杀了一匹牛以作牺牲(谢神之意)。如果这个故事是真的,这一匹牛就是第一个以身殉科学者。但是这个定理,虽是他的不朽的功业,不久又发生了一种"可以致他的哲学于死地"的结果。试取一个勾股相等的三角,例如一个平方之二个相接的边和其对角线所成的。据以上定理而言,其对角线(即弦)之平方,等于其边(无论或勾或股因为两边是相等的)之平方之对倍数。但是皮氏或与皮氏相距不远的皮氏派,很容易的明了:一个整数的平方,不能为别的一个整数之平方之对倍。①

于是,其边之长,和其对径线之长,是不能两相比较的量——无比量。这就是说:无论你取如何小的单位,如果其边之长,为此单位之一定的倍数(单位为一,此倍数或为二或为三……是不能为一点五或二点三或三点八或……之必为整数),则其对角线之长,不能亦为此一单位之一定的倍数。反之亦复如此(换言之,如边为整数,则其对角线不能为整

---

① 原注:皮达高拉司的证明大概如下:如果是可能的,试使弦与勾(或股因为勾股是相等的)之比例为 $\frac{n}{m}$,但是 m 和 n 都是整数,而他俩又没有公分数。因为勾股是相等的,依勾方加股方等于弦方的等式算之,m^2 必等于 $2n^2$。然而奇数的平方亦为奇数,偶数的平方亦为偶数,m^2 既等于 $2n^2$,则无论 n^2 是奇数或偶数,$2n^2$ 必为偶数,所以 m^2 必为偶数。但是偶数的平方,都可用四除之,今 n^2 既为 m^2 之二分之一,则 n^2 必可用二除之;n^2 既可用二除之,则 n^2 必为偶数。又因为偶数之平方根必为偶数,则 n^2 必为偶数。但是 m 既为偶数,而 m 和 n 没有公分数,则 n 必为奇数。是 n 必同时为奇数而又为偶数,这是不可能的,所以弦和勾(或股)之间,没有理解的比例。

数,如对角线为整数,则其边不能为整数)。

这个事实,可以为别的哲学所吸收而无困难,但是对于皮氏之哲学(物即数学之哲学),是致命的。皮氏主张数为所有的物之精髓,但是在此例中,没有两个数(指整数),可以表写一个平方中之对角线和一边之比例。我们似乎还可以用下列的方法,去扩张他的困难,而不离开他的原意。试假定,他以为:一线之长是为其中原子之个数所规定的,则两寸长的线中所含的原子,必比一寸长的线中所含的原子多一倍,其余如此类推。但是如果这是真的,则无论在何两个有限的长之间,必有一个数目的比例。因为一寸之中所有的原子,无论如何地多,总是有限的。到了此处,就有一个不能解决的冲突了。相传皮氏派中,有一个叫做希巴索的,因为把这个秘密私传仇敌,以后在海中翻船淹死了。我们须记得:皮氏既是一个科学的教授,又是一个新宗教的创主。在他的教义之中,如有信徒怀疑科学,即陷入于罪恶,或者竟然要到吃蚕豆的地步。据皮加高拉司的意见,吃蚕豆和吃父母的骨头,是一样的"罪孽深重"。

为无比量之发现所引起第一的问题,阅时渐久,成了一个最坚苦的而同时又为最深入的问题,抵抗于人类智慧"设法认识世界"之途径之中。它表明:如果要得数目确切的权量,我们必定需要比古人的数学更难更高的数学。他们苦心孤诣地改造几何学,这个改造,是不用"数目的权量是普遍的可能的"(如皮氏之哲学)的假定做基础的。这个改造,在由克里得书上可以看得出:是用绝顶的才力和极大的逻辑解剖而成功的。近代算学家,受了笛卡儿几何学(解析几何学)的影响,重新主持:数目的权量是普遍可能的。他们一半为此而扩张数学范围,把我们现在所叫做的"非理数"(irrational numbers)收入数之范围之内,非理数就是可以写出无比量之比例的。非理数,虽是在算学中用之许久而无人稍疑,但是一直到了最近年代至中,才有满足的逻辑界说。用了这些界说,可以把皮氏派所遇的困难之第一层的最明白的形式解决了;但是这个困难之别的形式,还须研究咧,就是:这些须研究的形式,领引我们到了纯粹的无限之问题。

我们已经看出:既承纳了"长为点所继集成"之意见,则无比量之存在,可以证明有限的长之中,必有无限的点。换一句话说,如果从这些无限的点之中,把点一个一个地拿取出来,无论拿取如何长久,不能取完所有的点。所以点之数是不能数上声的,因为数上声就是一个一个地拿取的方法。不能数上声的性质,乃是无限之麕聚之特性,就是它的许多反理的性质之来源。它与常理相反有如此之甚,在未到今日之前,大家都以为它是个逻辑的冲突。一长系的哲学家自颜诺至柏格森,都以无限的麕聚之不可能,为他们的玄学之大部分之基础。大概说来,其中之困难已为颜诺说出,一直到波耳三诺(Bolzano),没有新东西加到颜诺所说的上面去。波耳三诺在一八四七至一八四八年写了一部小书,叫做《无限之逆理》,至一八五一年,他死了,方才出版。颜诺之后,波耳三诺之前,所有的对付这个问题的尝试,都是无效的而可忽的。此问题之确定的解决,还不是属于波耳三诺,是属于乔治康脱耳。康脱耳对于这个问题之著作,是一八八一年发行的。

若要能领悟颜诺,又要看明:近代"合理"的(以无限为逆理,则有限为合理的)玄学,较希腊玄学实在没有增加若何材料,我们须得先行讨论颜诺的先生巴麦尼德司;此无限之逆理就是为巴氏而发明以助其学说者。巴氏发表他的意见于一诗中,此诗分为两部,叫做真实之路和意见之路。他的这两部诗,和巴拉德烈之现状和实在一般,不过他拿真实摆在前,意见摆在后;巴拉德烈把现状摆在前,实在摆在后罢了。意见之路,在他的哲学之中,大概说来,是皮加高拉司之学说。此部开章之始即说:"我将收闭我的可信的言词,而对真实而思想。从此学习普通人之意见,试听我的欺骗之言语。"过去的事,乃是一位女神所泄露的,这位女神告诉他什么是实在。她说:"实在是不生,不灭,不变,不可分。"它是无始无终的,在大链之拘束之中不可动摇的,因为来而成有,去而成无(此二句即变迁),都被赶得远了。真实的信从,把它们都抛弃了(真实的信从,只信不变)。他的研究之基础的原理,在一句话中写出。这一句话,在赫格耳主义中,到了不可少的地步。"你不能知道什么是'不是',知道"不是"是不可能的;你也不能说出'不是',因为可想到的,和可实现的是一样的东西(既知道或说出'不是'就必定想到不是了)。"他又说:凡可想到的和可说到的,必定是"是"(即有即实在),因为它(即可想到的)"是"(即有)是可能的,而使"非是"(即无有)为"是"(即有),是不可能的。变迁之不可能,也是从这个原理演出的,因为过去的都是可说出的。依此原理,凡可说出的,都是现在还有的(即现在还有的)。

于是,有一个大观念,为巴氏所介绍而入于西方的哲学。这个大观念,就是在"云烟式"的感触的妄惑之后,另有一个一而不变的实在。他介绍这个观念,并不是因为神秘或宗教的理由,是用逻辑辩论所发现"'非是'之不可能"为根据的。许多大的形而上的系统——其甚者如柏烈图司宾挪莎赫格尔都是这个基础观念之出产品。若要区别这个意见之中之真实和错误,本是一桩很难得事情;然而我想其中之"以时间为非实在"及"以感触世界为虚惑"的两个见解,可以说是依错误的推理而来的。虽然如此,也有一种意义——这个理由,以意会之,较易于以言传之——在此意义之中,时间不过是实在之不重要的和浮面的性质(科学中之定律也不以时间为重要)。我们必承认过去与将来,和现在是一样的实在,脱离一些时间之羁鞿,乃是哲学思想之要诀。时间之重要,是实际的较多而理论的较少,与我们欲望有关的多而与真实有关的少。我想当我们在脑中绘一个宇宙图之时,若是"以事物为从一个外边的永久世界,进入时间河流之中",比较"以时间为浩荡的洪流,把所有的宇宙包吞下去",可得一个较真的影像。在思想或在感情之中,认明时间之非重要,乃是智慧之大门。但是"非重要"并不是"非实在",所以我们将来对于"颜诺帮助巴氏之辩论"所说的话,都是有批驳的性质的。

颜诺与巴氏之关系,曾为柏烈图在他的对辩中说明当苏格拉底年少时代,他(苏氏)从他的问难者学习逻辑的深别,和哲学的纯理(与人类欲

望无关的)。我把尧威脱(Jowett)的翻译引一段如下:

苏格拉底说:巴公,依我看来,颜诺在他的著述之中,也是你的第二个自己(颜诺是巴氏的学生)。他把你所说的换一个方法说出,而且他有意骗我们信从:他将告诉我们新的东西。你在你的诗中说"所有是一",你并且曾引出极美的证明。他换了头面来说"没有什么是多",他也引出使人不能信的证明。像你们这样言不同而意实同去欺骗世人,一个主张一,一个否定多,实在是我们大多数不能攀及的一片艺术!

颜诺答说:是的,苏公。但是,你虽是善于追踪寻迹,如斯巴达狮犬之灵便,但是你没有十分领会这篇文字之用意。这篇文字,并没有如你所说的野心,我并没有实在地欺骗世人的意思。此事之真相,是我的这些文字,是为辩护巴氏学说,及抵抗鄙笑巴氏学说者而作的。这些反对巴氏学说者倡言,他们曾经表明以"宇宙为一"的学说为根据,有许多奇怪的而冲突的结果。我的答案,是对于"宇宙为多"派而发的,我即以"宇宙为多"派的假定所引申出来的更奇怪的更冲突的结果,去回答他们对于"宇宙为一"的攻击。

颜诺的四个反对动之辩论,是用以展陈大家的"世界必以变迁"之意见所生出的冲突结果,而即用以保护巴氏"实在为一"之大道。不幸我们只能从亚里士多德书中看见这些辩论,而亚氏又是因为要否认颜诺学说而征引它的。今日之哲学家,有看见他自己的原理为反对他的人所陈述(为反对人所陈述必不能全达其意而不偏不漏),必能明白:从亚氏陈述之中,不能得颜诺的地位(即原意)之真正的合式的代表。但是我们若特别留心解释,似乎可以把大家所叫做的"诡辩"(即颜诺之辩论)重新构造出来,这个辩论,是为从古至今之初学所否认的(未研究而否认)。

颜诺的辩论,似乎是对人而发的,这就是说,他的辩论假设了他的反对派所承认的前提,而且表明:从这些承认的前提,可以演绎出来一些他的反对派所必否认的结果。若要判决特所说的究竟是合理的辩论,或者是诡辩,我们须得猜度他的隐认的前提(就是他的反对派所承认),而判决他究竟是对什么人而发的。有人以为他是对着皮氏派尔发的;有人以为他是为反对原子论派的;爱非林(Evellin)以为他的辩论,是否认无限的可分性;诺恩耳(Noel)为研究赫格耳哲学的人,又以为他的四个辩论,前两个是否认无限的可分性,后两个是否认不可分的。在如此的五花八门的解释之中,我们至少也毋庸抱怨有什么对于我们自由选择的限制。以上辩论所引起的历史问题,是大概不能解决的,因为可供证明的材料太少。其中清晰之点如下:(1)虽是米劳(Millaud)与唐聂里(Tannery)以为颜诺的辩论,是对着皮氏派而发的,颜诺原来总有意思极力地想证明动之不可能;而且因为他是跟随巴氏的人,所以他希望证明这个原理。(2)第三第四辩论,是从不可分之假定出发的,这个假定是否究为皮氏所归依,虽不可定,然而在当时总是很风行的。我们从亚里士多德的《不可分的线》之论文上,就可以看得出这个假定在当时之势力。至于第一第二辩论,若以不可分之假定为根据,他们似乎是合理的,若无此假定,他们只能在"无限数之冲突不能解除"之后,可以为合理的,但是这冲突不是不能解除的。

我们于是可以结论:颜诺的辩驳,是反对"空间时间为点瞬所集成"之意见的。在他的辩驳之中,他反对"有限的空间或时间之一片段为有限数的点或瞬所集成"。这一部分,不是诡辩,乃是极其合理的。

然而颜诺所想使我们抽得的结论是:多是幻惑,空间时间是实在不可分的。其他可能的结论(即上节末段所说的)——点或瞬之数是无限的——在无限带着冲突的色彩之时,是不能成就的。在颜诺的四辩论之外,还有零碎的篇幅,其中颜诺说道:

如物是多数的,则物之多必恰如其数之多,必能为此多数所表出。不多而不少。如物是多数的,则此多数物之间,仍有多数他物,此多数他物之间，又有多数他他物，以至无限。所以物是无限的。

这个辩论，是想证明：如物是多数的，则物之数必同时为有限的而又为无限的。这是不可能的，所以我们必结论：只有一物。但是这个辩论之中，其弱点即在："如物事多数的则物之数必恰如其数之多"之一小句。这个小句之意义，是不明了的，但是他假定"确切的无限的数，乃是不可能的"是容易看得出的。这个假定，现在我们知道是不对的了。若无此假定，则颜诺之辩论，虽足以破除"有限皆不可分"之假定（用一定的合理的假定），然而不足以证明：动与变与多是不可能的。但是他们并不是愚蠢的玩弄，他们是严正的辩论，他们引起一些困难，过了两千年方能答复；这些困难，即至今日，还是许多哲学的致命的敌人。

颜诺辩论之第一，乃是赛跑场之辩论，依般聂脱（Burnet）翻译如下：

你不能跑到赛跑路之末秒，你不能在有限的时间之内，超过无限的点。若欲跑过一定的路，必先跑过此路之一半，然后再跑过其余的一半之一半，如此以至无限。所以在有限的空间之中有无限的点，你不能在有限的时间之内，把这些无限的点一个一个地都碰着（即超过）。

颜诺在此处，乞灵于下列一个事实：一个距离，无论如何的小，是可以判分的。从此推演，在一条线中，自然是有无限的点，但是亚里士多德把他的意思代为发表如下：你不能在有限的时间之内，把无限的点一个一个地都碰着。"一个一个地"（one by one）这几个字，是非常重要的。(1) 如果把所有的碰着的点都计算起来，则你虽能联续地穿过它们，你不能一个一个地碰着它们。那就是说：你碰着一个之后，没有一个其次的，让你下次去碰它；没有两个点是临次的，但是在每两个点之间，都有无限的别的点，这些无限的点，是不能一个一个地数出来的。(2) 如果我们仅此计算每次判分之时，当判分处之接续的点，则这些点是一个一个达到的;而且它们的数虽是无限的,但实在是在有限的时间之内都达到的。我们可以设想:他的反乎这个意见之辩论,是因为他以为有限的时间必为有限的瞬所集成,若以有限的时间为有限的瞬所集成,再假定空间之联续判分,是可能的,则他的第一辩论中所说的,完全是真实的(以上是说对于可分性)。

如果设想:这个辩论是用以反对无限可分性的,我们必须设想此辩论之进行如下:接续判分之所供给的点(判分处之点)是无限的,而我们接续地达到这些点,到一点之时,必比到前一点之时,较后若干有限的时间;但是这些有限的时间之次数是无限的,无限的次数之总数,必定也是无限的(这是错误的),所以这个方法用不能完。在历史上看来,这个解释很对(因为他们在那个时候没有"无限"之知识),但是以现在看来,以这样形式写出的辩论,是不合理的。如果一路之半,需要半分钟始能走过,其次的四分之一,又需要一分钟之四分之一始能走过,如此类推,则一路之总长,必须要一分钟始能走过(这个结论是此辩论所不见的)。在此解释之中,此辩论之虚貌的力量,完全藏在下列的一个错误的假设里边,这个假设,就是:无限级系之外,不能有什么东西(无限之外不能有有限)。这个假设之错误在小于 1 的无限分数级系之中,已经可以看得明白;在 $\frac{1}{2}$,$\frac{3}{4}$,$\frac{7}{8}$,$\frac{15}{16}$ 之前,有一个"1"(1 是有限的)。

颜诺的第二辩论,是说亚基儿和乌龟的。这个辩论比其余的辩论更为获名。般聂脱译之如下:

> 亚基儿追乌龟,永远追不上。他首先必跑到乌龟原据之地,当此之时,乌龟已前进若干路径,亚基儿又要补偿这一段路径;当它补偿这段路径之时乌龟又前进若干路径;如此类推,以至无限。他逐渐地逼近于乌龟,而永不能追上乌龟。

这个辩论之要处,与第一辩论相同。他表明:如果亚基儿可以追上乌龟，必定是从他启程之后，经过无限的瞬，方能追上。这是真实的，但是"无限的瞬之总数必为无限的长时间"不是真实的，所以我们不能得"亚基儿不能追上乌龟"之结论。

他的第三辩论，是说箭的，是很有趣的。此辩论中之文字颇有可疑的地方。般聂脱承认叶罗（Zeller）之更正，而意译之如下：

> 箭在飞时是不动的，因为如果一物占据一个与其本身相等的空间之时，它是不动的，而飞箭在无论何瞬的时候，都在占据与其本身相等的空间，所以飞箭不能动。

但是依布兰脱耳（Prantl）从未修改的亚里士多德的原文直译出来如下：

> 一物当行动平匀之时，是联续动的，或是歇息的，但是动的物，总要在现在——现在的一瞬，于是，则飞箭是不动的。

用这个形式写出来的辩论，比意译的可以更为明白地发现出来他的理由。在此辩论之中，他似乎假定了有限的一段时间，必为临次的瞬之有限的级系所集成（如果在上两辩论之中，他未曾假定这一层，他在此辩论中似乎是假定了这一层）。无论如何，此辩论之可使人信的缘故，是靠着"时间中有临次的瞬"之假设。在一瞬之中，一个动的物，是在其所在之地。在此一瞬中他不能动，因为如果他在一瞬中能动，则此一瞬须得可再分为部分。譬如设想：一段时间，为一千瞬所集而成；又试想：一条箭在此一段时间中飞射。在此千瞬中之每一瞬中，此箭是在其所在之地，虽是在次瞬中，它又在别的地方。在每瞬之中，此箭是不动的。箭是永不动的，但是不知道有什么神怪方法，把箭之地位，在瞬之间变迁了，那就是说不在时间之中变迁了。这就是柏格森所叫假的实在之影戏式的模仿。愈想劝解这个困难，这个困难愈挺出而为实在的。它的解决法,在于联续的级系之理论。我们很难不设想:当箭飞之时,有其次的地位,在其次的瞬,为箭所占据。但是,其实并没有其次的地位与其次的瞬。只需能够悬想的悟透了这层道理,可以立见这个困难之灭亡。

颜诺的第四而最后的辩论,是驰径之辩论。般聂脱把它叙述如下:

```
第一地位                    第二地位
A····                       A····
B····                       B····
C····                       C····
```

时间之对半,可以等于时间之对倍。使设想有三行物体,其一行 A 不动,其余二行 B、C 往相反的方向行动,而行动之速率是同一的(如上述 A、B、C 行各有四物体)。到 B、C 两行达到驰径中同一的地步(这是说若以 A 行之分个为标准,B 行往东越过了 A 行中之若干分个,C 行往西也越过了 A 行中之若干分个)之时,B 行所越过的 A 行中分个之数,恰倍于 B 行所越过的 C 行中之分个之数(C 行所越过的 A 行中之分个之数也是恰倍于 C 行所越过 B 行中之分个之数)。所以"B 行越过 C 行"之时间,应倍于 B 行越过 A 行之时间,但 B 行与 C 行所需要达到 A 之地步之时间,是同一的,所以时间之半等于时间之倍。

格氏(Gaye)尽心写了一篇有趣的文,为此辩论之解释。他翻译的亚里士多德之叙述如下:

> 第四辩论是说:今有两行物体,每行中之物体之个数相同,体积相同,在一驰径上,反其方向,同其速率,一行往东,一行往西,一行原来占据起点与中点之间,一行原来占据止点与中点之间。他(指颜诺)以为这个事实,隐含着"时间之半等于时间之倍"之结论。他的推理之错误,是在下列的假定之中:一个物体 A,经过一个动的物

体 B,和经过一个与 B 同体积的不动的物体 C,若是 A 在经过 B 与在经过 C 之时之速率是相同的,则只沿据同一的时间。这个假定是错误的,譬如如原文(颜诺原文)所载:今有 A、A、A……是不动的物体,其体积同在驰径之正中;又有 B、B、B……,其数与体积皆与 A、A、A……相同,原来占据自驰径之起点,至 A、A、A……之中间;又有 C、C、C……,其数与体积亦皆与 A、A、A……相同,原来占据自驰径之止点;至 A、A、A……之中间。使 B、C 二行反其方向而行动,行动之速率是同一的,则发生三个结果:(1)当 B、B、B……和 C、C、C……互相经过之时,第一个 B 遇见最后的 C,与第一个 C 遇见最后的 B,是同时的;(2)当此之时,第一 C 经过所有的 A,而第一 B 只经过 A、A、A……之一半,于是第一 B 沿据"第一 C 所沿据"的时间之一半,因为第一 B 与第一 C 所需要的经过一个 A 的时间是同一的(解见下节);(3)当此之时,所有的 B 经过了所有的 C,因为第一 B 和第一 C 同时达到驰径之两端,第一 C 经过每个 B 的时间和第一 C 经过每个 A 的时间相同,因为第一 C 和第一 B 经过所有的 A 的时间是相同的。这是他的辩论,但是他早期预设了以上所说的错误的假定。

这个辩论,实在是不易得领会的,但是只能在反对"有限的时间为有限的瞬所集成"之假定之处,是合理的。我们且用不同的言词,把它重新表述出来。试设想三个教练官 A、A、A 站在一条线上,有两排兵士在他们两边反方向而步操。在第一瞬之时,B、B′、B″在一排,C、C′、C″又在一排,这两排恰恰都合 A、A′、A″前后相当(如图中第一地位);到了第二瞬之时(此瞬照普通意义解),两排都行动了,B 和 C″与 A 前后相当,于是 B 和 C″也是彼此前后相当。那么,B 在何处经过 C′呢?这桩事实必定在我们所信从为临次的第一瞬之间发现的。若有事发现于临次的二瞬之间,则此二瞬不是临次的了。由此推之,二瞬之间必还有他瞬,所以在无论什么时间之中,总有无限数瞬。

第一地位	第二地位
B B′ B″	B B′ B″
A A′ A″	A A′ A″
C C′ C″	C C′ C″

以上说的 B 必定在两个临次的瞬之间经过 C 之困难，是一个真正的困难。但是不是颜诺所引起的。颜诺所自命证明的，是"一定的时间之半，等于那个时间之倍"。这个辩论之最可解的注释，依我所知，莫过于格氏之注释。因为格氏注释，是不容易以短幅表述出来的。我且把我所觉得的颜诺辩论中之逻辑精要，重新表述出来。如果设想时间为一级系的临次的瞬所构成，而动即是"经过一级系之临次的点"，则可能最速的动，当每瞬之时，动的物在"一个它上一瞬所在的点"之临次的点。凡缓于此的动，必在临次之点之间，歇息若干瞬；比此更速的动，必定是每瞬可以删除若干点而超过之。所有这些道理，都易得在"每瞬不能有二事端"之事实里看出来。但是 A、A…B、B…C、C…之例中（即上步操之例），B 每瞬必与一个新 A 相对，所以 B 所经过的 A 之数，即是自动起时所有瞬之数。同时在动之时，B 所经的 C 之数，倍于 B 所经过的 A 之数，刚才以为是等于"B 所经过的 A"之数之倍数。从这个结果，可得颜诺之结论。

颜诺的辩论发为不同的形式，而供给"自他的时代，到我们的时代，几乎所有构造的空间时间之无限之理论"之基础。我们已经由以上的讨论而知道，若以"有限之时间空间，必为有限的点瞬所集成"之假设为真的（再有一定的有理的假定），则他的辩论是真的。我们又已经知道：第三第四辩论，完全以此为出发点；第一、第二辩论，或者原来是为原来抵制反对派（以时间空间为可分的）而发的，这两个辩论是谬误的。我们可以用三种方法，免除他所叙出的反理：(1)以时间空间为点瞬所集成，但是有限的时间空间之中之点瞬，是无限的。(2)否认时间空间为点瞬所集成。(3)以空间与时间为没有客观的实在。颜诺自身，因为他帮助巴氏学说,似乎是持这三个可能的演绎结果中之第三个意见,至少他对于时间,是有如此的意见。许多哲学家跟随他而具有同一的意见。又有许多别的哲学家,例如柏格森愿意否认空间时间之可分性。这两个解决法,都可以对付颜诺所引出的困难。但是我们已经说过:如果无限数是可容纳的,我们也可以用别的意见去对付这个困难。试以所有的小于一的分数,依其大小排列而成级系,在无论什么两个分数之间,总还有别的分数,例如他俩的数学的平均($\frac{1}{3}$为$\frac{1}{2}$与$\frac{1}{4}$之数学的平均)。所以,没有两个分数是临次的,而且这些分数之总数是无限的。我们可以看出:颜诺所说的一线中之点,也可以拿分数应用上去。我们实在不能否认分数之存在。故第一、第二两个解决之方法,是不能容纳的了。所以,如果用推较的方法,解释从颜诺辩论所引起的全数的困难,我们必须发明一个"关于无限数"的成理的理论。究竟是什么困难,使三十年以前的哲学家,不能信从无限数之可能呢?

无限之困难有两种:其一可以叫做虚浮无根的;其一牵涉到一种新的而且不易的思想。虚浮的困难,是从无限之字源来的,而且又从算学的无限,和哲学所叫做的"真实的"无限之混淆而来。依字源而说,无限是没有尾末的。但是有些无限的级系,是有尾末的,有些无限的级系,是没有尾末的。还有些麕集,是无限的,但是不成级系,所以此类的无限,既不能叫做无尾末的,又不能叫做有尾末。早的一瞬与迟的一瞬"包此二瞬而言"之间之瞬之级系,是两端有尾末的。自时间之开始到现在之间之瞬之级系,是有一为尾末的,但是是无限的。康德在他的第一反论之中,似乎以为过去比较将来难为无限,因为过去到现在,是已经完备,凡无限皆不能完备。我们很难懂得他的这个设想有什么意义,但是他似乎以无限为未曾完了的。"他不曾看出:将来也有一个尾末,这个尾末就是现在;将来和过去,是在同一的水平线上"(过去以现在为尾末,将来以现在为始端),实在是很奇怪的事情。"他以为过去和将来,在这方面有不同的性质",可以表明那一类的时间之奴隶性(言康德之观念为时间所束缚)。对于此点,我们应与巴氏同意,真正的哲学家所应该脱离的。在哲学观念之中,为"真实的"无限所介绍的混淆,是很奇怪的。他们(介绍"真实的无限"哲学家)知道那个观念(真实的无限)是和算学的无限不同的,但是他们愿意信从那个观念,是算学家所欲得之而不可得的。于是他们以仁厚的但自信甚深的态度,告诉算学家:他们(指算学家)信从虚伪的无限,是不对的,因为"真实的"无限,明明白白的是一个另外不同的东西。对于这个告诉的答案,是他们所叫做的"真实的无限",是和算学的无限之问题不紧接的(文不对题的),这两个无限,不过仅有字面的相同。这两个无限之差别,有如此之大,我竟直不敢说"真实的无限"究竟是什么,免得讨论所得的结果中有混淆之处。仅此"虚伪的"无限,和我们有关;我们应该表明:它的"虚伪的"三个字的头衔,是加得冤屈的。

但是,若要懂得无限(即上节所说虚伪的无限),实在有一定的真正的困难。这些困难,就是一定的思想之习惯,从有限数之计数而来的;而且,大家以为它们(这些习惯)是逻辑的需要,把这些思想的习惯,推广到无限数上去。例如我们所熟悉的数目,除零以外,皆有一个数目在它之前,此数即由它之前的数加一而来的。但是第一个无限,没有这个性质。无限数之前所有的数,成一个无限的级系,此级系包含所有的普通有限数,而没有最高点,即是:没有一个最后的有限数,而在此最后的有限数之后,一步前进,即陷入于无限。如果假定:第一个无限数,是可以用一步一步地前进而得的,则我们极易表明无限是自相冲突的。第一个无限数,实在是在共总的有限数之永不停止的级系之前。然而有人又可以说:在永不停止的级系之前,不能有什么东西呀!我们可以指明这就是颜诺赛跑路和亚基耳之辩论所根据的原理。试取赛跑路之例跑者往前,过了一半之时,过有一半的路,过了四分之三之时,还有四分之一的路,过了八分之七之时,还有八分之一的路,如此类推,这是一个真正的永不停止之级系。在这个共总的无限的级系之前,有他到了目标物之时,所以是可以有一个东西的。现在我们所还要表明的就是：这个结果（无限之前有有限），恰是我们所可预测的。

这个拦阻算学无数之困难，亦如别的空阔的困难我想是由于计数的观念，在里面有不自觉的动作。若是你去计数无限麈集之项，你永不能完了你的功课，在赛跑路之例中，若是在 $\frac{1}{2}, \frac{3}{4}, \frac{7}{8}, \frac{15}{16}$ ……的地方，都安下记号，而跑者必听教练官唤道"开步走"才可以走过一个记号，则颜诺的结论在实际的方面，才能是真实的——跑者永不能达到目标。

但是一个麈集，不必要我们可以一个一个阅过此麈集中之各项，方能存在，即我们对于一个一个麈集之知识和推理，也不必要我们可以一个一个阅过此麈集中之各项，方能进行。在有限的麈集之中，这个道理，已经可以看出。我们可以说"人类"或"人种"，虽不能逐人周知，亦是无妨。我们何以能如此呢？因为我们知道：此麈集中之各个体，必有一些性质，不是此麈集以外的个体所有的。无限的麈集，亦复恰恰如是：可以从其中的项之性质而知道它，不必要一一地数这些项。在此意义之中，永不停止的级系，可以成一个总体，而且在此级系之前，可以有别的新项。

无限数还有一些纯粹的数学特性，也要引起困难。例如：加一于其上而不增，倍之而亦不增加。有些人以为此种特性，是与逻辑相冲突的，但是其实它只是与固定的心理的习惯相冲突罢了。这个题目之共总困难，是在：我们必得能够思想于非熟谙的途径之中，而且须得认明：我们一向以为数目所有的性质，其实不过是有限数的特性。如果记得这些事实则到下章讨论无限之积极的理论之时，不至于觉得困难，像一班株守他们幼时所学习的数学所灌输的偏见的人了。

无限之积极的理论

无限之积极的理论,与它所产出的数之理论,是哲学中科学方法之胜战之一端,所以是一个很合宜的例子,去表明逻辑分析方法之特性。此题中之功夫,是算学家做出来的,它的结果,可以用算学符合写出来。那么,何以这个题目,应属于哲学,不属于算学呢?这个疑问,到是要引起一个很难得问题。这个问题,一部分与用字法有关,一部分因为我们懂得哲学之机能,是真正重要的。无论何种题目,似乎都可以引起哲学的研究,和管理该部的科学的研究。此两种研究之区别,是它俩行动之方向,和他俩所欲寻出的真实。在专门的科学之中,当此科学已经完全发达之时,研究之动作,是向前的、综合的,是从较简单的而到较复杂的。在哲学之中,我们向反对的方向而进行。我们用分析方法,从复杂的而比较具体的,向简单的而抽象的进行;当进行之时,渐渐滤去原题中之特别的部分(即无普遍性的部分),而专注于"与原题目之中之事实有关"的逻辑形式。

算学和哲学,有一定的同点:它俩都是普遍的而纯理的,它俩都不说出如历史地理中之"倚靠具体实现的事实"的命辞。我们可以用莱柏尼的哲学观念,来说明这个特性。莱柏尼以为:有许多可能的世界(就第三章中所说的),其中只有一个是实现的(就是为观察的个人所感触的)。在那些可能的世界之中,哲学、算学是一样的,唯从"记录的科学所记载下来的特别的事实"的方面看来,才有区别。所以凡可以把实现的世界,从可能的抽象的世界区别出来的性质,皆必为算学与哲学所置之不理。但是算学和哲学,在研究许多可能的世界所同具的性质之时,有方法之不同。算学从简单的命辞起首,用演绎的综合法,渐渐构造起来更复杂的结果;哲学从常识的张本起首,用逻辑分析法,把它们洗刷而抽合成抽象的形式之最简单的叙述。

算学和哲学之区别,可以用此章所研究的"数之性质"之问题为例来说明。它俩都自"我们可以考察明白"的数之事实出发。算学用这些事实(例如几何学中之自明理),演绎出来许多复杂的定理;哲学用分析法,往这些事实之背后寻觅更简单的、更可为基础的,而且更与数学之前提相合而适宜的事实。"什么是数"这个问题,乃是此部分(关于数理的部分)之明显的哲学问题,但是不是算学家必须寻觅的问题。算学家只需知道数之性质,可以演绎出来他的定理,就得了。因为现在我们所研究的,乃是哲学的题目,所以应该抓住哲学家的问题。我们此章将达到的"什么是数"之答案,又可隐示"无限之问题之历史方面的研究"所讨论的无限之困难之答案。

什么是数之问题,在未到近代之前,永远未曾为人所研究而得一个确定的结果。哲学家以一些空浮的界说,如"数是多中之一"之类为满足。此种哲学家以为:满足的界说可以西格华(Sigwatt)伦理学中所举的为代表。他说:"每个数,不但是个'多',但是我们以为此多是拢在一处而自成一族的,到这个地步,它是个'一'。"在这个界说之中,有一个基本的错误,这个错误,和"因为有些花是黄的,而即以黄为花之界说"是一样的错误。试取数目"三"为例:三件物之麕集,是可设想的,是一个"多"拢在一处而自成一族,而成一个"一"。但是三件物之麕集,不是三之数,三之数,乃是所有的三件物之麕集所具有的性质,而它的本身,不是三件物之麕集。所以这个界说,除别的缺点以外,也没有达到它应该达到的高级抽象。三之数,乃是比三件物之麕集更抽象的东西。

但是这样的空疏界说，就是因为它是过于空疏，也不曾发生什么效力。多数人对于数的观念，都是从计数而来的。西格华在他处讨论之起首，说：数之有"骤时延长至无限级系"之可能性，即根据于我们的计数定律之认识。这种"数为计数所生"的意见，就是心理学中"使我们不能懂得无限"障碍。因为它是大家所习用的，遂谬误的设想计数是简单的。其实计数是极繁杂的手续，除非是由此手续所得的数，有独立的意义，与此手续无关，则计数无意义可言，而且无限数是不能由此手续而得着的。这个谬误可以一喻比之。设有人定牛之界说，说："牛是为牛贩子所卖的。"对于一些认识牛贩子而未曾见过牛的人，或者这是一个很好的界说。但是如果这些人当游历的时候，看见许多野牛而不承认它们是牛，因为没有牛贩子可以贩卖它们，岂不是大错误吗？他们因为无限数是不能计数的，也宣言它们不是数，和上面所说的，是一样的错误。

计数究竟是什么？倒是值当稍费时间讨论的问题。当计数一群物件之时，我们的注意自此物件移于彼物件，我们口说（即默识亦是一样的）数目之名（如一、二、三、四），使与我们的接续注意之秩序相同，对于每个物件注意一次，一直到再无物件可注意之时为止。在此手续最后所得的数之名，即为此一群物件之数，所以计数乃是一一寻出"什么是物件之数"之方法。但是这个方法，实在是很复杂的，那些"以此方法为数之逻辑基础"的人，即明白地表现：他们没有分析之本类。

第一层，当计数之时，我们必说一、二、三；除非我们加一、二、三等字以一定的意义，我们不能说被数的物件之数，为我们所寻出。一个小孩可以学得这些数目字，把这些数目字照次序读熟，和读字母一般，丝毫不错，但是他不能以一定的意义加于这些字之上。从大人观察起来，如此的一个小孩子也可以一样计算得一点儿不错，但是他没有数目之观念。质说起来，计数之手续，唯已有数目之观念的人可以做到。从此看来，计数何能为数目之逻辑基础呢？

第二层，我们何以知道计数所达到的最后的数目，就是被数的物件之数呢？这就是那一类的最平常习见而莫知其意义的事实，但是愿做逻辑家的人，不得放松这些事实。在此事实之中，牵涉两个命辞：(1)从一到一个一定的数所有的数之数，即是此一定的数，例如从一到百，所有的数之数，即是一百。(2)如有一群数，可为一群物件之名，每个数仅发现一次，则"用以名此一群物件"的数，即与物件之数相同。第一命辞，在有限数之范围以内，是很容易用算学证明的，但是一到第一个无限数之后即非真实的了。第二命辞，无论数为有限或无限，都是真实的。质说起来，我们将能看出：这个命辞，即为数之界说之极近的产儿。但是，因为第一命辞在无限数之例中，是非真实的，纵令计数是实际（指对于有限数而言）可能的，计数也不是发明"无限廲集中之项之数"之合理的方法，而且视经途径之不同，可生出不同的结果（若照计数进行即得冲突的结果）。

无限数有两处和有限数不同：(1)无限数有圆软性有限数无之；(2)有限数有归纳性，无限数无之。我们再接续地讨论这个性质。

(1)圆软性。何谓有圆软性的数呢？它是加一而不增的。由此推之，把无论何有限数（有限数即是由许多的数加起来的）加到无限数上去，此无限数仍然不增。从前总以为无限数之这个性质，是冲突的，但是由康特耳之研究，我们才明白：这个性质，虽是貌似可奇，然而它的冲突之程度并不能高于"人在地球之两边而皆不可坠"之事实。因为无限数有这个性质，试置一无限的物件之廲集于此，或加一些有限的物件上去，或拿一些有限的物件下来，此廲集中之无限数，还是不增，或是不减。在一定的情景之下，即加无限物件上去，或是减无限物件下来，此廲集之数，仍是不变的。再举数例，可以将此例说明。试设想把所有的自然数0, 1, 2, 3……，写成一排，在此排之下，写1, 2, 3, 4……，以一置零下，二置一下，如此类推，使上排之每个数，皆有一个数在其下。在此二排之中，没有一个数是见过两次的。如此，则两排中之数之数（即项之数），是同一的。但是在下排曾见的数，在上排亦必曾见过，但是上排还多一个零；

所以上排之项之数，只需以下排之数加一即得之(例如上排数到三之时，其项之数为四，以下排之三加一即得之)。如果我们设想：凡数必因加一而增，则以上比例的事实为冲突的，而可引我们至于否认无限数之意见。

$0,1,2,3,4\cdots n$

$1,2,3,4,5\cdots n+1$

下列的举例，是更明显而可惊的：试把自然数 1，2，3，4……写成一排，再把 2，4，6，8……写在 1，2，3，4……之下，另成一排，使上排中之每数，都有它的倍数在下排中。那么，和上例一般，两排中之数之数，是同一的。但是下排之数之数，是删除上排的所有的单数而得来。这个所有的单数，也是一个无限的麢聚。这个例子，是莱伯尼所引以证明无限数之不可能的。他信从无限之麢聚是可有的，但是他以为，凡数遇加必增大，遇减必缩小，所以他主张无限的麢聚没有数。他说"数之数"隐含冲突。我可以表明这个冲突如下：无论何数，皆有一个倍数(指对倍)，所有的数之数，不能大于所有的双数之数，那就是说共总不能大于部分。我们解释这个辩论。我们应把所有的有限数之数，代替所有的数之数(如以上所说的)。如此，则可得一个如上列的例子：一排为所有的有限数之数，一排为所有的有限数的双数之数。莱伯尼又以"共总不能较大于部分"为冲突。但是"较大"二字，可以有许多意义，在此问题之中，我们应该用一个更明确的语词"含着较大的项之数"(就是含较多的项之数)去代替"较大"二字。在此意义之中，共总与部分相等，是不冲突的。近代的无限之理论之所以能够成立就是因为我们明白了这个事实(共总与部分相等不是冲突的)的缘故(所有的数一、二、三、四……之共总和所有的双数二、四、六、八……之共总，实在是相等的。但是这个相等不是由计数得来的，是由比较得来的，因为凡数皆有倍数，凡双数皆可对分为一个整数)。

在加里约《动之对辩》之中有讨论无限之圆软性之有趣的一段。我从一七三十年的译本上引它下来。此对辩中之人物，是撒耳维亚和撒格烈底与新布里西司。他们推论如下：

新布：我有一个疑点，我想它是不能解释的。这个疑点是：两线相较，彼较此长，此二线皆包含无限的点。于是，我们必定推论，在同一的种类（指无限）之中，我们寻出一个比无限更大的东西，因为长线中之点之无限，比较大于短线中点之无限。但是去觅定一个比无限更大的无限，是我所不能设想的。

撒耳：这是我们以有限的智慧辩论无限所得的困难之一端。我们把形容"有限而有止境的"物之性质，去形容无限，我想是不合理的。因为，大小相等，各性质不能和无限相符。我们不能说：这个无限比那个无限大，或比那个无限小，或与那个无限相等。我想起一个可以证明它（指无限之不能有大小相等各性质）的东西。我将用问答的语词，对"引起这个困难"的新布里西司说。开宗明义，我就要问：我设想你总知道什么是平方数，什么是非平方数哪。

新布：我很知道，平方数是一个数自乘之得数。例如四与九是平方数，四是二的自乘所得的，九是三的自乘所得的。

撒耳：很好！你总也知道：自乘的得数叫做平方，用以自乘的数，就叫做根哪。还有别的数，不是由一个数自乘而来的（例如二、三、五、六、七、八、十……），叫做非平方。若是我把所有的数合拢起来而宣言：非平方数比平方数较多，对不对呢？

新布 那是一定无疑的！

撒耳：如果我问你平方根有多少，你不能不承认平方根之多如数之多，因为凡数皆是一个平方之根（就是凡数皆可自乘为平方）。既然如此，我们又可以决定平方之多如数之多，因为平方之多，如其根之多，平方根之多，如数之多。但是我们起首已经说过：数较多于平方，数之大半皆为非平方，而且渐到较大的数，而平方与数之间之比例（以平方为分子以数为分母），逐渐减小：自一至一百，其中有一，四，九，一六，二五，三六，四九，八一，百，十个平方，即十分之一为平方；自一至一千，其中只有百分之一为平方；自一至百万，其中只有千分之一为平方。但是在无限数中,如果可以想到无限,我们可以说:平方之多,如所有数之多。

撒格:那么,在这样的举例之中,我们应该如何判定呢?

撒耳:我看不出有什么别的方法,除非说所有的数,都是无限的。平方是无限的,根也是无限的。平方之数,不少于数之数;数之数,也不少于平方之数。于是"判定大小相等"诸性质或名称,仅能限用于可有止境的分量(即有限数),不能占到位于无限之中(即不能用于无限数)。

以上辩论中所用以说明此问题的方法,是加里里约之可钦佩之处,但是他的解释法,不是对的。平方之数(有限)与数之数(有限)实在是同一的。但是,若是我们自限于"比一个一定的有限数较小"的范围之内,此范围愈大,则平方与数之间之比例(见上节)愈与零相近。这个事实,和"所有有限的平方之数等于所有有限的数之数"并不是相冲突的(试以 y 代平方,x 代数。y/x 代比例,y/x 等于 0 之时,则 x 亦等于 0,0 与 0 相乘为 y,此 y 当此时可为无论何数)。这是现代算学家所极熟识而不以为奇的事实之一端。当一变者(Variable)逐渐逼近一个一定的点之时,其函数之限制,不必是和"此变者真正地达到此点"时此函数之价量相同。但是加里里约所讨论的无限,虽都是相等的,然而康特耳曾经表明:新布里西司所不能领会的,倒是一件真实的事实——就是:实在是有无限的"不同的无限数"(无限数有不同的),而且较大较小之概念,完全可以应用到无限上去。新布里西司所以不曾领会这层道理之困难,是因为他信从如果较大、较小可以应用到无限上去,则无限的麕集中之一部分所含的项,必较少于其共总的麕聚所含的项。只要否认这个信从,所有冲突都自行消灭了。至于引至这个问题的线之长短,又牵涉到非数学的"较大较小"之意义。长线中之点之数,与短线中之点之数,是相同的;质说起来,在所有的空间中之点之数,都是同的。权量几何学中之较大较小,牵引到共合（congruence）之新的权量的观念，这个观念，不是完全从数学中可以发达起来的。但是这个问题，并没有属于无限之数学的理论之基础的重要。

（2）非归纳性。无限数与有限数第二个不同的性质，即是非归纳性。要说明这个性质，最好是先说明有限数之特别的积极的归纳性。这个性质，因其证明之方法（即归纳），即叫做算学的归纳。

我们先讨论什么是一级系中之遗传性。试取一性质，例如姓江的。如有一人姓江，他的儿子也姓江，我们以其有父子的关系，这个姓江的性质，是遗传的。如有一人姓江，他的男系的后人，都姓江，因为这个性质是遗传的。现在我们撇开父子的关系，而研究一个有限数与"紧接在他之前的数"之间之关系，那就是（例如）零与一之间，一与二之间，二与三之间……之关系。如果一个数之一个性质，以此关系而遗传，则属于一百的这个性质，必定属于凡大于一百的数，因为它是遗传的。它既属于百，亦必属于百零一，它既属于百零一，亦必属于百零二，如此类推。这个"如此类推"早迟总要送到一个"无论比一百大多少"的有限数。例如大于"九十九"这个性质是这个有限数之级系里遗传下去的。大概说来，在一级系之中，一个数有一个性质，其次数也必定有这个性质，则此性质是遗传的。

我们可以看得出：遗传的性质，虽必属于所有的大于有此性质的数之有限数，不必属于所有小于有此性质的数之有限数。例如大于九十九这个性质，是属于百与大于百的数，但不属于小于一百的数。姓江的性质，也是一样的；这个性质，属于一个姓江的人所有的男系的后裔，但是不必属于他的历代祖先，因为他有一个受姓的始祖，在此始祖之前，是没有姓的。凡亚当所有遗传性质必属于所有的人类，凡零所有的遗传性质，必属于所有的有限数。这就是我们所叫做的算学归纳的原理。有时我们想证明所有的有限数有一些性质，我们首先须证明零有此性质，然后证明这个性质是遗传的。那就是：如果此性质属于一个一定的数，它必定也属于其次的数。因为这样的证明叫做归纳,我把凡可以用此方法证明的性质,叫做归纳性。所以数之归纳性,是遗传的而属于零的一个性质。

试取一个自然数,例如二十九,我们容易看出:它必定具有数之所有的归纳性。因为这些性质属于零,所以亦属于一,因为它们属于一,所以它们也属于二,把这个辩论重复二十九遍,可以证明:这些性质,是必属于二十九的。我们可以定归纳的数(即有限数)之界说为所有的具有归纳性的数。它们是和我们所做的自然数是相同的,就是普通的有限的整数。对于这些,都可以合理地用算学归纳去证明。我们可以宽松地说:它们是可以从零一个个地加一而得的。换一句话说,它们是可以计数得来的。

但是在这些数之前,有无限数;无限数没有归纳性。这些数可以叫做无归纳性的。凡可以用意想的"从前至后一步步"的方法来证明所有的数之性质,到了遇着无限数之时,可以不发现。第一个无限数,是没有最近的前引,因为没有一个最大的有限数,所以没有从此数至彼数之接续进步,可以从有限数达到无限数;而台阶式的方法之证明,不能发生效用了。这也是一个理由,使大家设想无限数是冲突的。数之许多的习见的性质,为习惯所认为逻辑需要的,其实都只能用台阶式的方法来证明,而对于无限数,就不能是真实的了。但是我们只需明白了:这些性质(有限数所有的性质)必定要用算学归纳来证明的,和这个证明方法之有限制的范围,则大家所设想的冲突,并不是与逻辑相冲突,但是仅与偏见和心理的习惯相冲突。

加一而增的性质——非圆软的性质——可以表明算学的归纳之限制。我们很容易证明零加一而增,也容易证明:如果有一个一定的数加一而增,其次数也必定是加一而增的。所谓其次数,即是由那个一定的数加一而得来的。由此推之,所谓自然数(即有限),都是加一而增的。这是从以上所说的普遍的辩论而推来的。若要推倒一个特别的数,我们只需把这个辩论,应用若干次数就是了。我们首先证明零和一不相等,其次,因为加一而增的性质是遗传的,所以一与二不相等;再往前推,所以二与三不相等。如果我们要证明三万与三万一不相等,只需把刚才所说的推论,重复三万遍就是了。但是我们不能用这个方法去证明,所有的数都是加一而增的;我们只能证明,这个原理(算学归纳)是在"可以从零逐渐加一而得"的数之例中是对的。至于有圆软性的数,在所有可以用此方法得来的数之前(这个"前"字解如下:三在二之前,四在三之前),实在加一而不增的。

我们还没有证明无限数之这两个性质,圆软性和非归纳性总是合在一道的。我们知道:凡圆软数皆是非归纳的,但是我们还不知道:所有的非归纳数,都是圆软的。有许多著者,包我自己在内而言,曾经对于这个命辞,有错误的证明,但是一直到现在,我们还没发明合理的证明。然而我们所实在知道的,无限数都是圆软的而又非归纳的,所以即在算学理论上,它俩或者不必是不能分的,但是在算学实际上,它俩永远合在一处(即所知道的而言)。为现在讨论方便起见,我们可以非归纳非圆软的数之"无产的可能性"(言仅是可能的而永未实现过的)撇在一边,因为我们所知道的数,都是归纳的(指有限数)或圆软的(指无限数)。

我们把无限数介绍与人之时,他们因为无限数之性质,与有限数之性质,区别如此之大,常常自然地否认无限为数,好像是有意的错用名字,而把它们(无限数)叫做数。为消释这一种感情起见,我们须得转到数学之逻辑的根据,而讨论数之逻辑的界说。

数之逻辑的界说,虽然似乎是无限数之理论之帮助,实在是为另外一个人所独立发明的。无限数之理论——此理论之数学的部分不是逻辑的部分——是乔治康特耳所发明的。他的关于此项之著作,是在一八八二至一八八三年出版的。数之界说,差不多是同时为另外一个人所发明的,此人之才力并未邀获他所应得的世人赞赏。此人是谁呢?就是颜纳之夫烈施。他的一八七九年出版的第一部著作观念之研究内,藏有我前节所说的级系之遗传性质之重要的理论。他的数之界说,是喊含在一八八四年出版的第二部书叫做《数学之基础之观念之一个逻辑算学研究》里边。数学之逻辑的理论,是生产于此书中的。我们且把他的分析,稍微详细研究一番,倒不是虚费时光啊。

夫烈施首先注意到现在的算学家和从前的算学家的差别,这差别点就是:在算学的证明之中,有"欲求逻辑的确定之增加"之欲望。他又指出:这个欲望,必定引我们到"数之界说"之批驳的研究。他然后表明从前的哲学理论之不合理,而以康德之"先天的综合"的理论,与穆勒之经验的理论为尤甚。这个批驳,把他引到一个问题:"数究竟应该说是那一类的东西?"他指出:物理的东西,是可以为一而又可以为多的。例如一株树,可以看作一千个叶所集成的,则此一千叶是算作一的,不是算作一千的;又如一双鞋与二鞋,是同一的(以"双"字作实字解,二鞋是二双鞋)。由此观之,数不是"以物理的物为主词"之时所可加的谓词,因为我们若能发现真正的主词,必须能以不模棱的数目去形容它(同一物理的物可以谓之为一,又可以谓之为多,是模棱的形容,所以物理的物不是数之主词。现在我们要寻数之真正的主词,这个真正的主词是形式的,不是物质的)。这个研究,又要引起一个普通的意见之讨论,这个普通意见就是:数是心理的而主观的。夫烈施反对这个意见;他说数之不是心理的物件,不是由主观的动作而生,亦如北海之不是心理的物件,不是由主观的动作而生。一个植物学家欲记录一个花的性质之时,他所记录的花之瓣数有几(是数的),和此花之颜色为何(物理的),同是一样的事实(都是客观的事实),二者(瓣数、颜色)皆不能因为我们的心意而变迁的。所以数和颜色(以颜色为物理的性质之代表),必有相同的地方,但是它俩并不是同在外界的(物理的物)之中,可为我们所感触的,然而它俩都是客观的。

他接续说:我把"客观的"和"可触的,占空间的而实现的"分开。地球之轴,太阳系之中心(是推论而得的)是客观的,但不是如地球自身之实现的。他的结论是：数不是占空间的，物理的，又不是主观的，但是是不可感触的而又是客观的。他的这个结论，是很重要的，因为它可以应用到所有的算学的逻辑的东西上去。多数的哲学家以为：除物理的世界，和心理的世界以外，别无其他的"是"（即"有"即世界）。有人说：算学的材料，明明白白不是主观的，所以必定是物理的经验的；有人说：数是明明白白非物理的，所以它必定是主观的心理的。这两造之否认，都是对的，但是他们的主张（即承认）都是不对的。夫烈施容纳这两派的否认，而另寻出一个第三的主张——承认逻辑的世界，此世界既非心理的，又非物理的。

此事实之真相，为夫烈施曾经指出的，是：没有数可以应用于物理的物，"一"也是如此；仅能应用于普通的名称（term），或描写的形式，如人、地球之卫星、水星之卫星之类。"人"这个普通名称，可以应用于一些物理的物（就是天下的人），天下有几何几何人。哲学家所觉得的当我们说"人"时，所必有的"一"之性质，乃是普通名称之一（不是数之一），唯此普通名称为数之主词。如此，则无论此普通名称之下有物无物，此说是一样的可以应用。"地球之卫星"乃是一个名称，仅能应用于一个物件——月球。但"一"并不是月球自身之性质，月球之自身，也可看作为许多原子所集成的，"一"是普通名称"地球之卫星"之性质。与此相同的，零是普通名称"水星之卫星"之性质，因为水星没有卫星。到了此处，我们才有一个零数（零亦为数）可解的理论。如果我们以为数为物理的物之性质，则零为数实不可解，因为物理的物，用不能有零之性质。于是，我们因寻求数之界说，知道了数乃是普通名称或描写形式之性质，不是物理的东西之性质，也不是心理的东西之性质。

我们且不拿普通名称（例如人）作"可用数形容"的主词，我们可以用"此普通名称可以应用上去"的物件之类或物件之麇聚为主词。这样的以类代替普通名称，并不引起若何的变迁。在上举的例中，我们可以"人类"代替人（普通名称），对于这一个物件之麇聚（即人类），有两个普通名称可以应用上去,即"人"与"无羽两足动物",这两个名称自然有同数的可举之例(世界上有几多人,就有几多无羽两足动物)。所以,如果有一类,可以为几个普通名称所表明的,则数是靠着类的,不是靠着"选择出来以表明此类"的这个普通名称或那个普通名称的。但是要表明一个类,总要用一个普通名称,就令我们计数出来类中之普通名称,如这个与那个,与其他(譬如人类之普通名称为为人能言的动物,能笑的动物,能制造的动物,两足的动物以及其他),而此类实为"为这个,或为那个或为其他"(或为人或为能言的动物或为能笑的动物……)之普通性质所组成;而且必定如此,才可以得一个"一"之性质,使我们可以说它是一个麇聚。若在无限类之例中计数是不可能的,我们"唯有用此类中之分子之普通的特性(此类中分子所有,别类中分子所无)以描写(即表明)此类"为绝无仅有的可能的描写法。我们如此可以看出夫烈施完全由逻辑讨论而得的"数之理论",可以为我们所用以表明:不能数的无限的麇聚,如何可以为数所管辖。

夫烈施其次又问一个问题:如何二类方能有一样多的"项"(即上篇所说的普通名称)呢?在普通日用生活中,我们用计数之方法,但是我们曾经看见:在无限的麇聚之中,计数是不可能的,即对于有限的麇聚,计数也不是逻辑的基础,所以我们另外要用一个方法来答复这个问题。试举一例,即可把此方法说明。我不知道英国有几多已娶的男子,但是我知道:英国已娶的男子之数,于英国已嫁的女子之数,是同一的。我所以知道这个道理,是夫妇之关系,把一男系于一女,把一女系于一男。此类之关系,谓之一一关系。父对子之关系,谓之一多关系,因为"父一而已,子可多也"。反之,子对父之关系,谓之多一关系。但是夫妇之关系(在基督教国内),叫做一一,因为一男不能有二妇,一女不能有二夫。凡二类中之项(即上节之普通名称),有个相当的一一关系,例如英国已娶之男与英国已嫁之女,则此类中之项之数,与彼类中之项之数是同一的。如果两类中之项,没有这个关系,其数即不同。这就是"何时二麇聚中之项之数是相同的"之问题之答案。

我们于此可以答复"一定的麙聚之中之项之数有什么意义"之问题。若是二麙聚中之项,有两两相对的一一关系,我们即说此二麙聚是相同的。我们刚才已经看见:两个相同的麙聚,其中之项之数亦同。这个事实,引起我们定一个麙聚之数之界说,为"所有的麙聚与此麙聚相同的类"。那就是说:我们定起下列的形式的界说:

一类中之项之数是所有与此类相同的类之类。

这个界说,产生数之寻常数学的性质,如夫烈施自己所表明(他用稍稍不同的言词)。它可应用于有限的数,也可应用于无限的数。它又用不着什么新的神秘的形而上的存体,它表明:数不是物理的物件,而是普通名称(即项)之类。这些类,即以这些普通名称而说明。这些普通名称,就是可以用数安置上去的。它又可用之于(〇与一),而没有别的理论解释它俩(零与一)特例之时所遇的困难。

初见之时,这个界说,一定要产生奇怪的感想。这个感想,或者使人有一定的不满足的意思。例如:它把数"二"说为所有的"对"(两个聚在一处)之类,它把数"三"说为所有的"叁"(三个聚在一处)之类。这个意思,好像不是我们寻常说"二"和"三"之时的意思,但是我们寻常说"二"或"三"之时,究竟是什么意思实在很难说出。对于一个感情的答复,不能是逻辑的辩论,但是对于这个感情的答复,倒是很重要的。第一,当我们确切地分析一个"逐渐长成浑然一个"的意想为其组织的部分之时——我们寻界说之时即如此做法——总有一个为此分析所产生的生疏之感情,这个情感有"使我们抗议这个界说"之倾向。第二,这个界说,和所有的界说一般,或者也难免有强订的地方(不合寻常情感)。但是在很小的有限数如二、如三之例中,我们是能够构成一个和向来未分析的情感所觉得"的意义更相符合"的界说。然而这个方法,是不能一致的(不能处处都用的),早迟总要失其效力,即使至迟,亦不能应用于无限数(我们的界说是可用于无限数的)。第三,此种界说,例如数之界说(寻常的)之真正缺点,不是在:它不能熨贴地代表那些未曾经过"凡欲求界说之时所必经过"的分析的人的意思,是在:它不能供给一些物件具有一定的须有的性质。质说起来,数必能满足数学公式,无论是什么不移动的一群物件,可以应允这个要求的,就叫做"数"。依现在我们所知的而言,可以应允这个要求的最简单一群物件(即类),就是以上界说所介绍的。它们(类)既有这个功效,则它们和"不能给予界说者所存的空疏意思"究竟相同不相同,已成了比较的极不重要的问题。所有的重要条件,以上界说皆能满足之;我们若与它(指这个界说)逐渐熟悉,则初见时所不能免的奇讶的感觉,不久就消失无遗了。

但是有一种逻辑的原理,或者大家以为是和"数为类之类"的界说不相容;这个原理,就是"无类之可言"(即以宇宙间为许多个体无普通的类)。或者有人以为这样的原理,必不利于约数成类的理论,及别的"须得用类"的理论。这个见解是错误的,这些理论,都是不能为"类为虚伪"的原理所毁败。此原理是什么,它可以不是能破坏的,我且简单说明。

因为我曾经遇过一种复杂的繁难,渐渐地蓄长而成一个确定的冲突,于是我成立一个意见:没有个体的物,可以有意义地说为普通的物之类(或为真实或为虚伪皆不可能)。那就是说:如果在一个"有个体的物"的句子之中,拿一个物之类代替此个体的物,此句将无意义之可言;此句不能为真实,亦不能为虚伪,不过一群无意义的字之集合。若有与此意见相反的疑惑,只需思索一会,即可解释。例如在"亚当是欢喜苹果的"一句之中,你可以用人类代替亚当而说:"人类是欢喜苹果的。"但是你的意思,必定不是说:有一个人叫做"人类"的咀嚼苹果,你的意思是:组成人类的各个个人,每个都欢喜苹果。

那么,既没有"可说一个个体而有意义"的东西,也可以说(若如此说便无意义之可言)一个"物之类"而有意义,则物之类之实在(形式的实在),不能和物之自身的实在(实质的实)在相同。因为,如果它俩是相同的,则在一个命辞之中,我们必定可以拿普遍的(即物之类)代替个体的

(即物之自身)。因为此命辞所云谓的实在,必为普遍的类和个体的物所共同具有的实在。这个意见,本是和常识相符的。纪元前四或三世纪之时,有一个中国哲学家叫做荀子的,力持"黄马骊牛三"之说,因为:分开来,黄马骊牛是两个,合起来,黄马骊牛是一个,一加二得三。译此书者说:荀子特别喜欢这种诡辩,这种诡辩,即古希腊之诡辩家,与理性不强的推论者所极欢喜。而且这种说法,一定可以代常识之判断。但是如果物之麕聚(即类)即是物。则他(荀子)的立说是不可破的。就是因为"黄马骊牛,合在一处,不能成一个新的物"(不过是物之麕聚),所以我们可以逃免"凡二物皆为三物"的结论。

我们既承认类不是物,则由此发生的问题是:我们凡在言词中说类的时候究竟是什么意思呢?试取一个叙词,如"对于算学逻辑有兴趣的一类人,是不多的"。这个叙词,自然可以自行简约而为:"没有好多人是对于算学逻辑有兴趣的"。为确定起见,我们再以"三个"代替"好多",则这个叙词成了"没有三个人是对于算学逻辑有兴趣的"。这个叙词,可以下列的形式陈列出来:如果 x 是对于算学逻辑有兴趣的,y 也是有兴趣,z 也是有兴趣,则 x 与 y 同,y 与 z 同,z 与 x 同;此处再没有假"类"以供参考了。用此种相似的方法,我们把"言词中用有类"的叙词,都可简约而成一个"可从类之界说的性质推论而得"的东西之叙词(类之界说之性质即其中分子之性质,此分子即是有此质的东西)。所以我为使"类之字面的使用"成为合理的起见,我们所需要的不过是一种一致的方法,把"其中有用类"的命辞,解释成为"其中没有用类"的命辞(命辞的叙词)。此种方法之界说,是一个专门的事件,怀特赫和我在别处已经讨论过了(见算学原理),我们在此处,姑且不深究罢。

如果我们容纳"类不过是记号的"(即形式的)之理论,则数不是实现的存体;若有数目字见于一个命辞之中,此命辞中并没有一个与数相当的分子(即物质)在内。此数不过表明一种逻辑形式,这个逻辑形式并不是"有此形式"的命辞中之分子。凡逻辑的及算学的物件,都是如此的,如或、不、如果、有（如今有一人之有）相同，较大、较小、加、没有东西、每件东西、函数，以及其他，都不是实验的物件之名，如张王赵李，但是一些字，必须依赖上下文才能有意义的。所有这些字，都是形式的，那就是说：它们之发现，指明此命辞之一定的形式，不是为此命辞中之分子。简说起来，它们是逻辑的常数，不是实在的存体。代表它们的字，不是名所以除非把这些字当作该字的本身和它的意义相对之外（例如"'如果'一个介系词"是一个命辞，其中"如果"是字之本身，"是一个介系词"是它的意义），不能用作逻辑的主词。这个事实，与逻辑及哲学俱有关，因为它表明它们与科学何以不同。但是如此引起的问题，是如此的大而远，我们目下实在无法追求了。

因之观念及其对于意志自由之问题之应用

我们现在可以用普通言词,叙出以上数章所表明的哲学分析之性质。我们从一堆寻常知识起首,这些知识,就是我们的张本。经一番考察之后,我们看出:这些知识,是复杂的,很空疏的,而又大概是逻辑不相靠的。用分析的方法,我们把它们简约成为可能的简单的确定的命辞,再把这些命辞排列成为演绎的链子,其中有一些开始的命辞(如几何中为定理之根据的自明理可作一个比喻),可为其余命辞之逻辑的保障。这些开始的命辞,即为我们的一堆寻常知识之前提。所以前提与张本完全不同,前提比张本较为简单,较为确定,为逻辑浮文所沾染的较少。如果分析的工夫是完全做到了,则这些前提,是完全不为逻辑浮文所沾染的,完全确定的,完全和它们之"产生寻常知识"是相符的(指对于产生的层次)。这些前提之发明,是属于哲学的,但是从这些前提演绎寻常知识出来,是属于算学的——如果把算学二字,用稍微自由的意义去解释(就是所有的演绎的科学)。

除"供给我们张本"的寻常知识之逻辑的分析之外,我们还得计较它的必然之等级。当追求到了这些前提之时,我们可以看出:有些前提是可疑惑的,而且我们可以把这些疑惑,推广到"由这些可疑惑的前提产生出来"的张本上去。例如在第三章中,我们看出:凡须传证来证明的物理学之部分——即"必须假定别人也有和我相同的心神而后可以证明"的物理学之一部分——之必然之等级，不及"完全靠着我们自己的感触张本和逻辑定律而成立"的物理学之一部分之高。在几何学中亦是如此。凡凭借平行线（第十一自明理）之自明理而成立的几何学之一部分，比不凭借这个前提而成立的部分之必然之等级较低。我们可以概括地说：我们所承认的知识，不是都是一样必然的；到"分析到了前提"的时候，凡若干前提所产生的结果（即寻常知识）之必然之等级，即视"用以证明此结果的前提"之中之最可疑惑的前提而定（有一个前提可疑至何地步，其结果之必然等级即低至何地步）。

所以达到前提之分析，不但可供逻辑之用（逻辑之用即从复杂的分析而为简单的），并见可以权度：应该以"必然"之何等级，属于这个或那个演产的信从。因为所有人类的信从都是可以错误的，所以哲学分析之这个功用，似乎至少也和它所贡献的纯粹逻辑，有同一的重要。

在此章中，我想把分析方法，应用到因之观念上去，而且把这个方法，应用到自由意志之问题上去，以资征考。为要达到这个目的起见，我将分层讨论：(1)因果律之意义究竟是什么？(2)自今以前，因果律有效之证据如何？(3)自今以后，因果律有效之证据如何？(4)科学中所用的因果，和常识中及古代遗传下来的哲学中之因果有何区别？(5)用我们分析的方法去分析因之观念，对于自由意志之问题，有什么新贡献？

(1)我们说的因果律，是说无论什么普遍的命辞，凡可用以"从一事或一物，或一群的事或物，而推论一个别的事或物的"。如果你听着雷声，并没有看见电光，你可以推论那里曾有电光，因为有一个普遍的命辞说：凡雷声皆有电光为其前引。鲁滨孙（在荒岛上）看见人迹，他推论那里有人。他的推论，可以一个普遍的命辞"凡地上有迹如人脚的，必是'有人曾在该处'之结果"为根据。我们看见太阳下山了，我们推论它明天还要起山，我们看见一个人说话，我们推论他有一定的意思。所有这个推论，都是缘于因果律的。

如此一个因果律，可以使我们从一物或一事之存在，而推论他物或他事之存在。此处所用的"物"字是对于个体的物而说的,至于逻辑的物件(形式的普遍的),如数,如类,如抽象的性质及关系,不在此例;它又包含着感触张本及与感触张本同式的东西(例如最近的记忆)。如在"此因果律可以直接地证实"之时,此推论的物和所据以推论的物,必同是张本的——虽是这些张本可以是不同时的。质说起来,可用以推广知识的因果律,必能应用于在目前不是张本的物(即当推论之时,没有亲自看见的东西),因果律之实际的用处,即在这个"从张本推论非张本"之可能。但是此章之重要点,是在:所推论的乃是一个物,一个个体(不是普遍),一个和感触的对象有相同的实在的东西,它不是一个抽象的东西,如道德或二之平方根。

但是一个个体的物,除非在实现(与器官感触之时)之时,我们不能熟识它,所以我们只能大概描绘由因果律推论而得的个体(由"凡雷声皆有电光为其前引"的因果律而推论得来的那个个体的电光),不能在此推论证实(个体的物实现)之前而加以一个名字。而且,因为因果律是普遍的,是可应用于许多例子上的所据以推论的个体(如上例中之雷声)之所以能使我们推论的缘故,必定缘于此个体之普遍的特性(此雷声有此特性,别的雷声也有此特性,所以叫普遍的特性),不是缘于此个体之特有的存体(不是因为这个特别的雷声)。在上举的例中,都可以看出这个道理。我们从雷声推论未曾看见的电光,不是缘于这个特别雷声,是缘于这个特别雷声和从前听过的雷声有同点。所以一个因果律必定叙出:一定一种的物(例如雷声或若干类中之若干物)之存在,隐含着另外一物(例如电光)与第一物之关系(例如《有雷必有电》之关系),只要第一物是在这一种之内,这个关系是不变的。

我们应该看出:因果律中常而不变的东西,不是所根据以推论的东西,也不是所推论的东西,这两种东西,都可以屡次颇有不同的,而是所根据的和所推论的二者之间之关系。有人以为同因同果之原理,即是因果律之原理,但是这个原理(同因同果之原理),比实见于科学中的因果律之原理之范围,狭窄得多;而且若是把同因同果严格说起来,它毫无范围之可言,因为同因绝不重现二次。我们在这段讨论之后,将回转到此点。

所推论的个体,或仅能从一个物用因果律而规定(是说一因只有一果),或者只能以普通名词描绘之而有许多个体,可以满足这个描绘的条件(是说同因可生异果或异因可生同果的)。这是靠着"因果律所主持常而不变的关系,还是只有一个张本(即所根据以推论的物)和一个名词(即所推论的物之代表)可以有的,还是一个张本和几个名词都可以有的"而定。如果几个名词都可以有这个关系,科学即不以为满足,它还要寻出一个更确定的定律,使我们从一个物只能推论别的一个物。

因为所有知道的物,皆发现于时间之中,因果律必须计算时间的关系。把所根据以推论的物及所推理的物之间之接续的或同存的关系说出,也是因果律之职务之一部分。当我们闻雷而推论电之时,此律说出早于"所根据以推论的物"之物;反之,当我们见电而推论雷之时,此律说出迟于"所根据以推论的物"之物。当我们听人说话而推论他的思想之时,此定律说出他俩(他的话和他的思想)是同时的,至少也是逼近同时的。如果要把因果律做到科学所期望的确定的地位,它(因果律)不能以空疏的较早较迟为满足,它要叙出较早若干较迟若干。这就是说:所根据以推论的物及所推论的物之间之时间关系,是必定可以确切地叙述出来的,而且以此时间(因果间之时间)之长短及方向不同,而可有不同的推论。"一刻钟以前,这个人是活的,一点钟以后,他将是冷的"。这个叙词,牵涉两个因果律,一个是从一个张本(现在此人刚死)而推论一刻钟以前的物,一个是从一个张本而推论一点钟以后的物。

有时还常有一个律牵涉到多于一的张本,这些张本不必是同时的,但是它们的时间的关系,是为感触所供给的。因果律之普通的概略如下:

凡彼此有一定的关系(包时间的关系)的物发现,则一个与这些有一定关系的物，必在一个与这些物发现的时期相对的时期之中发现。

在实际方面，所根据的物，不仅占据一瞬（作无久解），因为此等物，纵令有之，亦不能为张本。所根据的物，都沿据一些有限的时间，它们也许不是静的物但在进行，例如动。我们曾在前章中说过动可以为张本，此处不必重出了。

因果律没有"所推论的物必定较迟于所根据的张本"的需要。所推论的物，可较早于所根据的物，或与所根据的物同时。因果律中之要节是：它必定可使我们从一个所根据的物即张本，而把所推论的物用所根据的物之名义大概描绘出来（所推论的即是所根据的之函数）。

（2）我现在到了第二问题：在过去之中，至少在曾经观察的过去之中，因果律之证据之性质如何？我们不要把这个问题，和将来要问的问题"这个证据，可能任使我们假定在将来及未经观察的过去之中，因果律也是真实的"混淆在一处。现在我们只问：引导我们至因果律之信从之基础是什么，不是问：这个基础可能为"因果律为普遍的"（包将来及未曾观察的过去）之信从之合理的帮助。

我们第一步（观察外界时）所发现的，就是接续或同存之概略而未分析的齐一。电光之后，必有雷声，受打之后，必有痛苦，近火之后，必有暖气（这是接续之齐一）；又有同存之齐一，例如视觉与触觉，喉中之一定的感触，和他自己的声音以及其他。如此的接续或同存之齐一，经过若干次数之后，我们就有一种期望：在同境之下，它必重新发现。那就是说，在这些共组的事端（因和果）之中，既见其一，必可寻得其二。过去的经验（有因必有果）和"对于将来的期望"期望将来有因亦有果之间之关系，就是为我们过去经验所证明为真实的齐一之一端[这个齐一是说有如此的经验（因）必有如此的期望（果）]。这就是心理学中所叫做的兽类对于因果之信从，因为这个信从，犬马也具有的，实在说来，我们宁可叫它做动作之习惯，不叫它做真实的信从。一直到这里，我们不过重述休谟所说的。休谟曾把这个讨论，引至此点，但是他似乎没有见到，再往前进，还有可说的东西。

在曾经观察的过去事实之中,有什么一个特性,例如齐一,或因果,为永不变的联续组合的东西呢?如果是有的,我们应该如何把它陈列出来?

刚才我们所说的齐一,如电光之后,必有雷声不是没有例外的。我们有时见电光而不闻雷声,在此例中,我们虽可以设想:倘若我们于电光更相近些,则必可闻雷声,然而这是根据于理论的设想,不能把它请来作理论之证据。但是似乎为科学经验所表明的,是:凡当一个齐一律失败之时,我们可以寻出一个更广的齐一律,这个更广的齐一,容纳更多的情景,而且将以前齐一律之成效与失败,容纳之而无遗。试取一律"除气球与飞机之外,无基托的物体必下坠",但是力学的原理,可供给一个齐一律(例如地心吸力之原理),可以确切地应用于气球与飞机,如其能确切应用于下坠物体。为力学所主张的齐一律之中,固然有假定的和多少有些人造的地方,因为当我们不能用别的方法把这些齐一律应用之时,我们推论未观察的存体(如上例中之地心吸力)以解释曾观察的例外(例如上例中之地球飞机),但是我们可以假定这些存体而保护力学中之齐一律,而且当它们(这些存体)应该可以为我们所观察之时,我们永无庸假定它们(就是我们可以直接地看见它们)。这都是经验的事实(无可辩驳的),所以我们可以承认力学的定律之经验的证实——虽同是也要承认这个证实,不是能如我们有时所设想的那样完备和胜利。

假定所有过去,都是照不变的定律而进行——其实这是我们所必须承认为可疑的——我们对于这些定律之性质,有什么可说的呢?它们(定律)不是如"同因必生同果"那样简单的样式。我们试取吸力定律为屡次可以证实而无例外的榜样。为要用可以经验证实的形式来叙述这个定律起见,我们且限制于太阳系范围之中,如此则此定律可以叙述为:行星与卫星之动,无论在何时,对于太阳系中别的星球,有速差合并的速差(以简单名词代之有一个为诸星吸引之结果所剩余的吸力)与其体量成正比例，与其距离之平方为反比例。依此定律之意义而言，试以一个"无论如何短"的时间中之太阳系之位置为根据，它的早时与后时的位置——只要把吸力以外的力（如离心力）和太阳系以外的物体（如北斗星）都计算下来——都是有定的。但是凡科学所能发明的别的力（如哲学家生命的生力不在此例），似乎也是一样的有规则的，也是可以用简单的因果律总算起来的。倘若物质之力学时完备的，物质的宇宙所有的历史——过去的和将来得——都可以从无论如何短的、选定的，一个有限时间之内所供给的张本中推论出来。

在心理的世界之中，因果律之普遍，不能如物理学的世界中之完备。心理学家不能夸张有什么定律可比吸力的天文学，但是它的（因果律）明证比它在物理的世界中的明证，也不见得少得好多。科学起点处之粗鲁的概略的因果律，在心理的范围中的，亦如在物理范围中的之容易发现。在感触的世界之中，以视官感触，触官感触，以及其他感触之互组，和"使我们眼耳鼻舌可以感触"之事实为起点，又有"我们的身体依我们的志愿而动"的事实。例外固然也是有的，但是它是可以解释的，一如"无基托的物体必下坠"的定律之例外之可以解释。质说起来，在心理世界中，因果律之证据，虽没有那样的必然之等级，可以使怀疑研究家驱去他的疑惑，然而实有那样的必然之等级，可以使心理学家若依天然的途径，必定要假定它（因果律）是真实的。我们又要知道：一个因果，其中所根据的是心理的所推论的是物理的，或者所根据的是物理的，所推论的是心理的，至少也是和"因果都是心理的"的因果律，一样容易寻得出来的。

我们虽对于因果律，已经说过许多，但还没有介绍进来"因"字在此阶级，我们恰好应该稍微说说这个字合理的和不合理的用法。在世界之科学的解释之中（以科学解释世界），"因"字仅属于甚早的阶级，在此阶级之时，我们且规定小的初级的概略的综合，以为后来大的更常而不变的定律之准备。若是我们不知砒霜置人于死，究竟经历何种确定的途径，我们可以说：砒霜是死之因（其意是砒霜使人死，此"因"字中有"使"

字意）。是在高深的科学之中，"因"字永不发现于不变的定律之辞中，但是"因"字还有一个空疏的粗鲁的用法，是可以保存的。"使我们在科学初级用因字"的概略的齐一（即初的概略的综合），除很少的例外之外，在所有的例中，都发现为真的；或者在已经发现的例中，都是真的。若是有如此的事实，我们若说前引的事端为"因"，说跟随的事端为"果"，是很便利的。只要我们明白："此果不期定跟随此因"（即此因或生别果），此因生此果，是可以有例外的，我们仍可以照上句所说的意义用因果二字（这是说因不是强逼使果必生的）。将来为免除辞多意少之弊病起见，凡在"说一个特别的事端为一个特别的事端之因"之时，我们把这个"因"字作此意义解——仅作此意义解。

（3）我们现在到了第三问题——我们有什么理由去信从因果律在将来及在未曾观察的过去也是真的呢？

我们所已经说过的是，自今以前，有一定为我们所观察过的因果律在所有的经验的证据之中，都和下列的意见相符：凡我们观察所能及的范围之内，所有心理的或物理的事实，都依着因果律而发现。为这些事实所引起的"因果普遍"之定律，可以陈述如下：

在同时或异时的不同的事端之间，有如此的不变的关系，若以一个无论如何短的有限的时间之中之宇宙之共总的境况为张本所有过去的和将来得事端，都可以在理论的方面，规定为此时间以内的张本事端之函数。

我们可有理由去信从这个普遍定律呢？或者我们试问一个较谦下较简易的问题：我们可有理由去信从一个特别的定律，例如吸力定律，在将来也是真实的呢？

在曾经观察的因果律之间，又有下列的因果律：齐一之观察，必定继以此齐一重行发现之预期（换一句话说，我们观察过许多事实是齐一的，必期望这些事实将来还是齐一的）。一匹马老被赶在一条路上，必定预期它将来还在那条路上走；一匹狗老在一定的钟点为主人所喂，必定预期它将来还在那个钟点有的吃,不在别的钟点。如此的预期,如休谟所指出的,也能解释因果齐一之常识的信从但是它们绝对地不能供给我们"信从将来"之基础;即我们将来还有"因果律永远是真的"这个信从之基础,也不是它们(以上的预期)所能供给的,因为这(我们信从"我们将来还有这个信从")也是因果律之一端,其基础尚待寻觅的。如果休谟的解释,是最后的解释,则我们没有理由去信从:明天太阳仍将起山,并没有理由去信从:五分钟后,我们还信从太阳明日仍将起山。

我们自然也可以说,凡关于将来之推论,都是不合理的,而且我实不知道如何可以否证这个意见。但是一方面承认这个意见之有理,一方面我们可以质问:如果关于将来之推论是合理的,有什么隐含的原理,可以使这些推论为合理的呢?

这个隐含的原理,就是归纳之原理。如果这个原理是真的,它必定是个先天的逻辑的定律,不是经验所能证明或否证的。如何把这个原理排列出来,本是一个很难的问题,但是如果我们要用这个原理保障我们的推论为合理的,它原理必是归到下列的命辞:如果在许多举例之中,有一定的一类的物和另外一定的一类的物,以一定的样式联合起来,则此一定的一类的物,或者是永远和彼一定的一类的物同样式地联合起来;而且举例之数增多,则此推论之或然数,无限逼近于必然。我们固然可以疑问这个命辞是否是真的,但是如果承认它是真的,我们就可以推论:凡曾经观察的过去之中之特点(因果齐一),也许可以应用于将来和未经观察的过去。所以这个命辞如果是真的,它可以有法权委任我们去推论:因果律或者在所有的时间之中——过去及将来——都是真实的;如果没有这个原理,曾经观察的例子之真实,不足以预定未曾观察的例子也是真实的,于是凡不是亲眼观察的物,都不能为我们合理地推论出来了。

所以,在所有的对于未曾观察的物之推论之地下,宁可说是归纳之原理,而不是因果律。有了归纳之原理,凡这种推论之需要,都是可以证明的;若无这个原理,则这种推论,都是不合理的。这个原理,未曾受过它所应当受的注意。凡有趣于演绎逻辑的人,自然是置之不理至于注重"增加归纳之范围"的人又主持,所有逻辑都是经验的,所以我们不能期望他们(注重归纳的人)明白,他们最亲爱的归纳之本身,还需要另外一个"绝不是归纳所能证明而只能由先天知道的"(如果是可以知道的)逻辑原理啊。

我想:凡能明白因果律为极复杂的原理的人,决不主张因果律是先天的之意见(先天的必简单明白不复杂)。在"每个事端皆有一因"之形式之中似乎是很简单的,但是此句之"因"字即侵入因果的定律之界说,这个界说,倒是和简单隔得很远咧。如果从曾观察的而推论未观察的,是合理的,此推论必当隐含着一些先天的原理。但是从上三节的分析看来,这个先天的原理,是归纳之原理,不是因果律。如果我们的讨论是对的,则从过去推论将来究竟合理与否,全凭归纳之原理而定。若此原理是真的,则此推论是合理的;若此原理是假的,则此种推论是不合理的。

(4)我现在到了一个问题:我们已得着的因果律之观念,和哲学中及常识中之"因"之沿袭的观念,如何联接起来?

从历史方面说来,因之观念,和人类志愿之观念,合在一处,不可分离。因之最好的例就是皇帝的敕论。他们设想:因是主动的,果是被动的。他们从这个观念,很容易引到一个设想:一个真实的因,必含有果之先知(在因中已看见果),所以果是因所瞄准的目的,于是以目的论代替因果律而解释天然。但是这样的理想若应用到物理学上去,不过是半神人式的迷信。有许多人——例如马赫——因为要反对这个错误的见解,而极力主持"物理学纯粹是描绘的"之意见。他们说:物理学之目的,并不在答复我们的"物何故而发现"之问题,是在答复我们的"物如何发现"之问题。

如果"何故"之意义,是在要寻出现象所依照而发现的普遍定律之外,则此问题(何故),实非物理学所能答复的,而且我们就不应该问这个问题。依此意义而言,"以物理学为描绘的"之意见,是真实而无可辩驳的。但是在用因果律去帮助"从曾观察的推论到未观察的"之时物理学已经不是描绘的了(描绘只于对于过去而言)。因之沿袭的观念(因中可看出果),所以曾经供给科学的有用的部分,就是因为这些因果律(即物理定律)。所以因之沿袭观念之中,还有一些东西是应保存的(即因果律),但是这个东西,较之正派(orthodox)。玄学中所假定的因之内容,不过是渺乎其小的部分罢了。

若要懂得科学中所用的因,和我们常识中所悬想的因之间之差别,我们须得竭尽精力把凡在过去与将来有差别的事物,完全关在门外。这是很难的一桩事情,因为我们的心神生活,为差别所织绕而不可分。不但记忆和希望,在情感之中因为过去将来而有差别,而且我们所有的文字,都为动作之观念所布满,为"为将来的目的而做"的事物所布满,所有的自动的云谓词都隐含着"因是动作"之观念。若要把这个观念撇开,势必要很麻烦的语句去代替它。

试讨论一个叙词,如布鲁特司杀恺撒。在别的地方,布鲁特司和恺撒或者可以引起我们的注意,但是在此句中,我们所要求的,是此"杀"之动作。我们可以说杀一个人,是有意使一个人死——有意造出一个人死的因。这个意义,是有"叫一个人死"之欲望,为一定的动作之因,因为他信从:那个动作可以为一个人死之因(可以致一个人于死);或者更确切的说法是:那个欲望(要那人死)和那个信徒(有那动作必致那人于死)为那动作之因。布鲁特司有"要恺撒死"之欲望,而又有"以刃刺他则他必死"之信从,于是布鲁特司刺恺撒,而此结果致恺撒于死,恰如布鲁特司所预期。所有使目的实现的动作,都含着两个因果的阶级:先有 C 之欲望(例如恺撒死),又有 B 可为 C 之因(以刃刺恺撒可致恺撒于死)之信从(如目的果然实现,则此信从为真实的),这个欲望和这个信从合在一道,为 B(动作)之因,而 B 又为 C 之因(实现的目的,例如恺撒死了)。那么,我们首先有 A,为 C 之欲望和 B 可为 C 之因之信从所合成的,然后有

B——即为 A 所生出的动作,而此 B 又被信从为 C 之因。若我们的信从是对的,我们然后有 C 为 B 所生出;若我们的信从,不是对的,则为失望。从纯粹科学的方面看来,这个级系 A、B、C,也可以排成倒列的次序,例如法庭审案即是如此。但是从布鲁特司方面看起来,唯起首先来的欲望,能引起此级系为有趣的讨论。我们觉得:倘若布鲁特司的欲望不同(倘若他不想杀恺撒),他所实得的结果,必定也不同(恺撒必定不为他杀死)。这是真的,这就是他的权柄与自由之所由来(他的欲望是自由)。我们又可以说:倘若他所实得的结果不同(倘若恺撒未曾为他杀死),他的原来的欲望也必定不同(他必定不想杀死恺撒),因为他的欲望,实在是那样的(他实在有杀死恺撒之欲望),所以结果曾经实现(所以恺撒被杀死)。那么,欲望可以由结果而判定,如结果可以为欲望所判定一般。但是因为我们(大概如此)不能在知道我们的欲望之前,预先知道结果,这种推论(从结果推论欲望),对于别人的动作(即行为),是极重要的,而对于我们自己的动作,是毫无趣味的。

依科学意义而言,一个因和志愿(由欲望而来的)不同,若以因与志愿相比,可使我们设想:果为因所逼迫而生。一个因,是一个事端或是一群事端有一定的普通性质,而和别的事端叫做果的,有一定的关系。这个关系有下列的特点:只有一个事端——无论如何只有一个确定的一类的事端,可以与一定的因有此关系。我们的习惯,常以后于因的为果,其实我们没有如此判定(以前后判定)之理由。我们宁可以果为先于因,或与因同时,因为因果律没有要点是靠着"果必后于因"而成立的。

如果从因推论果,是无可辩驳的,所谓的"因",似乎不能不包着全宇宙而言。倘若因中缺乏一部分,所预期的果中,也有一部分相当的变迁。但是为实际和科学的功用起见,现象是可以汇集成群的,此群现象,是自足的而不需外助的(有这一群现象合在一道为因,即可生出一群叫做果的现象,无须有别的帮助)。有因果之关系——或者是几乎如此的在普通的因果之观念之中,因是简单的事端,例如电为雷之因(电是简单的事端)。但是我们很难知道:简单事端究作何解,而且我们常常看见:若要对于果而得有一个很靠得住的判断,必须包含许多情境于因之中,比非科学的常识所设想的因中之情境多得多。一个颇简单的因所有的或然的因果关系,在实用的方面,比一个复杂而难判定的因之无可辩驳的因果关系,往往更有工用(例如热为膨胀之因是简单的,如说发热之时之所有情境皆为膨胀之因,是复杂而难以判定的)。

总而言之,哲学家所主张的确切的一定的普遍的因果律,或者也是真的(如波格森之所有过去皆成现在),但是没有可得的证据,使我们知道它是真的。在经验的科学之中,我们所的确知道的是:在一定的时间之中之此一群彼一群的事端之间,有一定常而不变的关系;倘若这些关系不能联接它们(指事端)——有时果然如此(就是例外之发现)——我们往往可以把这一群推广,而发明一个新的更常而不变的关系。因果的定律(即物理定律),是中隔一定时间的两类事端之间之经常的关系。如果我们所说的因,是较少于宇宙之总共的情境,则凡因果的定律,都可以有例外。然而我们以很多的经验为根据而信从:这种例外,可以由扩充我们所叫做因的一群事端而解释下来。只是这个信从,凡当未曾证实之时,都不能看作一定的,只是指示一个前进研究之方向罢了。

很普遍的因果,是志愿(因)与接续的身体之动作(果)。不过这也有例外,例如神经癫乱(神经无机能而筋肉尚有机能);又有一个普遍因果,是我们的动作(因)和我们的目的之实现(果)。但是在此处,例外更多。这些因果的关系,是很明白的。但是欲望之因是什么,是更不大清楚的。所以我们自然而然地把欲望算作开始,而又设想:所有的因和欲望,是可相比较的;而且设想:欲望之本身,是无因而至的。但是现在没有真正的心理学家主张如此的意见。这个讨论:就把我们引到"如何把因之分析,应用到自由意思之问题上去"之问题。

(5)自由意志之问题,和因果律之分析,是撤不开的。所以意志自由,虽是一个老问题,我们不必灰心而以为我们不能由因之新观念,而加以新的曙光。意志自由之问题,曾经在许多时候鼓动了人类之甚深的情感,而且"意志不能自由"之恐惧,即为许多人的大不愉快之根源。我相信经过冷静的分析之后,这个可疑问题(即意志自由),没有像大家所设想的那样的可发感情的要点,因为大家所设想的"从否认意志自由而产出"的不适意的结果,是不能从"有理由可以否认它"(意志自由)的时候的否认产出的(这个有理由的否认就是此章所采用的)。但是,我并不是因为这个缘故而讨论这个问题,我是因为要取一个很好的例子,以表明分析方法之刷清的功效,和不用分析方法之时所生出的无法判断的纷争。

我们首先要寻出:我们需要意志自由之时之欲望为何(为何需要意志自由)。我们需要意志自由之理由,有些是深远的,有些是微渺的。试先说深远的理由。我们不愿意觉得:我们自己是在命运的手中,以致无论自己若何愿意一件东西,我们可以为外力所逼迫而愿意别的东西。我们不愿意想到无论我们自己如何愿意做好,遗传和社会环境可以逼迫我们做得不好。

我们愿意我们觉得:在疑惑的时候,我们的选择,是可以任向何方的,是在我们权柄之下的。除这些有可钦佩的价值的欲望之外,还有别的欲望,不是如此可钦佩的,也一样使我们需要意志自由。我们不愿意:熟识我的人可以预知我的行为——虽是能够预知别人的行为,而以老实年老者尤甚。我们乡下邻家,有一个老头子,我们只要谈到鹅,我们就知道他必定又要谈《枪房里的鹅》那个老故事。但是我们自己不是如此机械的,我们决不把一个同一的故事对一个人说两遍;若是我们不能断定他欢喜听这个故事,连一遍都不说。我们虽有一次曾经遇见(例如)俾斯麦,我们还能够另换头面说及俾斯麦,而不叙及我们遇见俾斯麦之事。在此意义之中,虽是每个人都知道别人没有自由意志,却都以为他自己总有自由意志。需要这种自由意志,似乎比虚荣的欲望好不了多少。我不信这种欲望是可以一定满足的,但是还有一个可钦佩的欲望,我相信是和成理的有定论不相冲突的。

现在有两个要研究的问题：(1)人类的动作，可是能由充分的前引用理论预测的？(2)人类的动作，可是受外力逼迫的？我试为表明：这两个问题是不相混的。我们可以"是"答复第一个问题，而不必以"是"答复第二个问题（两问题既不同，则以"是"答 1，自不能逼迫我们以"是"答 2）。

(1)人类的动作，可是能从充分的前引用理论预测的？我们且把这个问题以确切的形式陈述出来。我们可以陈述如下：在一个动作和一定的一些先期的事端之间，可是有一个经常的关系如下：若是先期的事端已经发现，只有一个动作或有一定特种的动作，可以和这些先期的事端，有这个关系。如果这是真的，我们只要知道这些先期的事端，就可以用理论去预测那一定的动作，或者至少也能预测那些能够满足这个关系时所必需的性质。

对于这个问题波格森的答案是"不是"，他的答案，又要牵到因果关系之普遍应用之问题。他以为：每个事端——而以心理的事端为特甚——包含着许多的过去，绝不能发生于此事端未发现之前，所以这个事端，是和所有的过去的事端所有的将来的事端，都是不同的。例如我把一首诗诵读了许多遍，我每次的经验，都为前次的诵读所修改，而我每次的情绪，永不能完全重见。依他说，因果之原理是：同因若重见，必有同果重见，但是因为人有记忆，所以这个原理，不能应用到心理的事端上去。在外貌看来，因似乎是同一的，如果重新发现，即为此"重新发现"所修改，所以不能生出同一的果。他于是推论：每个心理的事端，都是一个新的，不能由过去而预测的，因为过去永不能包含和我们所能想到的现在一样的东西。因为如此，所以他以为意志自由是不可攻击的定论。

波格森的议论，自然含有大部分的真实，我并不愿意否认它的重要。但是我不以为它的效果，是像他所相信的效果。宇宙有定论家并不必定说他可以先见一个将来的动作之详细特点。如果他先见 A 将要谋杀 B，他的这个先见之明，并不因为"他不能知道：A 当谋杀时所有的复杂的心理状况"和"他不知道：A还是用刀,还是用手枪去谋杀B"而失败。如果我们可以先见那一种动作将要发现,则我们不能先见的隐微之处,毫无实际的重要。枪房里的鹅之故事,每次都自然地因为习惯的熟悉而微有不同,然而这个不同并不能使我们的"他又将说这个故事了"的预测为不合理。波格森辩论之中,并没有东西可以表明：我们不能预测那一种的动作将要发现。

再者,他的因果律之叙词也不圆满。这个定律,不是仅仅说：如果有同一的因,重新发现,必有同一的结果也重新发现。其实他是说有一种的因和一种的果之间,有一个经常关系。例如：若有一物体自空中自由地下坠,在此物体之高,和此物体下坠所沿据的时间之间,有一个经常的关系。

我们并不需要此次下坠的物体之高,和已经观察过的一个下坠的物体之高相同,然后可以预测此次物体下坠所沿据的时间。如果这层是必须要的,则我们不能预测,因为两次下坠的物体,绝不能具有同一的高。太阳与地球之吸力,也不是仅在它们的距离为我们所观察的时候,可以知道的。它俩无论在何距离的时候的吸力,都是可以知道的,因为我们知道它俩的吸力,是和它俩的距离之平方成反比例。质说起来,重新发现的,是因果之间之关系,不是同一的因。我们推论时所要求于因的,不过是它和过去的一个因,其果曾为我们所观察的(此十字是表明因字的形容词),同归一种(从紧要的方面比较)。

还有一处,波格森因果律之叙词,也是不圆满的。他假定因必定是一个事端,其实因可以是两个或多于两个的事端,或者竟是联续的行动。他这层讨论中之归究的重要问题,是心理的事端(现象),可是为过去所规定的?

在"诵读一首诗多遍"之例中,我们的感情,一定是靠着过去而定的,但是不是靠着过去那一件特别事端而定的。过去的各次之诵读,也须得包含在因之内。然而我们很容易觉察一个定律,此定律可以叙出每次诵读之结果,依过去诵读之次数之增加而变迁。波格森自己也曾明白假定的这个定律。到了最后,我们决定不再诵读了,因为我们知道:此次如果再诵读,必得厌烦之结果。我们或不知道我们将要感觉的厌烦之细节,但也还是真实的。这样看来,波格森所倚靠的举例以证明"实用方面与情绪方面"(即上诵读诗之例)之预测之不可能,是不充足的。所以我们可以离开他的辩论,而直接的质问我们的问题[即(1)之问题]。

我们从较早的事端,在理论方面,预测较迟的事端,是依据因果律的。大家常以为,这个因果律是先天的(不可证明的),是思想之必要品,是一个范畴,无此范畴,即科学不能成立。我以为这些要求是过分的。在一定的方向,因果律是曾经为经验所证实的,在别的一定方向,没有积极的举例与它相冲突(不是思想之必要品)。但是科学可用它于它已经证明为真实的(例如在物理学中)的地方,无须假定它在别的范围以内,也是真实的(例如心理学中,并不是科学无此范畴即不能成立),所以我们不能觉得"因果律也能应用于人类的意志",是先天的必然(因果律也许不能应用于人类的意志)。人类志愿究竟受因果律之管理到什么地步,完全是一个经验的问题。从经验方面看来,我们有许多意志,都是有因的,但是我们不能因此而断定,所有的意志都是有因的。然而我们有理由去说:"所有的意志或者都是有因的",和我们有理由去说:"物理的现象都是有因的"一般。

我们可以设想——但是这还是可疑的——心理的现象和物理的现象之互组之定律。以此定律为据,若是知道世界上所有的物质之境况——包含脑筋和别的生物细胞而言——我们可以推论世界上所有的心神之境况;反之,若是知道世界上所有的心神之境况,我们可以推论世界上所有的物质之境况。脑筋和心神之间有若干等级的互组,乃是一件彰明较著的事情;但是我们无从说:它俩之互组,究竟到什么等级。这并不是我所想表明的一点。我所要申明的,是:纵使我们承认了极端的有定论,与脑筋与心神之互组,它们(有定论与互组说)的结果,仍然没有不利于意志自由中所值当保存的东西。他们的"宇宙有定意志即不能自由"的信从是完全从"因和意志之混淆"和"因强逼果"之观念而来。这个"因强逼果"之观念,有些像威权可以强迫人去做他所不愿的是一般。只需明白了科学定律之真正的意味,我们就能看出:这个混淆,不过是一个简单可笑的错误。但是这一层引导我们到了对于意志自由所引起的第二个问题:试假定有定论是真的,我们的动作,可是真正地为外力所强迫?

(2)人类的动作,可是受外力的逼迫的?我们当矫揉造作之时,实有一个自由之主观的意义。有人即用这个自由为"反对意志有外来的因"之根据。然而这个自由之意义,不过是在几条途径之中,我们可以选择我们所喜欢的,它并不曾表明:我们所喜欢选择的途径,和我们过去的历史没有因果的关系。大家以为它俩(自由选择途径和意志自由)是冲突的意见,是从"把因看作与意志相同"之习惯而来。这个习惯,即在"我们想把因看作科学的因"(不与意志相同)的时候,仍是不知不觉地遗留在我们的脑里。倘若一个因和一个意志相同,则外面的因,与一个别人的意志相同,于是凡从外因而预测的动作,都是为外力所逼迫的。但是这样的因之意义,不是科学所赞成的。我们已经说过,因之强迫果,不能多于果之强迫因(无论如何我们不能说果是强迫因的,于是因亦不能强迫果)。因果之间,有一个互相的关系,所以彼此可以互相推论。地质学家从现在地面之境况,而推论地球过去之境况,我们总不能说:地球现在的境况,强迫地球过去的境况为如其过去的境况,但是它(现在的境况)使它(过去的境况)必定为这些张本(现在的境况)之效果(作函数解作推论所得的结果解),就同因使果必定为其效果(此效亦如上解)一般。此处我们所觉得的因果之不同,是从一种思想之混淆而来,这个混淆,是因为我们记得过去的事端,适巧我们不能记忆将来的事端。将来的貌似的无定,为有些意志自由论家所凭借的,不过是我们的无知之结果。没有可喜的意志自由,可凭借于无知,这是很明白的。因为倘若是如此的,则禽兽较人更自由,野蛮人较文明人更自由了。有价值的自由意志,必定要和知识相循而不悖的,即不假定因果律之存在,完全的知识是包含过去和未来的(知道过去只需历史,毋庸因果律;知道将来,只要有一种将来的历史,也毋庸因果律)。我们对于过去的知识,不是全由因果律推论而来的,有一部分是由记忆而来的。我们不能有将来之记忆,不过是一个偶然的事实。我们也可以像算命卜卦者之假装的前知——直接看见将来,和看见过去一样,它们一定将是如它们之将是,则在此意义之中,将来和过去是一样的有定的。倘若我们可以直接看见将来和直接地看见过去一样,还有哪一种的自由意志是可能的呢? 这一种的自由意志,是完全与有定论不相干的,它并且不能和因果律普遍管辖的地方相冲突。这一种的自由意志,才能包含自由意志中之可宝贵的东西,因为我们不能信从:仅此无知,可以为什么好东西的重要条件。我们且设想有一群人,他们能够确定地知道将来,我们且问我们自己,他们可还能够具有我们所叫做的自由意志?

如我们所设想的这样的人,用不着等待事端发现,就能够知道在将来何时,应该有何种的决断,他们知道他们将来的意志是什么样子。但是他们可有理由夫懊恼他们所有的这个知识呢? 除非是这些意志之本身是可懊恨的(例如不好的意志),他们一定不懊恼他们有这个知识;而且他们如果知道何者为那些可懊恼的意志之前引(即因),那些可懊恼的意志,似乎还可以减少它们(可懊恼的意志)的可懊恼的性质。我们很难不设想:凡是前知的,都是为命运所定的,无论我们如何的恐怕,它还是要发现的。人类的动作是欲望之出产品,除非把欲望夹在一道计算,前知是不能够是真的。前知的意志,不能仅此因为"它为我们所前知"而成可恨的。我们所设想的人,很容易知道意志之因果的关系,所以他们可以安排他们的意志,以满足他们的欲望,比我们还安排得更好。因为意志是欲望之出产品,凡意志之预测与欲望相反的,绝不是真的(我们决无与欲望相反的意志)。我们须得谨记:如此设想的预测,不能创造将来,一如我们的记忆,不能创造过去。我们永不以为:因为我们能够记忆过去的意志,我们在过去一定是不自由的。用同一的理由来比较,就令我们能够预测将来的意志,我们在将来还是可以自由的。简而言之,有价值的自由,只要求我们的意志是由于我们的欲望而生,不是从一个强迫我们去愿意我们所不愿意的外力而生。所有其余的辩论,都是由思想之混淆而来。这个混淆从何处来的呢?因为我们有一种情感,觉得:知识可以强迫它(知识)所知道的——如果所知道的是在将来——事端,在将来去发现。但是知识对于过去,没有这样的能力(知识不能强迫它所知道过去的事端在过去发现)是很明白的事实,我们稍微一看,就知道了。所以自由意志只在它的重要的样式(即上面所说由我们的欲望而来的)之中是真的。有一班人所希望的自由意志之别的样式,都不过是不充分的分析之结果罢了。

在前数章所说的哲学方法,差不多都是用举例来说明的,没有很用什么普通的规则。除非用举例来说明,方法实无价值之可言。但是现在到了我们讨论的终局,我们可以把一定的普遍原则收在一处。这个普遍原则,或者可以帮助我们在思想上得一个哲学的习惯,或者又可以引导我们如何去寻出哲学问题之解决(以下总论)。

哲学不能因为用了别的科学——如斯宾塞耳所做的——成为科学的哲学。哲学之目的是在普遍的东西,专门的科学即能指示甚大的综合,不能使这个综合为确定的(例如以生物进化而综合为宇宙一切进化之论)。一个急促剧的绪合,如(斯宾塞耳)之进化论之综合,不能因为它是最新的科学理论而减少其急剧之弊病。哲学是一个离开别的科学的学问。它的结论,不能为别的科学所构成,但是又不能为我们所设想:它和别的科学相冲突。例如宇宙之将来不是哲学的问题,宇宙还是进化,还是退化,还是不动,都不是哲学家所当说的。

我们要变成一个科学的哲学家,须有一定的奇异的心理的训练:第一,我们必须有要知道哲学的真实之欲望,而且这个欲望,必须如此的坚强,虽在连年研究似乎已经绝望之时,此欲望尚能存在。"要知道哲学的真实"之欲望,实在是很少的,至于纯粹的"要知道哲学的真实"之欲望,即哲学家亦少有之。这个欲望,往往为"我们无论如何总要知道"的欲望(这个欲望并不是要知道哲学的真实)所蒙蔽——而以研究许久而无结果之时为尤甚。研究许久之后,往往有一个意见贡献于我们之前,若是抛弃与此意见不合之点而不加此注意,或者不去专心致志地寻觅与此意见不合之点,我们可以得着一个"安然无事的信从这个意见"的舒畅。但是,倘若我们抵抗"要得这样舒畅"的志愿,我们就可以看出这个意见之谬误了。

第二,"要知道洁净的哲学的真实之欲望"又往往为系统之爱悦所蒙蔽。若有一个很小的事实,不入一个哲学家系统之范围,他必定把它附会穿凿,一直到它入了范围,方才罢休。但是那个小事实,或者对于将来,比"和此小事实不相符合"的系统,还更重要。皮达高拉司发明了一个系统(即指"物即数"之理论),除等边直角的三角之边与弦为无比量外,和他所知道的事实,都相符合。这个很小的事实(指无比量),挺立不挠,即到(希巴索)因为泄露它而淹死,它仍然无所顾忌,独自存在于天地之间。依我们看来,这个小事实之发明,倒是皮达高拉司不朽的功业,至于他的系统,反不过成为一个历史中的古董了。系统之爱悦,以及系统制造者之与此爱悦相随的奢望,都是哲学学生所宜防备的陷阱。

"要构成这个结果或那个结果"之欲望,或用一种普通说法"要发明一个证据以成立一个适意的结果"之欲望,自然是忠正的哲学讨论之中之重大的障碍。凡人类都为不自觉的情感所输贯,至于如此之甚,他们以"预先断定应得何种结论"为道德之标准,而以"研究所得,有悖于预先断定的结论"的人,为离经叛道之徒。去希望一个适意的结果,自然比希望一个真实的结果,更为普通。但是只有有"要得真实结果"之欲望最盛的人,方能学习哲学,而得良美的效果。

但是,就令这个欲望之势力很强,可以认识抽象的真实的慧眼,很难和活动似真的悬想及与心理习惯相符的思想分别出来。我们须得如笛卡尔专门练习"方法的怀疑",以便解放心理习惯之束缚;而且须得培养逻辑的悬想,以便寻获几个可能的假定,而不为一个"常识使之易于悬想"的假定所驱使。这两个方法:怀疑常识所熟悉的,悬想常识所不熟悉的,是互相依附的。它俩就是哲学家所需要的心理训练之大纲。

我们在哲学思索之始,所有的天然的信从(不待思索到了最后而有的信从),往往都可以有真实的解释。但是在容纳它们到哲学里之前,它们(信从)必定要经过怀疑批评之法庭。除非经过这个法庭之后,否则它们不过是盲从的习惯。宁可说它们是动作的途径,而不是智慧的审定。虽然有大多数可以经过这层考试,还有一些,一定是不能经过的,所以其结果是:我们的见解,必定有一番郑重的改组。若要打破习惯之领土,我们必须极力怀疑——怀疑器官,怀疑理性,怀疑道德,简言之,怀疑所有的东西。在有些方向,怀疑是可能的,在别的方向,这个怀疑,将为"抽象的真实之直接的发现"所阻止。这些抽象的真实,就是哲学知识之可能性所依靠的。

同时我们必须有"悬想抽象的假定"的熟艺,以"直接觉察真实"之重要的帮助。我想这个熟艺,是以前哲学所缺乏的。逻辑的器具(指以前)如此缺乏,以致哲学家所悬想的设定,都与事实不合。这个事实之状况(假定与事实不合),常常使人采取勇敢的手段,例如完全否认事实是真的。若是悬想之中所包藏的逻辑器具,较为丰富,我们可以寻出这神秘库的一个钥匙(用不着完全否认它们)。所以逻辑之学习,成了哲学中之中心的学习。它给予哲学一个考察的方法,和算学给予物理学一个考察的方法一般。自柏烈图至文艺复兴之时,物理学是不进步的,不明了的,而且迷信的,和哲学一般。至加里里约有了事实之新观察,与其后的物理学家有了算学的运用之时,物理学方才成一个科学。至于哲学,一直到我们的时代,因为同时得了新事实,又得了逻辑的方法,也将如物理学渐渐变成科学了。

哲学虽有新进步之可能（如变成科学），但是第一层的影响，是和在物理学中一般，把大家从前所以为知道的大为减少。在加里略之前，大家对于一些有趣的物理问题，都自命为有充分的知识。他（加里略）判定了一些事实例如物体下坠这个事实之本身，并没有什么趣味，但是因为它是真实知识之一个很好的举例，又是一个将来极有效果（他自己也曾预猜的）方法，它倒是极有趣味的。但是他的寥寥无几的事实，可以把亚里士多德遗传下来的知识之大系统，完全推倒，和清晨甚微的熹晖，已经足以熄灭群星之光一般。在哲学中也是如此；虽是有些人信从这个系统，有些人信从那个系统，总之，他们都以为他们知道很多的。但是这些沿袭下来的系统之中所有的大家所谬认的知识，都须一扫无余，而另从新基础起首。这个起首，如果可以得个效果和加里略的"物体下坠"之结果相同，那么，我就以为真正有运气了。

如果我们把方法的怀疑，练习得纯粹长久了，我们对于我们的知识，将有谦虚不足的态度，我们将欢喜知道哲学中之事物，无论此事物是如何的渺小。以前的哲学，就是缺乏了这种谦虚。它（哲学）对于许多有趣的问题，同时下总攻击，它不是有恒心的慢慢地前进，收集所有的可得的稳固的知识，而把许多大问题交给后人。一个科学家，如果他的研究所得的结果，在将来似乎是重要的，决不以"研究之内容是很小的"为可耻；一个试验之最近的结果，以其本身而言，往往是无兴趣的（与人类无关）。在哲学中，亦是如此。我们有时值当花费时间和工夫去研究本身似乎无用的东西，因为往往须得经过这些东西之讨论，而后可以接近更大的问题。

若是问题已经选择了，心理的训练已经成熟了，则我们所应取的方法大概是一致的。凡惹起哲学研究的大问题，一经考察之后，总是复杂的，总是倚靠着若干分子的问题的，这些分子的问题，往往是比它们（分子的问题）所组成的问题，更为抽象的。我们将可寻出：我们所有的张本，我们起首似乎知道的事实，都有空疏性、混淆性与复杂性，近代的哲学,也有这些缺点。所以我们在"我们要分析张本,至哲学所期望发明的那一种前提"之前,须得创造一种确切观念之器具——这些观念,我们须得尽力使之为普遍的,而脱离复杂最远的。在这个分析之途径之中,我们把困难之根本,一步步往后追陷,而这些困难之根本,渐渐地成了更抽象的,更微细的,更难领会的。我们常时可以寻出:许多大问题之背后的问题,都是这些特别的抽象问题(例如类之问题和关系之问题)。到了我们已经做到"凡方法可以做到"的地步,只有直接的哲学眼光,可以再往前进。在这个地方,只有天才是有用的。我们所需要的,是一些逻辑悬想之新鼓舞力,一些察见从前永未设想为可能的可能之眼光,和在手下的问题之中,此可能可以实现之直接的透见。若不能想到中肯的可能,就有不能解决的困难,模棱两可的辩论和迷乱与失望。中肯的可能,只要想到,即刻站着脚步,因为它有可惊骇的吸收貌似的冲突事实之权力。从此再往前进,哲学的事业,是构合的,是比较便宜的,真正的困难,是在分析之最后之段落(从具体的分析到抽象的之时,从复杂分析到简单的之时)。

至于关于哲学进步之前途,我们不敢遽下深信的评判。许多历史遗传下来的哲学问题——或者是普通大众,比专门哲学家更视为有兴趣的问题——还不见得是能为科学方法所解决的。自天文学脱离星命学之范围之后,它渐渐地失去它的关于人类的兴趣。哲学也将是这样的;它渐渐地不肯夸张:它能够答复那些大问题,大家也将因此而渐渐地不恋爱它。但是说到阔大的而现在还正在增长的科学界这些科学家,从前都抱着鄙哲学而去之的态度,而且他们实在是有理由去持这种态度。我们应该把新方法呈肯于他们的面前,这个新方法,已经解决了许多旧方法所不解决的最古老的问题,如数、无限、联续、空间、时间之问题。物理学与其中之相对之原理,及物质之革命的观念,都觉得在基础的假定之中,需要那一种为科学的哲学所期望培养的新东西(如无限联续之类)。我想只有一个条件,可以使哲学成绩在最近的将来,可以超过从前哲学家所得的成绩。这个条件,就是:集合一班具有科学的训练,而又有哲学的兴趣,未曾为过去的遗传所固定,又未曾为那些抄袭古人之所有,而不能抄袭古人之价值的人所用的文学方法所误引的人,而创设一个哲学派。果真如此,则哲学之发达,可以是庶几其有豸乎了。

新旧名词对照表

序号	旧	新	页码出处
[1]	火云说	星云说	9
[2]	拉布烈司	拉普拉斯	8
[3]	炭	化学元素"碳"的旧译	8,9,21,26,27,30…
[4]	养	化学元素"氧"的旧称	9,23,30…
[5]	镕点	熔点	9
[6]	淡	化学元素"氮"的旧称	9,20,30
[7]	斐色邑	凡尔赛	11
[8]	鲁滂	勒庞	18,22
[9]	釸	化学元素"钍"的旧译	19,21,22
[10]	鋊	化学元素"锕"的旧译	19
[11]	轻	化学元素"氢"的旧译	20,21,29,30…
[12]	米里密达	毫米	20
[13]	氜	化学元素"氦"的旧称	20—22,30
[14]	鲁司佛	卢瑟福	20
[15]	苏底	索迪	20,21,30
[16]	炉	化学元素"铲"的旧称	19
[17]	黑铀矿	沥青油矿	22
[18]	加挪	光卤石	22
[19]	乌罗	维勒	24
[20]	波特罗	巴特勒	24,93
[21]	微霉	微生物	24,52,68,126,176
[22]	楠	孢子	24

序号	旧	新	页码出处
[23]	朊浓质	原生质	25
[24]	堪伯林代	寒武纪	26
[25]	奥岛代	奥陶纪	26
[26]	寨鲁林代	志留纪	26
[27]	布劳司特、蒲劳司特	普劳斯特	29、104
[28]	施达司	斯达	29
[29]	朋孙	本生	29
[30]	矽	化学元素"硅"的旧称	30
[31]	兰姆塞	拉姆齐	30、130
[32]	罗司得	卢瑟福	30
[33]	罗司金	拉斯金,或罗斯金	33、36
[34]	加里里约	伽利略	34、252、272、293…
[35]	牛敦	牛顿	34、39、271
[36]	卢骚	卢梭	34、264
[37]	鲍以耳	波义尔	35、36、45
[38]	唐姆司	托马斯	36
[39]	格罗撕克	盖吕萨克	34、43
[40]	达尔敦	道尔顿	36、104、322
[41]	克尔泡得金	克鲁泡金	36
[42]	安德雷	安德烈	37
[43]	朋加烈	彭加勒	37、43、70、91、106…
[44]	茫特因	蒙塔涅	37
[45]	哥脱	歌德	38
[46]	赫耳姆毫斯	亥姆霍兹	38
[47]	赫切耳	赫舍尔	39
[48]	拉耳默	拉尔默	40
[49]	陶耳司泰	托尔斯泰	41
[50]	赫耳姆浩司	亥姆霍兹	43

序号	旧	新	页码出处
[51]	炭养二	二氧化碳	25,52,75,105
[52]	惰睡	冬眠	52
[53]	斐尔登	凡尔登	55
[54]	挠脱	节(knot),航海速度单位	55
[55]	非德	孔德	55
[56]	赫格尔	黑格尔	61,251,258…
[57]	皮耳孙	皮尔逊	76,77,92
[58]	生殖腺津	生殖质,遗传物质	77
[59]	格罗马丁	染色质	77
[60]	加耳敦、加尔登	高尔顿	75,240
[61]	布拉德烈	布拉德雷	89,253,254
[62]	德毛克里脱司	德谟克利特	89
[63]	斯宾塞耳	斯宾塞	91,406
[64]	唐马森	汤姆森	93
[65]	赫克尔	海克尔	93
[66]	黑加非	黑咖啡	99
[67]	洛慈	洛采	101
[68]	詹姆司	詹姆斯	103
[69]	奥康刀	奥卡姆剃刀定律	104,325,353,354
[70]	薄耳孙	保尔森	105
[71]	唐母孙	汤姆森	105
[72]	马尔撕司	马尔萨斯	110
[73]	铔	化学元素"铵"的旧译。	120,154
[74]	硫酸代铔	硫酸铵	120
[75]	绿酸化钠	氯化钠	120
[76]	青酸化钠	氰酸钠	120,145,153
[77]	磷酸化钠	磷酸钠	120
[78]	醋酸化钠	醋酸钠	118

序号	旧	新	页码出处
[79]	安息酸化钠	苯甲酸钠	120
[80]	兰姆塞	拉姆齐	129
[81]	基罗华特	千瓦	135
[82]	体素	组织	142,147,148,155…
[83]	游子	离子	142—146,152—154…
[84]	司托克司定律	斯托克斯定律	142
[85]	柏灵	佩兰	143
[86]	轻油	苯	143
[87]	绿迷液	氯仿,三氯甲烷	144,153,155,156
[88]	胶糖	糊精	144
[89]	绿化钠	氯化钠	144,153,158,159…
[90]	硫酸化铜	硫酸铜	144,145
[91]	格拉汉	格雷哈姆	144,145,152
[92]	轻养化第二铁	氢氧化亚铁	144,152
[93]	铁青酸	亚铁氰	145—147,150,153
[94]	铁青酸化铜	亚铁氰化铜	144,149,151
[95]	铁青酸化钾	亚铁氰化钾	144,151
[96]	纳夫达林	萘	146,151
[97]	萧耳司脱	能斯特	146
[98]	矽酸化铜	硅酸铜	147,150
[99]	矽酸化铅	硅酸铅	147,150
[100]	韧酸化明胶	鞣酸明胶	147
[101]	韧酸化第二级蛋白	鞣酸蛋白胨	147,150
[102]	硫酸化钡	硫酸钡	144,147,150
[103]	绿化银	氯化银	147,150
[104]	凌巴液	淋巴液	147,157
[105]	格劳莫	肾小球	147,148
[106]	脊腺	甲状腺	148

序号	旧	新	页码出处
[107]	绿	化学元素"氯"的旧称	148
[108]	方脱毫夫	范托霍夫	148,149
[109]	溶媒	溶剂	144,145,148—152…
[110]	巴克劳夫脱	班克罗夫特	149
[111]	结块理论	胶束理论	152
[112]	格拉汉	格雷厄姆	151
[113]	列西丁	卵磷脂	153—156
[114]	血色质	血红素	153
[115]	燐	同"磷"	154
[116]	水析	水解	154,158,163,164
[117]	甘醇	甘油,丙三醇	153,154
[118]	腊酸	脂肪酸	152—154,156,160
[119]	汗酸	丁酸	156
[120]	海膽	海胆	156
[121]	析散媒	分散剂	156
[122]	咪绿	甲基氯	157
[123]	蓚酸	草酸,乙二酸	157
[124]	绿化钠	氯化钠	156,158,161
[125]	绿化铜	氯化铜	157
[126]	脊下腺	甲状腺	148,158
[127]	轻养化钠	氢氧化钠	158
[128]	炭酸	碳酸	159
[129]	炭酸化钠	碳酸氢钠	159
[130]	公钱游子数	克离子	160,161
[131]	质量动作之定律	质量作用定律	161
[132]	微霉	微生物	175
[133]	米西悉河	密西西比河	201
[134]	黑油	柴油	15,220,222,224

序号	旧	新	页码出处
[135]	木酒精	甲醇	222—224
[136]	以色林气	乙烯	222
[137]	煤油冲毁	石油裂化	222
[138]	轻气	氢气	224
[139]	一氧化炭	一氧化碳	224
[140]	矽钢	硅钢	228
[141]	邪马台	指"日本"	235
[142]	皮安诺	皮亚诺	277,278
[143]	夫烈施	弗雷格	248,277,278,387…
[144]	怀特赫	怀特海	249,331,393
[145]	康特耳	康托尔	249,250,358,381,384
[146]	维特司旦	维特根斯坦	249
[147]	达雷	泰勒斯	251,362
[148]	安纳克西蛮德	阿纳克西曼德	251
[149]	赫格尔、赫格耳	黑格尔	251,275,276…
[150]	柏烈图	柏拉图	251,263,269,278…
[151]	斯宾塞耳	斯宾塞	93,251,258,414
[152]	哲姆士	詹姆士	251,257,258
[153]	波格森	柏格森	251,252,257,259…
[154]	逻干司谛克	数理逻辑	251
[155]	唐马司亚基纳司	托马斯·阿奎那	256
[156]	拉布拉司	拉普拉斯	258
[157]	意昂尼	伊奥尼亚	263
[158]	皮达高拉司	毕达哥拉斯	263,361—363,415
[159]	笛麦司	蒂迈欧篇	269
[160]	电驶	电势	269
[161]	倍根	培根	272
[162]	莱柏尼	莱布尼茨	259,277,329,378

序号	旧	新	页码出处
[163]	参的布	赞西佩	279
[164]	斯实挪莎	斯宾诺莎	282
[165]	老耶司	罗伊斯	285
[166]	查里士第一	查理一世	287
[167]	巴麦尼德司	巴门尼德	294,337,365
[168]	波克烈	贝克莱	294,295,321
[169]	巴拉德里、巴拉德烈	布拉德雷	295,365
[170]	亚干门郎	阿伽门农	297
[171]	笛卡儿	笛卡尔	301,361,364
[172]	三积次	三维	312,313
[173]	加尔德郎	卡尔德隆	318
[174]	颜诺	芝诺	341,344,345…
[175]	由克里德、由克里得	欧几里得	355,356,358
[176]	希巴索	希帕索斯	364,415
[177]	非理数	无理数	364
[178]	波耳三诺	博尔扎诺	365
[179]	尧威脱	乔伊特	366
[180]	爱非林	艾弗林	368
[181]	诺恩耳	诺埃尔	368
[182]	米劳	米约	368
[183]	唐聂里	汤纳利	368
[184]	般聂脱	伯内特	369—372
[185]	亚基儿	阿喀琉斯	370,371
[186]	叶罗	泽勒	371
[187]	布兰脱耳	普兰托	371
[188]	圆软性	自反性	381,382,387
[189]	撒耳维亚	萨尔维阿蒂	382
[190]	撒格烈底	沙格列陀	382

序号	旧	新	页码出处
[191]	新布里西司	辛普利邱	382—384
[192]	乔治康特耳	格奥尔格·康托尔	387
[193]	颜纳	耶拿	387
[194]	鲁滨孙	鲁滨逊	396
[195]	布鲁特司	布鲁图斯	405,406